Anne de Courcy

COCO CHANELS RIVIERA

Vom Lieben, Leben und Überleben
an der Côte d'Azur

Aus dem Englischen von Elke Link

Mit zahlreichen Abbildungen

Insel Verlag

Klimaneutral
Druckprodukt
ClimatePartner.com/14438-2110-1001

2. Auflage 2022

Erste Auflage 2022
Deutsche Erstausgabe

Umschlaggestaltung von Rothfos & Gabler, Hamburg, unter
Verwendung des Originalumschlags von Orion Publishing Group Ltd.
Foto: © V. H. Grandpierre/Vogue Paris/Condé Nast, New York
Satz: Greiner & Reichel, Köln
Druck: GGP Media GmbH, Pößneck
Printed in Germany
ISBN 978-3-458-64286-2

www.insel-verlag.de

INHALT

EINLEITUNG

Dieses Buch ist weder eine Chanel-Biografie noch eine Chronik der Côte d'Azur – beides ist schon oft geschrieben worden. Vielmehr ist es die Geschichte der Jahre, in denen Coco Chanel ihre Sommer in diesem Teil Frankreichs verbrachte.

Die Côte d'Azur ist wahrscheinlich der berühmteste Küstenabschnitt der Welt, und Coco Chanel kann mit Fug und Recht als die berühmteste Modeschöpferin aller Zeiten bezeichnet werden. 1930 taten sie sich, wenn man so will, zusammen: Coco Chanel baute dort die glamouröse Villa La Pausa, wo sie im darauffolgenden Jahrzehnt jeden Sommer verbrachte, häufig mit einem Liebhaber, fast immer mit Freunden. In vielerlei Hinsicht war es ihr einziges, echtes Zuhause. In Paris besaß sie mehrere Apartments, wohnte allerdings ab 1934 im Hotel Ritz. La Pausa aber, das nach ihren Vorgaben gebaut worden war und exakt nach ihren Vorstellungen bewirtschaftet wurde, gehörte ihr ganz allein.

Die 1930er Jahre waren sicherlich die Glanzzeit der modernen Côte d'Azur. Man kam wegen der langen, funkelnden Sommer, nicht, wie ihrerzeit Queen Victoria, wegen der milden Winter. Damals war die Côte d'Azur nicht zubetoniert, sie wurde gerade erst von den Murphys, Fitzgeralds und Hemingways entdeckt; als Region, in der man einfach und günstig leben konnte. Abends schwärmten die Reichen und Schönen aus, die Küste entlang nach Antibes, Nizza und Cannes, um in einem kleinen Fischrestaurant zu speisen, oder, noch ein wenig vornehmer, im Hinterland.

Unter den Zugezogenen waren zahlreiche Engländer, nur wenige machten sich Gedanken darüber, was zeitgleich im Rest von Europa vonstattenging. Ihr Leben war unbeschwert, warm, golden, hin und wieder legten britische Marineschiffe an, das war beruhigend, ansonsten blieb man völlig unberührt von Politik und Konflikten.

Dann kam der Krieg. Auch er wurde zunächst wenig beachtet, das Leben lief weiter wie bisher, außerdem vertrauten Franzosen sowie die in Frankreich ansässigen Briten auf die »Maginot-Linie«, die als unüberwindlich galt. Doch seit einem Waffenstillstand zwischen Frankreich und dem Deutschen Reich im Juni 1940 übernahm das Vichy-Regime. Eine Welle jüdischer Flüchtlinge suchte Schutz vor den Nazis, dann kam die Invasion durch die Italiener, gefolgt von den Deutschen.

Während dieser ganzen Zeit verbrachte Chanel die Sommer in La Pausa, später auch zusammen mit ihrem deutschen Liebhaber. Nach der Befreiung der Küste im Jahr 1944, als ihr Unternehmen noch geschlossen und ihr Liebhaber fort war, zog sie in die friedliche, neutrale Schweiz. Zwar besuchte sie La Pausa danach noch mehrmals, aber es war nicht mehr ihr Zuhause, und mit dem Verkauf der Villa im Jahr 1953 war auch ihre letzte Verbindung zur Küste gekappt.

PROLOG

Im Sommer 1938 grübelte man an der Riviera nicht über das, was die Deutschen als Nächstes vorhatten; man zerbrach sich den Kopf darüber, ob man vor der Duchess of Windsor einen Knicks respektive einen Diener machen sollte.

Keine zwei Jahre zuvor hatte Edward VIII. abgedankt und auf den englischen Thron verzichtet, um, so seine berühmten Worte, »die Frau, die ich liebe«, zu heiraten. Ihr, Wallis Simpson, hatte man indes die Anrede »Ihre Königliche Hoheit« verwehrt, die automatisch Knicks und Diener mit sich gebracht hätte – schließlich war Simpson bereits zwei Mal geschieden, und niemand wusste, ob sie es dabei belassen würde.

Würde nun also die Höflichkeit – der Duke bestand darauf, dass man seiner Frau Respekt zollte – über die Korrektheit und das Unwohlsein mancher Leute siegen?

Es war absolut folgerichtig, dass sie an die Riviera gekommen waren, diesen glamourösen, goldenen, sonnendurchfluteten Küstenabschnitt, der für ungehemmten Genuss stand. Jedes Jahr versammelten sich hier die Reichen, die Berühmten, die Schönen und die Exzentriker, um zu schwimmen, zu spielen und die Sonne zu genießen; der pure Hedonismus, der niemals enden wollte. Niemand hier wurde allzu eingehend nach seiner Vergangenheit befragt. Und was die Bedrohung durch Deutschland betraf – nun, Frankreich hatte doch die unüberwindliche Maginot-Linie.

In jenem Sommer also schien alles wie immer. In den Dreißigerjahren war Frankreichs Selbstbewusstsein auf dem Höhepunkt. Das Land produzierte die erlesenste Kunst, verfügte über die schnellsten und luxuriösesten Ozeandampfer, seine Schriftsteller und Sportler, wie die Tennisgrößen Jean Borotra und Suzanne Lenglen, waren Weltstars. Keine andere Nation konnte sich mit Frankreichs Essen, Kultur und Couture messen, und sein Prestige wurde auch durch die bedeutendste und originellste Modeschöpferin von allen verkörpert: Gabrielle Bonheur Chanel, besser bekannt als Coco Chanel.

Die Windsors waren also die Neuankömmlinge an dem berühmten südfranzösischen Küstenstreifen. Anfang Mai hatten sie das Château de la Croë von dem Pressemagnaten Sir Pomeroy Burton gepachtet; für den Großteil des Jahres wollte sich das prominente Paar nun an der wunderschönen Küste niederlassen. Die bezaubernden Fischerdörfer waren noch nicht der späteren Bauwut gewichen, das Meer funkelte blau, es gab kleine Buchten, Kiefern und uralte Olivenhaine. Der Duft von Rosmarin und Thymian lag in der Luft, Häuschen waren mit leuchtenden Bougainvillen überwachsen, Töpfe standen voller üppiger Geranien, und auf bunten Märkten konnte man jeden Tag frischen Fisch und Gemüse von der Küste kaufen. Kein Wunder, dass dieser Landstrich die Besucher magisch anzog.

Auch Schriftsteller strömten an die Côte d'Azur, viele wegen der unsicheren Situation in ihren Heimatländern, andere aufgrund von Skandalen. Einer der wohlhabendsten und erfolgreichsten in der englischsprachigen Welt war W. Somerset Maugham. Er hatte England 1926 verlassen, nachdem sein amerikanischer Partner Gerald Haxton wegen grob unsittlichen Verhaltens verhaftet und später zwangsdeportiert worden war.

Am Torpfosten von Maughams Haus, der Villa Mauresque,

war sein persönlicher Talisman angebracht, jenes mystische maurische Zeichen, das auch alle seine Bücher zierte: die Hand der Fatima, die den bösen Blick abwehrt. Maugham war reich, großzügig und gastfreundlich, sein Haus war dank der dreizehn Bediensteten perfekt organisiert, berühmt für die köstlichen Speisen und unterhaltsamen Gespräche, die man dort genießen konnte. »Jeder an der Riviera kommt sofort, wenn Maugham einlädt, so er denn das Glück hat, überhaupt eingeladen zu werden«, beschrieb es E. Phillips Oppenheim, ebenfalls ein sehr erfolgreicher Schriftsteller.

Und genau das taten auch die Windsors im August 1938.

Harold Nicolson, der bei Maugham wohnte, beschrieb die betreffende Party in einem Brief an seine Frau Vita: »Willy Maugham hatte uns gewissenhaft vorbereitet. Er meinte, es verärgere den Duke, wenn man der Duchess keinen Respekt entgegenbringt.« Maugham und seine Tochter begrüßten den Herzog und die Herzogin in der Empfangshalle, während die übrigen Gäste im Salon warteten. Nicolson beschrieb deren Entree so: »Wie ich zugeben muss, sieht sie wirklich sehr gut aus für ihr Alter [Wallis Simpson war damals zweiundvierzig]. Sie trägt ihr Haar jetzt anders; es ist glatt aus der Stirn gestrichen und fällt ihr lockig in den Nacken. Dadurch sieht sie milde und weniger angespannt aus. Auch ihre Stimme hat sich verändert. Ihr Akzent ist wie eine Mischung aus Virginia und einer Herzogin aus einem Theaterstück von Pinero … Der Herzog hingegen betrat den Raum schwungvoll wie ein Marinesoldat und zupfte dabei an seiner Fliege. Er trug einen Smoking aus Tussahseide und war bestens gelaunt. Cocktails wurden serviert, und wir scharten uns rings um den Kamin. Es entstand eine kleine Pause. ›Verzeihen Sie, dass wir uns ein wenig verspätet haben‹, sagte er, ›aber Ihre Königliche Hoheit konnte sich nicht aufraffen.‹

Nun war es ausgesprochen. Die drei Worte plumpsten in die Runde wie drei Steine in einen Teich: ›Ihre (*huch*) Königliche (*schauder*) Hoheit (*niemand wagte es mehr, den anderen anzublicken*).‹«

Erst im Frühjahr hatten die Deutschen Österreich besetzt, wo sie skrupellos und grausam Minderheiten verfolgten und bereits begehrliche Blicke Richtung Sudetenland warfen. Ihre Truppen versammelten sich an der tschechischen Grenze, während in England zur Vorbereitung auf einen Krieg Gasmasken ausgegeben wurden. Doch so ernst die Bedrohung aus Deutschland auch war, an der Côte d'Azur hatte man über die eigentliche Frage des Tages entschieden: »Ihre Königliche Hoheit« und ein Knicks – so würde man es handhaben.

Und das Leben auf dem Spielplatz Europas konnte normal weitergehen.

Nicolson schrieb aus der Villa Mauresque: »[Dies] sind wirklich die perfekten Ferien. Es ist sehr heiß, der Garten ist wunderbar, der Liegestuhl ist ausladend und kühl, der Limettensaft steht bereit; ein Schwimmbad ist vorhanden, falls jemand sich erfrischen möchte, Landschaft, Bücher, Grammophone, hübsche Menschen – und über allem schwebt das Gefühl, dass das nicht mehr lange so weitergehen wird.«

Das tat es auch nicht …

1930: LA PAUSA – WIE ALLES BEGANN

1930 neigte sich die Liebesaffäre zwischen Coco[1] Chanel, der berühmtesten Modeschöpferin der Welt, und dem Duke of Westminster, dem reichsten Mann Englands, ihrem Ende zu. Bendor, wie man den Herzog nannte, wollte einen Erben, den ihm Chanel[2] mit ihren siebenundvierzig Jahren kaum noch schenken würde. Auch mochte sie die Affären nicht mehr dulden, die ihm durch seinen Wohlstand nur allzu leicht zufielen.

Kennengelernt hatten sie sich sieben Jahre zuvor, im Hôtel de Paris in Monaco, wo Chanel mit Vera Bate, einer alten Freundin des vierundvierzigjährigen Bendor, zu Abend speiste.

Obwohl es einige Unklarheiten bezüglich Veras Geburt gab, war doch allgemein anerkannt, dass sie eine Verbindung zur königlichen Familie hatte. Angeblich war sie die uneheliche Tochter des ersten Marquess of Cambridge, eines jüngeren Bruders von Queen Mary, und als solche gehörte sie zur englischen Oberschicht. In dieser Zeit war sie noch mit ihrem ersten Mann verheiratet, einem amerikanischen Offizier namens Fred Bate. Sie war schön und beliebt, allerdings auch ständig knapp bei Kasse. Chanel, die auch deshalb so erfolgreich war, weil sie blitzschnell Gelegenheiten beim Schopf packte, engagierte sie als eine Art wandelndes Werbeschild: Die schönen Kleider, die Vera von Chanel bekam, wollte jede andere Frau auch sofort haben. Die beiden waren darüber enge Freundinnen geworden.

Als der Herzog Vera an jenem Abend entdeckte, war er eigentlich gerade auf dem Weg ins Casino gewesen. Er ging zu ihr hinüber, und zu seiner Freude baten ihn die Frauen an ihren Tisch. Sie unterhielten sich, lachten, tanzten; der Casinobesuch war vergessen, und Bendor lud die beiden für den nächsten Tag zum Abendessen auf seine Yacht ein, den Viermastschoner *Flying Cloud*, wo eine kleine Kapelle für Musik sorgte; anschließend führte er sie zum Tanzen in einen Nachtclub aus.

Bendor war augenblicklich fasziniert von Chanel. Sie war schön, elegant, originell und extrem unabhängig; nach einer Kindheit in Armut hatte sie Schritt für Schritt und Mann für Mann den Gipfel des Erfolgs erklommen, auf dem sie nun stand. Ihre Vergangenheit als Mätresse – damals noch ein lebenslanges gesellschaftliches Handicap – hatte sie hinter sich gelassen, und viele ihrer wohlhabenden Kundinnen waren zu Freundinnen geworden, die sie einluden und von ihr eingeladen wurden.

Sie hatte die Mode revolutioniert, indem sie schlichte, schmiegsame Damenkleidung entworfen hatte, in reduziertem Design und aus Materialien, die, wie etwa Jersey, bis dato als unmodisch gegolten hatten, es aber erlaubten, sich frei zu bewegen. »Der Sinn der Mode besteht darin, die Frauen jung aussehen zu lassen«, hatte sie in der französischen *Vogue* erklärt. »Das ändert ihre Lebenseinstellung. Sie fühlen sich besser und werden fröhlicher.«

Ehe sie Bendor kennenlernte, hatte Chanel die Mode bereits seit zwei Jahren mitgeprägt – *Harper's Bazaar* war 1915 auf sie aufmerksam geworden – und einen Duft lanciert, der zum berühmtesten der Welt werden sollte, ein überwältigender Erfolg, der sie für den Rest ihres Lebens reich machen würde: Chanel No. 5.

So wehrte sie Bendors Avancen zunächst ab. Was hatte er schon, das sie begehren könnte? Sie behauptete zwar stets, für die Liebe zu leben, doch in Wahrheit schätzte sie, neben der Arbeit, ihre Unabhängigkeit am allermeisten. Sie ließ die Tür allerdings einen Spaltbreit offen und erklärte sich bereit, ihn im darauffolgenden Jahr zu treffen. In der Zwischenzeit umwarb er sie mit allerlei Aufmerksamkeiten, von Blumen über Juwelen bis hin zu Lachs, den er ihr eigens auf dem Luftweg von seinem schottischen Anwesen schicken ließ.

Schließlich gab sie nach. Im späten Frühjahr 1924 ging sie an Bord der *Flying Cloud*, deren schwarzer Rumpf an ein Piratenschiff erinnerte, um mit Bendor über das Mittelmeer zu segeln und in eine Welt des unvorstellbaren Luxus einzutauchen. Neben der vierzigköpfigen Crew, den Himmelbetten und den Seidenvorhängen hatte er auch ein kleines Orchester an Bord geholt, damit die beiden jeden Abend tanzen konnten. Wenn er, wie so häufig, Gäste auf der Yacht empfing, wurde die Takelage beleuchtet.

Der große, blonde und gutaussehende Bendor besaß zahlreiche Häuser. Da er selten länger als drei, vier Tage an einem Ort blieb und häufig unangekündigt erschien, stand alles stets zum sofortigen Gebrauch bereit – die Autos waren aufgetankt, das Silber poliert, die Bediensteten trugen die Grosvenor-Livree, die Speisekammern waren gefüllt. Chanel überschüttete er mit Geschenken wie Schmuck, Kunstwerken und sogar einem Stadthaus in London.

Als sie gemeinsam das Westminster-Anwesen in Cheshire besuchten, trat sie in Eaton Hall, seinem Landhaus, als Gastgeberin auf. Sie ritt dort aus, spielte Tennis und segelte, und als sie seine schottischen Anwesen besuchten, lernte sie das Angeln, wobei sie sich sehr geschickt anstellte. Sie freundete sich mit Winston Churchill an, dem Bendor nahestand, woraufhin sie häufig dieselben Privatpartys besuchten oder sich gleichzeitig an Bord der *Flying Cloud* aufhielten. »Coco hat Violets Platz eingenommen«, schrieb Churchill seiner Frau Clementine. »Sie ist sr. angenehm – wirklich gr. & stark, sie kann einen Mann oder ein Empire beherrschen. Bennie geht es s. gut & ich glaube, er ist überaus glücklich, jemanden gefunden zu haben, der ihm das Wasser reichen kann – ihre Fähigkeiten gleichen seine Macht aus.«

Als Bendor ein Haus in den Highlands kaufte, richtete sie es ein. Sie ließ die Salons in Beige streichen und installierte das erste Bidet Schottlands; wenn Saison war, ging sie drei Mal die Woche mit zur Jagd. Sie bezauberte alle seine Freunde und kam gut mit seinen Kindern und seiner ersten Frau aus. Nichts davon aber beeinträchtigte ihre Hingabe an die Arbeit. Auch wenn sie Bendor mittlerweile liebte (»Mit Westminster hat mein richtiges Leben begonnen«, erzählte sie einer Freundin. »Ich habe endlich eine Schulter gefunden, an die ich mich lehnen kann, einen Baum, der mich stützt«), hielt sie entschlossen an ihrer Unabhängigkeit fest. Und sie suchte ein Haus, das nur ihr allein gehören und wo sie wohnen könnte, ohne dass »vor jeder Tür ein Lakai« stand.

Es sollte in Frankreich und von Paris aus gut erreichbar sein, und es sollte dort viel Sonne geben – nachdem sie einst »braungebrannt wie ein Schiffsjunge« von einer Seefahrt mit Bendor zurückgekehrt war, war gebräunte Haut in Mode gekommen. Auf all das gab es nur eine Antwort: die Côte d'Azur, an der sie auf der Yacht ihres Liebhabers so häufig vorbeigesegelt war.

Es sollte das allererste Mal sein, dass Chanel voll und ganz nach ihren eigenen Regeln und Vorstellungen leben konnte. Das Grundstück, das sie zum ersten Mal im Dezember 1927 von der Yacht des Herzogs aus entdeckt hatte, lag über einem kleinen Dorf namens Roquebrune, 180 Meter über dem Meer, mit einem wundervollen Blick über Menton und die italienische Grenze auf der einen, Monaco und seiner Bucht auf der anderen Seite.

Hinter der dazugehörigen Villa waren die Ausläufer der Alpen zu erkennen. Sie kaufte mehrere aneinandergrenzende Parzellen, insgesamt knapp fünf Hektar Land, zu dem auch ein Olivenhain gehörte. Der Name des Anwesens, La Pausa, rührte von der Legende, dass Maria Magdalena hier eine Rast eingelegt hatte, nachdem sie nach der Kreuzigung und Wiederauferstehung Christi in einem steuerlosen Schiff aus dem Heiligen Land geflohen war.

Es gab drei Bestandsgebäude, die in ein Haupthaus umgewandelt werden sollten, mit zwei kleineren Häuschen für Gäste; eines der beiden, La Colline, überließ sie Vera Bate, neuerdings Lombardi. Vera hatte sich zwei Jahre zuvor von ihrem Mann scheiden lassen und zu Beginn des Jahres einen italienischen Offizier namens Alberto Lombardi geheiratet, einen hervorragenden Reiter, auf den Mussolini große Stücke hielt. Wenn Vera vor Ort war, würde es ein Leichtes sein, die Freunde des Herzogs einzuladen – Vera kannte sie alle.

Mit der Verwandlung der heruntergekommenen Gebäudes in ein wunderschönes Zuhause war ein junger einheimischer Architekt beauftragt, Robert Streitz. Dieser hatte die nahegelegene Villa eines Freundes von Chanel, Graf Jean de Segonzac, so gut restauriert, dass er ihn an Chanel weiterempfohlen hatte. Bald nach der Unterzeichnung des Kaufvertrags im Februar 1929 hatte Chanel Streitz zu einem Umtrunk an Bord der *Flying Cloud* eingeladen, dann hatten sie vor Cannes geankert. Drei Tage später präsentierte er ihr seine Zeichnungen von der geplanten Villa: drei Flügel, die einen von Säulen gesäumten, offenen Hof umgaben; und ein wunderbares Projekt für den achtundzwanzigjährigen Streitz.

Chanel gefiel der Entwurf so gut, dass sie ihn auf der Stelle akzeptierte, unter der Bedingung, dass Streitz sich zuvor noch das Kloster von Aubazine ansah, wo sie einen Großteil ihrer

Kindheit und Jugend verbracht hatte. Er sollte die Atmosphäre und einige der Hauptcharakteristika in die Planung einarbeiten. (Bei seinem darauffolgenden Besuch traf er sich mit der Mutter Oberin und fragte sie, ob sie sich an Gabrielle Chanel erinnere. Ja, antwortete die, sie erinnere sich gut an das bedauernswerte, vernachlässigte Ding, »ein uneheliches Kind, das im Armenhaus geboren wurde«.) Nach der Besichtigung entwarf Streitz die große, zentrale Treppe beinahe genauso wie jene des Klosters, die sie Hunderte Male auf und ab gegangen sein musste. Chanels wohlbekannte Diskretion hinsichtlich ihrer frühen Jahre erstreckte sich demnach nicht auf architektonische »Reminiszenzen«, im Gegenteil: Das lange, niedrige Haus, von dem drei Seiten nach innen auf einen schattigen Hof ausgerichtet waren, enthielt neben klösterlichen Kolonnaden, Gewölbedecken und schweren Türen sogar noch weitere Anklänge an Aubazine.

Das Erdgeschoss wurde von einer großen Eingangshalle mit einer wunderschön geschnitzten Eingangstür, einem antiken schmiedeeisernen Kronleuchter sowie fünf Fenstern über dem Eingang dominiert – die Fünf war Chanels Glückszahl (ihr Sternzeichen war Löwe, das fünfte Zeichen). Sie hatte über 20 000 handgefertigte gerundete Ziegel für das Dach bestellt, denn es sollte historisch wirken. Aus demselben Grund ließ sie die hölzernen Fensterläden künstlich verwittern, und selbst die Olivenbäume, aus Antibes hierher umgepflanzt, waren hundert Jahre alt.

Lila Schwertlilien, Lavendel und Rasenflächen ließen die Gärten für die damalige Zeit originell wirken; Chanel war die Erste, die »minderwertige« Pflanzen wie Lavendel und Olivenbäume kultivierte und konventionellere ausrangierte. Auch Kletterrosen waren erlaubt. Oberhalb des Gartens, verborgen hinter Eibenhecken, befand sich ein erstklassiger Tennisplatz; Chanel hielt sehr viel von Bewegung.

Nicht nur hatte Chanel das Haus selbst gekauft und bezahlt; sie trug auch überaus engagiert zu seiner Entstehung bei. Ein, zwei Mal im Monat kam sie aus Paris angereist, um den Baufortschritt zu überprüfen. »Immer war sie bestens gelaunt, wenn sie Roquebrune besuchte«, erinnerte sich der Bauleiter Edgar Maggiore. »Auf der Baustelle rutschte sie einmal in einer schlammigen Pfütze aus. Statt zu jammern, dass ihr Kleid ruiniert wäre, lachte sie, bis die Arbeiter sie herauszogen. Wenn die Arbeit sie in Paris festhielt, wir aber ein spezielles Problem hatten, das wir besprechen wollten, fuhren wir zu ihr. Ich erinnere mich noch, wie ich ihr eines Tages den Verputzer schickte, damit sie die Farbe für die Fassade aussuchen konnte.«

Einmal hatte Streitz eine Autopanne und kam, weil er mit dem Bus weiter nach Roquebrune hatte fahren müssen, zu spät. Er fürchtete nun, von der gebieterischen Mademoiselle gerügt zu werden, die aber zeigte sich verständnisvoll, und nachdem sie sich erkundigt hatte, was für ein Auto er fuhr, zeigte sie ihm ein ähnliches in der Garage – und schenkte es ihm. »Wir machten nie einen Vertrag und hatten keinerlei Schriftverkehr«, erinnerte sich Streitz später in seinem Ruhestand in Valbonnes in den Alpes-Maritimes. »Für mich galt das Wort von Mademoiselle. Neun Monate nach der Fertigstellung von La Pausa waren sämtliche Rechnungen bezahlt.«

Ein großer Teil des Hauses bestand aus weißem Marmor, und in jedem Zimmer gab es gewaltige Kamine. Böden und Wandtäfelung waren aus englischer Eiche aus dem neunzehnten Jahrhundert gefertigt, die Möbel aus der Tudor- und jakobinischen Zeit[3] stammten aus Bendors Speicher; in seinem Schlafzimmer, das von Chanels Räumen durch ein Badezimmer getrennt war, thronte ein massives elisabethanisches Eichenbett. Die vorherrschenden Farben waren Weiß und Beige, selbst das Klavier war beige. »Man kann sich nur entspannen, wenn man nicht von einem farbigen Hintergrund abgelenkt wird«, fand Chanel. Im Wohnzimmer gab es drei große beigefarbene Leder- und Chamoissofas, Möbelstücke aus der Provençe und aus Spanien (damals völlig unmodern), auf den Eichentischen standen Schalen mit weißem Flieder. Ihr eigenes Schlafzimmer war mit beigefarbenem Taft ausgestattet, auf dem Boden lag ein blauer Teppich. Das angrenzende Badezimmer war mit weißem Opalglas verkleidet.

Ihr Gespür für sachlichen Luxus setzte sich in ihrem Stil als Gastgeberin fort. Morgens war es still im Haus; Chanel schlief gerne lange, genau wie viele ihrer Gäste, doch sobald jemand schwimmen oder einkaufen gehen wollte, standen kleine Autos mit Fahrern bereit, die die Gäste über die zwei Kilometer lange, kurvige Bergstrecke nach Menton oder zum Strand brachten.

Den eigentlichen Tagesbeginn markierte der Lunch, vielmehr eine funkelnde Party voller Unterhaltungen, Plaudereien und Plänen. Die Gerichte, wie beispielsweise Roastbeef oder unterschiedliche Pasta, wurden in gediegenen silbernen Speisenwärmern aus England warmgehalten und auf einem Buffet am Ende des Esszimmers angeboten, wo auch das Geschirr bereitstand. Manchmal fanden diese Lunches auf der Terrasse statt; dann nahmen die Gäste auf groben Leinentüchern auf dem Rasen Platz.

Schwere beigefarbene Seidenvorhänge hingen vor den riesigen Fenstern, die annähernd zwei Seiten des Hauptraums ausmachten; hinter einem Orangenhain zeichnete sich Monte Carlo ab. Dunkelgrüne Jalousien milderten die Sommerhitze. Im Esszimmer, in dem ein enorm langer Tisch stand, hingen weiße Taftvorhänge, passend zu den weißen Wänden. Jedes Schlafzimmer verfügte über ein angrenzendes Bad, und jedes Bad über einen zusätzlichen separaten Eingang, sodass Bedienstete, die mit einer elektrischen Klingel gerufen wurden, unbemerkt hinein-

und hinausgelangen konnten, um ein Bad einzulassen oder die Wäsche abzuholen. In den Schlafzimmern standen antike italienische Betten mit goldenen Moskitonetzen, auf den Eichenböden lagen schwere Teppiche.

La Pausa war nicht nur ein Zuhause, sondern auch ein bestechend verführerischer Ort für Liebespaare, deren Leben eng miteinander verflochten waren, so wie bei Chanel und Bendor. Wie nahe sie einer Ehe kamen, ist umstritten, sie ließen sich nie zu einer klaren Aussage darüber hinreißen. Allerdings sagte Chanel später einmal, dass sie ihn geheiratet hätte, wenn sie schwanger geworden wäre – und sie hatte sich sehnlichst gewünscht, schwanger zu werden. Womöglich hatte sie geglaubt, die romantische Atmosphäre von La Pausa würde das befördern, und pragmatisch nahm sie alle möglichen Ratschläge an. »Sie hat alles versucht«, berichtete Madame Patricia Marinovich, deren Mutter und Großmutter in der Villa gearbeitet und das Gerede im Haushalt gekannt hatten. »Nach dem Liebesakt blieb sie mitunter sogar eine Ewigkeit auf dem Rücken liegen und streckte die Beine in die Luft.«[4] Oder sie versuchte es mit »erniedrigenden akrobatischen Übungen«, wie Chanel selbst es in späteren Jahren beschrieb.

Obwohl der Herzog ein eigenes Schlafzimmer in La Pausa hatte, umwarb er bereits eine andere Frau, die er später einmal heiraten sollte. Es handelte sich um Loelia Ponsonby, die Tochter von Sir Frederick (»Fritz«) Ponsonby, damals privater Schatzmeister oder »Keeper of the Privy Purse« von King George V. Sie war siebenundzwanzig, er fünfzig. Die beiden hatten sich im November im Embassy kennengelernt, dem Londoner Lieblingsnachtclub des Prince of Wales und seiner Freunde. Loelia hatte sich an diesem Abend nach der Last-Minute-Einladung einer Freundin hastig ein violettes Chiffonkleid übergeworfen, nur drei Wochen später hatte Bendor ihr einen Heiratsantrag gemacht – erst zwei Tage zuvor war Chanel, die Mitte Dezember für einen Besuch angereist war, aus Eaton Hall abgereist.

Sie verkündeten ihre Verlobung am 2. Januar 1930, während sie an der dalmatinischen Küste entlangsegelten.

»Ich habe zehn Jahre meines Lebens mit Westminster verbracht«, würde Chanel später sagen.[5] »Die größte Freude, die er mir schenkte, war, ihm beim Leben zuzusehen. Zehn Jahre lang habe ich alles gemacht, was er wollte. Aber Lachsfischen ist nicht das Leben.«

Chanel war nicht die Einzige, die beschlossen hatte, sich an der Riviera niederzulassen: Sie war in Mode gekommen, ein Spielplatz der Reichen.[6] An der Küste wurde gebaut, überall parkten Hispano-Suizas, Bugattis und Rolls-Royce. Wohlgemerkt – nicht die »herkömmlichen« Modelle; diese hier verrieten die Persönlichkeit oder Eigenart der Besitzer, mit eigens angefertigter Polsterung in allen möglichen Farbtönen, Beschlägen mit Intarsien, Elfenbein, Perlmutt oder Gold, an den Seiten verziert mit Familienwappen oder Korbflechtarbeiten. Ihnen entstiegen adelige Männer und Frauen, reiche Geschäftsleute und Filmstars, die entweder in den Villen wohnten, von denen nun immer mehr die Küste säumten, oder in einem der Grand Hotels. Für sie hatte Chanel einen zusätzlichen Salon in Monte Carlo eröffnet.

Außer in den kleineren Dörfern gehörten günstige Bouillabaisse und lokaler Wein nun der Vergangenheit an, die Restaurants verlangten Höchstpreise, und einige Bistros waren in Nachtclubs umgewandelt worden. Aber die Mauersegler umkreisten immer noch die Oleanderbäume, auf den Marktständen türmten sich die Zitronen, Auberginen und Tomaten, die Luft duftete nach Pinien, und die Blumenhändler verkauften bündelweise Nelken. An Frühlingsabenden leuchteten die Glühwürmchen, und ganze Kolonien kleiner, jadegrüner Baumfrösche quakten, begleitet vom Gesang der Nachtigallen, während am Tag die Zikaden im Hintergrund zirpten.

Die barfüßigen Fischer fuhren immer noch in ihren *pointes* (wie ihre Boote genannt wurden) hinaus, ihr Fang wurde am selben Abend in den Restaurants serviert, nachdem er nicht selten von ihren Frauen zubereitet worden war, die, wie alle einheimischen Frauen hier, weite grobe schwarze Schürzen trugen, mit denen sie ihre häufig bereits fadenscheinigen Kleider schützten. An den felsigen Küstenabschnitten jagten die Männer Oktopusse mit langen Stangen, an deren Enden sich, verborgen unter einem Bündel roter Lumpen, Haken befanden. Diese schwenkten sie über Höhlungen in den Felsen, und wenn sich in einer ein Oktopus verbarg, schoss er oft auf die Lumpen zu und spießte sich auf dem Haken auf.

Richtung Marseilles war das Leben noch ein bisschen einfacher. In der Nähe von Saint-Tropez hatten sich Colette, die bereits für ihr Meisterwerk *Chérie* berühmt geworden war, und ihr Liebhaber und späterer Ehemann Maurice Goudeket[7] vier Jahre zuvor ein *mas*, ein Bauernhaus mit vier Zimmern, gekauft. Es lag inmitten eines Hektars Land, das mit Weinstöcken und Feigenbäumen bepflanzt war. Es gab keinen Strom, den ließen sie erst später installieren; noch kam das Wasser aus einem tiefen Brunnen, in dem Colette auch Weißwein kühlte. Es gab eine bezaubernde Terrasse, die nach Norden ausgerichtet war und von einer alten Glyzinie beschattet wurde, ein kleiner Pfad führte direkt vom Haus zu einem nahegelegenen, verborgenen Strand. Weil rund um den Brunnen eine alte Muscat-Rebe wuchs, hatte Colette ihr Haus »La Treille Muscate« genannt.

Hier verbrachte sie nun die Sommer. Jemand beschrieb sie als »kleine [sie war 1,62 groß], stämmige Frau mit holzbraunen Haaren, länglichen, grauen, leuchtenden Augen und einer tiefen Altstimme«. Ihre Augen waren stets mit Kajal umrandet, von dem sie glaubte, er würde der Verschlechterung ihres ohnehin miserablen Sehvermögens entgegenwirken. Direkt nach dem Frühstück begann sie tatkräftig zu gärtnern, zog einen Bewässerungsgraben für ihre Mandarinenbäume, mulchte sie mit Seetang, den sie vom Strand herbeiholte; harte Arbeit. Später am Vormittag ging sie schwimmen, dann gab es ein provenzalisches Mittagessen: grüne Melonen, Bouillabaisse mit Aïoli, *rascasse farci*.

Nach einer kurzen Siesta schrieb sie, ausdauernd und viel. Ihr Arbeitszimmer hatte sie sich selber gebaut, einen Kubus mit dicken Mauern, die das Innere kühl hielten. Hier standen ihr großer Arbeitstisch, ein breiter Diwan mit einem Moskitonetz, ein hoher bretonischer Schrank, gefüllt mit Büchern, grüne Töpferware vor den cremefarbenen Wänden, und auf einem Regal lag der Stapel des blauen Papiers, auf dem sie immer schrieb. Im Sommer badete sie oft nachts an dem kleinen Strand, der so verlassen lag, dass er fast ihr allein zu gehören schien, und schlief auf der Veranda, nachdem sie ihre Matratze nach draußen gezogen hatte. Manchmal gingen sie und Maurice mit jenen Künstlerfreunden essen, die in und um Saint-Tropez lebten; einmal wollten sie außerhalb der Saison Wild essen und mussten in einem Restaurant, wie Maurice notierte, »achtundvierzig Stunden vorher Bescheid geben, damit die Wilderer genügend Zeit hatten«.

In einer mit Türmchen geschmückten Villa auf einem Felsvorsprung zwischen der Straße und den Küstenfelsen wohnte einer von Chanels ehemaligen Konkurrenten, ein beinahe ebenso großer Innovator: der Couturier Paul Poiret. Er litt mittlerweile an der Parkinson-Krankheit. Seine Hände, die einst wunderschöne Kleider geschaffen hatten, zitterten unkontrollierbar. Doch nach wie vor legte er Wert auf Stil, besaß einen hellgrauen Hispano-Suiza, trug korallenrote Schals und eine passende Baskenmütze.

Auch Schriftsteller zog die Riviera magisch an, D.H. Lawrence etwa, der 1930 immer noch darauf hoffte, einen englischen Verlag für seinen umstrittenen Roman *Lady Chatterley*[8] zu finden. Als P.G. Wodehouse, der zuvor über Cannes als »das widerwärtigste Loch der bekannten Welt« geschimpft hatte, eine Villa in der Nähe von Grasse mietete, besuchte er beinahe jeden Abend das Casino von Cannes, wo er von Tisch zu Tisch ging und *mille-franc*-Scheine auf die von ihm gewählte Farbe oder Zahl legte.

In Hyères lebte die Romanautorin Edith Wharton, in einem Haus auf dem Gelände eines verfallenen Klosters aus dem siebzehnten Jahrhundert. Dort hatte sie einen wunderbaren Hanggarten angelegt – ihr Haushalt hatte allerdings nichts von einem einfachen Leben. Sie hatte nicht damit gerechnet, sich einmal hier niederzulassen, sich aber dann auf den ersten Blick in das Dorf Hyères verliebt. Damals war sie siebenundfünfzig und nach dreißig Jahren Ehe seit sechs Jahren von ihrem Mann Teddy Wharton geschieden. Sie war gerade dabei, eine dreijährige Liebesaffäre mit dem geistreichen Dandy und Frauenheld Morton Fullerton zu verarbeiten, und erwarb ihr Haus mit den Worten: »Das ist, als würde ich heiraten – endlich den richtigen Mann!«

Nicht weit entfernt, in dem kleinen Dorf Sanary-sur-mer, lebten Aldous Huxley und seine belgische Frau Maria in einer würfelförmigen Villa, die sie 1930 gekauft hatten. Den roten Bugatti fuhr ausschließlich Maria (Aldous war beinahe blind). Huxley war überhaupt von zarter Gesundheit; seine Lunge verlangte nach einem warmen Klima. Ihr Haus war unter dem Namen »Villa Huley« bekannt, denn der Maurer, der sie mit einer Überraschung hatte willkommen heißen wollen, hatte Huxleys Namen in falscher Schreibweise in leuchtend grünen Buchstaben auf die Torpfosten des Hauses gemalt. Es lag auf halbem Weg zwischen zwei Dörfern, dadurch hatten sie das Glück, fließend Wasser und Strom zu haben. Einen noch größeren Luxus stellte ein Telefon dar, von dem aus man zwischen halb acht Uhr morgens und neun Uhr abends telefonieren konnte.

Im Inneren befand sich die eklektische Objekt-Sammlung der Huxleys – mexikanische Teppiche, stapelweise Strohhüte, ein gewaltiges Sofa von Raoul Dufy. Sie hatten eine Zentralheizung installieren lassen, einen Wasserfilter und einen elektrischen Kühlschrank. Zum Tee gab es bei ihnen immer Earl Grey mit dünn geschnittenem Graubrot (eine Rarität in Frankreich) und Butter. »Hier ist alles ausnehmend schön«, schrieb Huxley seiner Schwägerin. »Sonne, Rosen, Obst, Wärme. Wir gehen baden und sonnen uns.«

Huxleys Ansehen – er hatte bereits vier erfolgreiche satirische Romane veröffentlicht und zählte zu den berühmtesten Schriftstellern der Zwanzigerjahre – zog auch andere an, darunter den frisch verheirateten Cyril Connolly. Nach ihren Flitterwochen auf Mallorca hatten Cyril und seine Frau Joan Les Lauriers Roses gepachtet, ein Haus mit drei Zimmern gleich östlich von Sanary in Six-Fours. Es gab einen Garten, sodass sie neben ihren Haus-Frettchen auch noch Katta-Äffchen halten konnten. Diese Lemuren schnatterten im Mondlicht, reagierten auf die unterschiedlichen Tonfälle der menschlichen Stimmen und hangelten sich anmutig durch die Bäume.

Später in jenem Jahr beschrieb Connolly, wie er immer mit dem Fahrrad zum Hafen hinunterfuhr, um das Abendessen zu besorgen, »am Hafen entlang, vorbei an dümpelnden Barkassen und Cafés mit klappernden Schildern. Im örtlichen Restaurant gab es immer ein, zwei *plats à emporter*, und dazu holte ich noch etwas Wein, Wurst und Gruyère, ein paar Diplomat-Zigarren und eine neue Ausgabe des *Detective* oder des *Chasseur Français;* schwer beladen fuhr ich zurück, den Mistral im Rücken und in der zugeknöpften Jacke einen Lemuren, dessen Kopf herausragte. Es konnte leicht passieren, dass man auf der steilen Fahrt hinauf in die Rosmarinbüsche geweht wurde, dann war das Essen dahin. Ansonsten aßen wir beim Feuer, mit den Fingern … und irgendwann gingen wir zu Bett und verriegelten die Türen, während die Lemuren im Mondschein riefen wie Hausgeister, während sie von den Maulbeerbäumen zu den Palmen sprangen, von den Palmen hinüber zu den hohen Kiefern, deren Zapfen die Siebenschläfer knabberten, von den Kiefern auf das Dach und so zu unserem Schlafzimmerfenster …«

Connolly war ein glühender Verehrer von Huxley, und als eines Tages der rote Bugatti in der Zufahrt von Les Lauriers Roses auftauchte, war er ganz aufgeregt und hoffte, dies wäre der Beginn einer engen und erfüllenden Freundschaft. Stattdessen entpuppte es sich als reiner Höflichkeitsbesuch: Huxley stand unter extremem Termindruck für die Abgabe seiner beiden nächsten Romane, und immer, wenn die Connollys fortan bei den Huxleys vorstellig werden wollten, fing Maria sie ab und erklärte ihnen, ihr Mann sei bei der Arbeit und dürfe nicht gestört werden. Das stimmte, aber es gab auch noch einen weiteren Grund: Maria fand die Menagerie der Connollys abstoßend: »Wer beim Lesen am Feuer sitzt und mit den Fingern isst, hinterlässt Traubenschalen und Sardinengräten in den Büchern«, meinte sie. »Ihre Frettchen haben gestunken, der Lemur ist auf den Tisch gesprungen und hat sein zartes schwarzes Händchen um das Cognacglas gelegt!«

Das führte dazu, dass Connollys anfängliche, übergroße Verehrung der Huxleys, nachdem die enge freundschaftliche Beziehung, die er sich ausgemalt hatte, ausblieb[9], in Verbitterung mündete. Er fühlte sich zurückgewiesen, und weil er seine eigene Lethargie mit Huxleys fieberhafter Aktivität verglich, auch gedemütigt. Später sagte er über die Zurückweisung durch die Huxleys: »Es war eine tiefe Wunde, die mich zehn Jahre älter gemacht hat.«

Er war an die Riviera gekommen, um zu schreiben. Zwar füllte er ganze Notizbücher mit Ideen, aber es kam nichts Konstruktives dabei heraus. »Schreiben ist ein Umstand, der aus einem gewissen Unglücklichsein heraus entsteht«, erklärte er zu seiner Verteidigung. Finanziell war er nicht darauf angewiesen, und ohne diesen Ansporn brachte er nie die Selbstdisziplin seines ebenfalls wohlhabenden Nachbarn Somerset Maugham auf, der ein Stück näher an der Küste lebte.

Maugham, der selten sprach, ohne zu stottern, hatte gerade *Seine erste Frau* veröffentlicht und damit viel Aufsehen erregt; bislang war er vor allem als Dramatiker und Autor von Kurzgeschichten erfolgreich gewesen. Seine Hingabe an die Arbeit hinderte ihn allerdings nicht daran, ständig Gäste zu empfangen. Zu ihnen gehörten auch Evelyn Waugh, der in diesem Jahr die Riviera zum ersten Mal besuchte, und dessen Bruder Alex, damals der weitaus bekanntere der beiden. Beide speisten mit Maugham, der Evelyn fragte, wie er eine bestimmte Person beschreiben würde. Evelyn hielt fest: »Ich sagte: ›Eine stotternde Schwuchtel.‹ Alle Picassos an der Wand erbleichten.«

Die Gebrüder Waugh wohnten im Hôtel Welcome in Villefranche (östlich von Antibes) mit Blick auf den Hafen und die dahinterliegende Altstadt. Es galt lange Zeit als kreatives Energiezentrum: In einem Zimmer im zweiten Stock wohnte Jean Cocteau, ein vielseitig gebildeter Intellektueller, der im Zentrum der musikalischen, künstlerischen und filmischen Avantgarde von Paris stand. Der Maler, Romanschriftsteller, Dichter, Drehbuchautor, Dramatiker, Essayist und Kritiker war Anfang der Zwanzigerjahre zu einer nationalen Berühmtheit geworden. Er bekannte sich offen zu seiner Homosexualität[10] und nahm gelegentlich Opium und andere Drogen.

»Eines Tages ging ich durch das Foyer des Welcome, als Cocteau gerade telefonierte [in den Zimmern gab es keine Telefone]«, schrieb ein junger Amerikaner, der ebenfalls dort abgestiegen war. »Er sprach flehentlich und war den Tränen nahe. Später wurde mir erklärt, dass er Mlle Coco Chanel bekniet hatte, ihm zu erlauben, noch über die vereinbarte Frist hinaus Opium zu rauchen.« Chanel, die wusste, dass ein Entzug bei ihm längst wieder überfällig war, und die immer wieder für seine Kuren bezahlte, hatte mit einem entschiedenen »Nein!« geantwortet.

Cocteau verbrachte einen Großteil des Tages in seinem Zimmer, normalerweise mit einem Freund, und rauchte; die unverkennbaren Dämpfe erfüllten alle Korridore. »Es gefiel mir, es von den Chinesen in einer schäbigen Straße, in der Wäsche aufgehängt war, zu kaufen«, schrieb er, »es gefiel mir, rasch nach Hause zurückzukehren und es im Hotel auszuprobieren ... den fliegenden Teppich auszurollen, sich darauf auszustrecken, das Fenster zum Hafen zu öffnen und abzuheben.« Wie durch ein Wunder schaffte er es, nie in Konflikt mit den Behörden zu geraten. »Die Sucht zerstört die Leber, greift die Nervenzellen an, verursacht Verstopfung, lässt die Schläfen wie Pergament aussehen und zieht die Iris zusammen«, notierte er. Nach einer Entziehungskur versuchte er, den Reiz des Opiums zu beschreiben. »Es ist schwer, sich vom Opium zu trennen – es ist schwer zu wissen, dass dieser fliegende Teppich existiert, man aber nicht mehr damit fliegen wird.«

Dort, im Hôtel Welcome, schrieb Cocteau den Roman, der sein bekanntester wurde, *Les Enfants terribles* (1929). Im Bann seiner Präsenz und der Atmosphäre von Villefranche waren ihm mehrere seiner Freunde gefolgt und hatten sich in der Nähe niedergelassen, darunter der Komponist Strawinsky und der Ballettimpresario Sergej Djagilew. Allerdings diente Villefranche auch der amerikanischen und russischen Marine als Stützpunkt, und wenn die Flotten da waren, veränderte sich der Charakter des

Hotels. »Ich wohne in einem Bordell für amerikanische Seeleute«, schrieb Cocteau an einen Freund, »... sie tanzen und raufen Tag und Nacht. Man hört nichts als lauten Jazz, überall läuft eine andere Melodie.«

Zweifellos war Antibes das Epizentrum einer Mischung, charakteristisch für viele Sommergäste waren ein sehr gehobener Lebensstil bei sehr niedrigen moralischen Standards. Dazu gehörten auch Sir Oswald (»Tom«) Mosley und seine Frau Cynthia[11], die dort jedes Jahr eine Villa mieteten, wenn sie nicht im Hôtel du Cap abstiegen, oder im Eden Roc, dem zum Hotel gehörigen Pavillon am Meer. Tom Mosley, für den Flirten etwas so Natürliches und beinahe Beiläufiges wie Atmen war, stellte fortwährend einer neuen Flamme nach, zum oftmals sehr augenfälligen Leidwesen seiner gutaussehenden Frau. 1930 war das Ehepaar Castlerosse bei ihnen im Haus zu Gast.

Valentine Castlerosse war so fettleibig, dass er oft als »Lord Elefant von Castlerosse« bezeichnet wurde. Grenzenlose Verschwendungssucht war seine hervorstechendste Eigenschaft. »Es gibt nichts Langweiligeres als Geld, das auf der Bank liegt, besonders, wenn es jemand anderem gehört«, war einer seiner Aussprüche. Nach dieser Philosophie lebte er, und er verließ sich darauf, dass er aufgrund seines Charmes und seiner Intelligenz schon nicht in Schwierigkeiten geraten würde. Als er einmal nach einem Kostümball in den frühen Morgenstunden ins Hotel zurückkehrte, sein massiger Leib mit nichts als Fellen bekleidet, begegnete ihm eine Frühaufsteherin im Hotelkorridor. »Mein Gott!«, rief sie entsetzt. »Ja, Madame«, erwiderte Castlerosse in aller Ruhe, »heute Nacht aber streng inkognito.« Und damit verschwand er würdevoll in seinem Zimmer.

Castlerosse war seit Jahren besessen von Doris Delevingne, einer schillernden Blondine, deren Dasein sich kaum von dem einer Kurtisane der Spitzenklasse unterschied. Ihr Lebensstil war ebenso luxuriös wie der von Castlerosse und wurde genau wie bei ihm von anderen subventioniert – in ihrem Fall von zahlreichen Liebhabern.

Lord Beaverbrook, für den Castlerosse seine äußerst erfolgreiche Klatschkolumne *Londoner's Log* im *Sunday Express* schrieb – und der ganz gewiss nicht auch noch für Doris' ähnlich gewaltige Ausgaben aufkommen wollte –, hatte sein Bestes getan, um die Heirat dieser beiden zu verhindern. Als er Ende Dezember 1927 erfuhr, dass im Standesamt von Hammersmith ein Aufgebot bestellt worden war, lud er Castlerosse rasch ein, mit ihm just an dem Tag, für den die Hochzeit geplant war, nach Cannes zu fahren, und zwar mit dem *Golden Arrow*. Der fuhr nämlich ab, ehe das Standesamt öffnete. Er war ein wenig überrascht, dass Castlerosse die Einladung bereitwillig annahm.

Der Grund dafür wurde ihm klar, als man ihm später die Rechnung für den gemeinsamen Hotelaufenthalt präsentierte. Darauf stand nicht nur ein Zimmer, das nicht bestellt worden war; auch war auf dieses Zimmer jeden Nachmittag eine Flasche Champagner gebracht worden. Bald dämmerte Beaverbrook, dass nach seiner und Castlerosse' Ankunft auch Doris angereist war, Castlerosse hatte sie jeden Nachmittag in genau diesem Zimmer besucht, um sich der Liebe und dem Champagner zu widmen – auf Beaverbrooks Kosten.

Beaverbrooks Bemühungen, ihre Verbindung zu hintertreiben, sollten scheitern; die beiden heirateten bald darauf, im Mai 1928. Nach nur wenigen Monaten hatte Doris, deren Lebensstil unverändert blieb, eine Affäre mit Tom Mitford, und der unglückliche Castlerosse zog in den International Sporting Club. Doch »das deprimierende Geräusch, wenn junge Männer ihre Muskeln spielen lassen und die Arterien alter Männer kollabieren«, vertrieb ihn schon bald wieder, und das Ehepaar Castlerosse fand wieder zusammen, zumindest für kurze Zeit.

Im August 1930 fuhren die Mosleys und ihre Kinder wie üblich nach Antibes und wohnten im Hôtel Eden Roc, wo Cimmies Schwester Lady Ravensdale zu ihnen stieß. Im näheren Umkreis waren auch die jüngste Schwester der Curzons, Lady Alexandra (Baba) Metcalfe, und ihr Mann Fruity Metcalfe abgestiegen. (Oder wie eines Sonntags in Castlerosse' wöchentlicher Kolumne zu lesen war: »Golf gespielt mit Fruity Metcalfe. Er brauchte 20 000 Wörter für eine Runde.«)

Bei ihnen und in den diversen Villen, wo Freunde lebten oder abgestiegen waren, floss der Alkohol in Strömen. Wenn die erweiterte Familie Mosley zusammenkam, war Krach vorprogrammiert. Es begann damit, dass Irene Ravensdale zufällig mit anhörte, wie ihr Schwager flüsternd darüber spekulierte, welche der drei Schwestern es schaffen würde, den (verheirateten) Stummfilmstar John Gilbert zu ködern, der ebenfalls im Hotel wohnte. Mosley fragte, ob »das Schwergewicht, das Leichtgewicht oder das Mittelgewicht« das Rennen machen würde, sprich Irene, Baba oder Cimmie. Alle wollten gerne einmal mit ihm flirten, von der berüchtigten *Femme fatale* Daisy Fellowes[12], die hoffte, auf den obersten Balkon des Eden Roc zur Mondscheinparty eingeladen zu werden, bis hin zu Baba, der es gelungen war, beim Abendessen den Platz neben ihm zu ergattern. Der Abend endete mit heftigen Auseinandersetzungen, bei denen Tom Mosley seiner Frau vorwarf, betrunken zu sein.

Der nächste Tag war nicht minder alkoholgetränkt: »Fruity hatte es ziemlich übertrieben, und Baba war sehr verärgert«, notierte Irene an diesem Abend in ihr Tagebuch. »Er verschwand, um sich wie John Gilbert zurechtzumachen. Dann kam er mit Gilbert und Cim zurück und gab vor, alle Damen wie der großartige Liebhaber überhaupt bezirzen zu wollen, es war zum Schreien. Die Stimmung war allerdings um zehn Uhr völlig ruiniert, weil Maurice und Miss Stephenson bereits sternhagelblau waren …«

Cimmies Geburtstag am 23. August verlief ähnlich gesellig. Nach einem Familienlunch im Hotel setzten sich die Schwestern, Tom und die Kinder zu Wolf (Babe) Barnato und seinen Gästen an den Tisch nebenan. Babe Barnato, Sohn des »Rand«-Diamanten-Millionärs Barney Barnato, war ein reicher Mann, der für die Geschwindigkeit lebte; er und seine Freunde wurden »die Bentley Boys« genannt. Er war ein Scratch-Golfer, spielte für seine Grafschaft Cricket, züchtete Rennpferde und war sowohl ein hervorragender Skifahrer als auch ein geübter Rennfahrer – er hatte die letzten drei Jahre die »24 Stunden von Le Mans« gewonnen.

Die Partys in seinem großen, luxuriösen Anwesen in Surrey begannen grundsätzlich gegen 22:00 Uhr und dauerten bis weit in den darauffolgenden Tag. Einmal waren die Kellner als Autorennfahrer verkleidet, mit Stoffhelmen und Schutzbrillen. Entlang der vierhundert Meter langen Kieszufahrt waren wie auf der Teststrecke von Brookland Boxen aufgebaut. Die Gäste parkten ihre starken Autos mit den hübschen Mädchen darin in diesen »Boxen«, wo Champagner ausgeschenkt wurde (Barnato selbst konnte zwei Flaschen trinken, ohne dass man es ihm angemerkt hätte), anschließend jagten sie weiter zum Haus.

Jüngst hatte er sich auf eine Wette eingelassen: Er war mit seinem Bentley Speed Six Coupé gegen den berühmten *Calais-Méditerranée Express* angetreten. Dieser wurde wegen seiner dunkelblauen Schlafwagen[13] *Train Bleu* genannt und bot in der ersten Klasse Platz für achtzig Passagiere. Seine miteinander verbundenen Luxusabteile waren holzgetäfelt und perfekt ausgestattet, von den schweren, zusammenklappbaren metallenen Waschschüsseln bis hin zu den Schlüsselhaken. Der Zug wurde so bekannt, dass 1924 Cocteau ein Libretto über ihn verfasste, zu einem Ballett, in dem außerdem Schwimmer, Tennisspieler und Gewichtheber vorkamen. Chanel hatte die Kostüme dafür entworfen, Picasso hatte den Vorhang gemalt; er zeigte zwei Riesinnen, die vor einem leuchtend blauen Himmel über einen Strand springen.

Der *Train Bleu* war also schnell und luxuriös. In jedem Schlafwagen gab es nur zehn Plätze, dafür eine Menge Bedienstete. Das Porzellan im Speisewagen war weiß statt blau, wie sonst üblich, und mit einem Blattgold-Emblem versehen. Auf jedem Tisch standen frische Blumen, die Speisekarte war handgeschrieben. Selbst der Gang war mit dickem Teppich ausgelegt, so dass späte Gäste nicht die Mitreisenden störten, die früh zu Bett gegangen waren (die Kellner schliefen in Hängematten, die an Haken im Speisewagen eingehängt wurden, sobald dieser sich endgültig geleert hatte).

Selbstverständlich war dies der bevorzugte Zug von reichen und berühmten Reisenden. Wenn Cole Porter und seine Frau in den Süden fuhren, buchten sie einen kompletten Waggon, mit jeweils einem Schlafzimmer für sie beide und zwei weiteren für einen Diener und eine Kammerzofe, einem Wohnzimmer, in dem sie ihre Mahlzeiten einnahmen, und einem zusätzlichen für die Arbeit oder Besuche. Spieler, die nach Monte Carlo unterwegs waren, spielten auf der Zugfahrt Bridge um hohe Einsätze; hochrangige Kurtisanen – *pules de luxe* –, die an die Riviera fuhren, um ihr Glück zu versuchen, versprachen den Gewinnern auf dem Weg womöglich eine lustvolle Nacht. In Calais stiegen die englischen Passagiere zu. An der Küste hielt er in Saint-Raphael, Cannes, Juan-les-Pins, Antibes, Nizza, Monte Carlo und Menton.

In jenem März, Barnato war zu einem Abendessen an Bord einer Yacht in der Nähe von Cannes gewesen, kam die Idee zu dem Wettrennen mit dem *Train Bleu* auf. Barnato wettete zweihundert Pfund darauf, dass er den Zug auf seiner Fahrt von Cannes nach Calais mit Leichtigkeit schlagen könne. Als der

Train Bleu am nächsten Morgen um 5:45 Uhr am Bahnhof in Cannes losfuhr, trat Barnato in Cannes aus der Bar des *Carlton* und fuhr mit einem Begleiter im Speed Six los.

Heftige Regenfälle erschwerten ihr Vorankommen, und sie verloren einmal mehr Zeit, als sie ihren vorab vereinbarten Treffpunkt zum Auftanken suchen mussten. In der Nähe von Paris gerieten sie in dichten Nebel, und einen Platten hatten sie auch noch. Dennoch betrug ihre Durchschnittsgeschwindigkeit auf der 917 Kilometer langen Strecke knapp 70 km/h (43,43 mph). Sie erreichten Calais so lange vor dem Zug, dass Barnato beschloss, seine Wette bis London zu verlängern. Sie stiegen an Bord einer Fähre nach Dover, und weiter ging es. Um 15:20 Uhr parkte Barnato den Speed Six vor dem Conservative Club in der St James's Street, vier Minuten, ehe der *Train Bleu* in Calais ankam. Die Franzosen revanchierten sich für diese nationale Demütigung, indem sie ihn mit einem Bußgeld von hundertsechzig Pfund wegen Rennsports auf öffentlichen Straßen belegten und Bentley Motors (deren Vorstandsvorsitzender Barnato war) für das verbleibende Jahr vom Pariser Autosalon ausschlossen.

Erneut hervor tat sich Babe Barnato am Abend von Cimmies Geburtstag, zu dem sie ein mit Flutlicht beleuchtetes Geburtstagsdinner auf den Felsen unterhalb ihres Hotels veranstaltete. Barnato und Gilbert tauchten mit ein paar anderen Männern nach dem Essen um die Wette. Auch dieser Abend war geprägt von Szenen und Streitigkeiten. Irene, die beim Essen neben Gilbert saß, lauschte seinen Geständnissen, dass es »zwischen ihm und Ina [Gilberts Frau] gerade nicht so gut lief«. Mosley, der jederzeit für einen Blödsinn zu haben war, lotste Ina ein Stück mit, damit sie sich mit Fruity unterhalten konnte, um die beiden dann schließlich ganz allein zu lassen. Bis der krankhaft eifersüchtige Gilbert feststellte, dass sie nicht mehr da war. In Inas Worten »drehte er durch«, zerrte sie »brutal auf die Straße, wo

Cim und Dudley Zeugen einer beängstigenden Szene wurden … und wo Baba und Cim Ina und ihn stundenlang beschwichtigen mussten«. Irene wurde um fünf Uhr morgens nach Hause gefahren, »erschöpft davon, sich um die Streitereien anderer Leute zu kümmern«. Und als alle am nächsten Morgen aufgestanden waren, stellte sich heraus, dass John Gilbert im Morgengrauen mit dem Taxi nach Paris abgereist war und zu dem Fahrer gesagt hatte: »Bauen Sie bloß keinen Unfall – mein Gesicht ist mein Kapital.«

Für die goldenen Paare, die die Sommerurlaube an der Riviera erfunden hatten, lief es nicht immer gut. Die dunkle Seite zeigte sich deutlich am Beispiel der zerrütteten Leben von Zelda und F. Scott Fitzgerald (sie waren oft zu Gast bei Gerald und Sara Murphy, die sich als Erste an dieser Küste angesiedelt hatten und auf deren Geschichte Fitzgeralds *Zärtlich ist die Nacht* basierte). Im Sommer 1930 kam die dreißigjährige Zelda in die erste einer ganzen Reihe von Kliniken, in denen sie sich für den Rest ihres Lebens würde aufhalten müssen, während sich ihre Beziehung langsam und quälend auflöste und ihre psychische Verfassung immer instabiler wurde.

In einem langen Brief beschrieb Scott in diesem Sommer Zeldas »beinahe größenwahnsinnigen Egoismus und meinen irrsinnigen Alkoholkonsum … wir haben uns selbst kaputt gemacht – ich habe ganz ehrlich niemals geglaubt, dass wir uns gegenseitig kaputt machen«. Geld, einst im Überfluss vorhanden, war nun nicht mehr so einfach zu verdienen: Scott war zwar erst vierunddreißig, aber sein Alkoholismus holte ihn immer wieder ein, und das Schreiben fiel ihm nun schwerer als früher. Zelda schickte ihm aus dem Krankenhaus trübsinnige, vorwurfsvolle Briefe, die er mit den Worten beantwortete: »Die schäbigen Briefe, die du mir schreibst, sortiere ich einfach unter Z in meinen Ordner.«

Was ihn am meisten getroffen hatte, war der Vorwurf der Homosexualität, mit dem ihn Zelda eines Tages konfrontiert hatte. Traurig schwand dahin, was einst ein schönes Leben zu sein schien.

Auch in finanzieller Hinsicht begann die Riviera zu leiden. Der Börsencrash an der Wall Street im Oktober 1929 hatte die Küste erschüttert, die Weltwirtschaftskrise setzte ein. Häuser wurden verkauft, die Casino-Aktien fielen, die Besucherzahlen gingen drastisch zurück, Hotels und Geschäfte senkten die Preise, um Besucher anzuziehen. Im Hôtel Splendide in Nizza halbierten sich von 1929 bis 1930 annähernd die Umsätze. Aber nichts davon hielt die Männer und Frauen ab, die hier auf der Suche waren nach dem, was die magische Küste zu bieten hatte: glamourösen, sonnendurchfluteten Hedonismus.

Einer von ihnen war ein deutscher Diplomat namens Baron Hans Günther von Dincklage. Er hatte sich in Sanary niedergelassen mit seiner schönen, halb jüdischen Frau namens Maximiliane, genannt Catsy, eine reiche Erbin, mit der er seit 1927 verheiratet und deren Halbschwester die Schriftstellerin Sybille Bedford war. Von Dincklage war groß und sportlich, er hatte ein offenes Gesicht, war blond und attraktiv, besaß ansprechende, kultivierte Umgangsformen und sprach fließend Englisch und Französisch. Seine Mutter war Engländerin, sein Vater stammte aus einer alten westfälischen Adelsfamilie, womit er perfekt den eher unbedeutenden diplomatischen Posten ausfüllte, den er in der deutschen Botschaft innehatte. Erst später sollte er eine wichtige Rolle spielen – in Coco Chanels Leben.

MISIA SERT UND IHR FREUNDESKREIS

Misia Sert gehörte während der gesamten Dreißigerjahre zu den häufigsten Gästen von La Pausa. Sie und Chanel waren engste Vertraute, und sie blieben trotz ihrer unterschwelligen Rivalität[14] und mehrerer Zerwürfnisse lebenslang miteinander verbunden. Wenn eine Einladung anstand, erschienen Misia und Chanel zusammen, Misia stets in Kleidern von Chanel; in La Pausa lagen Misias Zimmer neben denen von Chanel. Sie hatten sich 1917 bei einer Dinnerparty kennengelernt, als Chanel gerade anfing, berühmt zu werden. Von Beginn an war Misia fasziniert gewesen von Chanel – damals noch eine recht stille, aber äußerst elegante junge Frau –, und sofort war ihr klar gewesen, dass sie gerade eine außergewöhnliche Bekanntschaft gemacht hatte. Am nächsten Tag hatte sie Chanel einen Besuch abgestattet, und die beiden hatten sich stundenlang unterhalten.

Misia war polnisch-russischer Abstammung, sehr musikalisch und künstlerisch orientiert. Während ihrer Ehe mit ihrem ersten Mann, ihrem Cousin Thadée Natanson, wurde sie rasch zum Mittelpunkt eines gesellschaftlichen Zirkels, zu dem unter anderen Debussy, Renoir, Monet und Gide gehörten. Alle waren bezaubert von ihrem jugendlichen Charme, malten sie, widmeten ihr Kompositionen, sie wurde Muse und Gönnerin von vielen von ihnen. Als Alfred Edwards, einer der reichsten Männer von Paris, intensiv um sie warb, ließ sie sich von Natanson scheiden, und 1905 heiratete sie Edwards. Doch nur ein Jahr darauf trennte das Paar sich wieder, weil Edwards sich in eine Kurtisane verliebt hatte, die er schließlich auch heiraten würde.

1908 begann Misia eine Affäre mit dem spanischen Maler José-Maria Sert. Äußerlich machte er nicht viel her – er war korpulent, dunkel und trug einen Bart –, aber er versprühte Lebensfreude und war von seinem Glück überzeugt. Und Misia? »Ich war mir absolut sicher, dass Sert der Mann war, auf den ich immer gewartet hatte, dass es die anderen nie gegeben hatte und nie mehr jemanden anderen geben würde«, schrieb sie, nachdem sie gemeinsam Italien bereist hatten. »Zum ersten Mal empfand ich die überwältigende Ruhe und gleichzeitig die Beklemmung, die etwas Endgültiges auslöst.«

Mittlerweile waren Misia und ihr Einfluss auf die Kulturszene berühmt in Paris, das in den Zwanzigern als Kulturhauptstadt der Welt betrachtet wurde (nicht zuletzt von sich selbst). Viele Eigenschaften, die Proust seiner Gastgeberin Madame Verdurin verlieh, stammten von Misia. Der Schriftsteller Paul Morand beschrieb sie als »Sammlerin von Genies, die allesamt in sie verliebt sind«. Es hieß, man müsse schon begabt sein, damit Misia einen kennenlernen wollte.

Wenig überraschend ging es mit Serts Karriere von dem Moment an bergauf, als Misia und er ein Paar wurden. Plötzlich kamen reihenweise Aufträge herein, und schon bald prangten auf den Wänden der Häuser und Schlösser der Reichen seine Phantasiegeschöpfe: Elefanten, Zwerge, Akrobaten, nackte Götter und Göttinnen unter Palmen, sich blähende Vorhänge. Ballsäle, Pavillons, Musikzimmer und Treppenhäuser dienten als Leinwände für seine gewaltigen Fresken, und schließlich bat man ihn, auch öffentliche Gebäude zu verzieren: das Rathaus in Barcelona, den Völkerbundpalast in Genf, das Rockefeller Center in New York. Reich zu sein behagte ihnen beiden, und zwar so sehr, dass

Sert später seine Kunst und das, was er damit verdiente, über alles andere stellte.

Misia war einst Modell für Maler wie Toulouse-Lautrec, Vuillard oder Renoir und enge Freundin des Ballettimpresarios Sergej Djagilew gewesen. Und sie war es, die Chanel in das brodelnde, künstlerische Leben von Paris einführte; ein regelrechter Nährboden für Ideen. Durch Misia und Sert lernte Chanel die Welt der Musik, der Malerei und der Kunst kennen und darüber hinaus eine ganz bestimmte, stilvolle Lebensart; über Misia traf Chanel Künstler wie den großartigen Tänzer und Choreografen Serge Lifar oder den vielseitig gebildeten französischen Intellektuellen Jean Cocteau.

Gleichzeitig herrschte zwischen ihnen eine latente Rivalität: Misia betrachtete Chanel als ihren Protegé, und alles, was dieser Auffassung widersprach, rief Eifersucht hervor. Als Chanel, die von Misia auch ins Ballett eingeführt worden war, einmal die Schulden des Impresarios Sergej Djagilew bezahlte, warnte sie ihn mit den Worten: »Misia darf nie davon erfahren, niemals!« Einem Biografen[15] erzählte sie: »Ich kannte mich mittlerweile genug aus, um zu wissen, dass Misia eifersüchtig auf mich gewesen wäre, weil sie nicht dasselbe für Djagilew tun konnte wie ich.«

Misia war es auch gewesen, die Chanel aus einer Verzweiflung gerettet hatte, der diese beinahe erlegen wäre. So hatte sie in gewissem Sinne auch Chanels Karriere gerettet. Diese war ursprünglich durch Arthur »Boy« Capel in Schwung gekommen. Der gutaussehende Capel hatte grüne Augen und dunkle Haare, sprach fließend Französisch, war Engländer – und die Liebe ihres Lebens. Anders als die meisten seiner Freunde genoss er seine Arbeit ebenso sehr wie sein Vergnügen; eine Einstellung, die bei Chanel großen Widerhall fand, wie auch sein Glaube an die Fähigkeit von Frauen, die, wie er fand, zu Unrecht von weltlichem Erfolg abgehalten wurden. »Das Tor zur Stadt der Zukunft ist

Frauen immer noch verschlossen«, notierte er einmal. »Es ist an der Zeit, sie zu befreien … die Unterlegenheit der Frau war nur eine Täuschung des anderen Geschlechts.«

Auf Chanel traf das zweifellos zu.

Dabei waren ihre Anfänge nicht sehr vielversprechend gewesen. Gabrielle Bonheur Chanel wurde am 19. August 1883 als Tochter unverheirateter Eltern geboren. Ihr Vater war von Anfang an abwesend, ein umherziehender Hausierer; ihre Mutter starb, als sie elf war, woraufhin der Vater seine drei Töchter in ein Waisenhaus für Mädchen brachte, das von Nonnen des Zisterzienserordens geführt wurde. Er ließ sie dort und verschwand für immer aus ihrem Leben. Die jüngeren Brüder Alphonse und Lucien, damals neun und fünf Jahre alt, wurden noch schlechter behandelt. Sie landeten in Bauernfamilien, um dort, wie damals üblich, gewissermaßen Sklavendienst zu verrichten. Erst als Chanel dreizehn war, wurden sie von den kleinen Höfen, auf denen sie gearbeitet hatten, weggeschafft, um Markthändler zu werden, wie ihr Vater.

Der Waisenhaus-Alltag war streng, abgeschieden, klösterlich und eintönig. Die Mädchen trugen schwarze Röcke und weiße Blusen und wurden an den Tagen, an denen sie sich in der Öffentlichkeit bewegten, pausenlos beaufsichtigt. An diesem trostlosen, einsamen Ort, an dem sie sechs Tage die Woche unterrichtet wurde und wo alles andere, von interessanterer Kleidung bis zur Romanlektüre, verboten war, blieb Chanel sechs Jahre lang; im wahrsten Sinne des Wortes in Gefangenschaft. Manchmal muss es der Halbwüchsigen so vorgekommen sein, als gäbe es kein Entrinnen. Aber sie lernte dort immerhin nähen. Mit achtzehn – dem Alter, in dem die Mädchen das Waisenhaus verließen – kam sie als Armenschülerin in eine Klosterschule in Moulins, einem Ort, in dem mehrere Regimenter stationiert waren. Und dort fand sie, gemeinsam mit ihrer Tante Adrienne, einer schönen jungen Frau, die nur ein Jahr älter war als sie, Arbeit als Näherin.

Chanel war mittlerweile ebenfalls eine junge Frau mit bemerkenswert hübschen Zügen. Um sich etwas dazuzuverdienen, sang sie in einem Kabarett. Zu dieser Zeit lernte sie Étienne Balsan kennen, einen ehemaligen Offizier der französischen Kavallerie, nunmehr Herrenreiter und Textilerbe. Mit dreiundzwanzig Jahren wurde sie zu seiner Geliebten – beziehungsweise zu seiner zweiten Geliebten. Balsan nämlich unterhielt eine bekannte Kokotte auf Royallieu, seinem Château in der Nähe von Compiègne, das berühmt war für seine Jagden. Chanel, die schon sehr früh pragmatisch dachte, akzeptierte diesen Status als Flucht aus ihrem bisherigen Leben. Mit seiner Hilfe wurde sie zu einer hervorragenden Reiterin, beobachtete, wie sich seine aristokratischen Freunde benahmen – und verliebte sich in einen von ihnen. Das war Boy Capel. Für ihn verließ sie Balsan nach drei Jahren, um schließlich in Capels vornehmes Pariser Apartment zu ziehen.

Dort eröffnete sie eine kleine Hutmacherei. Ihre Modelle waren völlig anders als die Kreationen, die damals in Mode waren, auf denen sich Blumen, Federn und manchmal Schmucksteine türmten; nämlich stattdessen verblüffend schlicht und elegant, und das sprach sich herum. Als sie ihr Geschäft vergrößern musste, unterstützte Capel sie finanziell; schon bald hatte sie sich mit der Schlichtheit und Eleganz ihrer Kreationen einen Namen gemacht. Es war eine glückliche Zeit. Sie war Hals über Kopf verliebt (»Er war mein Vater, mein Bruder, meine gesamte Familie«, würde sie später sagen) und trieb ihre Unabhängigkeit voran; einer ihrer stärksten Wesenszüge.

Alle beide steckten voller Energie. Während Capel häufig unterwegs war und auf den diversen Spielfeldern, die in ganz Frankreich entstanden waren, Polo spielte, widmete sich Chanel ihrer Arbeit. Sie hing der damals noch neuen Auffassung an, dass man durch regelmäßigen Sport zu einem schlanken und schönen Körper gelangen konnte. In ihrem Fall waren das Tanzstunden, und sie sollte sie ihr ganzes Leben lang beibehalten. Sie hatte Erfolg, Capel war ständig unterwegs auf Geschäftsreisen, und Chanel wurde zunehmend autonom. Bald zeigte sich, dass sie jedes bisschen Kraft brauchen würde: Im Frühjahr 1918 teilte Capel ihr mit, dass er die junge Witwe Diana Wyndham heiraten würde, eine Aristokratin, die seine gesellschaftliche Position stärkte.

Chanel war am Boden zerstört. Offenbar war sie doch nichts weiter als eine Geliebte gewesen. Sie zog aus dem Apartment aus, in eine Wohnung, die Misia für sie gefunden hatte, und als Diana und Capel schließlich im August 1918 heirateten, floh Chanel, wohl nach einem Nervenzusammenbruch, aus Paris. Auch Capel litt sehr unter der Trennung, wenige Monate später zog es ihn wieder zu Chanel hin, und ihre Beziehung ging als Liaison weiter. Seine Frau Diana stellte kein Hindernis dar, sie verbrachte mittlerweile mehr Zeit in England, wo sie ihrerseits eine Affäre wiederaufgenommen hatte, und zwar mit einem gewissen Duff Cooper (»Ich bin ihr überhaupt nicht wichtig und sie mir auch nicht sonderlich, aber wir amüsieren uns«, schrieb dieser damals in sein Tagebuch).

Mittlerweile war Chanel als *couturière* registriert (und nicht mehr als Näherin) und hatte ihr eigenes *maison de couture* unter der Adresse Rue Cambon 21, Paris, eingerichtet, praktischerweise ganz in der Nähe des Ritz.

Im Jahr 1919, einige Tage vor Weihnachten, kam Capel auf einer Fahrt nach Südfrankreich bei einem Autounfall ums Leben. Ein Reifen platzte, das Auto überschlug sich und ging in Flammen auf. Comte Léon Laborde, ein Freund, hatte sich in den frühen Morgenstunden zu Chanel begeben, um ihr die Nachricht zu überbringen. Der Butler empfing ihn, aber Laborde bestand darauf, selbst mit Madame zu sprechen. Chanel, deren schwarze Haare noch vom Schlafen zerzaust waren, kam in ihrem weißen Satinpyjama die Treppe herunter. Nachdem der Comte ihr die schreckliche Nachricht mitgeteilt hatte, sagte sie nichts, sondern starrte ihn nur entsetzt an, »mit trockenen Augen weinend«, wie Laborde es später beschrieb.

Sofort wusste sie, was zu tun war: Sie zog sich an, packte eine Reisetasche und bestand darauf, dass Laborde sie auf der Stelle in den Süden fuhr. Spät am darauffolgenden Abend erreichten sie Cannes. Laborde ging von Hotel zu Hotel, um Capels Schwester ausfindig zu machen, von der er nur wusste, dass sie sich irgendwo dort aufhielt. Um drei Uhr morgens hatte er sie schließlich gefunden und ging mit Chanel hinauf zu ihrer Suite. Von ihr erfuhr Chanel, dass sie nicht einmal einen letzten Blick auf Capels Gesicht werfen konnte, er hatte so starke Verbrennungen erlitten, dass der Sarg sofort verschlossen worden war. Am nächsten Tag wollte sie nicht auf die Beerdigung gehen, sondern bat den Chauffeur, sie stattdessen zur Unfallstelle zu bringen. Dort lief sie zwischen den Autotrümmern umher, berührte sie und setzte sich schließlich auf einen Meilenstein am Straßenrand, um endlich zu weinen. Viele Jahre später sagte sie: »Mit Capel verlor ich alles. Er hat eine Leere in mir hinterlassen, die die Zeit nicht füllen konnte.« Sie trauerte wie eine Witwe, ließ die Möbel in ihren Schlafzimmern schwarz verhüllen, schwarze Vorhänge an den Fenstern aufhängen und die Betten schwarz überziehen.

Zu ihrem grauenvollen Verlust kamen auch noch Demütigung und Verrat: Chanel stellte fest, dass sie nicht Boy Capels einzige Geliebte gewesen war. Die *Times* enthüllte, dass er in seinem Testament einer italienischen Gräfin ein ebenso großes Vermächtnis hinterlassen hatte wie ihr; eine finale Herabwürdigung, die sie in den bodenlosen Abgrund von Elend, Hoffnungslosigkeit und Apathie stürzen ließ.

Erst nachdem die Serts, die gerade kirchlich geheiratet hatten, sie auf ihre Flitterwochen nach Venedig mitgenommen hatten, erholte sie sich langsam. Noch immer fast wahnsinnig vor Trauer stürzte sie sich wieder in die Arbeit. Sie investierte die 40 000 Pfund, die Capel ihr hinterlassen hatte, in ihr Unternehmen und mietete größere Räume in der Rue Cambon 31.[16] Außerdem begann sie damals mit etwas, das zu einer lebenslangen Gewohnheit werden sollte: Liebesaffären, die sie entweder parallel einging oder die sich überschnitten. Außerdem würde sie die Fähigkeit entwickeln, mit den meisten ihrer Liebhaber lebenslang befreundet zu bleiben.

1921 rekrutierte sie ihren Liebhaber aus dem Kreis der Serts: Es war der Komponist Igor Strawinsky. Seine finanzielle Lage war angespannt, er fand in Paris keine bezahlbare Wohnung für seine Familie. Chanel hatte seiner Frau und seinen vier Kindern ihr Haus überlassen und sich selbst in einer Suite im Ritz eingemietet. Hier stattete ihr Strawinsky immer wieder Besuche ab oder begleitete sie in Clubs oder auf Partys. Bald ließ sie ihm regelmäßige Zuwendungen zukommen. Die Wiederaufnahme seines Balletts *Le sacre du printemps*, zum Großteil durch Chanel finanziert, war ein gewaltiger Erfolg und brachte sie noch enger in Kontakt mit dem künstlerischen Kreis um Djagilew. »Ich mochte ihn [Strawinsky]«, sagte sie, »weil er sehr freundlich war.« Zudem fühlte sie sich von seinem slawischen Temperament sowie von seinem Talent angezogen. Und nicht zuletzt lernte sie von ihm viel über Musik. Bald begannen sie eine Affäre. In ihrer Welt hielt man nichts lange geheim, nicht einmal vor dem Ehepartner, den man betrog. Als Chanel, die Strawinsky als Familienvater zu Hilfe gekommen war, ihn daran erinnerte, dass er verheiratet sei, und ihn fragte, was seine Frau wohl sagen würde, antwortete er schlicht: »Sie weiß, dass ich dich liebe. Wem, wenn nicht ihr, würde ich etwas so Großes anvertrauen?«

Erwartungsgemäß war die Beziehung zu Strawinsky eine qualvolle Angelegenheit, und die Dramatik wurde noch gesteigert durch die Serts, für die Höhen und Tiefen anderer Leute Beziehungen selbstverständlich zum Leben gehörten. Zwar war Chanel von der inneren Landschaft der russischen Seele fasziniert, dennoch empfand sie nicht die gleiche Leidenschaft für Strawinsky, die er ihr entgegenbrachte. Als die *Ballets Russes* zu einer Tournee in Spanien aufbrachen und Strawinsky sie bat, mitzufahren, antwortete sie vage, dass sie nachkommen würde.

Ein, zwei Monate später fuhr sie abends einen jungen Mann nach Hause, den sie gerade erst kennengelernt hatte. Der dreißigjährige Großfürst[17] Dmitri Pawlowitsch, Enkel und Liebling von Zar Alexander II., gehörte zu den aristokratischen russischen Emigranten, die nach Paris geflohen waren und sich nunmehr als Kellner, Taxifahrer und mit allen Mitteln, die ihnen sonst noch einfielen, durchschlugen. Seine Kindheit war zwar privilegiert gewesen, aber er hatte sie gewissermaßen als Waise verbracht: Seine Mutter war bei seiner Geburt gestorben. Als er elf Jahre alt war, wurde sein Vater verbannt, weil er eine morganatische Ehe eingegangen war, die der Zar missbilligte. Gemeinsam mit seiner Schwester hörte er im Kreml, wo sie Schutz gesucht hatten, die Waffen und Bomben der Revolution von 1905.

1916 war Dmitri an dem Komplott zur Ermordung Rasputins beteiligt gewesen: als einer der Verschwörer in dem Haus, in dem Rasputin zuerst vergiftet und dann erschossen worden war. Aus diesem Grunde hatte sein Vetter, der unglückselige Zar Nikolaus II., ihn verbannt; und das hatte ihm das Leben gerettet, als die Revolution kam. Sein Vater, sein Bruder und seine Tante hingegen wurden allesamt von den Bolschewiken ermordet.

Er selber war groß, sah außergewöhnlich gut aus – und war acht Jahre jünger als Chanel. Über die Nacht, in der sie ihn nach Hause in seine Wohnung fuhr, wo sie bis vier Uhr morgens blieb, notierte er später: »Plötzlich hatte sich ein erstaunlich freundschaftliches Verhältnis zwischen uns entwickelt.«

Auch diese Liason verlief nicht ohne Komplikationen. Als Misia Sert herausfand, dass Chanel, die sie als *ihren* Schützling betrachtete, ohne ihr Wissen mit dem schönen Dmitri geschlafen hatte, schicke sie ein Telegramm an Djagilew und Strawinsky, das Unruhe stiften sollte. »Coco ist ein kleines Ladenmädchen, das Großfürsten Künstlern vorzieht«, hieß es darin. Djagilew schickte es direkt an Chanel weiter und fügte hinzu, dass sie unter keinen Umständen nach Spanien kommen solle, Strawinsky wolle sie umbringen. Für Chanel bedeutete dies das Ende der Affäre mit Strawinsky (auch wenn sie ihn weiterhin finanziell unterstützte) … und beinahe das Aus der Freundschaft mit Misia, mit der sie wochenlang nicht sprach.

Unterdessen sah Chanel Dmitri jeden Tag. Bald nahm sie ihn auch mit an die Côte d'Azur. Für diesen Ausflug kaufte sie eigens ein neues Auto. Es war ein hellblaues Cabrio, ein Rolls-Royce Silver Cloud: Immerhin war sie jetzt eine reiche Frau und im Begriff, noch reicher zu werden. Sie wohnten in Menton, in Begleitung von Chanels Zofe und Dmitris Diener Piotr, einem Riesen von einem Mann, der ihm ins Exil gefolgt war. Vormittags spielte Dmitri Golf, während Chanel lange im Bett blieb; zum Lunch trafen sie sich dann und fuhren anschließend mit dem Auto durch die Gegend, um sich Dörfer und Kirchen anzusehen, in Restaurants zu speisen und im Casino zu spielen.

In seinem Tagebuch schrieb Dmitri von Chanels »außergewöhnlicher Herzensgüte« und »überraschender Liebenswürdigkeit«. Er hatte zwar kein Geld und wurde maßgeblich von ihr unterstützt, schenkte ihr aber die prächtigen Familienperlen, die er bei seiner Flucht vor der Revolution hatte retten können. Sie ließ sie kopieren und machte lange Ketten aus echten oder künstlichen Perlen zum Trend.

Aus ihrer kurzen Liaison (Dmitri notierte auch, dass er nicht verliebt in Chanel war) wurde eine dauerhafte Freundschaft, die sich zudem als größte Quelle von Chanels Reichtum herausstellen sollte. Dmitri war es nämlich, der sie dem russisch-französischen Parfumeur Ernest Beaux vorstellte.

Die Düfte, die elegante Frauen damals bevorzugten, bestanden aus reinen Blütenessenzen – Gardenie, Rose, Heliotrop, Jasmin: leicht, unschuldig und rasch verflogen. Die tieferen, eher sexuellen Aromen auf der Basis von Moschus und Zibet, die sich länger hielten, waren Halbweltdamen überlassen. Doch Chanel glaubte, dass die Frauen – womit sie ihre Kundinnen aus der Society meinte – mittlerweile befreiter und bereit waren, raffinierte, sinnliche Parfums zu verwenden, als Gegengewicht zu dem geradezu spartanischen Chic ihrer Kleidung. Und um die erotische Wirkung von Parfum noch zu unterstreichen, fügte sie hinzu: »Sie sollten es dort auftragen, wo Sie geküsst werden wollen.«

Sie selbst hatte Parfum schon immer geliebt und benutzte es täglich, wenn sie einen Raum verließ, duftete er immer noch eine Weile nach ihr. Regelmäßig zitierte sie Paul Valérys Aphorismus: »Eine Frau, die kein Parfum trägt, hat keine Zukunft.« Und weil ihr schon sehr früh der Wert von Publicity bewusst war, besonders auch durch Mundpropaganda, betrachtete sie den neuen Duft als festen Bestandteil des Images, mit dem die Marke Chanel einen ganz neuen Markt erreichen würde.

Beaux also, ein Parfumeur der Meisterklasse, hatte Mischungen aus natürlichen Essenzen und synthetischen Stoffen, die diese Essenzen stabilisierten, geschaffen, so dass ein Duft ein abstraktes, lange anhaltendes Parfum wurde statt nur ein kurzlebiger und identifizierbarer Blumengeruch. Er bot Chanel mehrere seiner Kreationen zur Auswahl an. Sie entschied sich für die fünfte. Als er sie fragte, wie sie den Duft nennen wolle, beschloss sie, bei ihrer Glückszahl zu bleiben: »Ich habe meine Kleiderkollektion am 5. Mai vorgestellt, dem fünften Monat des Jahres. Belassen wir es bei No. 5.« Selbst die Flasche besaß die gleiche sparsame Eleganz wie ihre Kleidung: kein gewölbter, kunstvoller Flakon, wie es damals üblich war, sondern ein schlichtes, eckiges Fläschchen aus klarem Glas mit ihrem Signet, dem doppelten C.

Sie verteilte Proben an ihre favorisierten Kundinnen, und die liebten es. Allerdings unterschied sich der Handel mit Parfum sehr vom Verkauf von Couture-Kleidung an individuelle Kundinnen. Théophile Bader, ein Freund und der Inhaber von Galeries Lafayette, stellte sie den Gebrüdern Wertheimer vor, den Besitzern von Les Parfumeries Vourjois, dem größten Kosmetik- und Dufthersteller Frankreichs. Mit ihnen schloss sie einen Vertrag: Die Wertheimers würden Chanel No. 5 produzieren, vermarkten und vertreiben und dafür siebzig Prozent des Gewinns einnehmen. Zwanzig Prozent gingen als Provision an Bader, Chanel erhielt lediglich zehn Prozent. Dieses Geschäft würde sie für den Rest ihres Lebens bedauern: Der Erfolg stellte sich sofort ein, schon der Einschlag auf dem amerikanischen Markt war gewaltig. Bald war Chanel No. 5 der bekannteste Duft der Welt. Allein ihre zehn Prozent Gewinnanteil machten Chanel zur Multimillionärin.

Um dieselbe Zeit begann sie eine weitere Affäre, und zwar mit einem Freund Picassos, dem verheirateten Dichter Pierre Reverdy, dessen Werk viele Surrealisten inspiriert hatte. Anders als ihre bisherigen Liaisons hielt diese fünf Jahre lang (von 1921 bis 1926). Die beiden hatten sich in Misia Serts Apartment im fünften Stock kennengelernt, zwischen blauen Schmetterlingen, barocken Statuen und venezianischem Glas. Reverdy war klein, hatte dicke schwarze Haare, einen dunklen, olivfarbenen Teint und eine warme, raue Stimme. Manchmal schwieg er plötzlich und wurde launisch, schwierig und geheimnisvoll. Misia kannte ihn schon eine Weile und beschrieb ihn als offensichtlich »durch und durch vom Leben gebrochen. Er war eine merkwürdige Mischung aus tiefer christlicher Demut und heftiger Auflehnung. Man spürte seine permanente Seelenqual beinahe körperlich.«

Sein Wesen war voller Widersprüche: Er liebte das gute Leben mit seiner Fülle an sinnlichen Vergnügungen, fühlte sich aber gleichermaßen einem Leben in Askese und Kontemplation verpflichtet. Die Liebe zu Chanel war gekoppelt an Gewissensbisse wegen seiner Untreue, und das führte dazu, dass er immer wieder urplötzlich aus dem gesellschaftlichen Glamour und dem luxuriösen Leben mit Chanel in seine kleine Dachkammer am Montmartre verschwand.

Einem Liebhaber war das gelinde gesagt nicht gerade angemessen, und sein Bedürfnis nach Zurückgezogenheit ließ ihn schließlich Zuflucht in der Nähe der Abtei von Solesmes suchen, wo er einige Jahre mit seiner Frau verbrachte. Wenn Chanel an der Côte d' Azur Urlaub machen wollte, griff sie also wieder auf Dmitri zurück.

Doch nachdem Chanels Affäre mit Bendor 1930 zu Ende gegangen war, trat Reverdy wieder in ihr Leben (»Ich kann der Freude nicht widerstehen, dich wiederzusehen ...«), und er verbrachte einen Großteil des Sommers 1931 in La Pausa. Dort schrieb er eine Reihe von Aphorismen für sie, die sie später als ihre eigenen ausgeben konnte, wenn Zeitschriften auf sie zukamen *(Ein Übermaß an Taktgefühl in der Liebe kann zur Täuschung führen).*

Ihr Reichtum faszinierte diesen von seinen Empfindungen gequälten Mann, gleichzeitig fühlte er sich davon abgestoßen. Wenn sie ihm also finanziell unter die Arme greifen wollte, musste sie dies im Geheimen tun, etwa indem sie über seinen Verleger seine Manuskripte kaufte. Obwohl er sie Ende 1931 verließ, wiederum verzehrt von Schuldgefühlen gegenüber seiner Frau, blieb die Beziehung die tiefste in ihrer beider Leben.

Mittlerweile war Chanel die berühmteste *couturière* der Welt, deren Kundinnen Monate im Voraus Anproben buchten. Die Côte d'Azur derweil war das beliebteste Sommerreiseziel. Seit den späten 1920er-Jahren hatten die Grand Hotels die ganzen Sommermonate über geöffnet. Könige stiegen dort ab (von Norwegen, Schweden und Dänemark), Fürsten, Maharadschas, Millionäre, Filmstars, Adelige und Gesellschaftslöwen. Manche mieteten oder kauften Villen an der Küste. Das trieb die Preise in die Höhe, was wiederum diejenigen Engländer verärgerte, die sich hier bereits niedergelassen hatten, um ruhiger, günstiger und wärmer als in ihrer Heimat zu leben.

Niemand war bekannter als Chanel. Ihr faszinierendes Aussehen, sinnlich, androgyn und chic, ihre kurzen Haare, ihre schlanke Gestalt, an der die reduzierte Eleganz ihrer Kleidung bestens zur Geltung kam, sowie ihre prominenten Liebhaber (»Mein Liebesleben ist mittlerweile sehr durcheinandergeraten«), über die jedermann klatschte, hatten ein machtvolles Image geschaffen. Ihr war das sehr wohl bewusst. Nie drückte sie sich vor dem Rampenlicht oder wandte sich von einem Fotografen ab; auf all den eleganten Abendveranstaltungen an der Riviera trat sie bereitwillig in Erscheinung. Sie und ihr Stil (»Für mich ist Einfachheit der Schlüssel zur wahren Eleganz«) waren zu einer Marke geworden, deren lebendiger Ausdruck sie war.

Sie sprudelte nur so vor Ideen. Ihre wahrscheinlich berühmteste Schöpfung hatte sie bereits erfunden: das kleine Schwarze. »Das wird sich ändern«, sagte sie eines Abends im Theater, als sie die anderen Frauen in ihren überladenen Kleidern betrachtete. »Ich werde sie ganz einfach kleiden, und zwar in Schwarz.« Heute kann man nur schwer nachvollziehen, wie revolutionär diese Vorstellung war: Bislang hatte man Schwarz ausdrücklich und ausschließlich zum Trauern getragen. Sie hob damit nicht nur eine neue Bewegung aus der Taufe, sie brach ein gesellschaftliches Tabu. 1926 brachte die *Vogue* ein Foto von einem schwarzen Chanel-Kleid und nannte es »Chanels Ford« (Henry Fords Model T, das sich jedermann leisten konnte, gab es nur in Schwarz). Als Nächstes machte sie Tweedjacken für Frauen populär, Modeschmuck zu schlichten Pullovern sowie bretonische Streifentops.

Ihre Leistung war enorm. In einem durchschnittlichen Jahr kreierte Chanel etwa vierhundert Kleidungsstücke für die zwei Kollektionen, die sie pro Jahr präsentierte. Zuerst wählte sie aus Hunderten von Mustern einen Stoff aus, nahm ihn in die Hand, um seine Struktur zu ertasten, zerknautschte ihn, um zu sehen, ob er knitterte. Sie konnte nicht zeichnen, deshalb gab es keine Skizzen; stattdessen beschrieb sie, was sie sich vorstellte, und Assistentinnen interpretierten es.

Sobald ein Stoff zurechtgeschnitten, genäht und einem Hausmodel angezogen worden war, machte sich Chanel an die Arbeit: Mit Nadeln und Schere schnitt oder riss sie Ärmel aus, richtete Schultern, steckte Taillen ab. Anschließend wurde das Kleidungsstück in dem Stoff ihrer Wahl ausgeführt, und der ganze Vorgang fing von Neuem an, bis sie das Gefühl hatte, nichts weiter tun zu können. Das nahm ihren gesamten Arbeitstag in Anspruch, etwa acht Stunden ab Mittag. Man könnte es als Tretmühle bezeichnen – wenn man von den langen Monaten absah, die sie seit 1930 in La Pausa verbrachte.

Selbst die wirtschaftliche Depression, die Ende 1929 eingesetzt hatte, brachte Chanel noch mehr Reichtum ein. 1932 kam das Unternehmen De Beers auf sie zu, einer der größten Diamantenproduzenten weltweit; dessen Branche hatte sowohl unter den Auswirkungen des weltweiten Abschwungs als auch unter dem großen Erfolg von Modeschmuck gelitten, den Chanel so beliebt gemacht hatte. Vorher hatten Chanels gut betuchte Kundinnen in erster Linie Echtschmuck getragen; doch nur wenige konnten sich mehr als ein, zwei, wahrscheinlich eher kleinere Stücke für die Tagesgarderobe leisten. »Es ist abstoßend, mit Millionen von Dollar um den Hals herumzulaufen, nur weil man zufällig reich ist«, erklärte hingegen Chanel und fügte hinzu: »Ich mag nur Modeschmuck … weil er provoziert.«

Sie erhob es zum Trend, echten und unechten Schmuck in Fülle zu kombinieren: Perlenschnüre, Armreifen aus Elfenbein oder weiß emailliert und mit Malteserkreuzen versehen, Ketten aus Edelsteinen und Glasperlen, die sich eindrucksvoll von der minimalistischen Einfachheit ihrer Kleidungsstücke abhoben.

Inspiriert dazu hatten sie der wunderschöne Familienschmuck, den ihr ehemaliger Liebhaber Dmitri aus Russland herausgeschmuggelt hatte, sowie ihre eigene Sammlung, zu der Bendor viel beigetragen hatte. Sie besaß ganze Stränge von Perlen in jeder Länge und Größe, rund acht Meter gemischte Diamanten, Rubine, Perlen und Smaragde. Halsreifen, Armreifen, Ringe und Ohrringe aus Smaragden, die mit Diamanten eingefasst waren. Armbänder aus Diamanten, Rubinen und Smaragden. Emaillierte, mit Edelsteinen besetzte Armreifen. Eine Kette aus fünfzehn Strängen mit kleinen Rubinen, die zu einem Strang zusammengedreht waren, sowie viele lose und ungeschliffene Steine. Aus diesen Saphiren, Topasen, Rubinen, Diamanten sowie bunten Glasstückchen entwarf sie die Halbedelsteinketten, für die sie bekannt wurde.

Für die De-Beers-Kollektion hatte Chanel sich hilfesuchend an ihren neuen Liebhaber gewandt, Paul Iribe (eigentlich Iribarnegaray). Er war ein hochtalentierter Illustrator und Designer in den Bereichen Textil, Werbung, Grafik und Bühnendesign, außerdem ein gefeierter Karikaturist. Er und Chanel, die beide neunundvierzig waren, arbeiteten seit Ende der Zwanzigerjahre zusammen.

Der Baske Iribe war eine Reizfigur: antidemokratisch, antifaschistisch, antideutsch und, wie auch Chanel, antisemitisch eingestellt. Er war ein begeisterter Patriot und hatte Jahre zuvor eine Zeitschrift gegründet, *Le Témoin*, die nun wieder aufgelegt wurde, weil Chanel sie bezuschusste. Deren Slogan lautete: »*Le Témoin* spricht französisch!« Chanel tauchte darin erkennbar als Marianne auf, die Symbolfigur für französische Freiheit.

Ihre Beziehung war stürmisch und leidenschaftlich. Iribe neigte zu Wutausbrüchen, lautstarken Auseinandersetzungen und sogar Faustkämpfen. Er gehörte einem intellektuellen Kreis von Bohemiens an, in dem es viele emotionale Verstrickungen gab und der von Drogen und Alkohol befeuert wurde. Die Schriftstellerin Colette hielt ihn für einen Dämon (»Er gurrt wie eine Taube«, schrieb sie in einem Brief, »... in alten Texten steht, dass Dämonen Stimme und Gestalt des Venusvogels annehmen«).

Chanel bewunderte und respektierte sein Talent, so wie er das ihre. Gemeinsam entwarfen sie eine Kollektion für De Beers, die die schlichte Eleganz des Art déco besaß und gleichzeitig bestechend praktisch war: vier schlanke Diamantarmreifen, die ineinandergriffen, so dass sie eine glitzernde Spange bildeten, und Ketten, die als Diadem getragen werden konnten.

Die Ausstellung wurde im November 1932 zwei Wochen lang der gesellschaftlichen Elite von Paris präsentiert, im Erdgeschoss der Rue du Faubourg-St-Honoré 29, Chanels eigenem, angemessen luxuriösen Apartment in Paris. Ihre Räume waren in ihren Lieblingsfarben Creme, Beige, Schwarz und Gold gehalten, ein passender Hintergrund für ihre Spiegel, Skulpturen und ein riesiges Regency-Sofa, das mit orangefarbenem Samt überzogen war und auf eindrucksvolle Weise Farbe ins Spiel brachte (ihr Schlafzimmer war in eher gedeckten Farben gehalten, mit cremefarbenen Seidenvorhängen und einer komplett verspiegelten Wand).

In dieser Wohnung befanden sich außerdem die meisten von Chanels wunderbaren Coromandel-Paravents. Sie waren zu ständigen Begleitern in Chanels Leben geworden, vielleicht, weil sie sie einst gemeinsam mit Boy Capel entdeckt hatte: »Ich liebe diese chinesischen Wandschirme, seit ich achtzehn bin … Ich wäre vor Freude fast in Ohnmacht gefallen, als ich zum ersten Mal einen Coromandel in einem chinesischen Laden sah … Die Paravents waren das Erste, was ich mir geleistet habe«, verriet sie später. Sie verwendete die schwarz lackierten Wandschirme, von denen manche mit erlesenen Motiven wie Vögel oder Blumen verziert waren, andere Elfenbein-, Schildpatt- oder Perlmuttintarsien hatten, als Wandverkleidung, um in einem größeren Raum einen intimen Winkel zu schaffen oder Türen zu verbergen.

Paravents hin oder her: Chanels Diamantschmuck schlug so ein, dass die De-Beers-Aktien an der Londoner Börse zwei Tage nach der Ausstellungseröffnung um zwanzig Punkte stiegen.

An der Riviera hatte der wirtschaftliche Abschwung derweil prekäre Folgen. Die Hotels senkten die Preise, die Besucherzahlen fielen, die Geschäftsleute kämpften um ihr Überleben. Doch trotz der Depression kam nach wie vor eine bestimme Klasse von Menschen: die Reichen.

Besonders die Amerikaner lockte die Tatsache, dass es hier keine Prohibition gab, wie bei ihnen zu Hause, wo selbst ein einfaches Glas Wein zum Essen illegal war. An der Côte d'Azur konnten sie trinken, was sie wollten, und ohne Angst haben zu müssen, gegen das Gesetz zu verstoßen. Die meisten von ihnen kamen immer noch mit dem *Train Bleu.* Zwar hatte der Flugverkehr eingesetzt[18], aber viele Flüge nach Frankreich waren extrem ungemütlich – auf Evelyn Waughs Flug saßen die Passagiere noch auf Korbsesseln, zu beiden Seiten des Mittelgangs –, so kalt, dass die Fluggesellschaft den Passagieren pelzgefütterte Stiefel zur Verfügung stellte, und so laut, dass ihnen geraten wurde, sich Watte in die Ohren zu stecken. Manchmal mussten die Flugbegleiterinnen sogar kleine Megafone benutzen, um sich Gehör zu verschaffen. Und wenn Fallböen die Flugzeuge urplötzlich rapide absacken ließen, wurden die Papiertüten oder die Schüsseln unter den Sitzen dringend benötigt.

Manche Amerikaner kamen auch mit dem Überseedampfer. Besonders beliebt waren die prächtigen neuen Schiffe aus Italien, die *Conte di Savoia* und die *Rex*, die von New York über Cannes oder Villefranche nach Genua kreuzten.

Edith Wharton, die sich noch im Februar 1931 in einem Brief an eine Freundin beklagt hatte, dass Hyères eine »gesellschaftliche Ödnis« sei, hatte im März schon wieder Gäste wie Kenneth Clark und Gattin, Rex Nicholson und Gattin, Lady Desborough, Lord Stanmore und Louis Malle.

Maxine Elliott empfing währenddessen pausenlos und wie gewohnt. »Cim, Viv, Nic und ich sind um elf zu Maxine Elliott gegangen«, notierte Irene Ravensdale am 12. August 1931 in ihr Tagebuch. »Nach und nach kamen ganze Scharen, um schwimmen zu gehen. Beatrice Guinness, zwei Töchter, Syrie Maugham, David Margesson[19], Peter Watson, Whitney Straight … in allen möglichen Kombinationen ging es die Rutsche hinunter, ein Heidenspaß. Nach dem Mittagessen streckten wir uns alle auf Kissen aus, ruhten oder lasen.«

Maxine Eliott war vielleicht die bekannteste Gastgeberin an diesem Küstenabschnitt. Die frühere Schauspielerin von legendärer Schönheit hatte sich so erfolgreich in das Ebenbild einer edwardianischen Lady verwandelt, dass sie, während sie noch in England lebte, in den engsten Kreis der feinen Gesellschaft aufgenommen worden war. Viele aus diesem Umfeld kamen sie nun auf dem Château de l'Horizon besuchen. Ihre theatralische Präsenz verlieh ihr nach wie vor Glamour, häufig trug sie Weiß und ihre funkelndsten Diamanten, was wiederum ihre perfekt frisierten weißen Haare gut zur Geltung brachte. Allerdings hatte sie nach Beendigung ihrer Bühnenlaufbahn ihrer Liebe zu gutem Essen und Wein nachgegeben und wog nunmehr fast hundertzehn Kilo. Die Konversation bei ihr bestand ausschließlich aus frivolem Klatsch und Tratsch. Wenn nicht gerade Winston Churchill zu Gast war.

Ein Stück entfernt von Maxine Elliot, ebenfalls an der Küste, wohnte noch jemand, bei dem Churchill häufiger ein und aus ging und der ebenfalls politisch engagiert war: Lord Rothermere, ein Zeitungsmagnat, der gleichermaßen reich wie großzügig war. Seine Nichten und Neffen bedachte er angeblich jedes Jahr mit 30 000 Pfund. Seine Villa am Cap Martin hieß La Dragonnière, nach einer Legende, laut der einst ein furchterregender Drache dort besiegt worden war. Sie stand in einem Orangenhain, war knapp einen Hektar groß, zweihundert Meter vom Meer entfernt und hatte einen Blick auf Monte Carlo. Rothermere, dem ein Großteil der britischen Boulevardpresse, unter anderem die *Daily Mail* gehörte, verbrachte nach dem Scheitern seiner Ehe viel Zeit dort und bewirtete abwechselnd seine diversen Geliebten, die er ebenfalls großzügig bedachte (einmal bemerkte er zu seinem Neffen Cecil King, dass alte Geliebte weitaus teurer seien als Alte Meister).

Etwa um diese Zeit, 1932, trat Chanels einzige ernsthafte Rivalin in Erscheinung, allerdings sollte Chanel das erst einige Jahre später realisieren: Elsa Schiaparelli. Sie war zweiundvierzig Jahre alt, Chanel neunundvierzig und hätte sich ansonsten kaum mehr von ihr unterscheiden können. Die exzentrische Italienerin war aus ihrem alten Leben geflohen, weil sie es als klösterlich und einengend empfunden hatte. Wie Chanel steckte sie voller Energie und liebte Sport; besonders Schwimmen und Skifahren. Nähen aber konnte sie nicht, auch betrachtete sie sich viel mehr als Künstlerin denn als Schneiderin. Ihr erster, und aus dem Stand erfolgreicher Entwurf war ein Pullover mit einem Trompe-l'oeuil, das eine Schleife am Hals darstellte, und Ärmel, die scheinbar Manschetten hatten.

Andere Unterschiede zwischen diesen beiden waren grundlegender. Während Chanel aus einem armen, bäuerlichen Hintergrund ausgebrochen war, stammte Schiap – wie ihre Freunde sie nannten – aus einem gut vernetzten und kultivierten Ambiente: Ihre Mutter war eine neapolitanische Aristokratin, ihr Vater ein erfolgreicher Gelehrter, sie selbst war in einem Palazzo geboren worden und beschäftigte Anfang der Dreißigerjahre bereits zweitausend Angestellte. Die siebzig neuen Modelle, die sie zweimal im Jahr zeigte, waren einfach und tragbar – Etuikleider, schwarze Kostüme – und passten zum Leben ihrer wohlhabenden, konservativen Kundinnen. Die Originalität, für die sie berühmt wurde, offenbarte sich schon früh, etwa in Reißverschlüssen, die sie sichtbar machte, statt sie zu verbergen, oder bei Abendkleidern mit Jacken (bis dato noch nie gesehen). Bald stand ihre charakteristische Extravaganz in lebhaftem Kontrast zu Chanels diskreter Eleganz.

Ihr Stil und ihr Ruhm bescherten Chanel einen weiteren Glücksfall. Eines Abends in Monte Carlo stellte ihr Dmitri, der zumindest indirekt die Antriebsfeder für die Kreation von Chanel No. 5 gewesen war, Samuel Goldwyn vor. 1931 kränkelten in Folge der Depression auch die Besucherzahlen der amerikanischen Kinos. Goldwyn, der überzeugt war, dass »Frauen ins Kino gingen, um zu sehen, wie andere Frauen sich kleideten«[20], folgerte daraus, dass es viele Zuschauer anlocken würde, wenn er seine Schauspieler in die Kreationen der berühmtesten *couturière* der Welt kleidete. Er bot Chanel eine Million Dollar, damit sie seine Stars ausstattete; auf der Leinwand und privat. Nachdem Couture-Kleidung – sogar die ihre – ebenfalls von der Wirtschaftskrise betroffen war, klang dieses Angebot einfach zu gut für Chanel, um es auszuschlagen.

Goldwyn behandelte sie wie eine Prinzessin. Er stellte ihr einen eigenen Schnellzugwaggon nach Los Angeles zur Verfügung, mit einer komplett weißen Inneneinrichtung und eimerweise Champagner. Er bereitete ihr einen Empfang in Hollywood, auf dem Marlene Dietrich, Greta Garbo, Frederic March und Erich von Stroheim zugegen waren, und erlaubte es ihr, seine Kostümabteilung mit hundert Angestellten nach Belieben zu nutzen.

Doch letztlich dauerte Chanels Besuch kürzer als gedacht und sie stattete weniger Filme aus, als sie oder Goldwyn ursprünglich geplant hatten. Insgesamt waren es nur drei, in denen die Stars ihre Kleider trugen: *Palmy Days*, *The Greeks Had a Word for Them* und *Tonight or Never* mit Gloria Swanson. Sie war damals schwanger, wollte allerdings nicht, dass jemand davon erfuhr. Sie notierte: »Coco Chanel, ganz klein und wild, ging auf die fünfzig zu. Sie trug einen Hut, wie immer, wenn sie arbeitete, und starrte mich wütend an, als ich Schwierigkeiten hatte, mich in ein Kleid zu quetschen, für das sie sechs Wochen zuvor Maß genommen hatte. Es war aus schwarzem Satin und schräg geschnitten. Dabei fanden wir beide, dass es ein großartiger Entwurf war.« Das Problem wurde letztlich mit einem speziellen Gummikorsett gelöst, das die Schwangerschaft erfolgreich verbarg.

Doch während Chanels Kleider Anerkennung fanden, blieben die Filme hinter den Erwartungen zurück. Unbeirrt verließ sie Hollywood schließlich um eine Million reicher – und zumindest im Vorteil gegenüber ihrer Rivalin Schiaparelli. Im Nachhinein würde sie bilanzieren: »Hollywood ist die Hauptstadt des schlechten Geschmacks.«

Nach ihren Rundgängen durch die amerikanischen Kaufhäuser, wo sie eine Menge Imitate ihrer eigenen Entwürfe gesehen hatte, kehrte sie mit einer wichtigen Erkenntnis zurück: Ihr war bewusst geworden, dass Piraterie nicht aufzuhalten war. So zog sie es vor, sie als wertvolle Werbung zu betrachten, um vielleicht später sogar von dem Wunsch nach günstigeren Versionen von Chanel-Kleidern zu profitieren.

Chanel hatte Misia mit nach Hollywood genommen, hauptsächlich, damit ihre Freundin ihr verworrenes Privatleben hinter sich lassen könnte. Sechs Jahre zuvor, 1925, war eine hübsche neunzehnjährige russische Prinzessin namens Roussadana Mdivani, genannt Roussy, ins Leben von Misia und Sert getreten. Die Serts wohnten zu der Zeit im Hôtel Meurice in einem Apartment; eine regelrechte Ali-Baba-Höhle voll mit den Schätzen, die Sert angehäuft hatte: Schwarzlackschränke mit Goldornamenten, Tische aus Malachit, schwere funkelnde Lüster, gewaltige Bergkristalle vor den Kaminen, damit es in unerwarteten Ecken plötzlich bunt flimmerte, wenn sich das flackernde Licht des Feuers darin brach.

Sowohl Misia als auch José-Maria, die eine dreiundfünfzig, der andere neunundvierzig Jahre, hatten sich in Roussy verliebt. Groß, schlank, mit goldgesträhnten aschblonden Haaren, großen grauen Augen und viel Charme gesegnet, hatte sie in Serts großem, neuen Atelier angeklingelt, vorgeblich, um zu fragen, wo sie selbst ein Atelier finden könne (sie war Bildhauerin). »Wie kann ein einziger Mensch denn so viel Patz benötigen?«, fragte sie mit dem ihr eigenen, bezaubernden Lächeln. Sert war betört und bot ihr eine Ecke seines Ateliers an. Nachdem sie dann täglich Kontakt hatten, dauerte es nicht lange, bis er dem Zauber dieser anziehenden jungen Frau verfallen war – und sie in sein Bett sank.

Misia hatte das entweder stillschweigend geduldet oder die Augen davor verschlossen, während sie sich selbst Hals über Kopf in Roussy verschossen hatte und sie als die Tochter betrachtete, die sie nie gehabt hatte. Und Roussy erwiderte ihre Zuneigung. Die beiden Serts nahmen sie überall mit hin und sprachen ständig von ihr. Für alle drei schien es selbstverständlich, dass Roussy bei den Serts im Hôtel Meurice mit einzog, wo sie das Bett mit Sert teilte. Bald waren die drei vollkommen unentwirrbar miteinander verbunden, und Misia gelang es, sich selbst davon zu überzeugen, dass sie sich gegenüber dem Mann, den sie liebte, großmütig und nobel verhielt, wenn sie ihm diese sexuelle Freiheit gestattete. »Das arme Mädchen konnte nichts dafür, was es für dich empfand«, schrieb sie Sert. »Ich fand es ganz natürlich, dass sie dich anbetete.«

Chanel sah das anders. Sie sagte Misia immer wieder, wie idiotisch es von ihr sei, ein derart gefährliches Spiel zu spielen, und versuchte stundenlang, sie am Telefon von ihrer Meinung zu überzeugen. Sie sollte recht behalten. Erst als Misia in der Tasche ihres Mannes einen Brief an Roussy fand, begriff sie, dass es sich bei ihm nicht nur um eine Schwärmerei handelte. In dem Brief stand schwarz auf weiß, dass er vorhabe, Misia zu verlassen und Roussy zu heiraten. »Nicht im Leben hätte ich geglaubt, dass ein paar wenige geschriebene Worte so weh tun könnten«, würde Misia notieren. »Aber ich weigerte mich, sie als unvermeidlich hinzunehmen … ein paar wenige geschriebene Worte sollten zwanzig Jahre Liebe auslöschen?« Ihre Reaktion bestand darin, mit einem Stift quer über die Seiten zu kritzeln, dass dies unmöglich sei und sie wisse, dass er sie immer noch liebe: »Wir gehören zusammen. Was auch immer passiert, ich bin dein.« Damit steckte sie den Brief wieder in seine Anzugtasche. Aber Sert würde weder den Brief noch ihre Nachricht jemals erwähnen.

Im darauffolgenden Sommer war die Anspannung so groß geworden, dass Misia und Roussy anfingen, Drogen zu nehmen. Sert hatte schon immer Kokain konsumiert, in den Künstlerkreisen, in denen Chanel sich bewegte, waren Drogen gang und gäbe. Doch schließlich versuchte Roussy den gordischen Knoten zu zerschlagen mit den Worten, Misia sei das einzige Hindernis für eine Heirat zwischen ihr und Sert. Die Dreiecksbeziehung ging trotzdem weiter. Als die Serts nach Italien reisten, begleitete Roussy sie. In Florenz kam es schließlich zu dem Vorfall, der die Ehe beendete und den Misia Jahre später in einem Brief an Sert so beschrieb: »Mein Gott! Ich habe das Schlafzimmer noch lebhaft in Erinnerung, die Rollläden waren geschlossen, um die Hitze des frühen Nachmittags nicht hineinzulassen, und ich war zum letzten Mal Dein … bis plötzlich ein leises Knarren ihre Anwesenheit verriet: Auf allen vieren war sie hereingekrochen, um weniger Lärm zu machen! Und Du warst ihr nicht einmal böse.«[21]

Ende 1927 ließ sich Sert von Misia scheiden. Den Verlust ausgerechnet der beiden Menschen, die sie anhimmelte, verkraftete sie nicht. Sie wurde krank, Chanel holte sie zu sich. Sert, der es inzwischen zu extremem Reichtum gebracht hatte, fühlte sich mittlerweile gestört von Misias aufdringlicher Liebe und ihrer Erwartung, immer mit eingeschlossen zu werden. Sie war nämlich nach wie vor überall dabei, ging mit Roussy wegen der Brautausstattung zu Chanel, half Sert sogar dabei, die prachtvolle Rubinkette auszusuchen, die er Roussy zur Hochzeit schenken würde. Cocteau, ein interessierter Beobachter, verglich sie mit jemandem, »der in einem vollen Restaurant auf einen Tisch wartet und dessen Anwesenheit die Gäste davon abhält, ihr Essen genießen zu können.«

Misia war untröstlich. Während die Jahre vergingen und nichts sie aus ihrem Elend erlösen konnte, war Chanel mit ihrem praktischen gesunden Menschenverstand die einzige Zuflucht, genau wie die Villa La Pausa, wo sie oft mehrere Monate am Stück verbrachte. Hier war die Atmosphäre ruhig und gelöst, aber man hatte auch ausreichend Gelegenheit, allein zu sein, wenn man das wollte. Für Chanel war es der Gegenentwurf zu dem Leben, das sie mit dem Duke of Westminster geführt hatte, sobald sie in einem seiner Häuser zu Besuch war. Und an das sie sich wieder erinnerte, nachdem sie ihn einmal kurz nach ihrer Rückkehr aus Hollywood besucht hatte. »Ich habe dich verloren«, sagte der Duke da. »Und ich kann mich nicht an die Vorstellung gewöhnen, ohne dich zu leben.«

Mit ihr hätte er eben nicht alles haben können, gab Chanel zurück. Sie würden sich immer nahestehen, aber sein Leben sei nichts für sie: »Alle sind ständig nur mit ihren Stickereien beschäftigt, betrachten Rosengärten, kleiden sich um, schwitzen vor einem Kamin oder frieren, wenn keiner da ist.«

In La Pausa konnten alle sie selbst sein.

SPASS UND SPIELE, DOCH DER SCHRECKEN BEGINNT

Die Riviera war nicht nur das berühmteste Urlaubsgebiet der Welt, sie inspirierte viele Kreative in ihrem Schaffen. Um Weihnachten 1931 hatte der Schriftsteller Georges Simenon die Villa Les Roches Grises in Antibes gemietet. Um mobil zu sein, hatte er einen Chrysler Imperial aus den Vereinigten Staaten importiert und sich dort niedergelassen, um drei der *Maigret*-Romane zu schreiben, die ihn noch berühmter machen sollten.

Er war nicht der Einzige, der an der Côte d'Azur plötzlich zu großem Ruhm gelangte. Aldous Huxley schrieb in Sanary innerhalb von vier Monaten, zwischen Mai und August, seinen einflussreichen Roman *Schöne neue Welt* (erschienen 1932). Dieser spielte in London im Jahr 2540 (in dem Buch 632 AF – »after Ford«, nach Ford) und prognostizierte Umwälzungen in der Fortpflanzungstechnologie sowie bei der Einstellung gegenüber Sex, Abhängigkeit, dem Schlafenlernen, psychologischer Manipulation und Konditionierung. In dem Roman wird eine mechanistische Gesellschaft aus der Ferne vom Weltaufsichtsrat für Westeuropa regiert; eine erschreckende Vision dessen, was Huxley selbst als »negative Utopie« bezeichnet hatte. Jene Connollys, die es aufgegeben hatten, eine innige Freundschaft mit Huxley zu schließen, waren übrigens unterdessen nach London zurückgekehrt.

Drei Jahre zuvor, 1928: Kurt Weill und Bertolt Brecht, die im Berlin der Weimarer Republik als *enfants terribles* galten, arbeiteten an einer Adaption von Gays *The Beggar's Opera*. Brecht hatte bereits einen ersten Entwurf geschrieben, die den Titel *Die Dreigroschenoper* tragen sollte. Die Proben waren bereits für August geplant, und so flohen die beiden mit ihren Frauen Mitte Mai an die Côte d'Azur, wo sie konzentriert und ungestört arbeiten konnten. Sie wohnten in Le Lavandou. Weills Frau, die bekannte Schauspielerin Lotte Lenya, beschrieb die angestrengte Zusammenarbeit der beiden Männer so: »Sie waren intensiv damit beschäftigt, zu schreiben und umzuschreiben, Tag und Nacht. Dazwischen gingen sie allenfalls einmal kurz schwimmen.«

Und der Frieden und die Sonne an der Riviera verfehlten ihre magische Wirkung nicht: Ihr revolutionäres *Stück mit Musik* wurde am 31. August in Berlin uraufgeführt. So etwas hatte es bisher noch nie gegeben. Der Applaus nach der Vorstellung war ohrenbetäubend. Die oberen Zehntausend waren hingerissen: »Man muss es einfach miterlebt haben«, schwärmte der anglodeutsche Ästhet Harry Graf Kessler. Die nationalsozialistische Presse hingegen schäumte und überschlug sich geradezu mit Schmähungen und Verrissen: »Eine besonders widerliche Kloake in einer Ecke jeder beliebigen Großstadt ist gerade gut genug für die Zelluloid-Romantik dieser billigen Kultur«, lautete ein Kommentar.

Aber es gab auch Gäste, die sich an der Riviera schlichtweg vergnügen wollten. 1932 machten die Mosleys wie gewöhnlich an der Côte d'Azur Ferien und bezogen am 2. August ihre diesmal gemietete Villa. Die Finanzkrise zeichnete sich ab: Mitte August wurde eine österreichische Bank insolvent, ausländische Investoren zogen ihr Geld aus London ab, es gab einen Run auf das Pfund, die Goldreserven waren aufgebraucht. Harold Nicolson, der unterdessen als Verantwortlicher im Hauptquartier von Mosleys New Party zurückgelassen worden war, schrieb ihm: »Die Menschen könnten durchaus den Eindruck gewinnen, dass Sie sich in der schwersten Krise der politischen Gegenwart lieber am Mittelmeer aufhalten. Andererseits wüsste ich auch nicht, was Sie momentan hier ausrichten könnten.«

Das Leben in Antibes war wie immer: Die Mosleys dinierten mit Michael Arlen, dem gefeierten Autor von *Der grüne Hut*, oder besuchten die Bar des Eden Roc mit einer schnatternden Gruppe im Schlepptau, die aus der gesellschaftlichen Elite bestand: Sylvia Ashley, Cecil Beaton und Doris Castlerosse, Letztere wie immer in den kurzen Shorts, die ihre schönen Beine bestens zur Geltung brachten, während andere Frauen die Strandanzüge und Perlenschnüre trugen, die durch Chanel so in Mode gekommen waren. Und dann war da natürlich Tom Mosley, der wieder einmal fremden Frauen hinterherjagte. Einer stellte er so offensichtlich nach, dass Cimmie eines Abends »die Dinnerparty urplötzlich verließ und blindwütig die Straße entlangrannte«, wie ihre Schwester Irene sich später erinnern sollte. Aber am nächsten Tag ging es schon wieder alles von vorne los; die Lunches, Dinnergesellschaften, Nachtclubs, Cocktailplaudereien und der Alkohol.

In Deutschland hingegen hatte die Depression unmittelbare und ganz katastrophale Auswirkungen. Amerika rief alle seine Auslandsanleihen zurück, die Weimarer Republik ging unter. Die Regierung kürzte die Löhne, überall wurden Arbeiter entlassen, schließlich gab es sechs Millionen Arbeitslose. In dieser Zeit der extremen Armut und des politischen Aufruhrs, des Zorns und der Verbitterung wandten sich manche dem Kommunismus zu, andere der aufstrebenden nationalsozialistischen Partei, die einen Ausweg zu verheißen schien. Während die Nazis 1928 nur zwölf Sitze der 608 im Reichstag innehatten, waren es im Juli 1932 bereits 230. Und damit waren sie die größte Partei.

Die Regierung fiel ins Chaos und konnte nur auf Grundlage des Artikels 48 Gesetze verabschieden (der gestattete dem Präsidenten, unter gewissen Umständen ohne vorherige Zustimmung des Reichstags Notverordnungen zu erlassen). Im Januar 1933 wollten Hindenburg und der damalige Reichskanzler von Papen die Nazis auf ihre Seite ziehen, indem sie anboten, Hitler zum Vizekanzler zu machen. Dieser weigerte sich und verlangte stattdessen, zum Kanzler ernannt zu werden. In dem Glauben, Hitler kontrollieren zu können, stimmten sie zu. Hitler veranlasste sofort die Auflösung des Reichstags und beraumte Neuwahlen an. Gleichzeitig setzten die Nazis zu einem Feldzug der Gewalt und des Schreckens an; zunächst gegen Kommunisten, Gewerkschaften und jeden, der unter dem Verdacht stand, links zu sein, dann gegen die politische Mitte und die Sozialdemokraten.

Als Ende Februar der Reichstag von einem holländischen Kommunisten in Brand gesetzt wurde, hatten die Nazis endlich einen Vorwand, um Kommunisten inhaftieren zu können. Die Wahlen, die im März 1933 stattfanden, wurden von Hitlers Braunhemden streng »überwacht«; kein Wunder, dass die Nazis einen starken Zuwachs an Stimmen verzeichneten. Zwei Wochen später konnte Hitler das »Ermächtigungsgesetz« verabschieden, durch das er diktatorische Macht bekam. Innerhalb von Monaten wurden alle anderen Parteien verboten und deren Anhänger aus allen Regierungsämtern entlassen. Die Machtübernahme der Nazis war vollzogen.

Was in jenem Frühjahr in Deutschland vonstattenging, schien zwar weit entfernt zu sein vom unbeschwerten Leben an der Côte d'Azur, eine Konsequenz wurde aber rasch spürbar: die Ankunft einiger der berühmtesten Schriftsteller Deutschlands.

Am 10. Mai 1933 hatten deutsche Studenten mehr als 25 000 »undeutsche« Bücher verbrannt. Nationalistische Studenten marschierten in Fackelzügen »wider den undeutschen Geist«; in Berlin versammelten sich etwa 40 000 Menschen, um Joseph Goebbels fordern zu hören: »Nein zur Dekadenz und moralischen Korruption! Ja zu Anstand und Moral in Familie und Staat! Das Zeitalter eines überspitzten jüdischen Intellektualismus ist zu Ende gegangen.«

Die Bücherverbrennung läutete eine Ära ein, in der nur von den Nazis anerkannte Bücher legal veröffentlicht und verkauft werden durften. Auf der verbotenen Liste standen alle, die Nazideutschland kritisch hinterfragten. Alle, deren Ton kommunistisch, liberal oder demokratisch war oder die die Weimarer Republik unterstützten. Alle Werke über Sexualität, die suggerierten, Sex könne eine genussvolle Aktivität sein, statt nur der Fortpflanzung zu dienen. Sowie alle Texte von jüdischen Autoren.

Die umfassenden Kategorien schlossen auch anerkannte ausländische Schriftsteller ein, etwa Victor Hugo, André Gide, Ernest Hemingway, H. G. Wells, Upton Sinclair, James Joyce, Leo Tolstoi, Joseph Conrad und D. H. Lawrence, ebenso wie die bekanntesten Namen der deutschsprachigen Literatur, Wissenschaft und Philosophie, von Sigmund Freud und Albert Einstein über Erich Maria Remarque, Stefan Zweig bis Thomas Mann, Weill und Brecht (deren Stück mittlerweile in achtzehn Sprachen übersetzt und mehr als 10 000 Mal auf europäischen Bühnen gespielt worden war).

Während die öffentlichen Büchereien sofort alle verbotenen Bücher aus ihren Regalen entfernten, fanden Anschläge auf Privatbibliotheken statt – von den Nazis als »literarische Bordelle« bezeichnet. Die Bibliothek des Instituts für Sexualwissenschaft des angesehenen Arztes Magnus Hirschfeld war gleich in mehrfacher Hinsicht Zielscheibe – unter anderem hatte Hirschfeld sich für die Entkriminalisierung von einvernehmlichem Sex zwischen erwachsenen Männern eingesetzt – und wurde von gut hundert Studenten zerstört, die in Lastwagen unter Begleitung von Blasmusik angerückt waren. Hirschfeld befand sich glücklicherweise auf einer Vortragsreise im Ausland. Nach einem kurzen Aufenthalt in Paris zog er nach Nizza, wo er ein neues Institut eröffnen wollte (er starb gut ein Jahr darauf, noch bevor ihm das gelungen war).

Für diese deutsch-jüdischen Intellektuellen war Frankreich doch ein ideales Ziel, und das, obwohl nur wenige von ihnen die Sprache beherrschten. Das Land hatte während der letzten zehn Jahre bereitwillig zahlreiche Flüchtlinge aufgenommen, da wegen der niedrigen Geburtenrate und des Verlustes so vieler Männer während des Ersten Weltkriegs Arbeitskräfte dringend benötigt wurden. So waren Einreisebewilligungen vergleichsweise einfach zu bekommen. Im Jahr 1933 nahm Frankreich 25 000 Flüchtlinge auf[22] – vierzig Prozent all jener, die aus dem Deutschen Reich geflohen waren, und die Mehrheit von ihnen Juden.

Jenseits der – vorerst – offenen Arme gab es noch ein weiteres Argument für Frankreich. Für alle, die illegal fliehen mussten, war die lange Grenze zwischen Frankreich und Deutschland einfacher zu überwinden als die kürzeren Grenzen zwischen der Schweiz und Österreich (auch wenn es verlockend war, dass dort Deutsch gesprochen wurde). Paris übte natürlich die größte Anziehungskraft auf Schriftsteller und Künstler aus, aber die meisten hatten wenig Geld und steuerten wegen der geringen Lebenshaltungskosten den Süden an.

Viele von ihnen schlossen sich zusammen; vor allem das unter Schriftstellern beliebte Sanary war zum Begriff geworden (die gebürtige Deutsche Sybille Bedford hatte dort ihre Laufbahn als Schriftstellerin begonnen, Colette wohnte im nahegelegenen Saint-Tropez). Eine ganze Reihe von ihnen stiegen bei ihrer Ankunft im Hôtel de la Tour ab, bevor sie eine geeignete Unterkunft zur Miete fanden. Der berühmteste unter ihnen war Thomas Mann, der größte Name der zeitgenössischen deutschen Literatur. Seine Familie fand im Juni ein Haus für ihn. Er hatte es sich nicht leicht gemacht, Deutschland zu verlassen – seine Frau war Jüdin –, und sein Möglichstes getan, sich die Nazis nicht zu Gegnern zu machen; mit seiner Abreise verlor er sein Haus in München und die Hälfte des Geldes, das er für den Nobelpreis[23] bekommen und nach Deutschland transferiert hatte. Thomas Mann wurde von seinem älteren Bruder, dem Romanautor Heinrich Mann, begleitet (dieser schrieb die Romanvorlage zu dem Film *Der blaue Engel*). Mann mietete die Villa La Tranquille, die auf einem Hügel lag und einen Blick über die Bucht hatte. Ebenfalls vor Ort waren der pazifistische Schriftsteller Wilhelm Herzog, der den Aufstieg des Nationalsozialismus vorausgesagt hatte, und der Romanschriftsteller und Dramatiker Lion Feuchtwanger, Autor von *Jud Süß*. Er war ein so erklärter Gegner Hitlers, dass ihm die deutsche Staatsbürgerschaft entzogen worden war. Die abgelegene Villa Lazare, gleich außerhalb von Sanary, die Feuchtwanger im Juni gemietet hatte, wurde bald zu einem literarischen Treffpunkt. Seine elegante Frau Marta veranstaltete Teegesellschaften für bis zu sechzig Personen; die Villa hatte nicht nur einen Privatstrand, sondern auch einen schönen Garten mit Feigen-, Kirsch- und Olivenbäumen. Allerdings gab es keine Heizung und keine Möglichkeit zu kochen, sodass die Feuchtwangers in dem kleinen, alten Renault, den Lion für fünfzig Francs gekauft hatte, regelmäßig nach Sanary fuhren, um an dem Leben in den Cafés teilzuhaben, das die Immigranten kultivierten.

Zunächst wurden sie respektvoll willkommen geheißen. Die Einheimischen, hauptsächlich italienisch-provenzalischer Abstammung, sahen in ihnen eine Einkommensquelle, und die

Franzosen hatten Literaten schon immer bewundert. Doch es dauerte nicht lange, bis die uralte Feindschaft zwischen Frankreich und Deutschland wieder aufflammte (auch wenn die französischen Maler, die dort lebten, noch so entschlossene Nazigegner waren und sie freundlich begrüßten). Wie Sybille Bedford notierte, genügte schon bald ein kleiner Zwischenfall oder eine Meinungsverschiedenheit, bis jemand brummte: »Un Boche, c'est toujours un Boche.«

Von ganz anderem Schlage war Hans von Dincklage, ein ehemaliger Bewohner von Sanary, der nach der Depression seine lukrative Stelle bei einem Textilunternehmen verloren hatte. Er war nach Paris gezogen und arbeitete dort nun für die neue deutsche Regierung in der Pariser Botschaft. Sobald Hitlers Macht fest verankert war, verließ er seine Frau Catsy, vorgeblich, weil sie Jüdin war. Catsy kehrte nach Sanary zurück. Trotz ihrer Trennung war Dincklage häufig bei ihr, und dann lebten sie als Paar zusammen, als wäre nichts geschehen. Als die Manns im Herbst in die Schweiz gingen, kamen Bertolt Brecht und Arnold Zweig nach Sanary, wo Brecht in seiner Lederjacke vor den anderen Exilanten Gitarre spielte und seine Anti-Reichs-Lieder sang.

Mittlerweile befand sich eine ganze Kolonie in Sanary, so dass es gar als »Weimar an der Riviera« bezeichnet wurde. Die Exilschriftsteller und -künstler trafen sich, tranken Kaffee in den kleinen Cafés am Hafen, diskutierten in Bars, spazierten unter den Pinien, schlugen abends nach den Mücken. Während die Jahre vergingen, merkten sie mehr als alle anderen, dass der Schatten des Krieges heraufzog. Sie hielten Anti-Nazi-Vorträge, schrieben für nazikritische Publikationen. Aber sie lebten in einer Enklave, außerhalb von Sanary hörte ihnen niemand zu. Einer von ihnen bemerkte traurig: »Wir leben im Paradies, gegen unseren Willen.«

Am anderen Ende der Riviera, von Sanary aus betrachtet, lag eine der größten Verlockungen und Geschäftszweige – das Glücksspiel. Es war glamourös, mondän, aufregend und unmöglich zu ignorieren (der Politiker Leslie Hore-Belisha spielte im Casino von Cannes bis zur Zeit des Münchner Abkommens, als er Kriegsminister war). Selbst Menschen, die nicht die Absicht hatten, auch nur einen Sou zu verwetten, speisten in einem Casino, einerseits, weil das Essen so gut war und es oft exzellentes Cabaret zu sehen gab, aber auch, weil es ihnen einfach Spaß machte, den Spielern zuzusehen.

Den Großteil des vergangenen Jahrhunderts war das Glücksspiel in der Öffentlichkeit in Frankreich illegal gewesen. Doch Monaco gehörte nicht zu Frankreich, und so wurde das erste Casino in den 1850ern eröffnet. Der Erfolg war so durchschlagend, dass die französische Regierung 1907 das Spielen von Baccara und Chemin de Fer in der Öffentlichkeit gestattete. Nun schossen auch in ganz Frankreich Casinos aus dem Boden, die bekanntesten und erfolgreichsten in Deauville, Biarritz, Nizza und Cannes. Aber keines kam auch nur annähernd an das Casino von Monte Carlo heran, dessen Status – wie Evelyn Waugh es ausdrückte – »gänzlich und unmittelbar von der Weigerung der Menschen herrührte, die Ergebnisse mathematischer Beweise zu akzeptieren«.

Hierher kam die ganze Welt, um zu spielen: angefangen von Charlie Chaplin, Gloria Swanson, dem Aga Khan, Maurice Chevalier, Elsa Schiaparelli und Gertrude Lawrence bis hin zu Staatsmännern und Politikern wie Clemenceau, Churchill, Lloyd George und Hore-Belisha, ebenso wie Millionäre, Maharadschas, Großherzöge, Kokotten und Könige. Hier sah man Chanel, gewöhnlich in einem weißen Abendkleid, geschmückt mit Perlenschnüren, was ihren dunklen Typ und die gebräunte Haut noch mehr zur Geltung brachte, am Arm des jeweiligen Mannes, der gerade in ihrer Gunst stand.

Die Dolly Sisters spielten so besessen, dass sie [ihrem Gönner] Gordon Selfridge beinahe die Taschen leerten. Die Königin von Schweden kam zu den Roulettetischen, gefolgt von ihren sechs Zofen. Somerset Maugham sah bei einer der spektakulären Cabaretaufführungen auf der Bühne des Casinos mit Blick auf das Meer eine gefährliche Darbietung, die die Grundlage seiner Kurzgeschichte *Gigolo und Gigolette* werden sollte. Darin springt ein Mädchen aus dreißig Metern Höhe in ein zweieinhalb Meter tiefes Becken hinein.

Das Casino wurde geführt wie ein Unternehmen, das es ja auch war: mit einem strengen, aber beinahe unsichtbaren Auge auf die Spieler. In einer Ecke stand unauffällig ein Mann, der manchmal Wörter oder Symbole in sein kleines Notizbuch notierte, das er bei sich führte. Ein roter Strich stand für eine Kokotte, ein Dreieck für eine verdächtige Figur, ein kleiner roter Punkt war ein Offizier der Légion d'honneur, *acajou*[24] stand für einen Rotschopf. Hausangestellte durften das Casino nicht ohne die ausdrückliche Erlaubnis ihrer Arbeitgeber betreten.

Es kam so häufig vor, dass jemand versuchte, das Casino oder die Spieler zu betrügen, dass es angeblich in einem Tresorraum in der Nähe des Eingangs eine Liste von über 100 000 »unerwünschten Personen« gab. Sei es, weil sie im Gefängnis gesessen hatten, bei dem Versuch erwischt wurden, das System zu betrügen; außerdem bestimmte Frauen, die große Spieler regelmäßig bedrängten, ihnen Geld zu geben, oder bestimmte Männer, weil sie Drohbriefe an die Casinobetreiber geschrieben hatten. Die größte Gruppe aber bestand aus Spielern, die von anderen Casinos als unerwünschte Personen geführt wurden, Falschspieler und Spieler, die die Reisekosten für die Heimfahrt nicht zurückerstattet hatten, die ihnen das Casino gewährte, nachdem sie all ihr Geld verspielt hatten.

Zu diesem traurigen Finale kam es nur allzu häufig. Eine der erfolgreichsten Kurtisanen der Belle Époque, die spanische Schauspielerin La Belle Otero, war mit Schmuck, Häusern und Geld überschüttet worden, und verspielte alles, nachdem sie sich schließlich an der Riviera zur Ruhe gesetzt hatte.

Der große Tänzer Anton Dolin beschrieb, wie er sie eines späten Abends an den Spieltischen in Monte Carlo beobachtet hatte: »An einem Tisch saß La Belle Otero … in ihrem schwarzen Samtkleid, langen schwarzen Handschuhen und einer Perlenschnur sah sie sehr elegant und majestätisch aus. Sie spielte *Chemin de Fer*, das einzige Spiel, das ich jemals gerne gespielt habe … Als La Belle Otero sich erhob, um zu gehen, standen alle Männer auf. Die Doppeltüren am Eingang des Casinos von Juan-les-Pins waren normalerweise nur mit einem Bediensteten besetzt, aber wenn La Belle Otero das Gebäude verließ, wurden beide Türen von zwei schmuck uniformierten Portiers geöffnet, und sie verschwand …«

Der Zar (sie beklagte sich immer, dass er schlecht roch), der Kaiser sowie Edward VIII. waren allesamt großzügige Liebhaber gewesen, William K. Vanderbilt hatte ihr die legendären Perlen von Kaiserin Eugenie geschenkt. Die schwarze Samtjacke, die sie oft trug, war vorne und hinten mit Diamanten besetzt. Der Kaiser von Japan hatte ihr eine Pazifikinsel geschenkt, sie hatte eine Villa in St Moritz und prachtvollen Schmuck. Doch nach und nach verlor sie alles, musste ihre Vermögenswerte verpfänden, um die Schulden zu bezahlen.

Dabei war ihre Wirkung auf Männer geradezu hypnotisch gewesen, oder wie sie selbst es ausdrückte: »Wie viele Liebeserklärungen ich bekommen habe! Wie viele Männer geweint, gefleht, geseufzt haben! Das Gesicht jedes Einzelnen war verzerrt von Sehnsucht; in jeder Stirnfalte, in dem nervösen Lächeln konnte man es herauslesen. Grobe oder zärtliche Verführer, ironische Satyrn, die einen hungrig anblicken, treuherzige Anbeter mit schüchternen Aufmerksamkeiten, harte, selbstgefällige reiche Männer, die für ihr Vergnügen zahlen können und sich nicht abweisen lassen; gierige alte Männer, ergriffen von einem letzten Anflug von Leidenschaft und besessen von der Sehnsucht, noch einmal die Erregung ihrer frühen Jugend wachwerden zu lassen …«

Doch 1941 musste sie in Nizza im Studentenviertel in ein kleines Hotel ziehen, das eingezwängt lag zwischen einem Klempner und einem Friseur. Und von einer großen Suite musste sie erst in eine kleine ziehen und dann schließlich in ein einziges Zimmer, Nr. 11, das in einer Ecke des zweiten Stocks lag und einen winzigen Balkon hatte, auf dem sie ihre Unterwäsche zum Trocknen aufhängte. Es gab einen Gaskocher, in der einen Ecke ein Bidet, in der anderen eine mit einem Vorhang abgetrennte Nische mit Toilette und Waschbecken. In diesem Raum verbrachte sie die letzten Jahre ihres Lebens. Einzig eine kleine Rente der Stadt Nizza war ihr geblieben sowie eine von den Casinos von Monte Carlo und Cannes, wo sie ihr gesamtes gewaltiges Vermögen versenkt hatte.

Im nahegelegenen Hôtel de Paris hingegen lautete die Parole Opulenz und Glamour, und einen Großteil davon brachten die Gäste mit.

Nachdem Prinz Peter von Montenegro 1932 gestorben war, hatte das Hotel seiner Witwe, Prinzessin Violet, gestattet, den Rest ihres Lebens mietfrei dort zu wohnen – eine Prinzessin konnte zu der elitären Atmosphäre schließlich nur beitragen.

Der Zugang zu den Roulettetischen wurde so einfach wie nur möglich gestaltet. Es gab einen Tunnel zwischen dem Hotel und dem nahegelegenen Casino, so dass jeder Dinnergast, der auf ein bisschen Nervenkitzel aus war, gewissermaßen während zwei

Gängen rasch hinüberschlüpfen konnte. Im Foyer stand eine bronzene Reiterstatue von Ludwig XIV. Die Nase des Pferdes, sein rechtes Knie und die Fessel glänzten, weil zahllose Casinobesucher sie vor einem Spieleabend als Glücksbringer berührten.

Ansonsten scheute man keine Kosten, um Monte Carlo und sein Casino zu einem Besuchermagneten zu machen. Es gab einen fünfzig Meter langen Swimmingpool und terrassierte Tennisplätze, außerdem konnten die Besucher neben dem Casino Tauben schießen. Den armen Vögeln wurden die Flügel- und Schwanzfedern ausgerupft, damit sie nur flattern und nicht fliegen konnten, dann wurden sie freigelassen, um von den Salven der wartenden Gewehre in der Luft zerrissen zu werden. Wenn einer dieser elenden Vögel entkam und taumelnd auf den darunterliegenden Strand fiel, wurde er sofort von einem der dort wartenden kleinen Jungen geschnappt, die ihm den Hals umdrehten und mit nach Hause nahmen, wo er im Schmortopf landete.

Nun war Monte Carlo aber nicht der einzige Ort an der Küste, an dem man spielen konnte; auch die Casinos in Nizza und Cannes waren berühmt. Florence Gould, die Frau eines wohlhabenden Immobilienunternehmers, verspielte hier regelmäßig gewaltige Beträge, häufig in einem der Casinos ihres Mannes. Sie überredete Chanel, deren Freundin und Kundin sie war, ihr spezielle Strandanzüge zu entwerfen, mit extragroßen Taschen für Spielmarken; die Abendvariante war aus mit Pailletten besetztem Samt oder Satin gefertigt.

Florence, geborene La Caze, war als Tochter französischer Eltern in San Francisco geboren worden. Nach dem Erdbeben im Jahr 1906 hatten sie Florence und ihre Schwester aus Sicherheitsgründen in ein Internat in Paris geschickt.

Mit geschultem Blick und grenzenlosen gesellschaftlichen Ambitionen war Florence nach einer kurzen ersten Ehe nach Paris zurückgekehrt, in der Hoffnung, Opernsängerin zu werden.

Stattdessen lernte sie den Millionär Frank Jay Gould kennen, den Sohn von Jay Gould, einem »Räuberbaron« des 19. Jahrhunderts. Als der bereits zwei Mal geschiedene Frank Florence sah, die damals in den Folies Bergère arbeitete, war es sofort um ihn geschehen; sie wurde seine Geliebte und heiratete ihn 1923. Er war fünfundvierzig, sie siebenundzwanzig. Auch wenn die beiden eine offene Ehe führten, wie man es heute bezeichnen würde, genoss Frank Florence' Schönheit, bewunderte ihren scharfen Verstand und ihren Geschäftssinn – und war sich außerdem bewusst, was ihn eine dritte Scheidung kosten würde.

Frank hatte erkannt, dass aufgrund der Prohibition deutlich mehr reiche Amerikaner nach Südfrankreich kommen würden, und baute entsprechend. In seiner Schöpfung, dem fünf Millionen Dollar teuren Palais de la Méditerranée im Art-déco-Stil in Nizza, gab es ein Casino, Theater, Restaurant und eine Cocktailbar; zuvor hatte er Juan-les-Pins zu neuer Bedeutung verholfen, indem er dessen schäbiges hölzernes Casino modernisierte und ein Cabaret anbaute. Anschließend kaufte er noch das Hôtel Provençal, das zweihundert Zimmer hatte und bald zu einem glamourösen, modernen Wahrzeichen wurde, mit einem Anlegesteg für Yachten, Gourmetrestaurants, Stränden mit weißem Sand und einem eigenen Badezimmer für jeden Gast (samt einem neuen Stück Seife). Zuvor hatte Juan-les-Pins außerhalb des gesellschaftlichen Orbits gelegen, aber mit Florence' Talent für Publicity zog es nunmehr eine glanzvolle Klientel an, Stars wie Rudolph Valentino und Harpo Marx, Schriftsteller wie Ernest Hemingway und Scott und Zelda Fitzgerald oder die Tennisspielerin Suzanne Lenglen.

Florence, eine grünäugige Schönheit mit kastanienbraunen Haaren, war sportlich – sie führte das Wasserskifahren an der Côte d'Azur ein – und dazu eine talentierte Gastgeberin. Sie veranstaltete aufwändige Einladungen in El Patio, der Villa der Goulds in der Nähe von Cannes, inmitten von impressionistischen Gemälden, französischen Standuhren und Möbeln aus dem 18. Jahrhundert, englischem Silber und Objekten aus der Renaissance. Dort aßen Künstler, Schriftsteller und Schauspieler wie Cocteau, Matisse, Maurice Chevalier und Colette von prachtvollem geblümten chinesischen Porzellan, das der Einfachheit halber in der Speisekammer gestapelt aufbewahrt wurde statt in einer Vitrine. Im Silberschrank standen ein Dutzend prächtiger Silberteller, die 1770 für Katharina die Große, als Geschenk für einen ihrer Lieblinge, hergestellt worden waren.

Florence liebte außerdem das Pariser Nachtleben. Frank hatte ihr dort eine Wohnung am Boulevard Suchet am Bois de Boulogne gekauft; und weil er bereits ein fortgeschrittenes Alter erreicht hatte und außerdem trockener Alkoholiker war, folgte er ihr selten dorthin.

Noch berühmter war Florence wegen ihres Schmucks. Ihre Perlen waren riesig, und schimmerten vollkommen ebenmäßig, sie besaß einen Ring mit einem enormen 65-Karat-Saphir, Armreifen aus Smaragden, Diamanten, Saphiren und Rubinen, ein emailliertes, mit Edelsteinen besetztes Art-déco-Kartenetui, Ringe, Pillendosen, Broschen und Uhren, ein Feuerzeug in Form eines Smaragdfischs, Zigarettenhüllen und diamantbesetzte Puderdosen aus Gold.

Florence war Stammgast im Casino von Monte Carlo. Üblicherweise trank sie dort Champagner in großen Mengen und spielte, so viel sie wollte.

Ganz anders eine weitere, große Gastgeberin: Maxine Elliott verließ niemals ihre Villa, das Château de'l Horizon, und es missfiel ihr auch sehr, wenn Gäste dies versuchten. Ihre weiße Villa, die vor den braunen Felsen schimmerte, war der Inbegriff von kostbarem Luxus: Jedes Zimmer hatte einen eigenen Balkon mit

Blick auf die Bucht von Cannes, es gab einen künstlichen Mond, der an mondlosen Nächten angeschaltet werden konnte, wenn Gäste auf der Terrasse speisten. Und die Bücher, die nicht zu ihren Bänden aus golden geprägtem Leder passten, wurden passend angemalt.

Dank ihrer unendlichen Gastfreundschaft war das Haus immer voller Besucher, die zudem entweder ein Dienstmädchen oder einen Diener dabeihatten und blieben, so lange sie wollten. »Sie fand es regelrecht unverschämt von ihren Gästen, das Château de l'Horizon zu verlassen«, erinnerte sich der Schriftsteller Vincent Sheean, der mit ihrer Nichte verheiratet war. »Ich bekam mit, wie sie diejenigen, die gegen diese Regel verstießen, rundheraus rügte.« Und so kamen die Leute zu ihr, brachten Freunde und Hausgäste mit: Jeden Tag fanden sich unter einer Markise auf ihrer Terrasse zwischen fünfundzwanzig und vierzig Gäste zum Lunch ein und bedienten sich ganz nach Belieben am Buffet. Die Speisen waren reichhaltig und machten dick, was ganz nach Maxines Geschmack war. Morgens wuchtete sie ihren kolossalen, massigen Körper auf Füßen der Größe 37 nach draußen an den Pool, wo die Gäste mit ihr Backgammon oder Mahjongg spielen mussten. Während diese dann nachmittags ein Nickerchen machten, trank sie in der Bibliothek Tee und aß dazu warme Scones mit Butter und Kuchen.

Maxine hatte das Château de l'Horizon auf einen nicht sehr vielversprechenden Streifen Land zwischen Eisenbahn und Küstenstraße auf der einen und dem Meer auf der anderen Seite gebaut, unterhalb lag ein steiler Abhang. Sie ließ die Felsen begradigen und einen fantastischen Swimmingpool bauen, von dem aus eine Rutsche ins Meer führte. Diese musste so breit geplant werden, dass Maxines enormes Hinterteil auf dem Weg nach unten nicht stecken blieb. Das Maßnehmen erforderte List und Tücke und eine gedankenschnelle Reaktion, wie in einer französischen Komödie: Der Architekt tat so, als hätte er unterhalb im Wasser etwas entdeckt, machte Maxine darauf aufmerksam, und sie beugte sich ein wenig nach vorne, um es sich ebenfalls anzusehen. Der Assistent des Architekten, der hinter ihr stand, zog flugs ein Maßband hervor und schätzte ihren mächtigen Po ab. Als sie sich umdrehte, tat jeder wieder ganz normal – und die richtige Breite der Rutsche war gesichert.

Ein gewisser *Ennui* muss damals geherrscht haben, schließlich gab es wenig zu tun – abgesehen von Schwimmen, Essen und Kiki aus dem Weg zu gehen. Das boshafte Lemurenmännchen mit seinen nadelspitzen Zähnen biss fast jede Frau, die auf dem Château zu Besuch war. Maxine war vernarrt in Kiki, und so durfte er überall frei herumrennen. Lady Mendl, Maxines alte Freundin, biss er sogar einmal an einer besonders empfindlichen Stelle, während sie am Swimmingpool einen Kopfstand machte.

Auf Chanel übte das geschäftige gesellschaftliche Leben des Château de l'Horizon kaum Reiz aus. Das Verhältnis zu ihrem Geliebten Paul Iribe war enger geworden, es gab sogar immer wieder Gerüchte, sie hätten sich verlobt. Das andere große Klatschthema jenes Sommers war das Facelifting von Elsie Mendl, die Maxine geholfen hatte, das Château einzurichten.

Elsie gehörte zu den bedeutenden Persönlichkeiten der Côte d'Azur. Die zierliche Frau, die gerne kurze weiße Handschuhe trug (sogar beim Essen) und mindestens ein kleines Hündchen bei sich führte, hatte jahrelang in einer Beziehung mit einer anderen Frau gelebt. Im Alter von sechzig Jahren und zu jedermanns Überraschung heiratete sie dann plötzlich den Diplomaten Sir Charles Mendl. Eine Freundin erklärte die Partie folgendermaßen: »Charles war charmant und Elsie reich.« Und »sie begeisterten sich gleichermaßen für Menschen, Partys und die schöne Kunst des luxuriösen Lebens«.

Elsies Haushälterin hingegen war der Ansicht, Elsie hätte einfach nur einen Titel gewollt. Wie auch immer, die Ehe diente hauptsächlich dem gesellschaftlichen Nutzen: Das Paar lud gemeinsam Gäste ein, wohnte aber getrennt.

Mit siebzig Jahren erfand sich Elsie, die sich durch jahrelangen Sport und bewusste Ernährung schlank und fit gehalten hatte, neu. Sie färbte ihre Haare blau, ließ sich liften und erschien auf einem Kostümball schon mal mit einem Radschlag. Sie machte auch gerne einen Kopfstand – häufig auf Partys.

Fast im Alleingang hatte sie Innenarchitektur als Berufsfeld etabliert, Schlichtheit, Helligkeit, bemalte Möbel, Chintz und einfarbig gestrichene Wände statt schwerer, verschnörkelter Tapeten populär gemacht. Sie war außerdem für ihre Egozentrik bekannt. Als sie den Parthenon zum ersten Mal sah, war ihre Reaktion: »Er ist Beige – meine Lieblingfarbe!«

Chanel mochte tatsächlich ans Heiraten gedacht haben, als sie und Paul Iribe sich näherkamen. Iribe war jetzt quasi frei: Seine amerikanische Ehefrau Maybelline, die von seinen Frauengeschichten die Nase voll hatte und deren Eltern wegen seiner verschwenderischen Ausgaben Druck auf sie augeübt hatten, war mit ihren beiden Kindern in die USA zurückgekehrt. Der Großteil von Chanels Freundeskreis war allerdings entsetzt angesichts der Vorstellung, dass sie und Iribe heiraten könnten, denn ihrer Meinung nach hatte er längst zu viel Einfluss auf sie. Nur Serge Lifar war stets zuversichtlich geblieben, dass es so weit nicht kommen würde: »Er dominierte sie, und das konnte sie nicht leiden.«

Dass Iribe allerdings von Chanel so fasziniert war, war kein Wunder, denn selbst ein weitaus jüngerer Mann wie Roderick »Rory« Cameron, damals neunzehn Jahre alt, beschrieb sie mit ihren fünfzig Jahren als »unwiderstehlich. Absolut«.

Als Cameron sie im Sommer 1933 an der Côte d'Azur kennenlernte, trug sie wahrscheinlich wie üblich ihre weißen Segeltuchhosen, wie so oft zusammen mit einem gestreiften Top und Perlen. Ihr Schmuck war ihm jedenfalls besonders aufgefallen, »breite Armreife aus Elfenbein, besetzt mit einem Malteserkreuz aus Rubinen, und Perlenschnüre mit Saatperlen statt Knoten zwischen jeder Perle. Dazwischen waren Smaragdgrüppchen, die mit schweren Goldgliedern verbunden waren. Ohrclips verbargen ihre übergroßen Ohren.« Und wie die meisten Menschen fand auch Cameron, dass sie außergewöhnlich gut aussah: »Ihr Teint war hell, dunkelgolden, ihr Gesicht breit, sie schnaubte durch die Nase wie ein kleiner Stier, und hatte Wangen, tiefrot wie Dubonnet … Sie wohnte an der Rue du Faubourg St-Honoré, in einem Haus mit riesigem Garten, Brunnen und ungefähr vierundfünfzig Wandschirmen, die den Räumen einen ganz außergewöhnlichen Reiz verliehen.« Es gab außerdem vergoldete französische Sessel aus dem achtzehnten Jahrhundert, Kristallleuchter, überall Spiegel, in Schwarz und Beige gebundene Bücher, zwei goldene Löwen und kleine Tierstatuen aus Koralle, Jade, Kristall und Terrakotta.

»Hier empfing sie die Welt«, erinnerte sich Cameron. »Sie hatte eine veritable Clique um sich geschart – Künstler, Musiker, Dichter – und ein jeder war fasziniert von ihr.«

Einer ihrer engsten Freunde war Jean Cocteau. Er war schmächtig und knochig und wurde einmal als »Leben und Tod jeder Party« beschrieben, weil er unablässig redete. Ein weiterer war Picasso, der laut Cameron »damals mit seiner neuesten Geliebten an der Seite in einem leuchtend gelben Hispano-Suiza durch Paris fuhr, auf dessen Seite Hammer und Sichel gemalt waren«, sowie Christian (»Bébé«) Bérard, Modezeichner, Künstler, Designer, der tatsächlich opiumsüchtig war; anders als die meisten, die diese Droge ebenfalls konsumierten. In den Dreißigerjahren wurde weitaus mehr Morphium konsumiert, während Opium eher als »Gentleman-Droge« galt, wie der Maler Sir

Francis Rose sich erinnerte, der diesen Freundeskreis seit seiner Ausbildung bei Misias ehemaligem Mann Sert kannte:

»Wir Europäer der Zwanziger- und Dreißigerjahre rauchten nur Opium. Es wurde in versiegelten lila Döschen verkauft, die aus Indochina hereingeschmuggelt worden waren. Es wurde vom dortigen Régime Française ebenso offen gehandelt wie von der britischen Regierung in den Tabakläden in Hongkong das Opium aus Benares«, so Rose. »Wenn wir die lila Döschen nicht bekamen, kauften wir das ›rohe‹, was manchmal aussah wie ein Klumpen Lehm oder ein runder Laib hebräisches Brot mit Mohn darauf. Es dauerte Tage, es zu kochen und durch spezielle Filter abzuseihen, und es erfüllte das Haus mit dem satten, schweren Geruch, den ich so liebe. Danach konnten wir unsere Kilos abwiegen.«

In La Pausa derweil renovierte Chanel den Salon und empfing Gäste. Die Speisen, die sie servierte, waren einfach und köstlich, nur eine Zutat war verboten – Zwiebeln (»Ich mag keine Lebensmittel, die ein Echo haben«, hatte sie den Köchinnen erklärt). Im Sommer 1934 waren unter anderen der deutsche Fotograf Horst zu Gast, Serge Lifar (mittlerweile Ballettmeister an der Pariser Oper) sowie der italienische Conte Luchino Visconti (damals achtundzwanzig). Sie hatten sich zwei Jahre zuvor kennengelernt, nachdem Visconti, der mit Leidenschaft – und Erfolg – fünf Jahre lang Rennpferde gezüchtet hatte, wegen seiner Liebe zum Theater und zur Kunst nach Paris gezogen war. Gutaussehend, talentiert, reich und adelig, wie er war, fand er schnell Zugang zur Pariser Gesellschaft und ging regelmäßig mit Chanel zum Lunch. Chanel war fasziniert, wegen seines Aussehens, seines Stils und seiner insgesamt vielversprechenden Ausstrahlung; er wiederum fühlte sich geschmeichelt, der Begleiter dieser schicken, eleganten und wohlbekannten älteren Dame zu sein (Chanel war damals neunundvierzig).

Als er La Pausa besuchte, war er schon mit seinem Partner Horst liiert und hatte gerade seine Filmkarriere gestartet. Chanel hatte Visconti bei einem ihrer Lunches Jean Renoir vorgestellt – nur ein Jahr darauf arbeitete er bereits in Renoirs Team mit.

Iribe hatte angefangen, Kritik an Chanels schönem Pariser Apartment und an ihrem Lebensstil zu äußern. »Ich verstehe nicht, warum du so viele Zimmer brauchst«, sagte er etwa. »Was für einen Sinn haben diese ganzen Gegenstände? … Warum brauchst du so viele Hausangestellte? Man isst zu gut bei dir … Ich würde ja ganz in deiner Nähe wohnen, wenn du nur akzeptieren würdest, dass ich nichts weiter brauche, um glücklich zu sein.« Prompt zwang Chanel ihn, Farbe zu bekennen. Sie schloss das Apartment ab, kündigte den Mietvertrag und mietete zwei Zimmer in einem kleinen Haus nicht weit von ihren Geschäftsräumen in der Rue Cambon. Sie nahm lediglich ein Heizgerät für jedes Zimmer mit, ihre Lieblingsbücher, ein paar Teppiche und natürlich einen Coromandel-Wandschirm. Damit hatte Iribe nicht gerechnet. Als Chanel, zweifellos mit dem Hauch jener Ironie, für die sie bekannt war, zu ihm sagte, »ich führe jetzt das berühmte einfache Leben«, war er sehr verärgert – und noch mehr, als sie vorschlug, er solle es ihr gleichtun. Es gab einen Streit und letztlich einen Kompromiss: Sie zogen beide ins Ritz.

Für Chanel war das eine naheliegende Wahl. Das Ritz war eines der berühmtesten Hotels der Welt – damals womöglich sogar das berühmteste –, bekannt für seinen reibungslos funktionierenden, hervorragend effizienten Luxus und seine elegante Ausstattung, bestehend aus großen Messingbetten, ausgesuchten Chaiselongues und sanfter Beleuchtung. Die Stammkundschaft bestand aus einer spannenden kulturellen Mischung: Von Filmstars wie Arletty und Marlene Dietrich, die das Ritz als ihr Zuhause bezeichnete, über Staatsmänner wie Winston Churchill bis hin zu Malern und Schriftstellern; Ernest Hemingway hatte die Bar des Ritz quasi kolonisiert (»Wenn man in Paris ist, dann ist der einzige Grund, nicht im Ritz zu wohnen, der, dass man es sich nicht leisten kann«, so sein Ausspruch).

Komfortablerweise war das Ritz in der Rue Cambon nur Minuten von ihrem Couture-Haus und den Ateliers entfernt. Darüber hatte sie eine Vier-Zimmer-Wohnung eingerichtet, die fortan hauptsächlich für den Empfang von Gästen genutzt wurde, samt ihren geliebten Coromandel-Wandschirmen, Kristalllüstern, Skulpturen und Bronzen.

Nachdem sie sich einmal im Ritz niedergelassen hatte, würde sie in Paris niemals mehr an einem anderen Ort wohnen. La Pausa wurde so mehr und mehr zu ihrem einzigen richtigen Zuhause.

LIEBE UND GLAMOUR AN DER SONNENSCHEIN-KÜSTE

Chanel war nicht die Einzige, die an der nach Pinien duftenden Küste des Mittelmeers eine intensive und komplizierte Reihe von Beziehungen führte. H. G. Wells, der produktive englische Schriftsteller, der für seine Romane und seine visionäre Science-Fiction-Literatur gefeiert wurde, unterhielt hier jahrelang eine ganze Reihe von Geliebten und kurzzeitigen Kokotten in einem Liebesnest, während seine leidgeprüfte Frau Catherine und ihre beiden Söhne in England zurückblieben. Sein Verhalten rechtfertigte er als notwendige gesundheitliche Vorsorge, mit dem Satz: »Ich brauchte eine Geliebte, um mich zu beruhigen.«

Das berühmteste dieser Wunderheilmittel war die englische Romanautorin Rebecca West, die der Meinung war, dass die Côte d'Azur »dem Paradies am nächsten« kam. Nach dem Ende ihrer Affäre begann Wells eine Beziehung mit Odette Keun, einer holländischen Autorin und ehemaligen Krankenschwester bei den Jesuiten. Gemeinsam bauten sie die Villa Lou Pidou, provenzalisch für »Der Schatz«. Über dem Kamin prangten die Worte: »Zwei Liebende bauten dieses Haus.«

Das Leben mit Odette war allerdings nicht gerade beruhigend. Laut Wells war sie »süchtig nach jedem Extrem emotionaler Übertreibung« und schnitt sich in solchen Krisen gerne die Pulsadern auf (als Krankenschwester wusste sie, wie das ohne ernsthafte Verletzungen zu bewerkstelligen war).

1930 war er gerade einer ehemaligen Geliebten wiederbegegnet, der mysteriösen Baronin Moura Budberg, die scheinbar immer willkürlich auftauchte und wieder verschwand. Wells war bereit für eine Veränderung: Odettes Szenen ermüdeten ihn, aber es war nicht einfach, sie loszuwerden; er musste vorsichtig agieren. Moura, damals siebenunddreißig, hatte Wells hingegen schon immer fasziniert, und so lebte ihre Affäre wieder auf, wenn auch Odettes wegen heimlich. Moura war recht groß und mollig, aber wohlgestalt, mit grau gesträhnten dunklen Haaren, haselnussbraunen Augen, einer gebrochenen Nase und breiten tatarischen Wangenknochen. Sie war die Tochter eines russischen Adligen und Nachfahrin von Peter dem Großen, die Übersetzerin und Geliebte des russischen Dichters Gorki, und wie bei Russen üblich trank sie eine Menge Wodka. Obwohl sie unordentlich war und zu Lügen und Geheimniskrämereien neigte, besonders, was ihr plötzliches Kommen und Gehen betraf, besaß sie doch einen ganz eigenen, unwiderstehlichen Reiz.

Wells war Ende November 1931 nach Cannes zurückgekehrt, um ein Jahr lang zu arbeiten – und um Moura zu sehen. Ehe das Jahr 1932 vergangen war, hatte er *The Shape of Things to Come* verfasst, das einen europäischen Flächenbrand vorhersagte, ausgehend von einem gewaltsamen Zusammenstoß zwischen Deutschen und Polen 1940 in Danzig, sowie Luftangriffe auf Großstädte. Er verfasste *Der Diktator oder Mr. Parham wird allmächtig* (1930) und *The Bulpington of Blup* (1932) – und fand Mouras Gesellschaft dabei so berauschend, dass er notierte: »Ende 1932 war ich bereit, alles zu tun und über alles hinwegzusehen, nur damit Moura ganz mir gehörte.« Es gelang ihm schließlich, Odette loszuwerden, von der er die Nase endgültig voll hatte. Auch wenn Moura immer wieder klarstellte, dass sie ihn nie heiraten würde – sie wollte sich keinesfalls binden –, führten beide ihre Beziehung fort. Nach Odettes Ausbrüchen war ihre Gelassenheit offenbar Wells Antrieb, zumal im Laufe des Jahres 1934 die Bücher und Artikel weiterhin aus seiner Feder sprudelten, er sogar auf der Basis seines früheren Buchs einen Dokumentarfilm plante, der den Titel *Things to Come (Was kommen wird)* tragen sollte.

Da Wells nie ein Geheimnis aus einer längeren Liebschaft machte (was ihn aber auch nicht daran hinderte, anderen Frauen nachzustellen), wurden Moura und er überall als Paar eingeladen. Nach dem endgültigen Bruch mit Odette wohnten sie in Menton und Nizza und verbrachten im Dezember 1934 eine Woche bei Somerset Maugham; eigentlich hatten sie vorgehabt, nach Palermo zu fliegen, aber der italienische Luftverkehr war zusammengebrochen.

Am ersten Weihnachtsfeiertag richtete Maugham einen Lunch aus, zu dem Gerald Haxton eine reiche geschiedene Amerikanerin, die Rennpferdbesitzerin Constance Coolidge, dazugebeten hatte. Bald darauf verschwand Moura wieder einmal aus nebulösen Gründen, diesmal nach England; angeblich, um ihre Tochter zu besuchen. Am Tag nach ihrer Abreise erhielt Wells, der mittlerweile im Hôtel Hermitage in Monte Carlo logierte, eine Nachricht von Constance. Von Maugham hätte sie gehört, dass er alleine im Hermitage sei, »und so bat sie mich in der Handschrift eines Schulmädchens, mit ihr im Negresco zu Abend zu essen«, wie Wells später notierte. Und für einen Mann wie ihn konnte die Einladung einer gutaussehenden Frau, mit ihr in ihrer Suite zu speisen, nur eines bedeuten.

Das Negresco ist ein Hotel aus der Jahrhundertwende, damals bekannt für seinen Komfort. Es liegt an der Promenade des Anglais in Nizza, die ihren Namen den Engländern verdankte, die sie in den 1820er-Jahren finanziert hatten: um Arbeitsplätze zu schaffen, nachdem die Ernte an manchen Orten schlecht ausgefallen war.

Constance, die dort eine Suite bewohnte, konnte sich das gut leisten. Sie besaß eine Wohnung in Auteuil, kleidete sich immer nach der neuen Mode und hatte vier Bedienstete. Nach drei Scheidungen konzentrierte sich die adelige Constance nunmehr vor allem auf Bücher und Pferde; in den Zwanzigerjahren hatte sie sich in Paris als Besitzerin einer ganzen Reihe von Rennpferden einen Namen gemacht, und in den Dreißigern beschäftigte sie sich mit Wettzeitschriften und rechnete jeden Tag die Quoten aus. Sie bewunderte Wells schon seit längerem und kannte viele seiner Bücher, die sie sehr fasziniert hatten.

Äußerlich ähnelte Constance entfernt Moura, auch sie war groß und dunkel, allerdings schlank und sommersprossig. Ihr Dinner verlief erfreulich – so erfreulich, dass es »nach dem Essen die natürlichste Sache der Welt zu sein schien, sie in die Arme zu nehmen, sie zu küssen, und sie den Kuss erwidern zu lassen«, wie sich Wells ausdrückte. Um taktvoll hinzuzufügen: »Ich blieb noch etwa eine Stunde.«

Weder wegen seiner Frau noch wegen Moura plagte ihn das schlechte Gewissen. Für ihn war die Liaison vielmehr genau die erotische Abwechslung, die ihm gelegen kam – er konnte sein Arbeitspensum beibehalten und sich dennoch stundenlangem Vergnügen hingeben. Er arbeitete den ganzen Vormittag bis Mittag und ließ sich dann von Constances Chauffeur in ihrem Hispano-Suiza abholen. Dann ging es zu einem entspannten Lunch in ein Restaurant, entweder in den Bergen oder an der Küste, und anschließend kehrten sie in Constances Suite ins Negresco zurück. Abends gingen sie irgendwo in Nizza zum Dinner.

Plötzlich jedoch schickte Moura ein Telegramm, in dem sie ihre Rückkehr ankündigte. Wells gelang es, sie noch ein paar Tage hinzuhalten. Nach ihrer Ankunft stellte er sie Constance vor. Die drei wollten gemeinsam nach Paris zurückkehren, aber Moura musste unerwartet nach Estland reisen, wo ihre ehemalige Gouvernante krank darniederlag. So machten Wells und Constance sich stattdessen gemeinsam auf den Weg. Wells letzte Nacht vor seiner Rückkehr in den Alltag verbrachten sie im berühmten Hôtel de France in Paris. Ihre letzte Mahlzeit à deux war das Frühstück. Wells saß auf Constances Bettrand und zeigte ihr, wie man auf englische Art weichgekochte Eier köpft; an diesem Morgen brauchten sie wohl etwas mehr als nur Kaffee und Brötchen, um sich zu stärken. Dann flog er nach London.

Es war Anfang 1935, ihre Affäre hatte nur eine Woche gedauert, würde aber einen langen Schatten mit Erinnerungen werfen. Sie schrieben einander zehn Jahre lang, und in ihren Briefen sprachen sie oft über ihre gemeinsame Zeit an der Riviera. Noch in jenem Februar schrieb er an Constance: »Ich wäre jetzt im Moment sehr gerne mit dir im Bett.« Als sie ihm antwortet, sie sei besorgt wegen der Gerüchte, die über sie beide im Umlauf seien, und ihm einen entsprechenden Zeitungsausschnitt schickte, antwortet er wiederum: »Es ist schön, im selben Absatz wie du zu stehen – schöner aber wäre es, im selben Bett zu liegen wie du …«

Zu den berüchtigtsten Persönlichkeiten an der Côte d'Azur gehörte die umwerfende Lady Furness, die zweite Frau des ersten Baron Furness. Die aus Australien stammende Enid Furness, geborene Lindeman, hatte bereits zwei Ehen und zahllose Liebhaber hinter sich – als Mutprobe hatte sie mit dem gesamten Bataillon ihres Mannes, des Brigadegenerals, geschlafen, während er in Kairo stationiert war.

Ein paar Jahre zuvor hatte sie als junge Witwe in Paris Unruhe unter den jungen Offizieren gestiftet: Angeblich hatten fünf der Männer ihretwegen Selbstmord begangen, einer hatte sich in die Luft gesprengt, einer sich ins Wasser gestürzt, in dem es von Haien wimmelte, als er ihr auf einem Heimaturlaub gefolgt war, ein Dritter hatte sich unter den *Train Bleu* geworfen. Oder, wie Enid es ausdrückte: »Die Belastung war zu viel für sie.«

Sie hatte Furness – der berühmt war für seine unflätige Ausdrucksweise, seinen Jähzorn und seinen Alkoholkonsum – 1933 geheiratet, als sie einundvierzig war. Da sie überhaupt nicht mit Geld umgehen konnte, überließ sie ihr gesamtes Vermögen ihrem Sohn Rory; dieser stammte aus ihrer ersten Ehe mit Roderick Cameron, der ihr seinen gewaltigen Besitz vererbt hatte. Furness wiederum überhäufte sie mit Geschenken, aber nachdem er, wenig überraschend, angefangen hatte, an ihrer Treue zu zweifeln, ließ er sie mehr oder weniger permanent von Detektiven überwachen. Er konnte auch keine Kinder in seiner Nähe ertragen, und so musste Enid in London eine nahegelegene Wohnung anmieten, wo sie ihre eigenen drei samt Hausmädchen und Gouvernanten unterbringen konnte; an der Riviera wurden sie einfach in einem anderen Teil des Hotels einquartiert. Dennoch gelang es Enid, die eine liebevolle Mutter war, andauernd mit ihnen zusammen zu sein.

Diese ein Meter achtzig große, silberblonde Schönheit mit ihren großen grünen Augen und ihrer fantastischen Figur war einfach unmöglich zu übersehen. Sie trug erlesene Kleidung; ihre gute Freundin Chanel etwa hatte ihr einst ein wunderbares Seidenkostüm in Hellviolett, Enids Lieblingsfarbe, geschneidert, mit einem Saum in dunklerem Violett. Wenn das Ehepaar Furness im Hôtel de Paris abstieg, erregte Enid mit ihrem Stil und ihrer Schönheit so viel Aufsehen, dass die Leute sich im Foyer auf Stühle stellten, um einen Blick auf sie zu erhaschen, sobald sie in das nahegelegene Casino aufbrach – und als Lord Furness sie zum ersten Mal zum Haupttisch mitnahm, hörten alle zu spielen auf, als sie herantrat, ihre perfekte Gestalt in weiße Spitze über violettem Taft gehüllt.

Sie war eine hervorragende Spielerin und trug oft einen Beutel voller Zehn-Pfund-Scheine mit sich. In London verteilte sie diese an Veteranen und war ihnen auch oft behilflich, Arbeit zu finden. Ebenso *dégagé* ging sie mit ihrem Schmuck um. Sie steckte ihre Perlen in Kleenex-Schachteln, weil sie gerade griffbereit waren. Wo sie auch hinging, sie erregte Aufsehen, besonders wenn sie mit ihrem zahmen Gepard auftauchte (üblicherweise führten ihn die Kinder mit ihrer Gouvernante jeden Tag spazieren). Der Gepard begleitete Enid, wenn sie in Furness' Privatflugzeug ins Ausland reiste; in ihrem Berg von Gepäck befanden sich immer ein paar Koffer, in die Luftlöcher gebohrt waren. Darin steckten ihre Haustiere, auch der Gepard, der vor dem Start Schlaftabletten bekam.

Das Jahr 1935 war vielleicht der Höhepunkt des Glamours an der Riviera der Dreißigerjahre – die Zeit der schräg geschnittenen Satinabendkleider, der Hollywoodfilme, der Strandanzüge, der exotischen Cocktails, der Häfen voller Yachten und der superschicken Autos (die wegen des herbeiwehenden roten Saharastaubs fast jeden Tag gewaschen werden mussten).

Filmstars, Aristokraten, Millionäre, Playboys und extravagante Frauen, die auf Abenteuer aus waren – viele von ihnen besuchten Chanels Boutique in Monaco, um dort die »richtige« Kleidung für den Strand zu kaufen –, diese exotische Melange sollte bald schon von »gewöhnlichen Menschen« und Flüchtlingen verwässert werden. Aber noch war dieses goldene Leben unberührt, blieb die Côte d'Azur der Tummelplatz der westlichen Welt – beziehungsweise jenes Teils der westlichen Welt, der es sich leisten konnte. Der Ort, wo Elsie Mendl Feste veranstaltete, wo Cole Porter und seine Frau und Noël Coward spielten und sangen, wo Bernard Shaw erst zum Schwimmen und dann zum Tee in die Villa der Mendls am La Garoupe kam, dem Strand an der Ostseite des Cap d'Antibes. Ebenfalls am La Garoupe schrieb Cyril Connolly seinen einzigen Roman *The Rock Pool*[25], in dem Held Edgar Naylor den dortigen Reiz folgendermaßen zusammenfasste: »Es war sein Lieblingsstrand. Für ihn verkörperten der weiße Sand, das helle, durchscheinende Wasser, die Zikaden, die ihren ständigen Rumba tanzten, der Geruch von Rosmarin und Zistrosen, die Lichtwellen auf den leuchtenden Aleppo-Kiefern das Wesen des Mittelmeers.«

Auf diesem wiederum hatte Daisy Fellowes den Prince of Wales und eine damals unbekannte Amerikanerin, Mrs Ernest Simpson, zu einer Schiffsfahrt die Küste entlang eingeladen; von Cannes – der Prince hatte das Manoir Eden Roc, die Villa von Lord Cholmondeley in Golfe-Juan, gemietet – nach Porquerolles. Eines war in der räumlichen Beengtheit an Bord des Schiffs unverkennbar: Der Prinz befand sich im frühen und ganz offensichtlichen Rausch der Leidenschaft, »denn sonst, das wäre klar, hätte Daisy es bei ihm versucht«, wie ein Mitreisender bemerkte, der von Mrs Fellowes' Reputation wusste.

Die Frau, die es dem Prinzen angetan hatte, war Wallis Simpson. 1935 war sie eine schlanke, elegante, kinderlose neununddreißigjährige Frau, die nach der Scheidung von ihrem ersten Mann, einem alkoholabhängigen amerikanischen Marineoffizier (Scheidungen waren damals vergleichsweise selten und ganz gewiss *mal vu*), in zweiter Ehe verheiratet war. Die Simpsons hatten Lady Furness, die in Amerika aufgewachsene Frau von Lord Furness und Geliebte des Prince of Wales, ursprünglich über Ernest Simpsons Schwester, Mrs Kerr-Smiley, eine Dame der Gesellschaft, kennengelernt. Sie stellte sie im Herbst 1930 dem Prinzen vor. Wallis war auf der Stelle fasziniert von ihm. »Der kleinste Wunsch wurde immer sofort in die eindrucksvollsten Formen der Realität umgesetzt«, schrieb sie in ihrer Autobiografie. »Züge wurden angehalten, Yachten tauchten plötzlich auf, die besten

Suiten in den exquisitesten Hotels wurden geöffnet, wartende Flugzeuge standen bereit …«

Nachdem der Prinz die Simpsons eingeladen hatte, in seinem Landhaus zu übernachten, dem Fort Belvedere im Schlosspark von Windsor, gab es Dinner und hin und wieder Potluck-Partys mit mitgebrachten Speisen, bei denen er gelegentlich auf einen Cocktail vorbeikam. Für Wallis war es wie ein Traum. Hier war der eine Mann, den die ganze Welt kennenlernen wollte, der Traumprinz höchstpersönlich, der offensichtlich gerne mit ihr befreundet sein wollte.

Zunächst bemerkten nur wenige die aufblühende Beziehung; es war wohlbekannt, dass Lady Furness die Geliebte des Prinzen war, und wenn er die Simpsons zu Gast hatte, waren immer andere Leute anwesend. Nach und nach verschwand dann Ernest von der Bildfläche – er hatte wundersamerweise zu tun, wenn der Prinz der Wohnung der Simpsons am Bryanston Court einen Besuch abstattete, oder er war »geschäftlich« in Amerika.

Bald waren die Simpsons regelmäßige Wochenendgäste im Fort. Im Januar 1934 brach Thelma Furness dann für einige Monate nach Amerika auf. Davor traf sie sich mit Wallis auf Cocktails, und nachdem sie bemerkt hatte, dass der Prinz ohne sie einsam sein würde, sagte sie, zumindest nach Wallis' Schilderung: »Wallis, könntest du dich nicht um ihn kümmern?« Die versprach es ihr, und als Thelma aus den USA zurückkehrte, war Wallis an ihre Stelle getreten.

Die Liebesbeziehung fand vornehmlich an der Riviera statt, wo die beiden gelegentlich in den Villen von Freunden wohnten und sich nur manchmal davonmachten, um alleine in einem kleinen Bistro zu essen. Eine dieser Villen stand genau an der Spitze des Cap d'Antibes. Der Prinz erfreute sich damals so großer Beliebtheit, dass, als einmal ein Boot mit ein paar Engländern, die dauerhaft an der Côte d'Azur lebten, auf dem Weg zu einem Picknick vorbeifuhr, alle Anwesenden klatschten. Sie wussten natürlich nicht, dass ihr goldener Prinz von einer zu Gast weilenden Frau verzaubert worden war. Die Presse schwieg, und nur das kleine Netzwerk der englischen Hautevolee von London wusste von der neuen Richtung, die die Zuneigung des Prinzen nahm; allein die Juwelen, die er ihr so großzügig schenkte, hätten das verraten – Juwelen, die so groß und prachtvoll waren, dass viele sie für unecht hielten, wenn Wallis sie trug.

Manchmal unternahmen sie auch kurze Schiffsreisen; im Sommer 1934 waren sie mit Lord Moynes Yacht *Rosaura* herumgefahren (ohne Ernest, aber unter Beaufsichtigung von Wallis' Tante Mrs Bessie Merryman). Im Frühjahr 1935 hatte der Prinz Lord Cholmondeleys Villa Le Roc in Golfe-Juan für sich und einige Freunde gemietet, unter denen auch Mrs Simpson war. Aber ihre Anwesenheit fiel so wenig auf, dass sie in den Presseberichten über diesen Urlaub nirgendwo erwähnt wurde.

Connollys Roman war keine Allegorie eines glänzenden Lebens, das ungestört weiterging, während sich im Untergrund finstere Mächte zusammenzogen – aber er hätte eine sein können. Denn im restlichen Europa nahm die Bedrohung durch einen Krieg ständig zu. In jenem Jahr kündigte Großbritannien eine Steigerung der Rüstungsproduktion an. Die französische Wehrpflicht wurde von einem auf zwei Jahre verdoppelt, weil es zu wenige junge Männer gab. Hitler erklärte, dass Deutschland wiederbewaffnet würde, dass er die Wehrpflicht einführen, die deutsche Armee auf sechsunddreißig Divisionen vergrößern und die Luftwaffe verstärken wolle – das alles stellte einen Verstoß gegen den Friedensvertrag von Versailles dar –, und das Saargebiet stimmte (in einem Referendum vom Januar 1935) mit überwältigender Mehrheit für eine Wiedervereinigung mit Deutschland.

Lediglich Winston Churchill schien sich der Gefahr bewusst zu sein. Er hielt sich damals in der politischen Wildnis bei Maxine Elliot auf, wo er am Pool saß oder im roten Bademantel über der Badehose, mit Slippern und einem großen Schlapphut aus Stroh angetan, malte. Kurz vor seiner Ankunft hatte er, wie der Unterhausabgeordnete Robert Bernays in seinem Tagebuch notierte, »eine große Rede gehalten … der letzte verzweifelte Aufschrei eines Mannes, den man ignoriert hat und der als Konsequenz nur Zerstörung und Verwüstung sieht«. Churchill war allein zum Château de l'Horizon gereist. (Vincent Sheean hatte gehört, wie er sagte: »Meine liebe Maxine, du hast gar keine Ahnung, wie einfach es ist, ohne Diener zu reisen. Ich bin die ganze Strecke von London alleine gekommen, und es war recht leicht.« Worauf Maxine mit ihrer tiefen Stimme geantwortet hatte: »Winston, das war sehr tapfer von dir!«)

Da Churchill nur über das sprach, was ihn interessierte, schwang er damals ständig Reden über Mussolini, der gerade in Äthiopien einmarschieren wollte, über die deutsche Wiederbewaffnung und das Wesen Hitlers und die Nazi-Bewegung, was so manche Person der mondänen Gesellschaft um Maxines Tisch langweilte. Eines Tages, so schrieb Sheean, hatte er zu einer dort anwesenden Frau gesagt: »Deutschland bewaffnet sich in rasanter Geschwindigkeit, England ist verloren in einem pazifistischen Traum, Frankreich korrupt und tief zerrissen, Amerika fernab und gleichgültig – haben Sie keine Angst um Ihre Kinder, Madame?«

Zeitgleich mit diesen kaum verschleierten Vorbereitungen auf einen Krieg griff der Antisemitismus in Deutschland um sich, zur Beunruhigung des Nationalrats der jüdischen Frauen in New York, die Hitler eher als Bedrohung empfanden, als die Regierung Großbritanniens es tat. Im September 1935 wurden die Nürnberger Gesetze erlassen, die Juden die Reichsbürgerschaft aberkannte und sie auf den Status von »Staatsangehörigen« reduzierte. Diese Gesetze untersagten Eheschließung und außereheliche sexuelle Beziehungen zwischen Juden und »Ariern«. Juden durften keine »arischen« Dienstmädchen unter fünfundvierzig Jahren anstellen, durften nicht in nichtjüdischen Geschäften einkaufen – und Nichtjuden keine jüdischen Läden betreten, Juden durften nicht in Kinos, Theater oder in öffentlichen Parks spazieren gehen. Die meisten Deutschen, die von diesen Erlassen nicht betroffen waren, nahmen sie einfach hin.[26]

Chanels Beziehung zu Iribe war kompliziert geworden. Seine eigene emotionale Verfassung war widersprüchlich: Er bewunderte zwar ihren Erfolg, zeigte aber gerne, dass er das zugehörige Drumherum ablehnte. Von Chanel mit ihrer Berühmtheit und ihrem Glanz fühlte er sich zwar angezogen, doch er war auch eifersüchtig, weil sie ihn in den Schatten stellte – 1935 hatte sie 4000 Angestellte und 28 000 Kleider in Europa, dem Nahen Osten und den USA verkauft, hinzu kamen die Umsätze, die sie durch den Verkauf von Schmuck und Parfum erzielte.

Chanels Gefühle hingegen waren eindeutiger. Er war ein Mann, den sie bewundern konnte und der nicht von ihr abhängig war – und sie war es nicht von ihm. Sie war eine Frau, die einen Mann um sich haben wollte, zum Vergnügen, als Gesellschaft, für Sex. Aber bisher hatte sie nur mit Boy Capel die machtvolle Verschmelzung des Körperlichen und des Emotionalen erlebt, wie sie in leidenschaftlicher Liebe spürbar wird. Dennoch hatte sie nach und nach mehr für Iribe empfunden, so sehr, dass Misia Sert, die beide regelmäßig traf, glaubte, dass Chanel nun endlich wieder verliebt war und die beiden womöglich heiraten würden.

Chanel hatte in diesem Jahr beschlossen, den größten Teil des Sommers in La Pausa zu verbringen. Iribe besuchte sie oft. Wenn er in Paris war, telefonierten sie ständig, und Chanel ließ ihn dort Entscheidungen für sie treffen. In La Pausa passte er seine Lebensweise der ihren an und war dort so zu Hause, dass er ganz selbstverständlich die Rolle des Hausherrn einnahm.

Eines Tages im Spätsommer buchte Iribe ein Bett im Nachtzug von Paris, um Chanel in Roquebrune zu besuchen, und er schlug vor, dass sie den Tag mit einem munteren Tennisspiel beginnen könnten. Nach der Hälfte des ersten Satzes ging sie nach vorne ans Netz, um ihn zu bitten, den Ball nicht gar so fest zu schlagen; währenddessen blickte er sie über seine Sonnenbrille hinweg an, stolperte und stürzte – und erlitt einen schweren Herzinfarkt. Zwei Tage später, am 21. September, starb er in einer Klinik in Menton, ohne das Bewusstsein wiedererlangt zu haben.

Chanel schmerzte der Verlust sehr; sie trauerte lange um ihn, überließ alles Geschäftliche ihren Mitarbeitern und kehrte erst im Oktober wieder nach Paris zurück. Ihr Kummer wurde durch Schuldgefühle noch verschlimmert: Obwohl er gesagt hatte, dass er sich schwach fühle, hatte sie ihn überredet, das Spiel fortzusetzen. Er war erst zweiundfünfzig gewesen, schlank und fit, daher hatte keiner von ihnen den Verdacht gehabt, etwas könne nicht stimmen. Sie benutzte den Tennisplatz nie mehr wieder, ließ ihn stattdessen von Blumen und langen Gräsern überwuchern.

Wieder einmal hatte sie ein Mann »verlassen«, diesmal einer, der ihr wirklich wichtig war und mit dem sie, wie viele ihrer Freunde glaubten, eine Zukunft gehabt hätte. Betrübt, schlaflos, elend, war sie nicht in der Verfassung, nach Paris zurückzukehren. Sie blieb den Großteil des Herbstes über in La Pausa und diktierte ihre Anweisungen für die nächste Kollektion in langen Telefongesprächen. Wieder war Misia da, um ihre Freundin zu unterstützen. Sie konsumierten auch gemeinsam Drogen, 1935 war das Chanel sogar mittlerweile zur Gewohnheit geworden; sie spritzte sich täglich Morphium, eine Angewohnheit, die sie bis zum Ende ihres Lebens beibehielt.

In jenem Sommer gab es noch eine weitere Tragödie. Am 1. August kam Roussy Serts geliebter jüngerer Bruder Alexis bei einem Autounfall ums Leben. Roussy war so untröstlich, dass sie ihren Lebenswillen verlor. Sie schloss sich in ihrem Zimmer ein und weigerte sich eine Woche lang, etwas zu essen oder mit jemandem zu sprechen. Als Misia davon hörte, stieg sie sofort in den Zug nach Barcelona, aber keiner der Serts wollte sie sehen, sie wurde in ein Hotel abgeschoben. Traurig kehrte sie zu der einzigen Person zurück, die ihre Gesellschaft wollte – Chanel –, und überließ es Roussy, ihren Kummer so gut wie möglich zu überwinden.

Als Chanel später in diesem Herbst nach Paris zurückkehrte, musste sie feststellen, dass Elsa Schiaparelli mehr als nur eine Bedrohung geworden war: Sie war mittlerweile jemand, der sie überflügeln könnte. Das Problem lag darin, dass beide Modeschöpferinnen zwar einen völlig unterschiedlichen Geschmack hatten, aber demselben Typ Frau gefielen – Frauen, die einen auffälligen, modernen, stylischen Look wollten.

Doch auch die Mode an sich hatte sich verändert. Die androgynen Flapper mit ihren kurzen Haaren, jungenhaften Figuren kurzen Röcken, für die Chanels schlichte Eleganz wie geschaffen war, waren verschwunden. Mädchen waren wieder weiblicher geworden: mit fraulichen Figuren, Kurven, betont und verstärkt durch den Schimmer schräg geschnittenen Satins, die Röcke waren nun länger, über allem lag ein neuer, abenteuerlustiger Touch – und niemand war abenteuerlustiger als Schiaparelli.

Schiap war es, die die Farbe »Shocking Pink« – erfunden hatte. In ihren Kleidern spiegelten sich die Ideen der Surrealisten wider, denen sie nahestand – insbesondere die von Dalí. Sie schuf schwarze Handschuhe mit applizierten roten »Fingernägeln«, Brokatschnüre, die aussahen wie Schlangen und auf pinkfarbenem Brokat prangten, ein Abendkleid mit imitierten Rissen, ein schwarzes langes Kleid mit einem erhabenen »Skelett« auf dem Stoff. Sie war so begabt, dass viele von Chanels langjährigen Kundinnen sich ihr zuwandten – die meisten allerdings kauften von beiden *couturières*, so wie Daisy Fellowes.

Dass Schiaparelli auf Daisy einen großen Reiz ausübte, ist leicht nachzuvollziehen. Für Daisy gehörte das Unerhörte und Auffällige zum Leben. Als Erbin des Singer-Nähmaschinen-Vermögens war sie unglaublich reich, und sie warf mit Geld nur so um sich, wenn sie gerade mal wieder in Laune war. Ihr riesiger rosa Palast erhob sich auf einem Felsen über dem Meer, aber genauso häufig wie dort wurde sie auf der größeren ihrer beiden Yachten gesehen, der *Sister Anne*. Daisy selber hatte wenig von einer Schwester an sich: Zu ihren Lieblingsbeschäftigungen gehörte es, die Ehemänner anderer Frauen zu verführen, und sie war, wie sie selber sagte, immer einer neuen Eroberung »auf der Fährte«. »Das ist ein aufregendes Gefühl«, erklärte sie, »so, als ob man zum ersten Mal Absinth trinkt. Sobald ein Mann fragt: ›Wann darf ich zum Tee kommen?‹, wetze ich das Messer.« In England hatte sie eine Statue des hl. Josef vor ihrem Haus stehen, zu Ehren des »Schutzheiligen der Hahnreie«.

Daisy war die Erste, die Schiaps schwarzes Kostüm mit Taschen in Form eines (shocking) pinkfarbenen Munds trug. Die Erste, die das »Lobster Dress« trug, ihretwegen erklommen Restaurantgäste im Ritz Stühle, nur um einen Blick auf ihren goldbestickten Schiaparelli-Affenpelzmantel zu erhaschen. Und jüngst hatte sie eine prestigeträchtige und begehrte Stelle als Moderedakteurin bei der französischen *Vogue* aufgegeben, weil sie sich dort »langweilte«.

Chanel ging in die Offensive, indem sie dem neuen, feminineren Look auf ihre eigene Weise huldigte. Sie führte Schulterpolster ein, um die Taille schmaler wirken zu lassen, creme- oder pfirsichfarbene Satinkleider für den Abend und elegante, anschmiegsame Tweedkostüme, während ihr zugrundeliegendes Thema weiterhin Schwarz-Weiß blieb. Im Casino von Monte Carlo wurde sie nach wie vor in cremefarbenem oder weißem Satin und ihren geliebten Perlen gesehen.

Eine der treuesten Kundinnen von Chanel war Diana Vreeland, die für die Mode lebte. »Man muss Stil haben«, sagte Diana immer. »Er hilft einem, die Treppe hinunterzusteigen. Er hilft einem, morgens aufzustehen. Er ist eine Lebensart.« Sie absolvierte die zahllosen Anproben, die für ein Kleidungsstück von Chanel nötig waren – schon für ein Nachthemd waren es drei –, in Chanels Atelier, im sechsten Stock in dem Haus an der Rue Cambon. »In den ersten Stock führte ein verspiegelter Treppenaufgang – der Salon –, dann ging es fünf steile Treppen hinauf. Chanel hockte sich immer oben an den verspiegelten Treppenaufgang und begutachtete von dort aus die Kollektionen«, erinnerte Vreeland.

Als ihr Mann aus beruflichen Gründen wieder nach Amerika musste, zog Diana mit ihm nach New York, wo sie Kolumnistin und später Moderedakteurin für *Harper's Bazaar* wurde. Chanel war in ihren Augen einzigartig. Sie war »faszinierend, außergewöhnlich, beunruhigend, originell«, so Diana. »Man kann niemanden mit Chanel vergleichen. Niemand hat den *chien.* Oder den Chic. Sie war die interessanteste Person, die ich jemals kennengelernt habe.«

DER SOZIALISMUS UND MRS SIMPSON

Die Depression wirkte sich in Frankreich zunächst nur langsam aus, aber als es so weit war, litt das ganze Land. Ab 1932 stieg die Arbeitslosigkeit rasch an, die Politik spaltete sich, Wut drang an die Oberfläche. Nach Straßenschlachten wie insbesondere der vom Februar 1934 blieben Frauen möglichst zu Hause und füllten die Badewannen mit Wasser, für den Fall, dass die Versorgung unterbrochen würde.

Die Linke glaubte, ein faschistischer Putsch werde vorbereitet, die Rechten sahen die Revolution im Anmarsch, und beiden Seiten wurde klar, dass es aktive Proteste geben würde. Die Arbeiter, deren Löhne geschrumpft waren, begannen mit einer Reihe von Streiks, und es war offensichtlich, dass der *Front populaire*, eine Vereinigung linker Parteien, trotz der Opposition der konservativen Rechten an Boden gewann.

Am 13. Februar 1936 eskalierte die angespannte Situation. Léon Blum, der sozialistische Führer des *Front populaire*, wurde von einem befreundeten Ehepaar bei der Nationalversammlung abgeholt. Das Auto traf auf eine Gruppe Antisemiten und Royalisten, die unter dem Namen *Camelots du Roi* bekannt waren. Sie hatten sich an der Kreuzung Rue de l'Université und Boulevard St-Germain zum Begräbniszug für Jacques Bainville versammelt, einen der Gründer der *Action Française*: eine ultrarechte, reaktionäre Gruppierung, der sich die Camelots zugehörig fühlten – und für die der *Front populaire* ein Fluch war.

Als diese militante Gruppe Blum durch das Autofenster erblickte, ging sie zum Angriff über. »Bringt Blum um!«, »Erschießt Blum!«, riefen sie. Sie zwangen sein Auto zum Halten und schaukelten es hin und her. Blums Freundin Germaine Monnet, die mit ihm im Fond saß, versuchte ihn mit ihrem Körper abzuschirmen, während ihr Mann Georges, der am Steuer saß, losrannte, um die Polizei zu holen. Die Protestierenden hatten tatsächlich vor, ihn umzubringen: Einem von ihnen war es gelungen, eine Stoßstange des Autos abzureißen. Er zerschmetterte damit das Heckfenster und schlug Blum mehrfach auf den Kopf. Allein die Ankunft zweier Polizisten rettete ihm das Leben. Die Polizei schleppte ihn in ein nahegelegenes Gebäude, wo der Portier Erste Hilfe leistete. Am nächsten Tag erschienen in den Zeitungen auf der ganzen Welt Bilder von Blum, den Kopf vollkommen einbandagiert.

Im Schlaraffenland an der Côte d'Azur hätten die Bücherverbrennung, die Invasion Italiens in Abessinien, die Straßenschlachten in Paris genauso gut in einer Parallelwelt stattgefunden haben können. Das Leben lief weiter wie gewöhnlich, es wurden dieselben Vorbereitungen für Lunch- und Dinnereinladungen getroffen, Gästelisten erstellt, und in manchen Fällen gab es immer noch dieselben Beschwerden.

Edith Wharton zum Beispiel fehlte es an intellektuellen Auseinandersetzungen. Dabei hatte sie Anfang 1936 trotz Regen und Wind viel Besuch. Am 2. April aber schrieb sie an eine Freundin: »Der karge innere Raum ist offenbar leerer denn je, & wenn irgendetwas mich jemals lehren sollte, das kostbare Geschenk des Innenlebens zu schätzen, dann ist es das hohe Alter einiger meiner vornehmen englischen Freundinnen, deren Geist leer ist, von nichts okkupiert, das weniger konkret wäre als das Pferderennen.«

Die weniger Intellektuellen lebten genauso weiter wie bisher. Elsie Mendl bewohnte nach wie vor den Clos de Garoupe, die Villa am Cap d'Antibes, die Sir Henry und Fay Norman gehörte und die sie jeden Sommer zwei Monate mietete. Und auch Daisy Fellowes fuhr wie gewohnt in ihre Villa.

»Der einzige Mensch, den ich je kannte, der voll und ganz die zunehmende Bedeutung und Macht des Faschismus, die Unausweichlichkeit des Krieges und die katastrophale Langsamkeit der psychologischen Mobilisierung auf unserer Seite erkannte, war – vielleicht zwangsläufig – Mr Winston Churchill«, notierte Vincent Sheean, der damals, ebenso wie Churchill, Gast im Château de l'Horizon war. Churchill wohnte überhaupt häufig bei Maxine, manchmal, um zu malen, manchmal, um zu schreiben; noch spielte er eine untergeordnete Rolle in der Politik.

Für alle anderen an der Küste durfte nichts auf eine dunklere Welt außerhalb hindeuten. Die Illusion von Perfektion musste aufrechterhalten werden. »Einen schöneren Anblick als die Mittelmeerküste in einer Sommernacht, vom Deck einer Yacht aus betrachtet, gibt es wohl nicht«, notierte »Oppy«, wie E. Phillips Oppenheim immer genannt wurde; ein Mensch, der glaubte, dass ihm von allem immer das Beste zustand.

Sein finanzieller Erfolg als Schriftsteller rührte von seinem gewaltigen Ausstoß: Die Anzahl der Wörter der von ihm geschriebenen Romane, Kurzgeschichten und Artikel wurde auf den Umfang von sechzehn Bibeln geschätzt. Fortsetzungen waren ein weiterer Faktor, denn die meisten seiner Romane und Geschichten erschienen zuerst in Serie in den USA (wo die Honorare höher waren als in Großbritannien). Außerdem schrieb er extrem schnell. Seine Methode war einfach: Nach dem Frühstück setzte er sich in seinen großen Sessel und fragte seine Sekretärin: »Wo waren wir?« Dann las sie ihm das letzte halbe Dutzend Wörter vom Vortag vor, und er führte sie, ohne zu stocken, bis etwa 12:15 Uhr fort. Anschließend ging er mit Mrs Oppenheim oder einem verfügbaren Freund neun Löcher Golf spielen. Nach dem Tee schrieb er wieder bis etwa 19:00 Uhr.

Er und seine Frau verbrachten jedes Jahr einen Monat im Hôtel de Paris in Monte Carlo. Sie besaßen eine Yacht namens *Echo*, die wegen ihrer geringen Größe (und recht häufig auch wegen des Gebarens ihrer Besitzer) den Spitznamen »Das schwimmende Doppelbett« bekommen hatte. Oppy liebte es, mit der *Echo* hinauszufahren, besonders an Sommerabenden. Er notierte: »Die pulsierende Musik von einem Dutzend Tanzorchestern aus den kleineren Cafés, gar aus den Casinos selbst, schien die Luft mit einer Art vibrierendem Hintergrund aus einer undeutlichen, doch konzertierten Melodie zu erfüllen. Hinter dem stillen Cap wurde der ganze Halbkreis der weitläufigen Promenade von Nizza sichtbar – sieben Meilen Lichter, die in dem Landungssteg und dem Casino ihren Höhepunkt hatten und dann zum Hafen hin schwächer wurden. Im ruhigeren Wasser des Cap fingen Fischer mit grellen Lampen Loup de mer. Der Genuss schien damals fast so selbstverständlich zu sein wie die Luft zum Atmen. Man gewöhnte sich an ein müheloses, dabei freudvolles Leben.«

Da die Côte d'Azur immer noch der Lieblingsurlaubsort der Reichen war, hatte auch King Edward VIII. (er war seinem Vater am 20. Januar 1936 nachgefolgt) beschlossen, Maxine Elliotts Château de l'Horizon zu mieten. Er wollte dort einen ruhigen, zurückgezogenen Urlaub verbringen. »Unsichtbare Augen werden den König rund um die Uhr hüten«, schrieben die Zeitungen. Auf der Straße hinter der Villa durften keine Autos anhalten, Motorboote durften sich dem kleinen Hafen davor nicht nähern,

Fischer waren angewiesen worden, sich fernzuhalten. Für Bedienstete, Gärtner, Sonnenschirme und ein leistungsstarkes Radio war gesorgt worden.

Die Engländer, die sich an oder in der Nähe der Küste niedergelassen hatten, waren leidenschaftliche Royalisten. »Als der König starb, waren meine Eltern sehr bestürzt«, erinnerte sich Dennis Youdale, dessen Vater der Geschäftsführer von Thomas Cook in Nizza war. »Mutter nähte schwarze Binden an alle unsere Jacken. Meine französischen Freunde im Lycée fragten nach dem Grund, und als ich es ihnen erzählte, meinten sie: ›Wen kümmert denn der König?‹, und verspotteten mich unbarmherzig. Aber wenn zu Hause *God Save the King* gespielt wurde, mussten wir nun mal alle aufstehen – selbst wenn wir gerade bei Tisch saßen.«

Damals wusste jeder im engeren Umkreis des Königs, dass Mrs Ernest Simpson zu seinen Hausgästen gehören würde und dass er in sie verliebt war. Da die beiden immer in Begleitung anderer Leute in der Öffentlichkeit auftraten, hatte keine britische Zeitung etwas davon erwähnt; und angesichts der vielen Schutzmaßnahmen, die für ihren Urlaub vorgesehen waren, würde es höchstwahrscheinlich auch dabei bleiben.

Die bevorstehenden Wahlen Ende April, Anfang Mai beschäftigten einen großen Teil der Franzosen. Obwohl es am betreffenden Tag regnete, lag die Wahlbeteiligung bei rekordverdächtigen 85 Prozent, was einen Sieg für den *Front populaire* zur Folge hatte. Léon Blum wurde Premierminister. Die Rechte war entsetzt und sah darin den nächsten Schritt in den Kommunismus (der seit der Russischen Revolution zutiefst gefürchtet war); die Linke begrüßte es als Vorboten der längst fälligen sozialen Veränderung.

Die Wahl würde außerdem antisemitische Tendenzen offenlegen. Noch nie war ein Jude Premierminister geworden; und selbst im Chambre des Députés wurde Blum aufgrund seiner

Religion verspottet. »Dieses gallo-römische Land wird zum ersten Mal von einem Juden regiert werden«, hetzte der rechte Abgeordnete Xavier Vallat. »Ich wage laut auszusprechen, was das Land im tiefsten Inneren denkt … es ist besser, von einem Mann angeführt zu werden, der von diesem Boden abstammt … als von einem abgefeimten Talmudisten.« Eine Tageszeitung titelte derweil: »Frankreich unter dem Juden.«

Die Wurzeln des französischen Antisemitismus reichten tief. Frankreich war das erste Land gewesen, das die Juden emanzipiert und ihnen politische und Bürgerrechte sowie gesetzliche und gesellschaftliche Gleichheit zuerkannt hatte.[27] »Den Juden als Nation ist alles zu verweigern, den Juden als Menschen aber ist alles zu gewähren«, lautete die berühmte Zusammenfassung des Comte de Clermont-Tonnerre während der Revolution. So konnten die Juden ihre Religion als Privatbürger ausüben, in jeder anderen Hinsicht sollten sie voll und ganz französisch sein.

Doch der Nationalismus des späten neunzehnten Jahrhunderts hatte in Verbindung mit dem konservativen Katholizismus eine tiefe Abneigung gegen Juden hervorgerufen. Zunehmend wurden Juden, insbesondere jüdische Finanzhäuser, für viele Probleme im Land verantwortlich gemacht und, so wie in der Dreyfus-Affäre, als Schuldige betrachtet.[28] Der Einsatz jüdischer Soldaten an der Seite ihrer französischen Mitbürger im Ersten Weltkrieg hatte das zwar abgeschwächt, aber während der Depression in den Dreißigerjahren flammte die Aversion wieder auf. Juden kamen als Sündenböcke für die Probleme des Landes gerade recht.

In diesem Kontext kann auch Chanels Antisemitismus zum Teil als Ausdruck nationaler Haltung gesehen werden, zum Teil vielleicht auch als Ausdruck eines komplexen und zugleich widersprüchlichen Charakters. Sie bezahlte ihre Arbeitskräfte schlecht (wie die meisten anderen Couture-Häuser) und war wütend, wenn jemand um eine Gehaltserhöhung bat. Doch manchmal zeigte sie sich plötzlich unglaublich großzügig und verschenkte, offenbar aus einer Laune heraus, Autos, Kleidung und Bargeld. Ihren Freundinnen und Freunden gegenüber verhielt sie sich loyal, aber hinter deren Rücken machte sie oft giftige Bemerkungen. »Sie konnte schreckliche Dinge über sie sagen«, erinnerte sich der Komponist Georges Auric, der dem Kreis um Cocteau angehörte. Er hatte mitangesehen, wie sie Cocteau selber einmal so anfuhr, dass dieser rief: »Hör auf, Coco! Ich fange gleich an zu weinen.« Doch auch wenn sie häufig alles Unangenehme den Juden der Nation in die Schuhe schob, so hatte sie doch eine Menge jüdischer Freunde und Kundinnen.

Nach der Wahl, ehe Blum verfassungsgemäß im Juni das Amt antreten konnte, forderten die Arbeiter ungeduldig, dass die Versprechungen, die ihnen die sozialistische Regierung gemacht hatte, eingelöst würden. Sie besetzten einige Fabriken, und es gab eine Streikwelle – bei der Eisenbahn, in der Stahl-, der Bau- und Bergbauindustrie und bei den Textilarbeitern. Dann sprang sie auch auf die Kaufhäuser über. Bei den letzten beiden merkte Chanel schließlich auf, immerhin war sie direkt betroffen, aber dass sie einmal auch auf andere Art davon berührt sein könnte – auf diesen Gedanken kam sie nie.

Eines Morgens kurz vor Geschäftsanfang tauchte eine junge Angestellte bei Chanels Werkstätten in der Rue Cambon auf und hängte einen Zettel mit der Aufschrift »Besetzt« an die Tür. Chanels persönlicher Buchhalter (er war kein Angestellter der Firma und kam nicht ins Haus, rannte hinüber ins Ritz, um es ihr zu berichten. Chanel war außer sich: *Ihre* Arbeitsstätte, besetzt! *Ihre* Mitarbeiterinnen, im Streik! Aus ihrer Sicht hatte sie vielen Frauen eine Anstellung gegeben, die ansonsten von Akkordarbeit hätten leben müssen: Die sollten sie lieber würdigen, anstatt sich so undankbar zu zeigen! Wütend, aber sorgfältig wählte sie ein marineblaues Kostüm aus, zu dem sie viel Schmuck anlegte, darunter auch ihre prächtigen Perlen. Derart gepanzert machte sie sich auf, um ihren Arbeiterinnen entgegenzutreten.

Sie hatte immer behauptet, die Löhne, die sie zahlte, seien »völlig angemessen«; und zudem hatte sie die zartesten unter den Arbeiterinnen nach Mimizan verschickt, wo sie auf dem Anwesen, das der Duke of Westminster dort besaß (wie mit allen ihren Liebhabern hatte sie auch mit ihm weiterhin ein gutes Verhältnis) Ferienunterkünfte für ihre Mitarbeiterinnen gebaut hatte. Aber das zählte jetzt nicht. Die Situation war festgefahren, und schließlich erklärte man ihr, dass es keine Herbstkollektion geben würde, wenn sie die Forderungen der Arbeiterinnen nicht erfüllte. Widerwillig gab sie nach – aber sie vergaß es ihnen nicht.

Nachdem mehr als eine Million Arbeiter streikten, kam ganz Frankreich nach und nach zum Stillstand. Die finale Einigung zwischen Arbeitgebern und dem Verband der großen Gewerkschaften enthielt neue Rechte für Arbeiter: Lohnerhöhungen, das Recht auf gemeinsame Tarifverhandlungen, eine feste 40-Stunden-Woche und *les congés payés* – zwei Wochen bezahlten Urlaub im Jahr. Am 11. Juni wurde all das Gesetz, und am 31. Juli schlossen sämtliche Fabriken in Frankreich für zwei Wochen ihre Tore.

»Ihnen, Herr Premierminister, ist es zu verdanken, dass die Arbeiter sich in den Ferien mit ihren Kindern vergnügen können. Ihnen ist es zu verdanken, dass der Weihnachtsmann auch die Ärmsten unserer Kameraden besucht«, schrieben die Arbeiter dankbar. Zusätzlich überredete ein junger Minister die französischen Eisenbahnchefs, Arbeitern einen Nachlass von vierzig Prozent zu gewähren, denn sonst hätten sie sich eine Reise in die Ferne nicht leisten können. Obwohl diese Art des Reisens an etliche Bedingungen geknüpft war, wurde sie extrem populär. Nunmehr musste man die Ferien nicht mehr zu Hause verbringen; endlich gab es die Gelegenheit, das eigene Land zu erkunden. Die berühmte Riviera würde fortan nun auch nicht mehr allein den Reichen und Schönen vorbehalten sein.

Doch mit den neuen Arbeitsgesetzen nahm auch die Produktion ab, die Inflationsrate sowie die Arbeitslosenzahlen stiegen – die Aufstände wurden fortgesetzt. Der Ausbruch des Spanischen Bürgerkriegs im Juli und der darauffolgende Zustrom von Flüchtlingen von der anderen Seite der Grenze ließen weitere Unruhen im Süden befürchten.

King Edward VIII. musste seinen geplanten Urlaub im Château de l'Horizon auf Rat der Regierung hin absagen, da man ein Attentat befürchtete. Daher beschloss er, eine Yacht zu chartern. Er zog erst die des Duke of Westminster in Erwägung – die Chanel so gut kannte –, aber Mrs Simpson fand das Boot nicht komfortabel genug. Stattdessen lieh man ihm die Yacht *Nahlin* (ihr großzügiger Eigner verlangte keine Chartergebühr, sondern nur die Nebenkosten). Das Paar stellte die üblichen Forderungen: Aus der Bibliothek wurden alle Bücher entfernt, damit ein zusätzliches Schlafzimmer entstand, statt Literatur gab es nun einen Vorrat an Golfbällen, die der König ins Meer schlagen konnte.

Im August 1936 legte die *Nahlin* zu einer Kreuzfahrt durch das östliche Mittelmeer ab. Neben dem König und Mrs Simpson gab es wechselnde Passagiere, darunter Duff und Diana Cooper, den Earl of Sefton, ein Freund und Kammerherr des Königs, mehrere Mitglieder des königlichen Haushalts und diverse alte Freunde – nicht aber Ernest Simpson.

Auf einer Yacht, die an einem Hafen nach dem anderen anlegt, lässt sich die Identität der Personen an Bord in der Regel kaum verheimlichen, und auch dort bemühte man sich gar nicht erst darum. In den Augen der ausländischen Presse waren der König und Mrs Simpson jetzt ein Paar, und damit Gegenstand von Gerüchten und Spekulationen und zahlreichen gemeinsamen Aufnahmen. Allein die britische Presse, unter der Führung von Lord Beaverbrook, hüllte sich noch in Schweigen über die Beziehung, auch wenn Ernest Simpson mittlerweile aus der gemeinsamen Wohnung in seinen Club gezogen war. Die Ehe der Simpsons, einst so heiter und glücklich, schien jetzt in Gefahr zu sein.

Wallis und Ernest Simpson hatten 1928, acht Jahre zuvor, geheiratet. Im darauffolgenden Jahr war Wallis nach Amerika gefahren, um ihre kranke Mutter zu besuchen; während der Schiffsreise kam es zum Börsenkrach an der Wall Street, und Wallis' Investitionen wie auch die ihrer Mutter waren verloren. Drei Wochen später, am 2. November, war ihre Mutter bettelarm gestorben. Nach ihrer bereits mittellosen Kindheit war dieses womöglich die Ursache für Wallis' zwanghaftes Streben nach materiellen Werten. Das Reedereigeschäft, in dem Ernest tätig war, überstand die Depression jedenfalls erfolgreich.

Trotz des idyllischen Sommerlebens an der Côte, der gebräunten Körper, Schwimmens, Tennis sowie der gesunden regionalen Speisen gab es auch an der Riviera Erkrankungen; nicht selten verbunden mit der Lebensart der Reichen. Elsa Maxwell schickte einmal nach Elsie Gladman, einer jungen Krankenschwester. Diese war am Sunny Bank Hospital in Cannes angestellt, einem flachen, weißen, von purpurroten Bougainvilleen überwachsenen Gebäude inmitten eines großen Gartens. Sie sollte mit »Darmspülgeräten« vorbeikommen, da sich die Hausgäste mit einer Flugzeugladung Essen vollgestopft hatten, das von Fortnum & Mason geschickt worden war – Steak and Kidney Pudding, Roastbeef, Yorkshire Pudding. »Ich war zwei Tage lang mit meiner Vorrichtung beschäftigt«, erinnerte sich Elsie. Im Sommer spezialisierte sich das Krankenhaus auf Privatpatienten, deren Wünsche zum Teil äußerst abenteuerlich waren. Einmal musste Elsie ein Wochenende lang auf einen (völlig gesunden)

Hund aufpassen, einmal sollte sie die ganze Nacht im Zimmer neben dem eines Pärchens in den Flitterwochen wachen. Die Mutter der Braut, eine wohlhabende Amerikanerin, hatte sie ohne das Wissen des glücklichen Paars dafür engagiert, wach zu bleiben, falls die Braut Hilfe bräuchte …

Kranke (nur wohlhabende, versteht sich) wurden manchmal zurück nach England geschickt, üblicherweise im *Train Bleu*, der einen speziellen Krankenwaggon mit einem Schlafzimmer, einem Wohnzimmer, Toilette und einer Begleitperson anhängte. Die Alternative war ein privater Krankenwagen.

In England wurde die Romanze zwischen Wallis und dem König ernster. Ernest hatte sich einer alten Flamme zugewandt – Mary Raffray, der Frau, die ihn ursprünglich Wallis vorgestellt hatte. Im Frühjahr 1936 beschloss Wallis, sich von ihrem Mann scheiden zu lassen. »Selbst die äußere Hülle unserer Ehe hatte sich aufgelöst«, schrieb sie in ihrer Autobiografie, »… insgesamt hatte ich das Gefühl, für mich wäre es besser, frei zu sein, um meinem eigenen, ungewissen Schicksal zu folgen.« Ihre Scheidung von Ernest kam Ende Mai vor Gericht, ein vorläufiges Urteil wurde ausgesprochen.

Nachdem Wallis nun bald verfügbar sein würde, kochte die Gerüchteküche über – an der Côte d'Azur war sie nunmehr das einzige Gesprächsthema. Es war noch nie da gewesen, dass ein König seine Geliebte geheiratet hätte – zumal eine mit zwei noch lebenden Ehemännern[29] –, und doch war jedem, der Wallis und den König zusammen gesehen hatte, klar, wie verliebt er war. Er war fest entschlossen, sie zu heiraten, das hatte er bereits klargemacht. Hinter den Kulissen in England gab es verzweifelte Versuche, dem König die Heirat einerseits auszureden und andererseits – mit seiner Hilfe – einen Weg zu finden, wie er Wallis heiraten konnte.

Im Oktober mietete der König für Wallis ein Haus im Regent's Park. Constance Coolidge (die ehemalige Geliebte von H. G. Wells), die beide Simpsons über ihre Freunde und amerikanischen Landsleute Herman und Katherine Rogers kennengelernt hatte, hörte von der Anmietung des Hauses (»Wallis sagt, ihres liegt auf der falschen Straßenseite!«, schrieb Constance an ihren Vater) und auch, dass der König Wallis 30 000 Pfund zugesprochen hätte.

Danach ging es Schlag auf Schlag. Am 1. Dezember sprach der Bischof von Bradford (der noch nie von Wallis Simpson gehört hatte) in einer Rede vor seiner Diözesankonferenz über die göttliche Gnade, die der König brauche: »Wir hoffen, er ist sich dieser Notwendigkeit bewusst. Manche von uns wünschten, er würde positivere Signale dieses Bewusstseins senden.« Es galt als erster halboffizieller Kommentar einer Person des öffentlichen Lebens und öffnete einer Flut von Schlagzeilen und Kommentaren Tür und Tor – die meisten davon waren Wallis feindlich gesinnt.

Die Möglichkeit einer morganatischen Ehe wurde erörtert, wurde allerdings von den britischen Überseegebieten und so gut wie allen anderen sogleich verworfen. »Jede Morgenzeitung hatte den König und Mrs Simpson auf der Titelseite«, schrieb Duff Cooper in sein Tagebuch. »Nur der *News Chronicle* sprach sich dezent für die morganatische Ehe aus.«

Die Feindseligkeit und die Belagerung durch die Presse waren so heftig, dass Wallis auf Anraten des Stabs des Königs am 3. Dezember mit Lord Brownlow, dem Kammerherrn des Königs, an die Côte d'Azur floh, um dort bei Herman und Katherine Rogers (sie kannte Katherine seit ihrer gemeinsamen Zeit als junge Ehefrauen von Marineoffizieren) in ihrer Villa Lou Viei zu wohnen, einem umgebauten Kloster aus dem zwölften Jahrhundert in der Nähe von Cannes. Seit 1929 hatte sie sich dort schon mehrfach aufgehalten, zuerst unter dem Namen ihres ersten Mannes, Spencer, dann mit ihrem neuen Mann Ernest Simpson und schließlich, im Juli 1931, ohne ihn. 1934 und 1935 wurde sie vom Prince of Wales begleitet, wenn sie bei den Rogers wohnte. Jetzt nahm sie Zuflucht bei diesen alten und zuverlässigen Freunden, nachdem sie Tag und Nacht von der Presse gejagt worden war, die bald die Villa belagerte.

Wallis und Perry Brownlow hatten eine furchtbare Fahrt durch Frankreich hinter sich, verfolgt von Reportern, umzingelt, wenn immer sie einmal anhielten, damit Wallis den König anrufen konnte. Als sie sich Cannes näherten, legte sich Wallis auf den Boden des Buick unter eine Wolldecke, während sie durch einen Pulk von Reportern mit blitzenden Kameras fuhren, die sich vor den Toren der Villa Lou Viei versammelt hatten, wo Herman und Katherine Rogers auf sie warteten.

In den nächsten Tagen waren die Reporter einfach überall, krochen durchs Gras, versuchten, in die Fenster zu spähen, und hörten Telefonleitungen ab, bis die Polizei sie vertrieb. Constance Coolidge lud Wallis ein, bei ihr in Paris zu wohnen, falls sie einen Rückzugsort brauche, aber am 9. Dezember erhielt Constance einen maschinengeschriebenen Brief von Lord Brownlow, in dem stand, dass Wallis' Pläne verständlicherweise durcheinandergeraten seien und sie keine Verabredungen treffen könne.

Nach und nach wuchs die Erkenntnis, dass der König abdanken wollte, nachdem eine Eheschließung mit Mrs Simpson nicht akzeptiert werden würde. Als Winston Churchill, der ein Faible für Chanel hatte und sie häufig besuchte, wenn er in Paris war, einmal mit seinem Sohn Randolph zum Abendessen in ihre Suite im Ritz kam, brachte ihn die Vorstellung, der König könne abdanken, vollkommen aus der Fassung. Jean Cocteau, der an diesem Abend ebenfalls eingeladen war, notierte, dass Churchill, der seinen König während aller Verhandlungen loyal unterstützt hatte und stets leicht zu Tränen gerührt war, betrunken war, zu schluchzen begann und an Chanels Schulter weinte, während er darauf bestand, dass ein König gar nicht abdanken dürfe.

Ein paar Monate später würde Churchill dem König dann bei seiner Abdankungsrede helfen müssen. Diese unterschrieb Edward VIII. am 10. Dezember, das Parlament billigte sie am folgenden Tag. Am Abend hielt der König eine emotionale Radioansprache, in der er sagte, es sei ihm unmöglich, »die Pflichten als König ohne die Hilfe und Unterstützung der Frau, die ich liebe, so zu erfüllen, wie ich es mir wünschen würde«. In der Villa Lou Viei versammelten sich die Rogers und alle ihre Bediensteten im Wohnzimmer, um der Ansprache im Radio zu lauschen. Wallis lag auf dem Sofa und hielt sich die Augen zu, um ihre Tränen zu verbergen, während sie die Stimme ihres Geliebten hörte. »[Sie] drang ruhig und bewegend aus dem Lautsprecher. ... Als er fertig gesprochen hatte, gingen die anderen leise weg und ließen mich allein. Ich blieb lange dort liegen, bevor ich wieder imstande war, durch das Haus und nach oben in mein Zimmer zu gehen.«

Das Interesse an Edwards Radioansprache war so groß, dass währenddessen in New York kein einziger Telefonanruf gemacht wurde. Andere reagierten eher frivol auf die Angelegenheit. Brian Howard etwa, Ästhet, Dichter und Inbegriff der *Bright Young Things*, gab in der südfranzösischen Villa, in der er mit seinem Freund sowie mit Klaus Mann, dem Sohn Thomas Manns, wohnte, eine Abdankungsparty. Dabei wurde eine Grammophonplatte mit der Abschiedsrede Edwards VIII. auf einem improvisierten Altar abgespielt, vor dem Brian kniete. Die geladenen Gäste waren fassungslos und betreten und verabschiedeten sich kurz darauf; die Gastgeber und ihre Hausgäste aber ließen sich nicht stören und zogen zum Trinken noch in ihr italienisches Lieblingsbistro in einer Seitenstraße um. Hier kam es zum Streit. Brian griff zu einem Messer, der Tisch wurde umgeworfen, Teller mit Spaghetti al pomodoro flogen durch die Gegend, Chaos herrschte, bis alle wieder hinaus auf die schmale Straße drängten, um als Nächstes ins Café de la Marine einzufallen, von Streit keine Spur mehr.

Die meisten aber, die diese Nachricht hörten, waren völlig perplex oder empfanden vor allem Trauer und Wut. Der Exkönig, den so viele als Prince Charming angebetet hatten, wurde nunmehr als Verräter betrachtet, der seinen Pflichten nicht nachgekommen war; Mrs Simpson derweil galt als Abenteurerin, die vor nichts zurückschreckte, um Königin von England zu werden. »Angeblich ziehen sich in Monte Carlo alle Engländer und Franzosen zurück, sobald sie einen Raum betritt«, notierte Königin Maud von Norwegen, Edwards Tante. »Ich wünsche ihr etwas Übles an den Hals!«

Und die englische Krankenschwester Elsie Gladman beobachtete beim Tee in den London Tea Rooms, einem schicken Lokal an der Croisette, der vornehmen Strandpromenade in Cannes, die folgende Episode: »Eine ältere englische Dame saß dort und genoss ihren Tee, aber als Mrs Simpson hereinkam, ließ sie alles liegen und stehen und rauschte hinaus.«

1937: DER AUFSTIEG SCHIAPARELLIS

1937 war für Chanel das Jahr, in dem sie vorübergehend von Schiaparelli in den Schatten gestellt werden sollte. Diese kleidete mittlerweile viele der treuesten Kundinnen Chanels ein. Der Wind hatte sich gedreht, Schiap galt als Verkörperung der Modernität, ihre Entwürfe waren beeinflusst von surrealistischen Künstlern wie Man Ray, wohlbekannt für seine Fotografien, oder Marcel Duchamp.

Der Poet Louis MacNeice würde dichten:

Gebt mir eine Muse mit Strümpfen und Strapsen
Mit einem Grinsen wie jenes von Katzen,
Mit falschen Wimpern, die Nägel karminrot lackiert,
In Kleidern von Schiaparelli, mit einem Pillbox-Hut verziert.

Viele aus Chanels engstem Kreis waren nun auch mit Schiap befreundet, besonders die, mit denen sie zusammenarbeitete, von Cocteau bis hin zu Chanels Exliebhaber Dalí. 1937 erfand Schiap das »Lobster Dress«, das aus weißem Organza und einer scharlachroten Schärpe bestand und mit einem von Dalí designten Hummer geschmückt war. Es wurde berühmt, als Mrs Simpson darin für die amerikanische *Vogue* fotografiert wurde (angeblich hatte Dalí echte Mayonnaise auf den Hummer geben wollen, aber Schiap hatte Einspruch erhoben).

Schiaps Kleider waren farbenprächtig, während man sich an Chanels schwarz-weißer Farbpalette ein wenig sattgesehen hatte – obwohl die in ihrer Herbst-Winter-Kollektion nun auch ein Abendkleid aus Goldlamé hatte. Schiap »glorifizierte die schroffe Eleganz der hässlichen Frau«, schrieb einmal Bettina Ballard, die Pariser Korrespondentin der amerikanischen *Vogue*. Genau wie Chanel hatte Schiap eine ausgesprochene Begabung für Publicity. Auch wenn die beiden sich in der Öffentlichkeit gegenseitig mit diffusem Lob bedachten, bezeichnete Chanel Schiaparelli privat als »diese italienische Künstlerin, die Kleider macht«.

Chanel selbst entwarf die Kostüme für drei Bühnenstücke ihres Freundes Cocteau (der immer noch dank ihrer finanziellen Unterstützung im Hôtel Castille in der Nähe ihres Hauptsitzes in der Rue Cambon in Paris wohnte, und dem sie außerdem seine Entziehungskuren bezahlte). Auch die Garderobe von Jean Renoirs Film *La Marseillaise* (1938) entwarf sie. Und während der langen Monate in der Villa La Pausa fand sie in jenem Sommer auch noch Zeit für eine kurze Affäre mit einem reichen Amerikaner, Harrison Williams. Dieser war zehn Jahre älter als sie und ein Selfmademann, der als Straßenbahnschaffner angefangen hatte. Seine mondäne Ehefrau, eine Freundin von Wallis Simpson, verbrachte den Großteil des Jahres in Palm Beach. Er bat Chanel, mit ihm durchzubrennen, aber sie weigerte sich, auch wenn sie viele Jahre später einer Vertrauten gestand: »Er besaß eine Yacht, ist das nicht die beste Art und Weise, eine große Liebe zu starten?«

Nach seiner Abdankung wurde Edward der Titel »Seine Königliche Hoheit, Duke of Windsor« verliehen, und zwar von seinem Bruder, dem neuen König George VI. Viele der an der Riviera wohnhaften Engländer strömten zur englischen Kirche in Nizza, um dort die Radioübertragung der Krönungszeremonie aus

Westminster Abbey zu hören. Was Wallis betraf, so wurde verfügt, dass sie nach der Heirat mit dem Herzog statt als »Königliche Hoheit« mit »Ihre Gnaden« betitelt wurde; der Form also, die für nichtkönigliche Herzoginnen verwendet wurde; und eine Degradierung, die dem Herzog sein ganzes Leben lang zu schaffen machen sollte.

Wallis war mittlerweile von Cannes ins Château de Candé im Loiretal umgezogen. Es gehörte Herman Rogers' Freund, dem amerikanischen Multimillionär Charles Bedaux, der es ihr großzügigerweise lieh. Der Herzog und Wallis wollten hier ihre Hochzeit feiern, denn sosehr Wallis das Ehepaar Rogers mochte, wurden weder ihr Haus noch ihre Köchin Wallis' strengen Maßstäben gerecht. Und nachdem das Château von Bedaux' Grund und Boden umgeben war, war es dort auch einfacher, die Presse auf Distanz zu halten und mehr Privatsphäre zu haben.

Wallis war äußerst rigoros in ihren Forderungen, ein Charakterzug, der im Laufe der Jahre immer deutlicher hervortrat. Von Februar 1937 an hatte Herman Rogers sich wiederholt in Wallis Namen an den Butler von Bedaux gewandt: Für ihre Hochzeit verlangte sie nach einem »bedeutenden« Koch, sie verlangte zwei Nachtwächter, sie verlangte Unterkünfte für die Männer von der Sûreté und von Scotland Yard, sie verlangte Zimmer für ihr Dienstmädchen, ihren Chauffeur und das Dienstmädchen von Mrs Rogers, sie verlangte einen Safe für ihren Schmuck und verlangte zu wissen, wo ihre Kofferraumladungen voll Gepäck untergebracht werden würden.

Außerdem wollte sie eine ganze Menge zusätzlicher Angestellter: einen Konditor, einen Sous-Chef, einen Küchenjungen, einen weiteren Butler und Diener, vier Dienstmädchen, zwei Aufwartefrauen, fünf Wäscherinnen, zusätzliche Gärtner, eine Telefonistin und mehrere Betreuer für den Golfplatz – und dies, obwohl Bedaux selbst bereits eine beträchtliche Anzahl von Angestellten beschäftigte: genaugenommen vierundzwanzig Bediensteten für das Haus sowie Stallknechte, Gärtner, Jagdaufseher und Wäschereiangestellte. Zum Glück war Bedaux extrem reich, denn alle diese Ausgaben, bis hin zu den unzähligen Telefongesprächen und dem Porto für die mehreren Hundert Briefe, die das Paar verschickte, würde er übernehmen. Das setzten sowohl der Duke als auch Wallis als selbstverständlich voraus.

Am 3. Mai erreichte Wallis' vorläufiges Scheidungsurteil Cannes, und der Herzog machte sich sofort mit dem Flugzeug auf den Weg zu ihr.

Einen Monat später, am 3. Juni, trat Wallis zu den Klängen von Händels *Judas Maccabaeus* in dem hellgrünen Musiksaal des Château de Candé vor den improvisierten Altar. Sie trug ein Kleid aus hellblauem Crêpe mit einem engen, geknöpften Mieder, einen Hut in Form eines Glorienscheins sowie Schuhe und Handschuhe in derselben Farbe. Außerdem war sie mit einem der Geschenke des Herzogs geschmückt, einer enormen diamant- und saphirbesetzten Brosche, die an ihrem Mieder befestigt war.

Gleich anschließend ging es in die Flitterwochen nach Österreich. Die zweifach geschiedene Herzogin schrieb damals an ihre Cousine: »Endlich sitze ich mit meinem König auf einem Berg in Österreich – wo es wirklich hübsch und friedlich ist – und hier wollen wir Kraft für zukünftige Schlachten sammeln.«

Gleich ihr erstes Weihnachten als Ehepaar verbrachten sie wieder in der Villa Lou Viei, die sie nutzen durften, während das Ehepaar Rogers in New York weilte.

An der Côte d'Azur kamen und gingen derweil Schriftsteller und Künstler. James Thurber[30] und seine Frau etwa hatten die Villa Tamisier am Cap d'Antibes gemietet. Für Thurber war das eine Rückkehr nach Südfrankreich: Er war 1926 in der französischen Redaktion der *Chicago Tribune* in Nizza tätig gewesen. Ein Großteil seiner Arbeit hatte seinerzeit darin bestanden, bei den großen Hotels vorbeizuschauen und eine Liste der Gäste, die dort abgestiegen waren, zu erstellen, was ihm auch regelmäßig gelang; wenn die Liste nicht lang genug war, erfand er allerdings den Rest. Er war jung und arm. Als die Weltwirtschaftskrise näherkam, lieh er sich Geld, um sein Rückfahrticket auszulösen, das er verpfändet hatte, und kehrte nach Hause zurück. 1937 aber war er der bekannteste Humorist und Cartoonist Amerikas, reich, berühmt und fest engagiert beim *New Yorker*. »Worte könnten dieser blauen, violetten, warmen, verschneiten Mischung aus Meer, Bergen und Tälern gar nicht gerecht werden«, wie er nach seiner Rückkehr von der Riviera verfasste.

In jenem Jahr kam auch Brecht zu Besuch, spielte Gitarre und sang vor den deutschen Schriftstellern, die sich dort versammelt hatten. Aldous Huxley reiste ab, angelockt von gut bezahlten Angeboten in Hollywood und dem kalifornischen Klima. Im August starb, im Alter von 75 Jahren, Edith Wharton.

Für Chanel war 1937 eines der wenigen Jahre, in dem sie keinen richtigen Liebhaber an ihrer Seite hatte. Nun bewährte es sich, dass es ihr immer gelang, mit ihren Exaffären befreundet zu bleiben. Der Großfürst Dmitri etwa war jemand, auf den sie stets als Begleiter zählen konnte.

Wie üblich wurde in La Pausa gefeiert. Chanel, mit ihren mittlerweile vierundfünfzig, war aktiv wie eh und je und erklomm schon mal in weiten grauen Flanellhosen ihre alten Olivenbäume. Sie umgab sich mit alten Freunden wie Bébé Bérard und Jean Cocteau, die nach wie vor fasziniert von ihr waren. »Ihre spektakulären Liebschaften, ihre Wutanfälle, ihre Bösartigkeit, ihre prachtvollen Juwelen, ihre Kreationen, ihre Launen, ihre Exzesse, ihre Freundlichkeit sowie ihr Humor und ihre Großzügigkeit, all das war Teil ihrer einzigartigen, liebenswerten, attraktiven, exzessiven und sehr menschlichen Persönlichkeit«, wie Cocteau es ausdrückte. »Sie sieht dich liebevoll an und nickt, und schon bist du zum Tode verurteilt.«

In jenem Sommer war die Abgeschiedenheit der Villa La Pausa günstiger als je zuvor. Denn die Riviera veränderte sich: Die Auswirkungen der *congés payés* wurden in vollem Ausmaß spürbar, als beinahe eine Viertelmillion Arbeiter angereist kam und die Strände bevölkerte. »Dank der *congés payés*«, berichtete damals ein Journalist, »hat der französische Arbeiter nun die Gelegenheit, dieses Paradies Côte d'Azur kennenzulernen, das lange als unzugänglich für das gemeine Volk galt.« Die Sonderzüge, in denen die Arbeiter kamen, wurden als Rote Züge bezeichnet – die Antwort des Volkes auf den *Train Bleu*. Manche wohnten in Pensionen, andere hatten ihre eigenen Unterkünfte mitgebracht. »Als wir an diesem Morgen mit Maurice vom Schwimmen im Golf zurückkamen, sahen wir Tausende von Campingzelten«, schrieb Colette in ihrem Tagebuch vom 10. August. »Überall hing Wäsche ...«

Nicht jeder hieß sie willkommen; manche Ladeninhaber befanden, dass sie das Niveau senkten, und hängten Schilder mit der Aufschrift »Interdit aux congés payés« auf.

Selbst Kindern wie dem elfjährigen Dennis Youdale fiel nun auf, dass es Menschen gab, die weniger schick und wohlhabend aussahen als die üblichen *flâneurs* vor den großen Hotels wie dem Negresco und dem Westminster an der Croisette. Auch wurde ein Abschnitt des Kieselstrands von Nizza plötzlich von einer Schar dicker deutscher Frauen besetzt und »als kleinen Jungen hat es mich fasziniert«, erinnerte sich Dennis später, »dass diese kolossalen Frauen alle rosa Korsagen trugen anstelle normaler Badeanzüge«.

Nachdem die Invasion vorbei war – für die meisten Arbeiter dauerte sie nur vierzehn Tage –, kehrte das Leben wieder zu dem zurück, was die ständigen Gäste an der Riviera als normal betrachteten: luxuriösen Müßiggang, unterbrochen von Glücksspiel und Partys.

Im Juli 1937 reiste ein weiterer für die Riviera typischer Sommergast an, auch er ein Schriftsteller mit unübersichtlichem Liebesleben: Vladimir Nabokov, bereits erfolgreich als Autor und später weltberühmt für seinen Roman *Lolita* (1955). Er war mit seiner Frau Vera und seinem Sohn nach Cannes gekommen. Sie hatten bislang in Berlin gelebt, aber da Vera Jüdin war, hatten sie sich gezwungen gesehen, das Land zu verlassen, um ihrer Verfolgung zu entgehen. Vera war zunächst noch in Berlin geblieben, während Nabokov nach Paris gefahren war, um sich dort mit Verlegern zu treffen, ehe er mit der Familie in Cannes wieder zusammentraf. Während des Aufenthalts in Paris begann Nabokov, dessen sexuelle Ausstrahlung legendär war – er hatte Vera vor ihrer Heirat eine Liste von dreißig seiner Eroberungen ausgehändigt –, eine leidenschaftliche Affäre mit der hübschen, lebhaften russischen Blondine Irina Guadagnini. Die Beziehung wurde so ernst, dass Nabokov in Erwägung zog, Vera für Irina zu verlassen.

In Cannes bezogen die Nabokovs eine Zweizimmerwohnung. Dort schrieb Nabokov von 7:00 bis 10:00 Uhr morgens, danach verbrachte er zwei Stunden am Strand, bis zur Mittagskanone. Mach dem Mittagessen fing er ab 15:30 Uhr wieder mit dem Schreiben an und arbeitete oft bis spät in die Nacht. Zu Irina hielt er nunmehr Briefkontakt.

Dabei liebte Nabokov Vera sehr (ihre Ehe sollte über fünfzig Jahre halten) und war außerdem ausgesprochen abhängig von ihr: Vera tippte nicht nur seine Manuskripte, sondern fungierte auch als seine Agentin, Fahrerin, als Sprachrohr, Geldverwalterin und Bodyguard (sie trug eine Waffe in ihrer Handtasche). Irgendwann gestand er Vera die Affäre mit Irina, sie verlangte, dass er diese beendete. Nabokov begriff, dass er keine andere Wahl hatte, und schrieb Irina widerwillig, dass die Beziehung vorbei sei. »Sie überzeugt sich selbst und mich davon, dass … dass du eine Halluzination bist«, schrieb Nabokov ihr schwermütig.

Irina hatte nicht die Absicht, den Mann, den sie liebte, so kampflos aufzugeben. Sie stieg in den Zug und fuhr nach Cannes, um ihren Liebhaber davon zu überzeugen, mit ihr auszureißen. Es war Anfang September, sie ging zu der Straße, in der die Wohnung der Nabokovs lag, blickte zum Balkon hinauf und sah drei Badeanzüge, die dort zum Trocknen hingen: von einem Mann, einer Frau und einem Kind. Während sie noch hochsah, nahm eine Frauenhand den Anzug des Mannes und den des Kindes ab.

Als Nabokov seinen Sohn Dmitri hinunter zum Strand brachte, eilte sie zu ihm, doch er eröffnete ihr, sie könne seiner Frau wegen nicht bleiben. Irina aber brachte es nicht über sich, wegzugehen; stattdessen setzte sie sich verzweifelt und in einiger Entfernung von Nabokov und dem Kind auf einen Kiesstreifen. Etwas später gesellte sich Vera zu ihrem Mann und ihrem Sohn, dann ging die ganze Familie nach Hause zum Mittagessen und ließ Irina allein und unbeachtet am Strand zurück. Es war ein trauriges, brutales und wirksames Ende: Irina und Nabokov sahen sich nie mehr wieder.

Einem anderen gelang es derweil, sowohl seine Ehefrau als auch seine Geliebte zu behalten. Das war David Lloyd George, der britische Elder Statesman (wegen seiner Redekunst und seinem Hang zu außerehelichen Beziehungen im britischen Unterhaus gleichsam als »Welsh Wizard«, als walisischer Zauberer und als »Goat«, Geißbock, bekannt).

Der vierundsiebzigjährige Lloyd George, Stammgast in Antibes, kam dort im Dezember 1937 mit seiner Geliebten Frances Stevenson an, schickte sie dann aber nach Hause, um Weihnachten mit ihrer gemeinsamen Tochter Jennifer zu verbringen. Anschließend kamen seine Frau Margaret und ihr gemeinsamer Sohn, und wieder wurde zusammen Weihnachten gefeiert.

Auch seine sonstigen Gewohnheiten waren immer dieselben. Morgens schritt er in einem Umhang über das Anwesen des Hôtel du Cap zum Eden Roc, seine weißen Haare wehten im Wind. Abends lag er um halb neun im Bett, wo er zwanzig Minuten lang eine Westerngeschichte las und dann bis sechs Uhr am nächsten Morgen schlief. Und so düster es auch mit der Weltpolitik aussah, seine Laune blieb stets bestens.

»Ich muss dir ja nicht sagen, wie sehr ich dich vermisst habe und es immer noch tue«, schrieb er Frances am 22. Dezember. »Du weißt es selber … mehr denn je war es mir ein Gräuel – ich war regelrecht außer mir – dass du abreisen musstest …« Doch er schmiedete bereits Pläne für Frances' Rückkehr. Schon am nächsten Tag, wieder aus dem Hôtel du Cap, schrieb er ihr: »Noch eines, ehe ich zum Cap d'Ail aufbreche. Das Neueste: G [sein Sohn Gwilyam] reist am 2. Jan. ab, und Maggie [seine Frau] kommt am 10. Januar … damit bleiben acht Tage für dich, wenn du das für sinnvoll erachtest – ich jedenfalls tue es.«

In diesem Brief erwähnte er allerdings nicht, dass Winston und Clementine Churchill nach Margarets Ankunft für das Ehepaar Lloyd George ein Mittagessen zu deren Goldener Hochzeit ausrichten sollten. L. G. selbst übernahm souverän die Rolle des hingebungsvollen Ehemanns und Paterfamilias. Churchill und Lloyd George waren alte Freunde und hatten schon viele gemeinsame Urlaube in Marokko oder Südfrankreich verbracht. Bei dem Mittagessen im Januar 1938 hielt Churchill eine Rede, in der er betonte, dass Lloyd George eine wichtige Rolle in der Weltgeschichte spielen werde, und Lloyd George antwortete gewandt, dass es niemanden gebe, mit dem er diesen Anlass lieber gefeiert hätte als mit Winston und Clemmie.

Manchen kam es so vor, als habe sich die frühere Côte d'Azur bis zur Unkenntlichkeit verändert. 1938 hatte sogar Colette genug. »Das kleine Häuschen war so zugänglich, so ungeschützt, dass Colette im Garten, im Haus oder am Strand auf Journalisten, Bettler, Autogrammjäger stieß«, wie Maurice Goudeket notiert hatte.

Die Windsors hielt all das von einem Aufenthalt nicht ab. Sie wurden von der Côte d'Azur geradezu magnetisch angezogen – dem Ort ihres Werbens, an dem Respekt gewährleistet war, wo der Exkönig, der im eigenen Land nicht mehr willkommen war, sich sicher sein konnte, der wichtigste Gast beim Dinner oder am Pool zu sein. In diesem Frühjahr pachteten sie für die kommenden zehn Jahre das Château de la Croë, ein dreistöckiges Gebäude mit weißen Wänden und grünen Fensterläden, verborgen hinter hohen Mauern, inmitten von knapp fünf Hektar Garten und Wald. Es lag am Ende einer Sackgasse, und man erreichte es über eine schmale, gewundene Straße, die vom Hafen heraufführte. In der näheren Umgebung standen lediglich drei weitere Villen, eine davon unbewohnt, so dass der Schutz der Privatsphäre gewährleistet war.

Ihr Haus war um eine gewaltige Halle in der Mitte herumgebaut worden. Von ihr gingen große Räume mit hohen, verspiegelten Türen ab, die immer offen standen; wenn man eintrat, konnte man direkt bis zu dem Wald dahinter sehen.

Mit Hilfe ihrer Freundin Elsie Mendl renovierte Wallis es in dem annähernd königlichen Stil, den die Windsors für angemessen hielten: in den Farben des Buckingham-Palasts, Weiß, Rot und Gold, und zwar überall. Die Esszimmerstühle waren mit rotem Leder bezogen und hatten schwarz-goldene Rückenlehnen, die rot-weiß gestaltete Bibliothek wurde von einem enormen Porträt von Queen Mary dominiert, und die Bücherregale wurden mit Widmungsexemplaren des Herzogs, mit Pokalen und Preisen gefüllt. Auf den in Leder gerahmten Familienfotos befand sich das Wappen des Herzogs, in der Halle hing sein rotgoldenes Banner des Hosenbandordens aus der St George's Chapel in Windsor Castle. In Wallis' Schlafzimmer waren die Tische und Kommoden dekoriert mit Trompe-l'oeil-Motiven, die ihre Vergangenheit symbolisierten; eines davon war ein Satz Spielkarten, aus dem der Herz-König fiel.

Glas, Porzellan, Möbel und Wäsche waren aus Frogmore hergeschickt worden (nach der Abdankung hatte man dort alles aus den englischen Häusern des Herzogs, dem York House und Fort Belvedere, aufbewahrt). Auch Gold wurde viel verwendet: Die Badewanne der Herzogin war geformt wie ein vergoldeter Schwan, im Salon im ersten Stock und im Speiseraum zierten gold-weiße Leisten die Decken und umgaben die Spiegel, die überall hingen – die Herzogin betrachtete sich gerne.

Es wurde an nichts gespart, was das Leben luxuriös machen könnte: Täglich kam eine Friseurin, zweimal die Woche eine Maniküre, es gab einen Zeitplan für die täglichen Aktivitäten, und man bestand streng auf dem königlichen Protokoll. Von Gästen wurde bei der ersten Begegnung am Morgen erwartet, dass sie einen Diener oder einen Knicks vor beiden Windsors machten, die Sekretärin des Herzogs musste stehend sein Diktat entgegennehmen. Wallis sprach von ihrem Mann immer als der »Dook«.

Auf allem prangte das Monogramm der Windsors: WE und darüber eine Herzogskrone zierten Schreibpapier und Bettwäsche bis zu den silbernen Knöpfen der grauen Alpaka-Livreen der Diener und den Rettungsringen am Pool. Und über dem rotweißen Zelt, das als Umkleidekabine vorgesehen war, wehte die Standarte des Prince of Wales.

Neue Bauten schossen aus dem Boden, keine prachtvollen Villen wie am Anfang des Jahrhunderts, sondern bescheidenere Behausungen, die sich an der Küste drängten. Besondere Häuser wurden seltener.

Eines, das geblieben war, nahm laut seiner Architektin 1938 schlimmen Schaden. Es handelte sich um das beeindruckende Haus, das man nicht mit Namen, sondern unter einer Nummer kannte: E.1027. Es war ganz allein das Werk der Designerin Eileen Gray, die damals sechzig war; eine Irin aus gutem Hause, bekannt für ihre eleganten und originellen Möbel. Anfang der Zwanzigerjahre hatte die bisexuelle Eileen, die vornehmlich in Paris lebte, einen gutaussehenden, jungen rumänischstämmigen Architekten namens Jean Badovici kennengelernt, der fünfzehn Jahre jünger war als sie selbst. Sie wurden ein Liebespaar, und durch seinen Einfluss wandte sie sich statt dem modernistischen Möbeldesign, für das sie schließlich bekannt wurde, nach und nach der Architektur zu

Badovici wollte, dass Eileen ihm ein »kleines Refugium« in Südfrankreich baute. Die verliebte Eileen war sofort einverstanden. Anfang 1925 fuhren sie hinunter, um nach einem Grundstück zu suchen. Eileen erkundete die Küste und kam so eines Tages nach Roquebrune. Hier entdeckte sie ein felsiges Stück Land, dreißig Meter über dem Meer. Es war völlig unzugänglich und konnte von nirgendwoher eingesehen werden. Das war es: »Ich wusste, ich würde bauen, und zwar genau hier.«

Sie suchte sich eine kleine Wohnung in Roquebrune und arbeitete die nächsten drei Jahre an ihrem Projekt. Nur einmal täglich ging sie in dem herrlich klaren Wasser unterhalb des Bauplatzes schwimmen. Da es keine Straße gab, musste alles Material mit dem Schubkarren gebracht werden. Sie schuftete lange und hart und ließ ihre gesamten Vorstellungen vom Wohnen in das Projekt einfließen. Ihrer Ansicht nach sollte eine Wohnstätte ein

»lebender Organismus« sein, der »der Atmosphäre dient, die das Innenleben erfordert«. Durch und durch Pionierin, vertrat sie die Überzeugung, dass »die Armut der modernen Architektur von der Verkümmerung der Sinnlichkeit stammt«.

Es wurde ein kleines Haus, das im Prinzip nur aus zwei kleinen Schlafzimmern und einem großen Wohnzimmer bestand, das durch eine Terrasse erweitert wurde. Obwohl sie nicht studiert hatte, sollte ihr Entwurf ein Klassiker der modernen Architektur werden. E.1027 war auch ein Werk der Liebe; selbst sein Name war ein Code für die Verflechtung ihres Lebens mit dem von Badovici. E. stand natürlich für Eileen, »10« für Jean, denn das J ist der zehnte Buchstabe des Alphabets, »2« stand für B und »7« für das G von »Gray«. Die beiden lebten dort eine Weile, bis Eileen 1932 ein anderes Haus für sich entwarf, während Badovici E.1027 als Ferienhaus behielt.

Durch seine Tätigkeit als Herausgeber der Zeitschrift *Architecture Vivante*, in der die bekanntesten Zeitgenossen Beiträge schrieben, hatte Badovici den großen Corbusier kennengelernt, Wegbereiter der Moderne. Sie waren enge Freunde geworden, trafen sich häufig, besuchten zusammen Restaurants – beide liebten gutes Essen –, machten Späße und amüsierten sich prächtig. Durch ihren Liebhaber hatte auch Eileen Le Corbusier kennengelernt, den sie zwar bewunderte, dessen Theorie, ein Haus sei eine »Wohnmaschine«, sie allerdings ablehnte. Sie war stattdessen der Meinung, es sei »das Gehäuse des Menschen, seine Erweiterung, seine Freisetzung, seine spirituelle Strahlkraft – menschlich im tiefsten Sinne«.

Eileens Liebesaffäre mit Badovici endete zwar um 1932, nicht aber ihre Freundschaft. Eileen war hocherfreut, als Le Corbusier, nachdem sie ausgezogen war und er ein paar Tage bei Badovici wohnte, ihr schrieb und E.1027 in den höchsten Tönen lobte: »Ich freue mich sehr, Ihnen zu sagen, wie sehr die wenigen Tage in Ihrem Haus mich den außergewöhnlichen Geist spüren ließen, der die gesamte Ordnung innen wie außen diktiert. Ein außergewöhnlicher Geist, der den modernen Möbeln und Installationen eine so würdevolle, reizende und originelle Form gegeben hat.« Lob vom großen Le Corbusier war wahres Lob.

Ab 1935 hatte Le Corbusier eine Faszination für Wandmalereien entwickelt und erkundigte sich bei diversen Freunden, ob er in ihren Häusern Wandbilder anfertigen dürfe. Badovici gehörte natürlich zu denen, die gefragt wurden. Mit Badovicis Einwilligung also begann er, die Wände von E.1027 zu bemalen. Eileen war entsetzt und wütend. Zu Recht betrachtete sie E.1027 als ihre Schöpfung, die ihre Ideen ausdrückte: Sie hatte alles entworfen, bis hin zur letzten Lampenfassung. Für sie kamen diese Fresken Vandalismus gleich, riesengroß, grell und häufig mit sexuellem Inhalt – sie selbst war eher prüde und schicklich als unkonventionell. Insgesamt waren es acht, was wohl den Eindruck erweckte, sie wären überall. Ungeachtet ihrer Wut schrieb Badovici einen Brief an Le Corbusier, in dem stand: »Deine Fresken [sind] leuchtender und schöner denn je«. Das muss für sie wie die finale Schändung gewirkt haben. Hätte sie gewusst, dass Le Corbusier sie alle nackt gemalt hatte, wäre sie womöglich noch empörter gewesen.

Andere an der Riviera hatten ernstere Sorgen. Die erste Welle der Judenverfolgung hatte sich nach dem »Anschluss« (im März 1938) von Deutschland her ausgebreitet, als Hitler in Wien einmarschiert war und Österreich annektiert hatte. Als Vorwand hatte er ein gefälschtes Telegramm angeführt, das vorgeblich vom österreichischen Kanzler stammte und in dem er um deutsche Truppen bat, um Unruhen niederzuschlagen. Es gab bereits deutlich Unterstützung für die Vereinigung beider Länder. Und als deutsche Truppen in Österreich einmarschierten, wurden sie mit Jubel begrüßt.

Sofort begann in Wien ein Feldzug gegen die Juden. Sie wurden durch die Straßen getrieben, ihre Häuser und Geschäfte wurden geplündert. Jüdische Männer und Frauen wurden gezwungen, die Pro-Unabhängigkeits-Slogans, die vor dem gescheiterten Plebiszit vom 13. März in die Straßen von Wien gemalt worden waren, abzuwaschen. Jüdische Schauspielerinnen mussten die Toiletten der SA[31] (der Braunhemden) putzen. Der Prozess der »Arisierung« hatte begonnen, innerhalb von Monaten wurden die Juden aus dem öffentlichen Leben vertrieben.

In Sanary bedeutete dies, dass die deutsch-jüdischen Schriftsteller sich nicht mehr darauf verlassen konnten, Tantiemen zu bekommen oder überhaupt einen Verlag zu finden. Das Überleben wurde schwieriger, nur die bekanntesten und international anerkannten wie Thomas Mann und Lion Feuchtwanger hatten einen sicheren Markt.

Geld zu haben konnte in Sanary positiv wie negativ wirken, denn die Einheimischen argwöhnten, ob der Reichtum nicht von einer Spionagetätigkeit herrührte. »Sie hielten viele unserer Freunde für Nazi-Spione«, schrieb Feuchtwanger, der zwar wohlhabend, aber unverdächtig war: Jeder wusste ja, dass er eine weltweite Anhängerschaft hatte und ihm die deutsche Staatsbürgerschaft wegen seiner nazifeindlichen Ansichten entzogen worden war. Seine Frau Marta, ein ehemaliger Tennisstar, war ebenso beliebt: Sie war nett, gastfreundlich und zahlte Rechnungen umgehend. Aber in Sanary gab es doch einen echten Spion, erinnerte sich Feuchtwanger. Sein Name war von Dincklage, aber alle nannten ihn »Spatz«. »Er war Attaché an der deutschen Botschaft und kam immer wieder nach Sanary, wo er eine Art Tennistrainer war«, schrieb Feuchtwanger. »Er wollte gerne mit Marta als Partnerin spielen.«

Ein Franzose, den Marta kennengelernt hatte, nahm sie später zur Seite und erklärte ihr, dass er selbst Doppelagent sei und

Spatz – der sehr beliebt bei den Mädchen war – für die Nazis spioniere. »Wir wollen ihn nicht denunzieren oder ausweisen«, erklärte dieser Mann, »weil wir wissen, wer er ist.« Wenn Spatz nämlich ginge, fügte der Mann hinzu, könne jemand nachkommen, den sie nicht kannten und deshalb auch nicht überwachen könnten.

Von Spatz wussten sie vielleicht nicht, dass er wöchentlich Berichte nach Berlin schickte. Dort wollte man ein Auge auf die jüdischen Flüchtlinge im Exil haben, die wegen ihres internationalen Ansehens Einfluss hatten. Um seiner eigenen Sicherheit willen ging von Dincklage jetzt den letzten Schritt und ließ sich von seiner halbjüdischen Frau Catsy scheiden – deren Vermögen er zum Großteil schon ausgegeben hatte.

Die Maßnahmen Nazideutschlands hatten tiefgreifende Auswirkungen auf einen jungen amerikanischen Feriengast an der Küste: Murray Burnett. Er und seine Frau besuchten deren jüdische Familie in Antwerpen, wohin sie nach ihrer Flucht aus Wien gezogen waren. Burnett war mit seiner Frau nach Wien gefahren, um so viele Wertgegenstände der Familie wie möglich zu retten – nach dem »Anschluss« wurden Juden, die das Glück hatten, außer Landes zu kommen, daran gehindert, Vermögensgegenstände mitzunehmen. Wien mit seinen grellen antijüdischen Parolen und tragischen Geschichten hatte Burnett das Grauen des Naziregimes vor Augen geführt. Und nachdem sie erfolgreich so viel wie möglich außer Landes geschmuggelt hatten, waren sie nun an die Côte d'Azur gekommen (»Als wir den Zug bestiegen, hatte ich an jedem Finger Diamantringe, und meine Frau trug im August einen Pelzmantel«, würde er sich später erinnern).

Eines Abends besuchte das Paar einen verrauchten Nachtclub am Stadtrand von Nizza, an der Straße nach Monte Carlo, wo ein schwarzer Pianist aus Chicago mit Namen Rick Jazz spielte. Das Publikum bestand aus einer Mischung von Flüchtlingen, Besuchern und Militärangehörigen (aus Deutschland und aus Frankreich), Spionen, Doppelagenten und Einheimischen. Burnett kam sofort die Idee, dass ein solcher Club mit seinen brodelnden politischen und kulturellen Strömungen und dem zwielichtigen nächtlichen Glamour eine wunderbare Kulisse für ein Theaterstück abgeben würde. Er verfasste es tatsächlich, immer noch wütend über das, was er in Wien gesehen hatte, und bemerkte dabei gegenüber seiner Coautorin Joan Alison: »Niemand kann neutral bleiben, verflucht noch mal, Joan.« Später wurde das Stück *Everybody Comes to Rick's* für 20 000 Dollar an Warner Brothers verkauft, und daraus entstand der Kultfilm *Casablanca* (1942).[32]

Ein weiterer Schriftsteller mit Verbindungen nach Deutschland verbrachte jenen Sommer in Sanary: Das war der ungarisch-britische Autor Arthur Koestler, der sich 1931 der Kommunistischen Partei Deutschlands[33] angeschlossen hatte. Im Jahr zuvor war er als Kriegsberichterstatter für den *News Chronicle* im royalistischen Spanien gewesen, als es kapitulieren musste, hatte er sich in Malaga befunden und war von Francos Truppen festgenommen worden. Bis Juni 1937 hatte er vier entsetzliche Monate in Sevilla in Haft verbracht, wo ihm die Todesstrafe gedroht hatte. Letztlich aber wurde er gegen die Frau eines Spitzenkampfpiloten von Franco ausgetauscht.

In Sanary diskutierten Koestler und Feuchtwanger eingehend, was die Intellektuellen tun könnten, um Hitlers Vormarsch zu verhindern. Als sie und die anderen deutschen Schriftsteller sich in jenem August in ihren Lieblingscafés trafen, kurzlebige Zeitschriften gründeten, die vor der Bedrohung durch die Nazis warnten, oder Artikel und Pamphlete schrieben, mobilisierte

Deutschland eine halbe Million Soldaten für großangelegte Manöver. Koestler, der ebenso aktiv war wie alle anderen und den die literarische Atmosphäre des kleinen Fischereihafens, in dem mehrere Meisterwerke entstanden waren, möglicherweise inspirierte, hatte ebenfalls einen neuen Roman angefangen, der ihn schließlich weltberühmt machen sollte: *Sonnenfinsternis* (1940).

Während die Bewohner von Sanary über wenig anderes nachdachten und diskutierten als die Bedrohung durch Nazideutschland, die einen immer längeren Schatten warf, benahm sich die Hautevolee an der Riviera, als würde das Leben der Privilegien, des Glamours und des ungebremsten Hedonismus ewig so weitergehen. Eine seiner glühendsten Anhängerinnen war Daisy Fellowes, eine Frau, die so anspruchsvoll und egoistisch war, wie es nur die sehr Reichen sein können; gehässig, schlagfertig und immer im Mittelpunkt, bis hin zur Unverfrorenheit. »Der Inbegriff modischer Verderbtheit«, wie Lady Diana Cooper sie einmal beschrieb (deren Mann Duff siebzehn Jahre lang Fellowes' Liebhaber gewesen war).

Daisy, oder Marguerite Séverine Philippine, wie sie mit vollem Namen hieß, war die Tochter des Duc Decazes[34] und Isabelle Singer, der Nähmaschinenerbin, von der sie ihren großen Reichtum geerbt hatte. Daisy hatte von ihrem ersten Mann, Prince Jean de Broglie, drei Töchter, von denen sie auf ihre typisch beißende Art sagte: »Die älteste ist wie mein erster Mann, nur viel maskuliner, die zweite ist wie ich, nur ohne Mumm, und die dritte ist von einem grässlichen Kerl namens Lischmann.« Erst 1919, während ihrer zweiten Ehe mit dem Bankier Reginald Fellowes, einem Cousin Winston Churchills, war sie zu einer gesellschaftlichen Berühmtheit und Stilikone geworden, eine Rolle, die sie mit vollem Einsatz spielte – sie war eine der ersten Frauen, die sich die Nase operieren ließ, damit sie klassisch gerade war.

In ihrer Villa Les Zoraïdes gab es Teppiche mit Leopardenmuster und Gruppen von verspiegelten Glitzerkugeln im Treppenhaus. Es war Daisy, für die Schiaparelli die Farbe »Shocking Pink« erfunden hatte. Daisy trug auch den auffälligen Schuhhut, der im Jahr zuvor von Dalí entworfen worden war, und das mit der Lässigkeit vollkommener Selbstsicherheit. Wenn in ihrer Dreißig-Zimmer-Villa in Antibes eine Frau unter den bis zu einhundert geladenen Gästen in einem Kleid erschien, das ihrem ähnlich war, ging sie nach oben und zog sich sofort um: An einem Abend erschien sie so in fünf unterschiedlichen Outfits.

Im August 1938 legte sie mit der *Sister Anne* ab, der größeren ihrer beiden Yachten, um einen Monat durch die Ägäis zu fahren. Einer ihrer Gäste war der junge David Herbert, dessen Vater, Lord Pembroke, zu den zahlreichen Männern gehörte, mit denen sie eine Affäre hatte. Ebenfalls an Bord waren ihre Tochter Rosamund, zwei Freundinnen von Daisy und Cecile Beaton. Er war vorübergehend aus New York verbannt worden, weil ihn die amerikanische *Vogue* »wegen schwerer Beleidigung der Juden in einer Seitenrandskizze« gefeuert hatte – er hatte winzige, aber noch lesbare antisemitische Ausdrücke neben einer Zeichnung der New Yorker Gesellschaft eingefügt.

Es war keine gänzlich glückliche Reise. Bald nach dem Auslaufen wurde die See so rau, dass mehrere Matrosen seekrank wurden. Weil die Yacht im Seegang rollte, war auch allen Mitreisenden so übel, dass sie sich nicht mehr nach den gängigen Gepflogenheiten pflegten. Die Männer rasierten sich nicht, die Frauen frisierten sich nicht und kleideten sich ohne Sorgfalt. Dann riss der Lenkdraht – glücklicherweise noch, während sie ankerten, sonst wären sie mitten auf dem Meer ohne Ruder gewesen. Sie brauchten einen ganzen Nachmittag, um es in der Hitze mit sechs Spleißen zu reparieren. Dafür mussten auch die Paneele in Daisys Kabine entfernt werden, was wiederum bedeutete, dass die Kabine zerlegt werden musste. Das kam bei Daisy gelinde gesagt nicht gut an. Wie vorherzusehen war, ließ sie es an ihren Gästen aus.

»Daisy schien nicht in bester Laune zu sein«, notierte Cecil Beaton und fügte hinzu: »Ich glaube, das Monopoly-Spiel hat an diesem Morgen keinen großen Spaß gemacht.« Tatsächlich war David Herbert, der nach einem Grundstückscoup gewonnen hatte, von Daisy mit den Worten getadelt worden: »Das ist nicht sonderlich gentlemanlike.« Woraufhin er »In der Liebe und im Krieg ist alles erlaubt« zurückschnappte. Herbert fand seine Gastgeberin mittlerweile äußerst schwierig. Auf dem Boot gefangen, wurde er häufig Opfer ihrer Gereiztheit und ihrer Launen. »Immer wenn wir anhalten und schwimmen oder in eine kleine Bucht fahren wollten, gab es einen Grund, der dagegensprach. Und wenn da eine Insel war, die wir besonders gerne besuchen wollten, durften wir es nicht.« Als sie Athen erreichten, hatten Herbert und Beaton genug. Unter vorgeschobenen Ausreden reisten sie ab.

Chanel verbrachte den Sommer wie gewöhnlich in La Pausa. Sie wurde mit ihrem ehemaligen Liebhaber, dem gutaussehenden Großfürsten Dmitri Pawlowitsch, gesehen[35], während sie in Monte Carlo eine Ballettaufführung besuchte. Sie trug einen weißen Hosenanzug mit einer kurzen Jacke und schweren Schmuck – mit fünfundfünfzig hatte sie immer noch eine schlanke Taille –, aber das war eine trügerische Momentaufnahme.

Die emotionale Temperatur in La Pausa war deutlich aufgeheizter. Chanel hatte Besuch von Freunden, darunter ihr damaliger Liebhaber Dalí und seine elegante, aber unwirsche Frau Gala (der einflussreiche Kunstkritiker John Richardson hatte sie einst als »eine der ekelhaftesten Frauen, die sich ein größerer moderner Künstler je aufgehalst hat«, bezeichnet). Chanel, für die

Gala eine treue Kundin war, Körperpflege aber ein Fetisch, behauptete: »Sie aß Sardinen und steckte sie sich in die Haare, daher stank sie.«

Dalís Leben war zwar von der willensstarken Gala bestimmt, die zehn Jahre älter war als er, aber er war auch schnell gefangen gewesen von Chanel. »Liebe, schöne Chanel«, schrieb er in einem der vielen Briefe, die er ihr schickte. »Mit all meiner Liebe, dein Salvador.« Seine Hingabe war wohl eine Art Wiedergutmachung für die Tatsache, dass er eng mit ihrer Rivalin Schiaparelli zusammenarbeitete, die mittlerweile ein vertrautes Verhältnis zu Cocteau, Bérard und anderen aus dem Zirkel hatte, in dem Chanel selbst eine so bedeutende Rolle spielte.

Gleichzeitig näherte sich die Dreiecksbeziehung der Serts dem Ende. Im Sommer waren Roussy und Sert in dem venezianischen Fischerboot über das Mittelmeer gefahren, aus dem Sert eine schwarz bemalte Yacht mit roten und goldenen Segeln gemacht und die er nach Roussys totem Bruder *Saint Alexis* benannt hatte. Trotz ihres chronischen Fiebers schwamm Roussy stundenlang. Beunruhigt über ihr schwer gezeichnetes Äußeres überredeten Freunde sie, einen Lungenspezialisten in der Schweiz zu konsultieren, wo festgestellt wurde, dass sie Tuberkulose im fortgeschrittenen Stadium hatte.

Misia hatte die meiste Zeit mit Chanel in La Pausa verbracht, auch wenn sie ständig und ohne Erfolg versucht hatte, mit ihrem Exmann und Roussy ein Dreigespann zu bilden. Misia fiel es schwer, nicht im Mittelpunkt zu stehen, nicht diejenige zu sein, die alle sehen und ihr nahe sein wollten. Ihre bisher gemäßigte Abhängigkeit von Morphium wurde nun stärker, so wie ihre Sehnsucht, im Fokus der beiden Menschen zu stehen, die sie so liebte. Das Problem lag darin, dass die beiden sie nicht so gerne sehen wollten, wie es umgekehrt der Fall war. Aber es gab auch widersprüchliche Signale. Zurück in Paris weigerte Roussy sich, eine Krankenschwester bei sich zu haben, aber sie rief Misia oft spätnachts an und bat sie, vorbeizukommen. Während Sert schlief, saß Misia an ihrer Seite, erzählte ihr Geschichten und drückte die Zigaretten aus, die ihr aus der Hand fielen, wenn sie wegdämmerte – Roussy war Kettenraucherin. Für Misia muss dies eine Art Bestätigung gewesen sein, dass sie gebraucht wurde, zumindest von einer der beiden Personen, denen ihre Hingabe galt.

Auch Roussy war mittlerweile morphiumabhängig und sah schrecklich aus, sie war dünn, hatte ständig Fieber und hustete. Sert, ein Egoist, der Krankheiten gemeinhin ignorierte, schenkte dem schwachen, ausgemergelten Äußeren seiner Frau keine Beachtung. Es war Chanel, die stets praktisch dachte und nicht zusehen konnte, wie die junge Frau immer mehr in sich zusammenfiel, die die Sache in die Hand nahm: Unter dem Vorwand, eine Begleiterin für einen Arztbesuch in der Schweiz zu brauchen, überredete sie Roussy, sie zu begleiten. Sert war wütend; im Zug zeigte Roussy Chanel die blauen Flecken, die er ihr in seiner Wut über ihre Abreise zugefügt hatte.

Dalí, der Chanel sehr vermisste und wusste, wie sehr Roussys Krankheit sie belastete, schrieb ihr ständig von La Pausa (»schrecklich besorgt wegen dieses Alptraums, den du durchlebst«). In einem Brief an sein »Liebes schönes Vögelchen« schrieb er ihr hoffnungsvoll, dass Gala abgereist sei. »Deine Anwesenheit hat La Pausa wahrhaft verzaubert. Man gewöhnt sich zwar daran, dieses kleine Bild nicht zu sehen … aber eines ist gewiss, ein Treffen wäre sehr ›gut‹ und sehr wichtig … Ich sende dir all meine Liebe. Dein Salvador.«

Aber Chanel blieb bei Roussy. Sie hatte sie überredet, in eine Klinik zu gehen, nachdem sie in der Schweiz angekommen waren. Roussy war mittlerweile so schwer süchtig, dass sie nur kurze Zeiträume ohne Spritze überstand. Chanel musste begriffen haben, dass das arme Mädchen, das nur noch aus Haut und Knochen bestand, im Sterben lag und nichts mehr getan werden konnte. So schmuggelte sie ihr einen ansehnlichen Vorrat hinein, verborgen in Marzipankonfekt.

Misia, die ihnen gefolgt war, wurde nicht zu Roussy vorgelassen. »Ich habe auch nie erfahren, auf wessen Anweisung ich sie nicht besuchen durfte«, schrieb sie später. »Ich bin noch zweimal hin, beide Male vergeblich. Mir wurde gesagt, die kleinste emotionale Erschütterung könnte fatale Auswirkungen haben.« Misia hatte den Verdacht, dass es nicht die Ärzte waren, die sie daran hinderten, sondern Chanel. Das war durchaus wahrscheinlich, wusste doch Chanel nur zu gut, dass Misia eher Unruhe als Gelassenheit verbreitete.

Roussy starb im Dezember 1938, und für Misia war ihr Tod ein schwerer Schlag. Auch wenn Roussy ihr den Ehemann weggenommen und sich zuletzt geweigert hatte, sie tagsüber zu empfangen, hatte Misia dieses verlassen wirkende und doch entschlossene Mädchen geliebt. Ihrer Auffassung nach hatte sie Roussy ihrem Mann »geschenkt« und dabei ihr eigenes Glück dem von Sert und dem Mädchen, das sie wie eine Tochter betrachtet hatte, geopfert. Ihr Opfer hatte sich nun zu Asche verwandelt. Sie war sechsundsechzig und allein. Auch wenn sie nun nach und nach die Rolle der Gesellschafterin für Sert übernahm, würden doch beide ihr eigenes Leben führen, in getrennten Apartments.

Im September 1938 schien ein Krieg unausweichlich. Oder, wie ein Freund dem Abgeordneten Victor Cazalet Ende des Monats aus London schrieb: »Es herrschte eine schreckliche Schwermut, der man sich kaum entziehen konnte. Wir beteten und arbeiteten ständig … überall Menschen, die stumpf dastanden und die Zeitungen überflogen, Sandsäcke, Deckungsgräben, die schaukelnden Busse der Green Line mit Tragen, weil die Krankenhäuser evakuiert wurden … stille, düstere Gruppen von Männern und Frauen, blaue Linien auf den Gehsteigen, die den Weg zu Schutzräumen weisen …«

In einem letzten, verzweifelten Versuch, einen Krieg abzuwenden, flog der britische Premierminister Neville Chamberlain zu einem Treffen nach München. Es gipfelte in einem Abkommen, das von Deutschland, Frankreich, Großbritannien und Italien unterzeichnet wurde. Nazideutschland wurde gestattet, Teile der Tschechoslowakei, die an Deutschland angrenzten, zu annektieren. Dort wohnten hauptsächlich deutschsprachige Menschen, für die ein eigenes Gebiet, das Sudetenland, geschaffen wurde. Für die Tschechoslowakei (die nicht zu der Verhandlung eingeladen gewesen war) bedeutete das eine Katastrophe, da sich in diesem Gebiet der Großteil der Verteidigungsanlagen, Banken und der Schwerindustrie befand. Das Abkommen wurde in den frühen Morgenstunden des 30. September 1938 unterschrieben (allerdings mit dem Datum des 29. September versehen) und als Triumph präsentiert, obwohl eigentlich sämtliche Forderungen Hitlers erfüllt worden waren.

In England trat Duff Cooper aus Protest als *First Lord of the Admiralty* zurück, und im Parlament wetterte Churchill zu Chamberlain, er habe die Wahl zwischen Krieg und Schande gehabt: »Sie haben sich für die Schande entschieden, aber bekommen werden Sie den Krieg!«

Die Briten, die an der Côte d'Azur lebten, fanden, man behandle sie weniger tolerant, bisweilen sogar feindselig. Niemand wollte Krieg. Sollte Frankreich dennoch von den Engländern oder eher, so wie es viele Franzosen sahen, von der City of London, den dort ansässigen Juden und von den Deutschen zum Krieg gedrängt werden?

Nur sechs Wochen später demonstrierte Hitler seine Verachtung für die Meinung der Weltöffentlichkeit mit einer Gräueltat, über die alle Zeitungen berichteten. Während des 9. November und bis zum darauffolgenden Tag beging die paramilitärische Kampforganisation der SA, unterstützt von deutschen Zivilisten, unbarmherzige Gewalttaten an Juden und deren Eigentum. Krankenhäuser und Schulen wurden geplündert, Gebäude mit Vorschlaghämmern niedergerissen, während Polizei und andere Behörden tatenlos zusahen. Hunderte von Juden starben, Läden jüdischer Inhaber, Häuser und Synagogen wurden mutwillig beschädigt.

Die Bezeichnung »Kristallnacht« bezog sich auf die Glassplitter der eingeschlagenen Fensterscheiben jüdischer Häuser, die auf den Straßen lagen. Die Welt war schockiert. »Keine ausländische Propaganda, die es darauf anlegte, Deutschland in den Augen der Welt zu diffamieren, hätte die vielen Brandstiftungen und Prügel, die niederträchtigen Übergriffe auf wehrlose und unschuldige Menschen übertreffen können, die dieses Land gestern entehrte«, schrieb die *Times*. Tausende jüdischer Männer wurden in Konzentrationslager gesteckt; jüdischen Kindern, die nicht mehr in Museen, auf öffentliche Spielplätze oder in Schwimmbäder durften, wurde jetzt auch der Besuch staatlicher Schulen verwehrt. Die meisten Familien versuchten zu fliehen. Manche begingen aus Verzweiflung Selbstmord.

DER KRIEG WIRFT SEINE SCHATTEN

Während Dalí bei Chanel in La Pausa wohnte, lernte er Leonid Massines Ballettkompanie kennen. Ursprünglich hatte Massine als Tänzer und Choreograph für Djagilew gearbeitet, bis er seine eigene Kompanie gründete, die *Ballets Russes de Monte Carlo*, die gerade ihr Debüt gegeben hatte. Nunmehr bat er Dalí, ein Ballett für ihn zu gestalten – und Dalí wiederum bat Chanel, die Kostüme dafür zu entwerfen. Daran arbeitete sie während des Frühjahrs 1939. Es sollte *Bacchanale*[36] heißen, die Musik stammte aus Wagners *Tannhäuser*.

Es war eine beträchtliche Herausforderung. Die Handlung spürte dem zunehmenden Wahnsinn von König Ludwig II. nach und war Dalís Entwurf eines psychoanalytischen Balletts. Das Publikum wurde mit einer Zusammenstellung bizarrer Bilder konfrontiert, mit tanzenden Regenschirmen, einem *Corps de Ballet* auf Krücken, Tänzern mit riesigen Fischköpfen, Lola Montez in Pluderhose und einem Reifrock mit einem Saum aus falschen Zähnen. Dalís Bühnenbild wurde von einem gewaltigen Schwan dominiert, der ein großes Loch in der Brust hatte, durch das die Tänzerinnen die Bühne betraten.

Chanel arbeitete nebenher auch noch an ihrer Frühjahrskollektion.

Für sie und ihresgleichen verging der Winter 1938/39 an der Côte d'Azur wie gewöhnlich. Im luxuriösen Château de l'Horizon arbeitete Churchill jeden Morgen im Bett an den Korrekturfahnen seines Buchs, nachmittags spielte er Mahjongg mit Maxine; das Licht war zu schlecht, um zu malen, und um 18 Uhr wurde es sowieso schon wieder dunkel. Eines Abends waren die Windsors, die sich mittlerweile im Château de la Croë niedergelassen hatten, zum Dinner eingeladen. Die große Frage, die in der Villa Mauresque schon gelöst, im Château de l'Horizon aber noch in der Schwebe war, bestand darin, wie man die Herzogin ansprechen sollte.

Beim Mittagessen wurde das Thema vorab besprochen. Alle wussten, dass der Palast ihr nicht den Titel HRH, Her Royal Highness, also Königliche Hoheit, zugesprochen hatte; gleichermaßen war bekannt, dass der Herzog notorisch empfindlich war, was dieses Thema betraf. Mit Nachdruck forderte er Respekt für seine Frau ein. Da es sich um ein privates Dinner handelte, einigte man sich darauf, dass die Herzogin bei der Begrüßung beides, die Anrede »Königliche Hoheit« und den Knicks, bekommen sollte.

»Von Anfang an dominierte der Duke of Windsor das Gespräch«, erinnerte sich Vincent Sheean, der an diesem Abend ebenfalls im Château de l'Horizon zu Gast war. Die Herzogin beschrieb er als »sehr schlank, sehr elegant und sichtlich das Werk zahlloser Modegeschäfte, Schneiderinnen, Maniküren und Friseurinnen«. Churchill schrieb am 18. Januar 1939 vom Château aus an seine Clemmie: »Die Windsors sind zum Essen hier, und im Gegenzug sind wir bei ihnen eingeladen. Sie haben ein schönes Haus neben La D[ragonière]. Alles ist extrem gut gemacht und gediegen. Rote Livreen, und der kleine Mann standesgemäß in Balmoral-Tartan, samt Dolch und Jabot usw. Wenn man bedenkt, das man ihn kaum dazu bekam, in einen Smoking zu schlüpfen, sieht man, wie sich der Blickwinkel geändert hat. Morgen Abend esse ich mit ihm, nur noch Rothermere ist sonst dabei. Bestimmt reden wir über seine Pläne, heimzukehren. Sie wollen nicht, dass er kommt, aber sie können ihn nicht davon abhalten.«

Der Spanische Bürgerkrieg näherte sich dem Ende. In der Nacht, in der Tarragona fiel, aßen die Gäste von Elliot mit den Windsors und den meisten anderen namhaften Küstenbewohnern. Keine vierzehn Tage später war mit der Einnahme Barcelonas durch Francos Truppen alles vorbei (auch wenn das Ende des Krieges erst am 1. April verkündet wurde). Als die französischen Grenzstraßen schließlich aufgemacht wurden, überrannten etwa 300 000 Spanier, Soldaten, Zivilisten, Frauen und Kinder, allesamt hungrig, erschöpft und in Panik, die 200 000 französischen Einwohner der Pyrénées-Orientales. Im Februar folgte ihnen die republikanische Regierung, die auf der Flucht war.

Die Soldaten unter ihnen wurden rasch interniert, die meisten in zwei großen Lagern, hinter Stacheldraht, andere in kleineren. »Die Mimosen blühten zwar, aber die Luft war kalt, und die meisten hüllten sich in ihre Armeedecken, das Einzige, was sie mitgebracht hatten«, schrieb Janet Flanner, Kolumnistin für den *New Yorker*, am 1. März. »Sie aßen, was sie in die Hände bekamen, manchmal schlachteten sie die Kühe und Pferde, die sie noch hatten. Die französische Regierung verteilte jeden Tag zwei Pfund Brot für fünfundzwanzig Männer.« In den Tälern entwurzelten und verbrannten sie Weinstöcke, damit sie in den kalten Nächten etwas Wärme bekamen.

Das Land nahe der Grenze war mit den Hinterlassenschaften der Geflüchteten übersät: liegengebliebene Autos, ramponierte Lastwagen, kaputte Fahrräder und, weitaus bestürzender, Tausende von Pferden und Maultieren, die sich in der unwirtlichen Landschaft Futter suchen mussten. Trotzdem wurde man sich an der Côte d'Azur dieses elenden Zustroms von Menschen kaum bewusst. Im Februar feierte Cannes sein jährliches *Fête du*

Mimosa und Nizza seinen *Bataille de Fleurs*, und auch die Frühjahrskollektionen der Couture wurden gezeigt wie üblich.

Allerdings hatte Chanel ihre übliche Sprache mit den klaren, übersichtlichen Linien in der Farbpalette Schwarz, Weiß, Beige und Marineblau verlassen. Vielleicht war es eine Reaktion auf die Kleidungsstücke Schiaparellis, die mehr *voyant* waren. Im Frühjahr 1939 produzierte sie mehrere »Gipsy-Dresses«, manche mit Spitzenrüschen am Mieder und Volants an den Röcken, andere mit üppigen Überröcken im Stil von Krinolinen oder Lochstickerei-Petticoats und »göttlichen Brokatstoffen, kleinen Boleros, Rosen im Haar«, wie Diana Vreeland für *Harper's Bazaar* schrieb. Oder, wie die *Vogue* es ausdrückte: »die provozierende folkloristische Bescheidenheit von Chanels Mieder-und-Rock-Kleidern«. An manchen Stellen setzte sie auch die Farben der französischen Nationalflagge, *le tricolore,* ein – Blau, Weiß und Rot.

Im März marschierte Hitler in der Tschechoslowakei ein, ein paar Wochen später annektierte Mussolini Albanien. Lloyd George und seine Geliebte Frances Stevenson waren in Antibes, wo sie hörten, dass Hitler am 15. März in Prag einmarschiert war. Ihnen und allen anderen, die 1939 an der Riviera lebten, mit ihrem blauen Himmel, dem warmen Meer, den duftenden Pinienwäldern und den Märkten voller Obst, Gemüse und frischem Fisch, muss die Vorstellung von einem Krieg unwirklich vorgekommen sein.

Nicht so Colette, die langsam darüber nachdachte, La Treille Muscate zu verkaufen. Später in diesem Jahr, im Juni, erwarb es der Schauspieler Charles Vanel, und Mussolini, so erzählte Colette einem Freund, sei verantwortlich für das schlechte Geschäft, das sie gemacht habe. Der Stahlpakt, der eine militärische, wirtschaftliche und anderweitige Zusammenarbeit zwischen Italien und Deutschland im Kriegsfall vorsah, wurde am 22. Mai unterzeichnet, und im Gegensatz zu vielen anderen sah Colette weiteres Ungemach heraufziehen. Dass sie das Haus überhaupt verkaufte, hatte auch mit ihrer Berühmtheit zu tun: Das Haus stand nur 1650 Meter vom Dorf entfernt, und regelmäßig strömten Touristen und Verehrer dorthin, manche klingelten an der Tür, andere picknickten im Garten, die meisten gafften nur. Colette wurde ständig von Autogrammjägern belagert oder gebeten, eines ihrer Bücher zu signieren, wenn sie einkaufen ging.

Die fiebrige Ausgelassenheit des Sommers war bereits durchsetzt von Misstrauen. Gerüchte machten die Runde: über Spione, die angeblich am Cap Martin und Cap Ferrat an Land gesetzt worden seien, über deutsche Offiziere des militärischen Nachrichtendienstes, die sich in Zivil in den Casinos aufhalten sollten. Im Hôtel de Paris tauchten einmal zwei adelige Spanierinnen mit einem Gefolge von Bediensteten auf. Bis auf den Soßenkoch und den Chauffeur waren alle am nächsten Tag verschwunden, die tägliche Rechnung für das Essen belief sich aber auf unerhörte zwei Pfund. Deshalb glaubten viele, sie hielten heimlich Menschen versteckt.

Maxine Elliott, fülliger denn je, verbrachte die meisten Tage am Pool und spielte Backgammon. Ihre größte Sorge bestand laut ihrer Freundin Elsa Maxwell darin, einen Spielpartner zu finden. Sie stellte außerdem fest, dass deren »reger Geist durch die Lektüre billiger Kriminalgeschichten so abgestumpft war, dass sie sich nicht für die neuesten Nachrichten interessierte«. Elsie Mendl besuchte das Château de l'Horizon fast täglich – mit ihren beinahe achtzig Jahren wollte sie noch schwimmen lernen. Zuvor in diesem Sommer war auf einer Yacht, auf der sie sich mit ihrem Mann Sir Charles Mendl befunden hatte, ein Brand ausgebrochen. Daraufhin waren alle ins Meer gesprungen, bis auf Elsie, die nicht schwimmen konnte und sich weigerte, obwohl Sir Charles sie anflehte. Schließlich hatte er die Fassung verloren und gerufen: »Verdammt, Elsie, du elender Dummkopf! Spring!« Nachdem er sonst immer viel Geduld mit ihr gehabt hatte und ihre Schrullen seit langem ertrug, war sie so perplex, dass sie sich die Nase zuhielt, ihm die Faust entgegenreckte und ins Meer sprang, wobei sie schrie: »Charles, wage es bloß nicht, mich jemals wieder zu beschimpfen!« An diesem Tag jedenfalls hatte sie beschlossen, schwimmen zu lernen.

Noël Coward, der in jenem Frühjahr ebenfalls Urlaub an der Côte d'Azur machte, war abends am Hôtel Carlton in Cannes angekommen, als in der einsetzenden Abenddämmerung gerade die Laternen an der Croisette aufleuchteten. Rechts von seinem Balkon war das Esterel-Gebirge zu sehen, rauchgrau im Mondlicht, links die dunkle, gedrungene Form des Cap d'Antibes hinter dem strahlend hell erleuchteten Palm Beach Casino. Von den Bars an der Croisette drang Musik herauf. Vielleicht ist ja doch noch Zeit für ein Wunder, dachte er. Fürs Erste jedenfalls wurde das altbekannte Leben hier fortgesetzt: Schwimmen, Ausflüge ins Casino, Mittagessen mit *langoustes*, Knoblauch und Baguette auf den Inseln, viel Rosé, Sonnenbaden, verträumte Abendessen in einem der kleinen Hafenrestaurants und Spritztouren nach Nizza, Monte Carlo und Saint-Tropez.

Bevor Coward nach London zurückkehren musste, mietete er ein schnelles Motorboot und fuhr zu Maxine Elliott, um sich zu verabschieden. Ausnahmsweise waren dort keine Gäste versammelt; mit einundsiebzig verschlechterte sich ihr Gesundheitszustand rasch, und sie fühlte sich zu krank, um Gäste zu bewirten. Als er Maxine von seinem Boot aus zum Abschied zuwinkte, wurde ihm klar, dass er sie nie mehr wiedersehen würde. Seine Augen füllten sich mit Tränen.

Dann kam der letzte Sommer in Friedenszeiten, und mit ihm die ganze übermütige Fröhlichkeit, für die die Riviera so bekannt war: Feuerwerke, Bälle, Konzerte unter freiem Himmel, Theatervorstellungen und nicht endende Partys. Eine der am sehnlichsten erwarteten Veranstaltungen, das allererste Filmfestival von Cannes, sollte am 1. September eröffnet werden. Jeder, der Rang und Namen hatte, war dort. Chanel, deren Frühjahrskollektion fertig und deren Arbeit an *Bacchanale* vollendet war, war in La Pausa. Joseph Kennedy hatte die Domaine de Ranguin gemietet, eine Villa mit dem wahrscheinlich schönsten Rosengarten der gesamten Côte d'Azur.

Seine Frau Rose behielt die Töchter genau im Auge. Als brave katholische Mädchen durften sie nicht das tragen, was Rose bei den meisten anderen Mädchen am Strand gesehen hatte: kurze Hosen und ein Bustier. »So etwas mögen die Mädchen hier anziehen, nicht aber die Kennedys«, verfügte Rose. Die Kennedys mussten biedere einteilige Badeanzüge tragen.

Marlene Dietrich kannte derlei Skrupel nicht. Sie galt damals als die Königin der Blondinen. Ihr Blick unter den schweren Lidern versprach sexuelle Verheißungen. In Antibes angereist war sie mit einer Entourage bestehend aus ihrem Ehemann, ihrer Tochter Maria und ihrem allseits bekannten Liebhaber, dem Schriftsteller Erich Maria Remarque. Dieser war mit seinem Buch *Im Westen nichts Neues* (1929) berühmt geworden; ein glamouröser Mann, der ein Talent dafür hatte, charmant mit Menschen ins Gespräch zu kommen. Ihre Liebesaffäre hatte 1937 am Lido in Venedig begonnen. Marlene, die schon in der Schule für ihren »Schlafzimmerblick« bekannt gewesen war, hatte ihre blauen Augen auf ihn gerichtet und gesagt: »Sie sehen viel zu jung aus, um eines der bedeutendsten Bücher unserer Zeit geschrieben zu haben.« Woraufhin er geantwortet hatte: »Vielleicht habe ich es nur geschrieben, um diese Worte mit Ihrer bezaubernden Stimme zu hören.«

Im Sommer 1939 hatte Dietrich, damals achtunddreißig, keine Filmrollen in Aussicht und musste daher ihre berühmte Porzellanhaut nicht schützen. Sie hatte beschlossen, sich von der Sonne bräunen zu lassen, und widmete sich diesem Plan mit derselben obsessiven Konzentration, die sie auf jeden Aspekt ihres Äußeren und ihrer Erscheinung verwendete. Sie benutzte ein spezielles Sonnenöl, eine Mischung aus bestem Olivenöl, Jod und ein paar Tropfen Rotweinessig. Der Anblick ihrer goldhäutigen Erscheinung in einem hautengen weißen Badeanzug war eine Ablenkung zu viel für den einundfünfzigjährigen Kennedy. Er und Dietrich, die sich im Jahr zuvor schon einmal kurz miteinander amüsiert hatten, nahmen ihre Affäre wieder auf. Da Erich Remarque den ganzen Tag in seinem Zimmer blieb, um zu arbeiten, konnte Dietrich sich nach dem Lunch für ein kurzes Rendezvous mit Kennedy davonstehlen.

Dietrich hatte zu dieser Zeit einige Liebhaber. Sie war bekannt für ihre sexuelle Ambivalenz, selektive Promiskuität und hatte immer wieder Affären mit Frauen, die, das sollte man erwähnen, ausnahmslos reich oder berühmt waren. 1938 war nicht nur Kennedy, sondern auch eine dieser Frauen in ihr Leben getreten. »Joe« Carstairs, Öl- und Eisenbahnerbin, war in der Welt der Motorbootrennen gut bekannt. Ihr gehörte eine Insel der Bahamas, Whale Cay. Im Sommer 1939 gab Joe all ihren Arbeitskräften auf Whale Cay frei und segelte nach Antibes, um Dietrich zu sehen.

Dietrichs Tochter Maria beschrieb ihre Ankunft so: »Eines Tages waren alle ganz aufgeregt. Sie versammelten sich an den Felsen wie hungrige Möwen und suchten die Wasseroberfläche ab. Ein auffälliges Schiff war gesichtet worden, das auf unsere private Bucht zufuhr. Es war ein prächtiger Dreimastschoner, dessen schwarzer Rumpf das glasklare Wasser durchschnitt und dessen Teakholzdecks in der Morgensonne schimmerten, am Ruder ein hübscher Bursche. Braungebrannt und schlank –

selbst aus der Ferne spürte man die Kraft der Muskeln, die sich an seiner straffen Brust und den Lenden abzeichneten. Er winkte seinem anerkennenden Publikum zu, ließ mit einem verwegenen Lächeln seine weißen Zähne aufblitzen und gab das Kommando, zwischen den weißen Yachten Anker zu setzen.« Der »Bursche« war natürlich Joe Carstairs – die nie in etwas anderem als in Männerkleidung gesehen wurde – und Dietrich verlor keine Zeit und begann eine Affäre. Während alle anderen ein nachmittägliches Schläfchen hielten, begab sie sich jeden Tag erfrischt von ihrer Liebelei mit Kennedy direkt zu einem spätnachmittäglichen Rendezvous auf den Schoner von Carstairs.

Seit zwei Jahren war Dietrich nun nicht mehr auf der Leinwand zu sehen gewesen, als ein Produzent, den sie aus ihren frühen Jahren in Berlin kannte, sie am Cap ausfindig gemacht und ihr eine Rolle in einem Western angeboten hatte. Sie konnte sich selber nicht in einer Saloon-Bar-Rolle vorstellen, aber fragte »Papa Joe« um Rat – wie sie Kennedy jetzt nannte, um ihn von dem anderen Joe in ihrem Leben zu unterscheiden. Kennedy, der viele Jahre in der Filmbranche verbracht hatte, tätigte einige Anrufe, dann riet er Dietrich, zuzusagen. Das Ergebnis war der berühmte Film *Der große Bluff* (1939) – und die Renaissance ihrer Filmkarriere.

Im Juli kam Somerset Maugham wieder einmal in die Villa Mauresque, nachdem er längere Zeit auf Reisen gewesen war. Er erwartete Sommergäste, darunter seine Tochter Liza und deren Mann. Sein zweistöckiges Haus hatte er zusammen mit knapp fünf Hektar Grund zwölf Jahre zuvor erworben. Es handelte sich um ein rechteckiges Gebäude, verborgen zwischen Bäumen an einem Hügel am Cap Ferrat, außen und innen weiß. Im Inneren befand sich seine Gemäldesammlung mit mehreren Zoffanys, Picassos und zwei Matisses sowie Skulpturen und Bronzen. Oben im Haus, in Maughams Arbeitszimmer hing Gauguins berühmtes Hinterglasbild. Dort arbeitete er den ganzen Vormittag, bis er sich für Aperitif und Lunch zu seinen Gästen gesellte.

In seinem Garten standen Pinien, Aloen, Orangenbäume, Mimosen, Kamelien, Hibiskus und Avocados: die ersten, die jemals in Europa gezogen worden waren. Sie stammten von Ablegern, die er aus Kalifornien in einer Golftasche hereingeschmuggelt hatte. Die erste Frucht, die daran wuchs, wurde zum Gegenstand eines versuchten Diebstahls – und einer Geschichte, die noch jahrelang an der Küste zu hören sein würde.

Diese Ableger, die Maugham und sein Gärtner gleichermaßen hegten, wuchsen zu Bäumen heran, trugen aber keine Früchte. Irgendwann war schließlich die erste Avocado herangereift, und Maugham verkündete es seinen Gästen und plante eine feierliche Verkostung. Aber als es Zeit wurde, sie zu pflücken, war die Avocado verschwunden. Während Maugham beim Lunch noch mit seinen Gästen über ihr Verschwinden rätselte, kam der Gärtner hereingeplatzt, die Avocado in Händen. Er deutete anklagend auf den Hausgast Cyril Connolly und rief: *»Je l'ai trouvé dans la valise de ce monsieur-là!«* Connollys Antwort ist nicht überliefert.

Maugham besaß auch einen Rasen. »Gras ist der große Luxus an der Côte d'Azur, denn es hält die lange Sommerhitze nicht aus und muss am Ende jedes Frühjahrs ausgegraben und im Herbst neu gepflanzt werden. Das ist aufwändig und teuer, aber das frische junge Grün, zart und leuchtend zugleich, rührt einen ebenso wie der Blick in den Augen eines jungen Mädchens auf seinem ersten Ball.«

Weit oben, auf einer Seite des Hügels, befand sich ein Pool, daneben ein Marmorfaun von Bernini.

Maugham war Frühaufsteher. Er nahm um 8:00 Uhr sein Frühstück ein, alle anderen kamen etwas später in Schlafanzug und Morgenmantel. Manche sonnten sich am Pool, andere gingen nach Villefranche hinunter, wo Maughams Yacht, die *Sara*, lag, ein umgebautes Fischerboot. Damit fuhren sie zu einer kleinen Bucht auf der anderen Seite des Cap Ferrat, wo sie bis mittags schwammen und in der Sonne lagen. Abendessen gab es auf der Terrasse zwischen den Orangenbäumen, mit Blick aufs Meer, wo der Vollmond einen breiten silbernen Pfad auf das Wasser malte und man von den Seerosenteichen im Garten darunter Hunderte winziger kleiner Frösche quaken hörte. Danach wurde häufig Bridge gespielt; Maugham war ein leidenschaftlicher Bridgespieler, er klagte allerdings darüber, dass er wegen seines Stotterns Hunderte von Pfund verloren habe. »Ich kann einen vollkommenen Schlemm auf der Hand haben, aber ich kann ihn nicht ansagen – das ›Sch‹ mag einfach nicht heraus.«

Die Windsors wurden auf La Croë von vielen ihrer alten Freunde besucht, darunter Fruity und Baba Metcalfe mit ihrem Sohn David (der Patensohn des Herzogs). Auch Lord Sefton und Mrs Gwynne, die Frau, die Hugh Sefton später heiraten sollte und eine der ältesten Freundinnen von Wallis, waren dabei, sowie Commander und Mrs Colin Buist; er war während der kurzen Regentschaft des Herzogs als König »extra equerry«, ein persönlicher Assistent, gewesen.

Der Herzog, der selten lunchte, zog mittags oft los, um Golf zu spielen oder sich mit Gartenarbeit zu beschäftigen. Mitte August fuhren Baba und David zurück nach England, aber Fruity, der sich von einer Leistenbruchoperation erholte, blieb noch, um als unbezahlter Adjutant des Mannes zu fungieren, den er seinen besten Freund nannte. Am 15. August schrieb er an Baba: »Gestern Nachmittag … drang gegen fünf Uhr ein entsetzliches Geheul aus dem Wald. Zuerst dachte ich, einer der kleinen Hunde hätte einen leichten Anflug von Tollwut, aber als ich genauer hinhörte, dachte ich, ich wäre überall, nur nicht da, wo ich war –

mit der Sonne, die vom Himmel brannte etc. Ich hörte einen Dudelsack!! Schlimmer konnte es nicht kommen!«

In Fruitys weiterer Beschreibung des Nachmittags kamen Freunde von Wallis, und der Herzog erschien. »Seine Aufmachung war prachtvoll, wenn auch ein wenig seltsam in Anbetracht der beinahe tropischen Hitze. Er war voll und ganz als Scotch Laird angetan, der gleich auf die Pirsch geht, samt Kilt, Schwertern und allem, was dazugehört. Ich habe mich ja mittlerweile an Überraschungen gewöhnt, aber da hat es mir doch ein bisschen den Atem verschlagen. Dann kam eine Schar aus dem Wald gerannt, es hätte gut und gerne die gesamte Familie Campbell sein können – natürlich vollständig samt Dudelsäcken & Haggis usw. Frauen genauso wie Männer. Ich fragte, wo sie herkämen, & es hieß, das seien Folkloretänzer (bezahlt von einem Verein in England & natürlich Schottland). Ich persönlich glaube ja, wenn sie nach Deutschland hineinkämen, würde ich es Hitler nicht verdenken, wenn er sie alle angreifen und einen europäischen Konflikt auslösen würde. Gestern Abend hätte ich am liebsten selbst dabei geholfen. Sie haben bis 19:15 Uhr Dudelsack gespielt und getanzt und gefeiert. Wir mussten sie auf Anordnung des Allerhöchsten gebührend bewundern und ihnen applaudieren. HRH hat selbst Aufnahmen von dem lustigen Haufen gemacht …« Eine Woche später kam der Pipe Major vorbei, um den Dudelsack des Herzogs zu stimmen, und danach, so dessen Sekretärin, »übte der Herzog fleißig. Fast jeden Abend … hörte ich ihn entweder auf dem Dach des Châteaus, oder er lief im Garten herum und blies mit wahrer Freude kräftig hinein.«

In jenem August malte Picasso *Nachtfischen in Antibes*, ein Gemälde, von dem es manchmal heißt, es bilde das Ende einer Ära ab. Er selbst sagte darüber: »Ich habe den Krieg nicht gemalt …

aber ich habe keinen Zweifel, dass der Krieg in meinen Bildern steckt.«

Churchill wohnte Ende August bei Consuelo Balsan[37]. Wie üblich ging er zum Spielen ins Casino von Monte Carlo und rauchte dabei üblicherweise eine Zigarre. Er verlor so viel, dass der Casinodirektor ihm um ein Uhr morgens vorschlug, aufzuhören. Noch ein einziges Mal setzte er, auf Rot – aber es kam Schwarz. Diesmal hörte er wirklich auf mit den Worten: »Morgen zahle ich Ihnen meine Schulden.« Aber der nächste Tag war der 23. August, der Tag des Molotow-Ribbentrop-Pakts, der von Nazideutschland und Russland unterzeichnet wurde und der die Wahrscheinlichkeit eines Krieges zur Gewissheit werden ließ. Churchill flog umgehend nach Hause. Seine Frau und Tochter sollten später nachkommen, die Schulden blieben unbeglichen. Chanel erfuhr in La Pausa von dem Pakt, während sie sich gerade bereit machte, Roquebrune zu verlassen, um in Paris an der nächsten Kollektion zu arbeiten.

In ganz Frankreich waren jene Armeeoffiziere, die gerade Urlaub hatten, innerhalb von dreißig Minuten verschwunden, Hotels und Villen leerten sich binnen Stunden. In Monte Carlo verringerte die Mobilisierung der französischen Armee die Zahl der Casinomitarbeiter derartig, dass der Club sofort schließen musste. Jedem, der nicht zwingend bleiben musste, wurde geraten, sofort abzureisen. Doch die Züge, die Richtung Süden fuhren, waren brechend voll (und oft verdunkelt, von nur einer einzigen blauen Glühbirne beleuchtet); die Menschen wollten sich bereits so weit wie möglich von der nördlichen sowie der östlichen Grenze Frankreichs entfernen.

In England, und auch an der Côte d'Azur, wussten viele, was dieser Pakt bedeutete. Der Politiker Leslie Hore-Belisha, der sich in Cannes aufgehalten hatte, reiste ab; viele Engländer, die einen Besuch geplant hatten, sagten ihn wieder ab.

Am 25. August wurden alle britischen Staatsangehörigen in Berlin und alle Deutschen in England gebeten, auszureisen, die Admiralität sperrte das Mittelmeer für die britische Schifffahrt. Eine Abteilung senegalesischer Truppen wurde mit einer Flakbatterie auf dem Gelände des Château de la Croë stationiert, um Antibes vor einem Angriff vom Meer aus zu schützen. Überall sah man nun Soldaten, sie hatten ihre Zeltlager in den Olivenhainen und Kiefernwäldern aufgeschlagen. Cap Ferrat war zu einer Militärzone geworden, mit Maschinengewehrstellungen und einer Flakbatterie.

In England wurden spezielle Gottesdienste abgehalten, in denen für den Frieden gebetet wurde, die Kirchen blieben im ganzen Land geöffnet, und Menschen, die unterwegs zur Arbeit, nach Hause oder zum Einkaufen waren, gingen hinein, um zu beten. Der Duke of Windsor schickte Hitler (mit dem er sich 1937 getroffen hatte) ein Telegramm und bat um Frieden: »Ich richte den ganz persönlichen, einfachen, aber ernsten Appell an Sie, größtmöglichen Einfluss auf eine friedliche Lösung des gegenwärtigen Problems zu nehmen«, schrieb er, nur um einige Tage darauf eine Abfuhr zu bekommen. »Meine Haltung gegenüber England ändert sich nicht«, hatte der Führer geantwortet.

Die hartnäckige Gastgeberin Elsa Maxwell, die vorübergehend die Villa Lou Paradou zur Verfügung gestellt bekommen hatte, veranstaltete dort am letzten Augusttag eine Housewarmingparty für zweihundert Personen. Zwischen Geplauder und Cocktails hörte man so viele Gerüchte, dass Elsa den erfahrensten und sachkundigsten Amerikaner an der Küste, Joseph Kennedy, anrief. Er riet ihr, sofort nach Amerika zurückzukehren. Als sie auflegte, rief jemand auf der Terrasse: »Da passiert gerade etwas Komisches. Was das wohl bedeutet?« Links vom Haus wurde Cannes von einer Schwärze überrollt, die sämtliche Beleuchtung von Häusern und Straßen verschluckte. Die Lichter von

Juan-les-Pins und Golfe-Juan dahinter waren bereits verschwunden, und im Osten wurde das Leuchten am Himmel über Nizza, der fünftgrößten Stadt Frankreichs, langsam schwächer.

Die französische Regierung, die wusste, dass Hitler Panzer und Panzerdivisionen an der polnischen Grenze zusammenzog, hatte Verdunkelung angeordnet.

Maugham und seine Freunde hatten über einen möglichen Krieg gesprochen, ihnen allen schien er dabei noch sehr fern zu sein. Doch plötzlich war er da. In den ersten beiden Septembertagen brachen die meisten italienischen Bediensteten in ihre Heimat auf, in den Kliffs wurden Waffen versteckt, und der Hafenmeister in Villefranche verkündete, alle privaten Yachten müssten den Hafen innerhalb von vierundzwanzig Stunden verlassen; das sei nötig, damit die französische Marine die Bucht von Villefranche im Notfall nutzen könnte. Maugham und Haxton beschlossen, die *Sara* nach Cassis zu bringen, wo sie sicher in einer der kleinen Buchten liegen konnte. In diesem Moment kam ein junges englisches Pärchen, das seit Tagen keine Zeitung gesehen hatte, zum Mittagessen. Die beiden wollten nicht glauben, dass jede Minute ein Krieg ausbrechen könnte – sie hielten es lediglich für Panikmache, wie zuvor schon München und die Tschechoslowakei. »Jeder war überzeugt, dass die französische Armee unbesiegbar war«, notierte Maugham, und sein (französischer) Chauffeur hatte angemerkt, dass sie binnen sechs Wochen in Rom wären. Mitsamt den Konserven, die sie besorgt hatten, gingen Maugham und Haxton also an Bord der *Sara* und segelten die Küste entlang nach Bandol.

Maughams Schwiegersohn, der aus Monte Carlo zurückkehrte, berichtete, dass dort alle so schnell wie möglich abreisten. Im *Train Bleu* gebe es keine Plätze mehr, die Straßen seien voll mit Autos samt Gepäck. Die Italiener hatten zwar keinen Krieg erklärt, aber jeder versuchte panisch, nach Paris zu kommen. Doch für die Reise, die normalerweise dreizehn Stunden dauerte, brauchte man jetzt vierzig; die Menschen mussten bis zu drei Tagen an einem Bahnhof warten, bis sie sich in einen Zug zwängen konnten.

Andere wiederum kamen erst an. Am Vorabend des Krieges erreichten etwa fünftausend Juden die Küste, manche von ihnen mit Reiseführern im Gepäck, gerade so, als wären sie im Urlaub. Die wohlhabenden und bekannten unter ihnen, darunter Schauspieler, Schriftsteller und Musiker, stiegen in Hotels an der Croisette in Cannes oder an der Promenade des Anglais in Nizza ab, wo den ganzen Sommer über scharlachrote und gelbe Canna zwischen den Palmen blühten.

Die meisten Einheimischen aber nahmen wenig Notiz von alldem. Auch die Windsors waren überzeugt, dass es keinen Krieg geben und die Krise sich einfach in Wohlgefallen auflösen würde. Die Herzogin traf sogar Vorkehrungen, die Frau des neuen Butlers aus England herzuholen. Und selbst als ihnen mitgeteilt wurde, dass die Deutschen am 1. September in Polen einmarschiert waren, weigerte sich der Herzog noch zu glauben, Europa stehe an der Schwelle eines Krieges. »Ach, das ist doch wieder nur so ein Sensationsbericht«, befand er ungeduldig.

Fruity Metcalfe hingegen unterlag solchen Illusionen nicht. Überzeugt, dass der Krieg jeden Moment ausbrechen würde, fuhr er direkt nach Nizza und schaffte es irgendwie, ein Abteil im 7:30-Uhr-Zug nach Paris für den folgenden Tag zu reservieren, für acht Bedienstete des Herzogs, seinen eigenen Diener und eine Sekretärin.

In England gelang es Rechtsanwalt Walter Monckton, einem alten und vertrauten Freund des ehemaligen Königs, der tief in die Verhandlungen um die Abdankung verstrickt war, ein Flugzeug zu besorgen, das am nächsten Tag, Samstag, den 2. September, kommen würde, um die Windsors nach Hause zu bringen.

Als er den Herzog spätabends anrief, um ihn davon in Kenntnis zu setzen, fragte ihn der Herzog gereizt, warum er (Monckton) sie denn begleite, nachdem (so Fruitys Notizen) »er Platz in Anspruch nehmen würde, der für das Gepäck der Herzogin genutzt werden könnte«. Als er dann erfuhr, dass die Windsors nach ihrer Ankunft in England bei den Metcalfes wohnen sollten, antwortete der Herzog, er würde nur kommen, wenn sein Bruder und dessen Frau sie in einem ihrer Häuser unterbringen würden. Das Gespräch wurde beendet.

»Gewisse Leute hier sind *ziemlich außergewöhnlich*. Niemand konnte nachvollziehen, wie ihr Verstand funktionierte«, schrieb Fruity an seine Frau, als er das Telefongespräch wiedergab, das an diesem Freitagabend in der Bibliothek von La Croë geführt worden war. »Ich habe im Salon mein Buch weitergelesen, weil ich nicht dachte, das irgendetwas schiefgehen könnte. Es schien ein Kinderspiel zu sein. Ich bin jetzt Chefberater und der einzige Mensch, der momentan etwas zustande bekommt, & ich glaube, sie begreifen das. Ich war es, der das ganze Personal wegbekommen hat, 8 waren es & 1 Sekretärin. Das war eine ganz schöne Herausforderung, kann ich dir sagen, denn der Bhf von Cannes war die Hölle auf Erden …

Jedenfalls kamen sie nach etwa einer ½ Stunde zu mir herein & sagten: ›Wir fahren *nicht* – das Flugzeug morgen können Sie und Miss Arnold haben.‹ Ich sah sie an, als wären sie nun endgültig verrückt geworden – dann ging es los: ›Ich weigere mich, zu gehen, *außer* wir werden eingeladen, auf Windsor Castle zu wohnen & die Einladung & das Flugzeug werden von meinem Bruder persönlich geschickt usw.‹ Ich blieb einfach still sitzen, stützte den Kopf auf, & hörte etwa 20 Minuten zu & dann legte ich los.«

Fruity hatte auf sie eingeredet und unter anderem gesagt: »Sie denken nur an sich selbst. Sie begreifen nicht, dass in diesem

Moment Krieg herrscht, dass Frauen und Kinder bombardiert und getötet werden, während Sie von Ihrem STOLZ reden.« Nach dem, was der Herzog am Telefon zu Walter Monckton gesagt hatte, gab es natürlich gar kein Flugzeug.

Am 2. September war Chanel wieder zurück im Ritz und arbeitete an der Kollektion Winter 1939/40. Diana Vreelands Mann war mit einigen amerikanischen Freunden in die USA zurückgekehrt und hatte sie in Frankreich gelassen, mit den Worten: »Es hat keinen Sinn, Diana von Chanel und ihren Schuhen loszureißen.« Bis ein Freund ihr später eröffnete, dass sie abreisen *müsse* und er ihr eine Kabine auf dem letzten Passagierschiff mit Privatkabinen gebucht habe, das Europa verließ. »Ich werde nie vergessen, wie ich an diesem Nachmittag die Rue Cambon entlangging – mein letzter Nachmittag in Paris für fünf Jahre«, erinnerte sie sich später. »Ich hatte gerade meine letzte Anprobe bei Chanel gehabt … ich war so deprimiert, weil ich Chanel, weil ich Europa, weil ich die Welt des … meine Welt verlassen musste.«

An diesem Abend spazierte Diana mit einem Freund über die Champs-Élysées. »Um sechs wurde es dunkel. Das Wetter war mild, es war recht viel los, aber völlig still. Ich weiß noch genau, was ich anhatte: ein kleines, enganliegendes Moiré-*Tailleur* von Chanel, etwas schwarze Spitze um den Kopf und schöne, absolut auserlesene schwarze Slipper, weich wie Glacéhandschuhe.« Am nächsten Tag ging sie an Bord der *Île de France*, das letzte Schiff, das Frankreich vor Ausbruch des Krieges verließ. Es legte am Morgen des 3. September von Le Havre aus ab, nur wenige Stunden, ehe Frankreich und Großbritannien Deutschland den Krieg erklärten.

Der Vormittag in Antibes war heiß, und die Windsors und Fruity wollten im Pool der Villa schwimmen. Als sie gerade im Begriff waren, hineinzuspringen, wurde der Herzog von einem der verbliebenen Bediensteten gebeten, im Inneren des Hauses einen Anruf des britischen Botschafters entgegenzunehmen. Zehn Minuten später kam er zurück. »Großbritannien hat soeben Deutschland den Krieg erklärt«, sagte er. Dann spritzte es – er hatte einen Hechtsprung in den Pool gemacht.

In Monaco läuteten derweil die Kirchenglocken wie zu einer Beerdigung.

An diesem Tag schrieb Brian Howard an seine Mutter: »Willie Maugham ist mit seiner Yacht in Bandol und kommt nicht weg. Ich sehe ihn jeden Tag. Gestern wurde eine neue Regelung erlassen. Alle Deutschen im Alter von fünfzig bis sechzig Jahren müssen in das Lager bei Toulon – das betrifft viele Leute von hier, darunter auch Feuchtwanger, den berühmten Hitlergegner und Schriftsteller.«

Die Deutschen in Sanary hatten es nicht leicht. Ihnen stand noch weniger Geld zur Verfügung als bisher, und nachdem Deutschland nun der Feind war, änderte sich auch das Verhalten der Menschen um sie herum.

Maugham und Haxton mussten blaue Farbe kaufen, um die Bullaugen der *Sara* zu überstreichen und damit der Verdunkelungsanordnung zu entsprechen. Zwei Männer der dreiköpfigen (italienischen) Crew brachen sofort nach Hause auf. Es gab keine englischen Zeitungen mehr, alle Ausländer mussten sich registrieren lassen, Bars und Cafés hatten kein Personal mehr, nachdem die Männer eingezogen worden waren.

»Alle redeten nur noch von den Niederlagen, die den Achsenmächten zugefügt werden würden«, schrieb Maugham. Er wollte dringend in die Villa Mauresque zurückkehren, denn er hoffte auf Nachricht vom Informationsministerium, dem er seine Dienste angeboten hatte. Entgegen allen Vorschriften fuhren er und Haxton einfach im Taxi hin. Dort erfuhr er dann, dass er wegen seiner vielen Jahre in Frankreich, der hohen Achtung, die er hier genoss, und seinem daraus folgenden Zugang zu einflussreichen Franzosen nach Ansicht des Ministeriums für wertvoll erachtet werde. Sie baten ihn, einen Bericht über die Haltung der Franzosen gegenüber den Engländern sowie einige Artikel zu schreiben, in denen die Kriegsanstrengungen Frankreichs gelobt wurden. Maugham war hocherfreut, sich nützlich machen zu können. Er brach umgehend nach Paris auf, wo er sich bestürzt über manche prodeutsche Ansichten zeigte, die dort geäußert wurden.

Das alte Leben der Reichen musste nun pausieren. In Monte Carlo schlossen der Sporting Club und das Casino, und an der ganzen Küste entließen Hotels ihre Mitarbeiter. Eisenbahngesellschaften, die Reisende aus Lyon, Avignon und Marseille nach Nizza gebracht hatten, mussten ihre Schienenfahrzeuge dem Militär zur Verfügung stellen und ihre Leistungen drastisch kürzen. Das erste Filmfestival von Cannes, das am Tag der Invasion hatte beginnen sollen, wurde abgesagt. Über Nacht halbierten sich in Nizza die Umsätze der Hotels, während der Verkauf von Schmuck, Parfum und anderen Luxusgütern in den großen Kaufhäusern um siebzig Prozent zurückging.

Am 7. September traf Walter Monckton in La Croë ein und verkündete, der König wünsche die Rückkehr der Windsors nach England, und zwar so bald wie möglich. Damit verbunden war das Angebot, bald mit der britischen Militärmission nach Paris zu fliegen. Diese Idee gefiel dem Herzog, aber nachdem beide Windsors Angst vor dem Fliegen hatten, bat der Herzog stattdessen darum, gemeinsam mit der Herzogin auf einem Zerstörer zurückgebracht werden zu dürfen. Der leidgeprüfte Monckton flog nach Hause, um es zu arrangieren.

So fuhren die Windsors schließlich in Begleitung von Fruity nach Cherbourg, wo sie am 12. September ankamen, zusammen mit ihren drei Cairn Terriern und einem Berg von Gepäck. In

Cherbourg wurden sie von Lord Louis Mountbatten empfangen, der auf Churchills Anweisungen hin den Zerstörer HMS *Kelly* mitgeführt hatte, um sie abzuholen. In einer dunklen Nacht, während eines Stromausfalls, erreichten sie um zehn Uhr abends Portsmouth.

Dort wurden sie, erneut auf Anweisung Churchills, der dem ehemaligen König ein wenig Achtung erweisen wollte, mit einem roten Teppich und einer hundertköpfigen Ehrenformation empfangen. Während sie anlegten, spielte eine Kapelle die Nationalhymne (zumindest die ersten sechs Takte davon): Die letzte Verneigung vor der königlichen Vergangenheit, die ihnen für eine ganze Weile zuteilwerden sollte.

Sie wurden von Walter Monckton und Baba Metcalfe begrüßt, die die Windsors am nächsten Tag in ihr Haus in Hartfield fuhr. Von der königlichen Familie gab es keinerlei Nachricht. »Der Herzog vermittelte nie den Eindruck, als stimme ihn seine Rückkehr traurig«, schrieb Baba in ihr Tagebuch. »Wie bei allem anderen wurde der Rollladen heruntergelassen und die Vergangenheit vergessen.« Dafür erwiesen sie sich als hervorragende Hausgäste. »Sie gaben sich große Mühe, nett zu uns zu sein«, erinnerte sich David Metcalfe.

Drei Wochen nach Ausbruch des Krieges schloss Chanel ihr Stammhaus in Paris und kündigte ohne Vorwarnung den Angestellten. Viertausend Mitarbeiterinnen verloren ihre Arbeit. Diese Maßnahme wurde sowohl von den Gewerkschaften heftig kritisiert, die sie baten, an die Arbeiterinnen zu denken, als auch von der Regierung, die um das Ansehen von Paris besorgt war. Chanel aber blieb unnachgiebig.

»LA DRÔLE DE GUERRE«

Es gibt unterschiedliche Theorien darüber, weshalb Chanel ihr Couture-Geschäft schloss. Ob es ein langgehegter Groll gegen die Arbeiterinnen war, die 1936 gestreikt hatten, oder die Angst, von Schiaparelli eingeholt worden zu sein – sie selbst sagte nur: »Ich hatte das Gefühl, wir wären am Ende einer Ära angelangt. Und dass niemand je wieder Kleider machen würde.«

Nicht nur ihre Türen wurden geschlossen. Geschäfte, Hotels, Theater und Restaurants: In den ersten Wochen des Krieges war Paris so gut wie stillgelegt. Das Ritz und das Maxim's hatten geöffnet. Aber die Straßen waren leer, die Hitze drückend. Die Windsors, die Mitte Oktober in ihr Haus am Boulevard Suchet gezogen waren – der Herzog war am 29. September nach Frankreich zurückgekehrt, um sich der Militärmission anzuschließen –, mussten mit einer Notbesetzung an Personal und beschränkten Gästebewirtungen auskommen.

Viele der Engländer und Amerikaner an der Riviera waren abgereist, manche waren aber auch geblieben, trotz der Plakate in den Konsulaten, die mahnten, dass aufgrund der politischen Bedingungen in Europa alle Briten, die keine zwingenden Gründe hatten, in Frankreich zu bleiben, nach Hause fahren sollten.

Es war der Beginn des »drôle de guerre«, des Sitzkriegs. Vielerorts herrschte der Glaube, der Krieg wäre bald vorbei und dieser Teil Frankreichs sei sowieso sicher. »Wir hatten eine Villa bei La Napoule gemietet, einem kleinen *plage* fünf Meilen westlich von Cannes«, schrieb damals eine Engländerin. »Als der Krieg ausbrach und Italien sich offenbar mit der Rolle des Zuschauers zufriedengab, hatte ich das Gefühl, es gebe keinen Grund zur Abreise. Unsere Garage wurde zuerst von ebenholzfarbenen Senegalesen besetzt, die von der Morgendämmerung bis Sonnenuntergang lachten, und später von stämmigen, in Khaki gekleideten Reservisten, die meistens *boules* spielten. Irgendwelche Vorbereitungen auf eine mögliche Invasion schienen in ihren Überlegungen keine Rolle zu spielen. Alles blieb ruhig und friedlich, und man konnte kaum fühlen, dass ein großer und schrecklicher Krieg im Gange war.«

Unter diesen »Gebliebenen« waren die beiden Oppenheims, die diesen Teil Frankreichs so liebten, dass sie hier 1938 ein altes Bauernhaus gekauft hatten, die Domaine de Notre-Dame. Bei ihnen in der Nähe war eine Batterie einquartiert worden, mit über sechzig Pferden, die jeden Tag gefüttert und getränkt werden mussten, und so organisierten sie für die Soldaten eine Freiwilligenküche in einem Nebengebäude, das sie so komfortabel wie möglich einrichteten. Sie heizten es, stellten ein Grammophon und Schreibpapier zur Verfügung, und jeden Tag um 17:00 Uhr gab es heißen Kaffee oder Kakao. Am ersten Weihnachtsfeiertag schenkten sie heißen Grog aus.

In Italien hatte man bereits begonnen, die Säbel in Richtung Menton, Monaco und Nizza rasseln zu lassen und Besitzansprüche anzumelden; dennoch hatte der Krieg in den darauffolgenden Monaten kaum oder gar keine Auswirkungen auf die Côte d'Azur.

Für die Menschen, die sich an diesem wunderschönen Küstenabschnitt niedergelassen hatten, war die Vorstellung unerträglich, wieder in das kalte, graue England zurückzukehren: Sie hatten mittlerweile hier Wurzeln geschlagen, liebten die Landschaft, die

Einwohner, das Klima, das funkelnde Meer. Das Leben – also das Essen und das Personal – war hier billiger. Ihre Kinder schwatzten in einer Mischung aus Englisch, Italienisch und Französisch. Weihnachtsschmuck bestand hier zwar aus Orangenbaumzweigen, dafür stand Monte Carlo auf der Reiseroute der königlichen Marine, und auf den Partys an Bord der HMS *Warspite*, dem Schiff, das am regelmäßigsten zu Besuch kam, hörte man Klatsch und Tratsch aus der Heimat.

Zu essen gab es immer noch reichlich, der Glockenschlag von Big Ben kündigte wie gewöhnlich die BBC-Nachrichten im Radio an, und England war schließlich nur eine Reise von vierundzwanzig Stunden entfernt. Elsie Gladman, die wieder als Krankenschwester im Sunny Bank Hospital in Nizza arbeitete, wähnte sich dort jedenfalls ebenso sicher wie in England: »Frankreich war unser großer Verbündeter und Freund.« Alles schien so friedlich und normal zu sein, dass Dennis Youdales Eltern, die ihn nach der Kriegserklärung in England zurückgelassen hatten, beschlossen, ihn wieder nach Nizza zu holen – für Dennis war es sowieso wie sein Zuhause.

Während des Sitzkriegs starb Maxine Elliott. Elsa Maxwell gehörte zu den Letzten, die bei ihr waren. »Maxine war teilnahmslos, bis der Lunch serviert wurde«, notierte sie. Wie üblich war es eine üppige Mahlzeit, die mit Schlagsahne und dicken, schweren Saucen angereichert war und die Maxine mit Heißhunger verschlang. »Ich habe gerade mein Todesurteil bekommen«, hatte sie leichthin zu Elsa bemerkt. »Der Arzt sagt, ich habe eine Urämie. Ich soll auf schweres Essen verzichten.« Das hatte sie nicht daran gehindert, dem Butler zu bedeuten, dass sie noch eine zweite Portion wolle. »Du bringst dich um, wenn du nicht auf ihn hörst«, hatte Elsa gerufen, und Maxine hatte zurückgegeben: »Es gibt nur noch eine bessere Art zu sterben, und für die bin ich zu alt.«

Sie verschied am 3. März 1940. An diesem Abend schrieb Dr. Brès, der treue Begleiter in ihren späten Jahren, an Churchill: »Ich habe noch die letzten Worte im Ohr, die sie heute Morgen über Sie gesagt hat. ›Winston weiß seine Verantwortung wahrzunehmen. Ihm macht nichts Angst – er sollte Premierminister werden.‹« Churchill bekundete seine Trauer um den Tod der Freundin und seine Dankbarkeit für Brès' Fürsorge und schloss mit den Worten: »In dieser düsteren Welt wird ein Licht nach dem anderen gelöscht, und die sonnigen Tage im Château de l'Horizon sind für immer vorüber.«

Dabei konnte das Leben doch fast normal weitergehen. Innerhalb von drei Monaten öffneten die Casinos wieder, die verbliebenen Engländer hielten Kontakt zu den Lieben daheim, indem sie ihre Briefe über Freunde in der Schweiz oder über Vertretungen in Lissabon versandten. Jeden Donnerstagmittag ertönte der Fliegeralarm, alle wussten jedoch, dass es nur ein Probealarm war. In Paris trugen elegante Frauen lederne Gasmaskenhüllen von Hermès, und nachts streifte man sich weiße Handschuhe über, um besser sichtbar zu sein, wenn man eine verdunkelte Straße überquerte. Nachdem alle Franzosen Militärdienst leisten mussten, fuhren nun Frauen oder sehr alte Männer die Busse und Taxis.

Größere Sorgen machte sich niemand. »Wir haben doch die Maginot-Linie« wurde zum geflügelten Wort. Damit war eine bedeutende Befestigungsanlage gemeint, die über die gesamte Länge der französisch-deutschen Grenze verlief; ihre 54 großen Forts (bekannt als *ouvrages*), geschützt von Betonstahl und Minenfeldern, wurden im Abstand von fünfzehn Kilometern voneinander errichtet, und jedes beherbergte tausend Soldaten und Artillerie. Zwischen den *ouvrages* befanden sich kleinere Forts mit zweihundert bis fünfhundert Männern, so dass die gesamte Grenze abgedeckt war.

Die Franzosen, wie eigentlich auch der Rest der Welt, hielten sie für unbezwingbar. Die militärischen Oberbefehlshaber kamen nacheinander, um die Anlage und ihre Funktionsweise zu studieren. Allein der Anblick der ersten beiden Forts dieser Linie – eines unterirdisch am Cap-Martin, das andere ein massives Bauwerk in den Felsen des alten Dorfs Sainte-Agnès, fast achthundert Meter über Roquebrune – beruhigte die Menschen an der Riviera. Angeblich war es das am schwersten bewaffnete aller Maginot-Forts; es dominierte die Küste, und die Geschützstellungen im Felsen deckten die gesamte Bucht darunter ab.

In Paris normalisierte sich derweil alles wieder. Die amerikanische Autorin und Politikerin Clare Boothe Luce, die Mitte März 1940 im Ritz ankam, fand dasselbe Personal wie eh und je vor, denselben »Geruch von Pelz und Parfum, dieselben hohen Vogelstimmchen … Ich habe sofort gesehen, dass die Gäste des Ritz dieselben Gäste waren wie schon immer.« Sie hatte recht. Unter ihnen waren Reginald und Daisy Fellowes, Schiaparelli und Lady Mendl. Zahlreiche Paare, die eigentlich außerhalb von Paris lebten, deren Diener aber eingezogen worden waren und die dann ihr Château geschlossen, die Kinder zu Verwandten aufs Land geschickt hatten und ins Ritz gezogen waren.

Die Stimmung war sogar außergewöhnlich gut, wie Mrs Luce befand. »Ein Satz war in aller Munde: ›Il faut en finir.‹[38] Die Leute sagten es zueinander auf den Straßen. Kellner sagten es zu ihren Gästen in den Cafés. Die Schneiderinnen stickten es als fröhliches Motto in Blau, Weiß und Rot in die Ecken von Chiffontüchern. Juweliere fertigten goldene Armketten mit Anhängern, auf denen es stand … Es stand über den wohldurchdachten Leitartikeln in jeder Zeitung. Und in den Casinos sangen es Soldaten lustvoll und aufrichtig zur Musik.« Ältere, mit Schmuck behängte Frauen tranken auf den Terrassen nach wie vor Kaffee oder Champagner. Und während die

Kastanienbäume ausschlugen, zitierten auch manche Nostradamus, um zu bekräftigen, dass alles gut ausgehen würde (»Der verratene Löwe wird sich mit dem Hahn vereinen, dann wird der Barbar abgefangen«). Die Kinos und Geschäfte waren geöffnet, britische Soldaten und *poilus* spielten in den Vorstädten Fußball.

Doch dann ging alles ganz schnell. Anfang April verleibte Hitler sich Norwegen und Dänemark ein. Der Krieg rückt nun doch bedrohlich nahe, und die Pariser verließen die Stadt. Im Ritz, wo Chanel wohnte, reisten die Angestellten ab, viele kehrten in ihre Heimatdörfer zurück. Taxis wurden beschlagnahmt, um Truppen an die Front zu bringen, in den Parks wurde der Rasen nicht mehr gemäht; es gab niemanden mehr, der es hätte tun können.

Anfang Mai kehrte Maugham in die Villa Mauresque zurück, und die *Sara* wurde wieder an ihren Liegeplatz in Villefranche gebracht. Es war jetzt sehr still an der Riviera, das Benzin wurde rationiert, die Lebensmittel wurden knapp, es gab keinen Kaffee, Verdunkelung war angeordnet.

Die Invasion von Holland und Belgien am 10. Mai[39] betrachteten die meisten Franzosen, überzeugt von der Unbesiegbarkeit ihres Landes, lediglich als Rückschlag, den man letztlich wieder ungeschehen machen konnte. Selbst als an jenem Tag die ersten Züge mit Flüchtlingen ankamen, denen viele weitere folgen sollten – häufig mittellos, immer erschöpft –, blieb das Vertrauen in die Verteidigung des Landes ungebrochen.

An jenem Tag ertönten um 16:55 Uhr in Paris die ersten Sirenen, und am Abend hörten die Bürger, wie der Informationsminister verkündete: »Der wahre Krieg hat begonnen.« Flüchtlinge säumten die Straßen, aber die meisten Pariser glaubten, dass sie – zumal viele aus Belgien stammten – lediglich auf die Ereignisse dort reagiert hatten.

Der Duke of Windsor wollte derweil kein Risiko eingehen: Am Tag der Invasion der Niederlande fuhr er mit Wallis nach Biarritz und brachte sie dort sicher unter, um dann wieder nach Paris zurückzukehren.

Dann kam die Nachricht vom Angriff in den Ardennen, im Norden der sagenhaften, unüberwindlichen Maginot-Linie. Die Ardennen galten als schwer einzunehmendes Terrain, und die Franzosen glaubten, dass die Deutschen es dort, wenn überhaupt, nur mit leichter Infanterie versuchen würden. Und dass sie dann mindestens zehn Tage brauchen würden, zumal sämtliche Brücken des größten Flusses, den es zu überwinden galt, zerstört worden waren.

Stattdessen stellte sich das als der »verhängnisvolle Weg« heraus, auf den sich de Gaulle bereits 1934 bezogen hatte.[40] Der Vorstoß durch die Ardennen (am 12. Mai) war ein Blitzkrieg. Die Deutschen hatten die Flüsse schnell überquert, indem sie Pontons einsetzten, die an Seilen befestigt waren. So konnten sie ihre Panzer transportieren, die auch für unwegsames Gelände geeignet waren. Sie drangen aus den Wäldern vor und überfielen die unvorbereiteten Franzosen innerhalb von drei oder vier Tagen; mit schweren Geschützen statt mit leichter Infanterie. Sie hatten die wunderbare Maginot-Linie einfach umgangen und so neutralisiert.

Am 15. Mai setzte dann Panik ein, wie Vincent Sheean notierte. Diese verwandelte sich bis zum Abend des 16. Mai in eine Völkerwanderung – die meisten strömten nach Paris hinein: »An den Bahnhöfen sammelten sich Menschen aus Belgien, aus Holland, aus den bombardierten Städten von Lothringen, aus dem Norden und Osten Frankreichs.« Nun verließen die Einwohner von Paris die Stadt. Die ersten vollgepackten Automobile tauchten am 16. Mai auf. Ein paar Tage später sah man fast nur noch

Autos, an denen Gepäck, Bettzeug oder gar Möbel festgezurrt waren. Es war eine der größten Völkerwanderungen, die es in der Geschichte Europas je gegeben hatte. Millionen von Menschen aus Belgien, Nordfrankreich und Holland waren nun auf der Flucht.

Das Archiv des Außenministeriums wurde im Hof verbrannt. Am Sonntag, dem 19. Mai, nahm die gesamte französische Regierung zusammen mit den britischen und amerikanischen Botschaftern und deren Mitarbeitern an einem Gottesdienst in der Kathedrale Notre-Dame teil, um für die Rettung der Republik zu beten; ihre großen, glänzenden Limousinen warteten in den Nebenstraßen, um sie anschließend fortzubringen.

»Ich beschloss, Simone und die Kinder nach Bellac zu evakuieren«, schrieb Raymond-Raoul Lambert in sein Tagebuch, »eher wegen der Gefahr durch Luftangriffe als wegen der strategischen Lage.« Der Intellektuelle Lambert, ein französischer Jude und ehemaliger Staatsbeamter, nunmehr Hauptmann in der technischen Abteilung der Kolonialtruppen, würde bald das wichtigste Bindeglied zwischen Vichy und den französisch-jüdischen Bürgern sein.

Auch andere machten sich auf. Am nächsten Tag ergatterte Vincent Sheean einen Flug nach London, den jemand storniert hatte. Seine Habseligkeiten ließ er im Hôtel de Crillon zurück. Er würde nicht mehr dorthin zurückkehren können; alle Visa wurden von den Franzosen für ungültig erklärt. Auch seine Habe sah er nie wieder. Das Crillon diente den Deutschen fortan als militärisches Hauptquartier.

Am 18. Mai hörte in Sanary Lion Feuchtwanger von seinem Hausmädchen Leontine, dass an der *mairie* (dem Rathaus) eine Verlautbarung hing: »Alle in Deutschland geborenen Staatenlosen, die am ersten Januar noch nicht das Alter von sechsundfünfzig Jahren erreicht haben, müssen sich in der *mairie* melden.« Feuchtwanger, dessen sechsundfünfzigster Geburtstag in wenigen Wochen bevorstand, fiel demnach in diese Kategorie. Gemeinsam mit drei weiteren Deutschen meldete er sich in der *mairie* und besiegelte somit sein Schicksal zur Internierung; so viel zu *Liberté, Égalité, Fraternité.*

In den späten Dreißigerjahren gab es in ganz Frankreich Internierungslager. In den meisten wurden republikanische Flüchtlinge aus Spanien oder fahnenflüchtige spanische Soldaten festgehalten. Seit Ausbruch des Krieges wurden dort auch Kommunisten inhaftiert.[41] Während des Sitzkriegs (der mit der Invasion der Niederlande beendet war) internierte die Dritte Republik *indésirables*, also Deutsche, die in Frankreich als Staatsbürger einer feindlichen Macht aufgegriffen wurden, ohne Rücksicht auf ihre ethnische oder politische Orientierung. Darunter waren viele deutsche Juden, die vor der Naziherrschaft geflohen waren, so wie Feuchtwanger. Er wurde in das größte Lager in der Umgegend gebracht, das Camp Les Milles, eine ehemalige Ziegelei in der Nähe von Aix.

Im selben Transport war auch ein angehender Hotelkaufmann aus Nizza, der deutsch-jüdische Flüchtling Marcel Block. Seit einigen Jahren hatte er voller Freude seine Ausbildung in der Hotelbranche absolviert, überzeugt davon, dass ihn dort eine sonnige Zukunft erwartete. Jeder Häftling durfte dreißig Kilo Gepäck bei sich führen, und dieser kluge Mann hatte Decken (für die Nacht) mitgenommen sowie einen Klappstuhl, falls es keine Sitzgelegenheiten geben sollte.

Die Häftlinge wurden in drei Gruppen aufgeteilt; Deutsche, Österreicher und ehemalige Fremdenlegionäre. Manche von ihnen hatten zwanzig oder dreißig Jahre im Dienst Frankreichs gestanden, einen Arm oder ein Bein verloren und Auszeichnungen verliehen bekommen: Die Selektion schien recht willkürlich zu sein. Mehrere waren mit dem *Légion d'honneur* ausgezeichnet worden, ein Mann hatte vier Söhne, die für Frankreich kämpften, viele andere, darunter Feuchtwanger, waren als erbitterte Feinde des Nationalsozialismus bekannt. Selbst die Wärter waren empört, dass Frankreich sie nun so behandelte.

Nachdem die britischen Truppen sich nun rasch zurückgezogen hatten, fürchtete man als Nächstes eine deutsche Invasion in Großbritannien. Von dem Hügel zwischen Dover und Folkestone sah man Rauch und ein permanentes Flammenmeer über Calais. In der Nähe der britischen Küste wurden Straßensperren errichtet, Panzersperren gebaut. Straßenschilder wurden verdreht, um falsche Richtungen vorzugeben. Als die Nachricht von der Evakuierung britischer Truppen aus Dünkirchen (zwischen dem 26. Mai und dem 4. Juni) Paris erreichte, fragten sich die Pariser, ob überhaupt noch irgendetwas die Deutschen daran hindern konnte, ihre Stadt zu erreichen. Viele von denen, die sich an der Riviera aufhielten, suchten jetzt nach der besten Möglichkeit, das Land noch zu verlassen. »Ein paar Leute, so wie Furness oder das Ehepaar Fellowes, versuchen, auf einer Yacht davonzukommen, die dem Khedive von Ägypten gehört«, notierte Brian Howard. Der Khedive überlegte es sich allerdings in letzter Minute anders und wollte nicht mehr vermieten.

Am 24. Mai, mit ziemlicher Verzögerung also, verkündete der französische Premierminister Paul Reynaud in einer Radioausstrahlung: »Frankreich ist schon hundert Mal überfallen, aber nie besiegt worden … wir glauben weiterhin an den Sieg.« Zu diesem Zeitpunkt aber waren bereits etliche Kissen aus dem Ritz in die Krankenhäuser geschickt worden, wo man mit Verwundeten rechnete.

Nichtsdestotrotz saßen die Menschen noch in Cafés, gingen an der Seine spazieren und sahen zu, wie in diesem heißen Sommer der Rasen auf den Champs-Élysées gegossen wurde (»Das würden sie doch nicht tun, wenn sie sich Sorgen machen würden?«, überlegte sich der französische Schriftsteller und Kunstkritiker Léon Worth). Bis eines Tages dann doch die trügerische Zuversicht, an die sich alle geklammert hatten, in sich zusammenfiel, und die bittere Wahrheit ins allgemeine Bewusstsein drängte:

Als der Stadtrand von Paris Anfang Juni von den Deutschen bombardiert wurde, floh, wie Millionen andere, Männer, Frauen und Kinder, auch Chanel. Sie packte ihre Habseligkeiten in große Schrankkoffer und ließ sie im Ritz einlagern. Bevor sie aufbrach, überredete sie außerdem die Geschäftsführung, ihr ein Zweizimmerapartment im siebten Stock zu reservieren, sollte sie zurückkehren.

Sie zahlte die Rechnung für zwei Monate im Voraus und lieh sich das Auto ihres Chauffeurs; ihr blauer Rolls-Royce wäre zu auffällig gewesen. Sie nahm außerdem mehrere Mitarbeiterinnen mit, die Chefin der Schneiderinnen und zwei weitere Frauen, die im Süden Zuflucht suchen wollten. Und schließlich begleitete sie die Angestellte, die ihr wahrscheinlich näher war als jede andere: Madame Aubert, ihre rechte Hand. Sie hatten sich kennengelernt, als Chanel als Näherin in Moulins gearbeitet hatte. Nunmehr war die rothaarige Angèle Aubert seit der Geschäftsgründung vor dreißig Jahren bei ihr.

Sie verließen Paris in einem Pulk weiterer Autos: Fuhrwerke, Lastwagen, Müllwagen, Feuerwehrautos, Leichenwagen (in Paris waren mehrere Tage lang keine Beerdigungen möglich), sogar handgezogene Karren, die mit allem Möglichen beladen waren; Lebensmittel, Möbel und sogar Babybettchen.

Menschen strömten aus der Hauptstadt, in Autos, zu Fuß, transportierten Gepäck auf Fahrrädern oder Kinderwagen, hatten Betten, Bettwäsche, Kochgeräte und manchmal Tiere auf Bauernkarren gehäuft, schoben ältere Verwandte in Rollstühlen oder liefen auf blasenübersäten, manchmal blutigen Füßen.

Der große Exodus, er hatte begonnen. Zivilisten flohen zu Tausenden. In der Menge befanden sich Flüchtlinge aus Belgien, Holland und Luxemburg. Allein in der Region Paris verließen fast vier Millionen Menschen ihr Heim. »Es war, als wäre im Norden jemand in einen riesigen Ameisenhaufen getreten, und alle Ameisen würden weglaufen«, notierte der Schriftsteller und Pilot Antoine de Saint-Exupéry, der das Geschehen aus der Luft mit ansah. Die meisten dieser Fliehenden waren Frauen, deren Männer einberufen worden waren. Oft waren sie in Begleitung von kleinen, verwirrten Kindern. Wer im Auto unterwegs war, stand die meiste Zeit im Stau.

Ein Teil des Schreckens war psychologischer Natur: Bis zur letzten Minute war das Vertrauen in die unüberwindliche, unbesiegbare Maginot-Linie und in Frankreichs Sieg so groß gewesen, dass nun die Möglichkeit einer Niederlage doppelt so niederschmetternd wirkte. Viele Angehörige der französischen Armee waren einfach geflohen, häufig direkt zurück nach Hause. Ein zwangsverpflichteter Soldat war auf dem Boulevard de Sébastopol in zerknitterter Zivilkleidung gesehen worden. Als ein Freund ihn warnte, er würde als Deserteur erschossen, antwortete er ihm: »Zuerst müssen sie mich finden. Und in einer Woche müssen sie die halbe Armee erschießen. Es wird sich zeigen, ob die andere Hälfte dazu bereit ist …«[42]

Am 9. Juni standen die Deutschen nur noch lediglich dreißig Kilometer von Notre-Dame. Die französische Regierung verlegte am 10. Juni ihren Sitz von Paris nach Orléans, und Mussolini erklärte Großbritannien und Frankreich den Krieg.

Am Dienstag, dem 11. Juni, war Paris in dicken schwarzen Nebel gehüllt – der Rauch von Öltanks, die zwischen Rouen und Bonnières in Brand gesteckt worden waren. »Die Sonne war verborgen, es war ein unheimlicher Anblick«, notierte Elizabeth Blair Hales in ihr Tagebuch. Sie und ihr Mann Samuel, dreiundsechzig beziehungsweise siebzig Jahre alt, wurden um sechs Uhr morgens von der Sekretärin ihres Mannes angerufen und gewarnt, sie dürften nun keine Zeit mehr verschwenden: Sie würde sie zum Gare Montparnasse bringen, wo ihre Schwester Valentine, die als Krankenschwester beim Roten Kreuz arbeitete, sie treffen würde.

Mit Valentines Hilfe (»Wirken Sie möglichst krank und alt!«, flüsterte Valentine Elizabeth zu, als sie sich zum Rot-Kreuz-Warteraum drängten) gelang es ihnen, Plätze in einem Zug Richtung Le Mans zu ergattern. Auf dem Bahnsteig hinter ihnen kam es trotz des schweren Gepäcks, das die meisten Leute dabeihatten, zu Raufereien um die Plätze. »Als der Zug losfuhr, blickten wir in ein Meer von Gesichtern«, schrieb Elizabeth. »Rasch erreichten wir Versailles, wo erneut Menschenmengen warteten, in der Hoffnung, in den Zug steigen zu können. Aufgebrachte ›ëgoistes‹-Rufe erklangen, als man ihnen sagte, es gebe absolut keinen Platz. Aber 2 Soldaten hoben 2 junge Frauen hoch, Mütter ganz kleiner Babys, holten sie durch das Fenster herein. Ich hielt einen kleinen Jungen von acht Monaten in den Armen … Auf jedem kleinen Bahnhof gab es Streit und Gedränge, bis wir Chartres erreichten.« Nach einem Luftangriff, mehrmaligem Umsteigen und einer langen Reise in völliger Dunkelheit erreichten sie schließlich Saint-Malo.

An der Côte d'Azur, wo Mussolini mit 400 000 Mann starken Truppen einmarschiert war, lebte bereits ein großes Kontingent italienischer Einwohner. Die meisten Kellner in den großen Hotels waren Italiener, und entlang der Grenzen gab es häufig gemischte Ehen. Infolgedessen gab es wenige Kampfhandlungen; ein paar alte italienische Doppeldeckerpiloten flogen tief an der Küste vor Cannes hin und her und richteten ihren Kugelhagel auf jeden, den sie sahen. An diesem Donnerstag kündigte der mittägliche Fliegeralarm echte Bomben an, von denen die meisten aber glücklicherweise im Meer landeten. In Menton schlossen einige Geschäfte, manche brachten ihre Bestände weiter von Italien weg.

Bislang schien der Süden verschont zu werden, die Windsors waren sogar nach La Cröe zurückgekehrt. Der Herzog hatte Ende Mai Hals über Kopf Paris verlassen, um Wallis in Biarritz abzuholen; seinen treuen Helfer und Freund Fruity Metcalfe ließ er ohne ein Wort zurück. Der Glaube an Frankreichs Unverwundbarkeit war immer noch so unerschütterlich, die wundervolle Küste so weit entfernt von jeglichem Konflikt, dass viele glaubten, es würde sich schon alles fügen.

So wie Constance Newton, ein zwölfjähriges englisches Mädchen. Ihr Vater hatte sich in Frankreich niedergelassen, wo sie eine Privatschule besuchte, die sich darauf spezialisiert hatte, Schüler für das *baccalauréat* vorzubereiten. »Bis zu diesem Zeitpunkt war alles ganz normal weitergegangen«, notierte sie. »Erst als Italien den Krieg erklärte, wurde es anders.«

Am Mittwoch, dem 12. Juni, erklärte die französische Regierung von Tours aus Paris zur offenen Stadt[43]. Im französischen Radio wurde ein Regierungserlass gesendet, der besagte, dass alle männlichen Zivilisten bis auf die Alten oder Gebrechlichen Paris verlassen müssten. »Man wollte Hitler offenbar nicht zu viele zukünftige Munitionsarbeiter hinterlassen«, notierte Rupert Downing in seiner Wohnung in der Nähe des Montparnasse. »Allerdings wurde nicht angegeben, wie sie fliehen sollten. Die meisten Autos waren vom Militär in Beschlag genommen worden.« Es fuhren fast keine Züge mehr; am 13. Juni startete der letzte in Richtung Süden, und die Tore des Gare d'Austerlitz schlugen rasselnd zu.

An Häuserwänden klebten mittlerweile Plakate, die die Menschen aufforderten, von feindseligen Handlungen abzusehen und sich ruhig und würdevoll zu verhalten. Aber die meisten waren zu sehr mit ihrer Flucht beschäftigt, um sich Gedanken über ihr Benehmen zu machen, sollte der Feind auftauchen.

Panik hatte eingesetzt. Kanonen donnerten und weckten Erinnerungen an den letzten Krieg, in dem so viele Franzosen ihr Leben verloren hatten, an den Luftangriff auf Guernica, an die Zerstörung polnischer Dörfer. Viele ältere Menschen erinnerten sich an die Geschichten über den Erzfeind, an Gräueltaten, ob Wahrheit oder Gerücht. Die Zeitungen waren bestrebt, die Menschen zu beruhigen, und riefen dazu auf, zu bleiben, solange es noch keine Evakuierungsanordnung gab; die meisten aber waren schon längst geflohen. Einige Frauen, die sich in der Küche eines verlassenen Hauses versteckt hatten, hörten Rufe, dass die Deutschen im Anmarsch seien. »Reibt euch am ganzen Körper mit Senf ein!«, riet eine von ihnen. »Wenn die Deutschen versuchen, euch zu vergewaltigen, verbrennen sie sich.«

Chanel und ihr Grüppchen fuhren nicht zur Villa La Pausa, da die Italiener angefangen hatten, die Côte d'Azur zu bombardieren, sondern nach Pau. Dort hatte schon immer eine größere englische Gemeinde gewohnt und dem englischsten aller englischen Zeitvertreibe gefrönt – der Fuchsjagd.[44] Dort, in Pau, in einem Château aus dem dreizehnten Jahrhundert, hatte Chanel einst Boy Capel kennen- und lieben gelernt, nachdem ihr erster ernsthafter Liebhaber, Ètienne Balsan, sie hierher zur Jagd mitgenommen hatte. Dieses Mal stieg sie allerdings nicht direkt in Pau ab, sondern fuhr weiter in das nahegelegene kleine Dorf Corbère-Abères.

Hier wiederum hatte sie Balsan das Château de Lembeye abgekauft und es ihrem Lieblingsneffen André Palasse überlassen. Schon häufig hatte sie ihn und seine Familie dort besucht. Nun war André bei der Generalmobilmachung einberufen worden und an der Maginot-Linie im Einsatz; seit seiner Abreise hatte Chanel für die Familie gesorgt, zu der auch ihre Großnichte Gabrielle gehörte, die nach ihr benannt und ebenfalls ein Liebling von ihr war. Großzügig unterstützte sie auch ihre beiden Brüder, zahlte ihnen regelmäßig Zuwendungen, half ihnen, wenn sie ein Auto kaufen mussten, bei kleinen Unternehmungen oder beim Begleichen von Schulden.

André war der Sohn von Julia, einer der älteren Schwestern Chanels. Diese war in dem Kloster, in dem alle drei Schwestern aufgewachsen waren, schwanger geworden. Der Junge wurde zum Waisen, als Julia starb (niemand wusste, wer sein Vater war, obwohl er den Nachnamen »Palasse« bekam). Chanel nahm ihren sechsjährigen Neffen zu sich und zog ihn wie ihr eigenes Kind auf. Sie schickte ihn auf die englische katholische Privatschule Beaumont, denn ihr gefiel die Privatschulerziehung der Männer aus der Oberschicht, die sie durch den Duke of Westminster kennengelernt hatte. Obwohl sie einmal trocken bemerkte: »Alle Engländer sind wohlerzogen – zumindest, bis sie in Calais sind.«

Unter den Flüchtlingen, die unablässig ankamen, befanden sich nun auch einige ihrer ältesten Mitarbeiterinnen. Wenigstens gab es für alle genug zu essen – Kaninchen, Hühner, Enten, Schweine (die erst viel später von den Deutschen beschlagnahmt wurden).

Am Morgen des 14. Juni traf die erste deutsche Vorhut in Paris ein, die Koalitionsregierung brach zusammen. Um sieben Uhr morgens hielt röhrend ein Aufgebot deutscher Motorradfahrer vor dem Ritz, dicht gefolgt von einer Gruppe Offiziere, während die Truppen in voller Stärke einmarschierten. »Die kraftstrotzende Kriegsmaschine rollte die Champs-Élysées entlang«, schrieb Rosie Say, ein englisches Mädchen, das in Paris eingekesselt war. »Glänzende Pferde, Panzer, Maschinen, Waffen und Abertausende Soldaten. Eine tadellose Prozession, schimmernd und schier unendlich, wie eine gigantische graugrüne Schlange, die sich um das Herz dieser zerbrochenen Stadt wand, die jämmerlich darauf wartete, verschlungen zu werden. Eine große Menschenmenge beobachtete das Ganze, die meisten schwiegen, einige jubelten aber auch. Während die Stunden vergingen und das Spektakel sich endlos fortsetzte, musste ich an meine Familie und Freunde zu Hause in London denken.«

Auf einem Balkon mit Blick auf den Place de la Concorde standen Misia und ihr Exmann Sert und beobachteten, wie die deutschen Truppen im Stechschritt aufmarschierten. An diesem Abend schrieb Serts Sekretär Boulos Ristelhueber in sein Tagebuch: »Die Truppen sehen aus wie aus einer Wagner-Oper. Es klingt wie ein Erdbeben, während sie schwerfällig und arrogant vorbeiziehen. Reihen von Wotans und Lohengrins in glänzenden Stahlhelmen, übernatürlich schön. Endlose Reihen gewaltiger Pferde mit langen Mähnen ziehen Kanonen mit klaffenden schwarzen Mäulern. Oben am Arc de Triomphe, der halb von Sandsäcken umhüllt ist, hängen eine riesige Hakenkreuzfahne und ein winziger Fotograf, der das Spektakel für die *Wochenschau* aufnimmt.«

Nachdem die Mitglieder der Regierung Paris verlassen hatten, versuchte Premierminister Paul Reynaud, sie neu zu organisieren, zuerst in Tours und dann, am 15. Juni, in Bordeaux; dort richtete er sich mit seiner Geliebten, der Comtesse de Portes, im Hotel Splendide ein, während ihr Mann bei der Armee war. Sie war eine Frau, die starke Abneigung hervorrief: General de Gaulle bezeichnete sie als »Pute«, während Winston Churchill[45] ihr den Spitznamen »der Papagei« gab. Sie war 1930 die Geliebte von Reynaud geworden, in dem Jahr, als er ins Kabinett kam. Sie war weder elegant noch attraktiv, mischte sich überall ein und sympathisierte mit den Faschisten. Doch Reynaud schien völlig unter der Fuchtel dieser »mittelalten Frau mit schriller Stimme und einer lauten fordernden Art« zu stehen, »die schackerte wie eine Elster und leicht die Beherrschung verlor«, wie eine Beschreibung von ihr lautete.

Sobald sie in Bordeaux waren, tat Hélène de Portes ihr Möglichstes, um Reynaud dazu zu bringen, den Deutschen Modalitäten zur Kapitulation zu unterbreiten. Er aber war vehement gegen jegliche Einigung mit Deutschland, und als er versuchte, mit de Gaulle über weitere Kampfhandlungen zu sprechen, bekam sie einen furchtbaren Wutanfall, der de Gaulle empörte. Sie war extrem antibritisch eingestellt, und Churchill hasste sie ganz besonders; laut seinem Leibwächter Walter Thompson wollte sie ihm einmal an die Kehle gehen, mit einem Messer, das sie in ihrem Christian-Dior-Kleid versteckt hatte. Ein anderes Mal versuchte sie, mit einem wichtigen Diplomaten aus den USA eine Intrige anzuzetteln. Dieser erinnerte sich später missbilligend: »Ich glaube, ihr Bestreben, den Defätismus während Reynauds kritischer letzter Tage als Premierminister zu stärken, sollte nicht unterschätzt werden. Sie hat eine Stunde lang in meinem Büro geweint, damit wir Reynaud dazu drängten, um einen Waffenstillstand zu bitten.«

»Diese Frau benahm sich manchmal wie eine Landesherrin, dann wieder wie ein Fischweib, aber immer tat sie so, als hätte sie einen ihr angestammten Sitz in der Regierung der französischen Republik inne; als sei sie entweder von der Verfassung oder auch von Gott ermächtigt«, notierte Vincent Sheean, damals als Reporter für die *New York Herald Tribune* tätig. Sheean wusste, dass sie Sitzungen des Generalstabs vorsaß, dass sie Staatspapiere für Reynaud vorbereitete, dass sie Generäle entließ und Botschafter zurechtwies. Als ein wichtiges Telegramm vermisst und dann in ihrem Bett gefunden wurde, war Reynaud so wütend, dass er ihr beim Abendessen zwei Gläser Wasser ins Gesicht schüttete.

Die Menschen, die aus Paris flohen, konnten nicht glauben, dass Frankreich kapitulieren würde. »Ein weit verbreitetes Gerücht – das allerdings schon um zehn Uhr morgens niemand mehr glaubte – war, dass die französische Regierung versuchte, einen Separatfrieden mit Hitler auszuhandeln. Ich lud den Ersten, der mir diesen Witz erzählte, zu einem Drink ein; eine so lächerliche Fantasie hatte eine Belohnung verdient«, notierte Rupert Downing. An der Côte d'Azur verhielt es sich genauso. »Selbst als die Regierung nach Bordeaux floh, machte sich niemand ernsthaft Sorgen«, berichtete Maugham. »Alle waren weiterhin von der Unbesiegbarkeit der französischen Armee überzeugt.«

Manchen fiel es schlichtweg schwer, zu akzeptieren, was gerade passierte. Raymond-Raoul Lambert hatte Frau und Kinder schon früher weggeschickt, um sie vor den Luftangriffen auf Paris zu schützen. Er selbst zog mit dem Ministerium, für das er arbeitete, nach Candé. Nach einigen Schwierigkeiten endlich am Ziel angekommen, musste er feststellen, dass die Frachtmöglichkeit, die ihm zugeteilt worden war, bereits für den Umzug des Weinkellers und persönlichen Gepäcks des verantwortlichen Obersts verwendet worden war. »Eine solche Einstellung seitens eines hochrangigen Offiziers erklärt vieles«, notierte er an jenem Abend verbittert.

Am 16. Juni mischte sich Hélène de Portes zum letzten Mal in Regierungsangelegenheiten ein. Es hatte einen verzweifelten, von Winston Churchill unterstützten, finalen Vorstoß gegeben: Frankreich und Großbritannien zu einer französisch-britischen Union zusammenzuschließen. Das Schriftstück, das dafür nötig war, sollte an diesem Abend dem französischen Kabinett als Alternative zu einem Waffenstillstandsgesuch vorgelegt werden. De Portes betrat den Raum, in dem das Dokument aufgesetzt worden war, las es und ging dann hinaus, um den Inhalt unter den Kabinettsministern zu verbreiten. Ob dieses Vorabwissen die im Kabinett bereits vorhandene Tendenz zur Aufgabe verstärkte oder nicht, kann nicht mit Sicherheit gesagt werden.

Der vierundachtzigjährige Marschall Pétain war am 18. Mai als stellvertretender Premierminister in die Regierung gekommen. Er wurde gefeiert als Held von Verdun, jener Schlacht im Ersten Weltkrieg, in der es ihm gelungen war, die Stadt aus einer so gut wie hoffnungslosen Situation heraus erfolgreich zu verteidigen. Seine soldatische Präsenz, so meinte man, würde den wahren Geist Frankreichs heraufbeschwören, die Entschlossenheit stärken und sowohl die Menschen um ihn herum als auch im Rest des Landes beruhigen. Aber es kam anders: Die obersten französischen Militärbehörden glaubten, dass »England in drei Wochen der Hals umgedreht wird wie einem Huhn«, und so war auch Pétain rasch davon überzeugt, dass England ein verlorener Fall war. Er bestand auf einem Waffenstillstand, das Kabinett schloss sich ihm an: Eine Union mit Großbritannien wäre laut Pétain eine »Vereinigung mit einer Leiche«. Der britische Plan, den Reynaud vorgeschlagen hatte, scheiterte, die Regierung entschied sich für einen Waffenstillstand, Reynaud trat am 16. Juni zurück.

Am nächsten Tag verließen er und Hélène de Portes Bordeaux und fuhren Richtung Südosten, weg von den vorrückenden deutschen Armeen. Sie wollten in Reynauds Ferienhaus in Grès, Hérault, Halt machen und dann weiter nach Nordafrika fliehen. Einige Kabinettsmitglieder, die nicht mit Pétain konform gingen, reisten nach Casablanca oder in das damalige französische Algerien aus, wo sie hörten, wie Pétain Frankreichs Kapitulation gegenüber Deutschland im Radio verkündete.

In London reagierte Charles de Gaulle noch am selben Tag, indem er loyale Franzosen dazu aufrief, Widerstand zu leisten: »Nichts ist für Frankreich verloren. Dieser Krieg ist nicht auf das unglückliche Gebiet unseres Landes begrenzt. Dieser Krieg ist ein Weltkrieg. Ich rufe alle französischen Offiziere und Soldaten auf, die in Großbritannien sind oder dort hingelangen, ob mit ihren Waffen oder ohne, mit mir in Verbindung zu treten. Was auch immer passiert, die Flamme des französischen Widerstands darf und wird nicht erlöschen.«

Pétain war so entschlossen aufzugeben, dass er de Gaulle seinen Rang aberkannte und ihn wegen Verrats zum Tode verurteilte. Er rächte sich auch an seinem Vorgänger: Eine der ersten Amtshandlungen der Regierung Pétain bestand darin, Reynaud bei der Entlassung aus einem Krankenhaus festzunehmen. Am 28. Juni war Reynauds Wagen – er hatte am Steuer gesessen – aus unerfindlichen Gründen von der Straße abgekommen und in La Peyrade zwischen Frontignan und Sète gegen eine Platane geprallt. De Portes war beinahe enthauptet worden, während Reynaud[46] mit relativ geringen Kopfverletzungen davongekommen war.

An jenem Abend machte Ivan Fiddler, ein Engländer, der mit seiner Frau Joyce in einem kleinen Bauernhäuschen in der Nähe von Grasse lebte, wo sie Oliven, Melonen und Tomaten anbauten, einen letzten Eintrag in sein Tagebuch, das er über seine alltägliche Arbeit führte. Statt des üblichen »Gemüse für den Markt vorbereitet und gegossen« oder »Sehr heißer Tag. Tomaten hochgebunden« stand da schlicht: »Der Garten sieht hübsch aus, aber Frankreich scheint am Ende zu sein.«

Zur selben Zeit fiel die italienische Armee in Südfrankeich ein. Es gab schwere Kämpfe in der Nähe der Grenze zu Italien. Die Italiener nahmen sich, was ihnen ihrer Meinung nach rechtmäßig zustand: eine anfängliche Besatzungszone, die dann offiziell dem Königreich Italien angegliedert wurde und deren größter Ort Menton war. In der Nacht vom 3. auf den 4. Juni verließen 13 000 Einwohner Mentons in 200 Autos, 130 Lastwagen und mehreren Eisenbahnkonvois die Stadt, ein jeder mit etwa dreißig Kilo Gepäck. Die erste Station war Antibes, dann ging es weiter nach Cannes und schließlich die Küste entlang, wo auch immer ein Platz für sie gefunden wurde. »La Coeur pleine de larmes, les yeux secs«, wie es einer von ihnen ausdrückte. Auch wenn manche von ihnen italienische Eltern oder Namen hatten, fühlten sie sich doch als Franzosen und wollten nicht unter einem faschistischen Regime leben.

Die Italiener derweil wollten die friedliche Gegend zu einer italienischen Stadt machen. Die verlassenen Häuser wurden beschlagnahmt, um Italiener dort anzusiedeln. Schilder wurden aufgestellt, die die Entfernung nach Rom anzeigten, italienische Ausweise wurden ausgestellt, und vom 24. Juni an war die Lira die einzig gültige Währung. In den Schulen wurde Italienisch unterrichtet (die Kinder von entschlossen französischen Eltern krochen unter den eilig errichteten Stacheldrahtzäunen hindurch, um eine Schule im nahegelegenen Roquebrune zu besuchen). Menton hieß jetzt Mentone, und Roquebrune war der letzte Außenposten der Côte d'Azur im Osten.

Monte Carlo war als neutraler souveräner Staat bemüht, das Eindringen italienischer Truppen zu verhindern; jedoch vergeblich. In ihren olivgrünen Uniformen marschierten sie durch die Straßen, wo sie vom italienischen Teil der Bevölkerung begeistert empfangen wurden. Die Straßen waren gesäumt von jubelnden Mädchen und jungen Männern, die die italienische Flagge schwenkten. Der Fürst befahl die sofortige Konfiszierung aller italienischen Flaggen, weil solche Demonstrationen unter den Landesgesetzen von Monte Carlo verboten waren. Aber die meisten Soldaten schienen es sowieso eher darauf abgesehen zu haben, Lebensmittelgeschäfte zu beschlagnahmen und Verwandte aus den zahlreichen französisch-italienischen Eheschließungen ausfindig zu machen, statt zu kämpfen. Jedenfalls vertrieben die

Deutschen sie schon bald wieder: Sie wollten, dass Monaco Zentrum der internationalen Bankgeschäfte und des Handels der Deutschen blieb (worauf sie seit 1933 hingearbeitet hatten).

Unter Pétains Kommando schickte sich die neue Regierung als Allererstes an, am 22. Juni einem Waffenstillstand mit Deutschland zuzustimmen. Er wurde auf einer Lichtung im Wald von Compiègne unterschrieben, im selben Eisenbahnwaggon, in dem die Franzosen die Deutschen gezwungen hatten, das Waffenstillstandsabkommen von 1918 zu unterzeichnen. Hitler, Göring, Ribbentrop und Hess waren zugegen.

Das Abkommen teilte Frankreich in zwei Zonen. Die Deutschen besetzten den wirtschaftlich gesehen reichsten Teil – den Norden, Nordosten, die Atlantik- und die Kanalküste –, während Vichy den Großteil Südfrankreichs kontrollierte. Die Bedingungen sahen vor, dass das unbesetzte Frankreich von Beamten regiert werden sollte, die gewillt waren, mit Deutschland zusammenzuarbeiten, dass Frankreich die Kosten der deutschen Besatzung übernahm, dass die französische Flotte abgerüstet und Frankreich Deutschland alle antinazistischen deutschen Flüchtlinge auf französischem Boden ausliefern sollte.

Nach nur sechs Wochen des Kämpfens war Frankreich besiegt gewesen. Als Chanel das erfuhr, ging sie in ihr Zimmer und weinte.

DER JUNI 1940

Im Gegensatz zu Chanel hatte Elsa Schiaparelli nach der Kapitulation Frankreichs ihr Couture-Geschäft weitergeführt. Ihre Sichtweise stand in diametralem Gegensatz zu der von Chanel. »Ich frage mich, ob den Leuten die Wichtigkeit der Haute Couture als Propaganda für Frankreich in vollem Umfang klar war«, notierte Schiap. Andere Couturehäuser vertraten die gleiche Ansicht. Aber die Notwendigkeit, die Angestellten weiterhin zu beschäftigen und so deren Familien zu ernähren, stand gegen den Widerwillen, mit dem Besatzer gemeinsame Sache zu machen.

Für Chanel wiederum war der Krieg ein Anlass, vielleicht auch eine Ausrede, um endgültig den Kontakt zu ihren Brüdern abzubrechen. Ihre Lebenswege hatten sich im Grunde bereits getrennt, nachdem ihr Vater sie alle verlassen hatte, aber Chanel hatte ihnen jahrelang großzügige finanzielle Unterstützung gewährt. Nun allerdings schrieb sie Lucien, der mit seiner Frau in einem Haus lebte, das sie ihm zehn Jahre zuvor gekauft hatte, und teilte ihm mit, dass er nicht länger auf sie zählen könne. Alphonse bekam die gleiche Nachricht. In einer Chanel-Biografie ist zu lesen, dass sie sogar seine beiden Töchter wegschickte, die eigens nach Paris gefahren waren und sie besuchen wollten.

Es war eine plötzliche und offenbar unerwartete Entscheidung. Vielleicht hatte sie nach der Schließung ihres Couture-Hauses das Gefühl, es sei ganz allgemein an der Zeit, die Hörner einzuziehen; vielleicht hatte sie einfach keine Lust mehr, Männer auszuhalten, zu denen sie keinen Bezug mehr hatte. Im Ergebnis war sie jedenfalls einsamer denn je und erfuhr Trost und emotionale Unterstützung einzig in dem kleinen Freundeskreis, den sie regelmäßig traf.

Die Côte d'Azur war mittlerweile aus der Illusion erwacht, dass mit der Zeit alles gut werden würde. Pétains Ankündigung im Rundfunk, Frankreich werde kapitulieren, wurde zunächst ungläubig aufgenommen. Als die kleine Constance Newton an jenem Tag zur Schule ging, stellte sie fest, dass keiner der Lehrkräfte anwesend war. Sie und ihre Freunde beschlossen, in ein Café gegenüber zu gehen, weil es dort ein Radio gab. Als sie hörten, dass Pétain das Waffenstillstandsabkommen unterzeichnet hatte, hielten sie das zunächst für deutsche Propaganda. »Alle Jungen glaubten, es sei ein Boche-Sender. ›C'est pas possible! C'est pas possible‹, wiederholten sie. Schließlich zog die Gruppe in die Hauptstraße von Nizza, zu dem Gebäude, in dem der *Éclaireur*[47] untergebracht war. Das Bürohaus hatte einen großen Balkon im ersten Stock, an dem die Schlagzeilen des Tages ausgehängt wurden«. »Dort hatte sich eine große Menschenmenge versammelt«, erinnerte sich Constance später. »Menschen liefen weinend weg. Mit zwölf beeindruckt es einen über die Maßen, wenn Erwachsene im Alter ihrer Großeltern schluchzen. Auf dem ersten Aushang, den ich las, stand, dass die Kampfhandlungen zwischen Frankreich und Deutschland ab Mitternacht eingestellt würden. Auf dem letzten stand: ›L'Angleterre continue la bataille.‹«

Schock, Empörung und Elend waren gewaltig. Als Maugham hinunter in das Häuschen seines Gärtners ging, um ihm davon zu erzählen, weinten der Mann und seine Frau bitterlich. Nachdem sie beide Drohungen gegen seine italienischen Diener ausgestoßen hatten, schickte er sie zum Schutz vor den italienischen

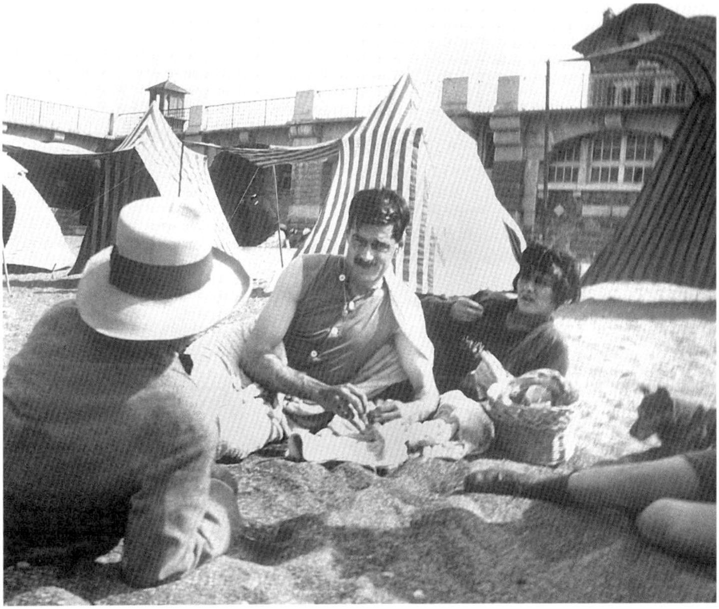

Abb. 1 Chanel am Strand mit ihrer allerersten großen Liebe, Boy Capel, 1917

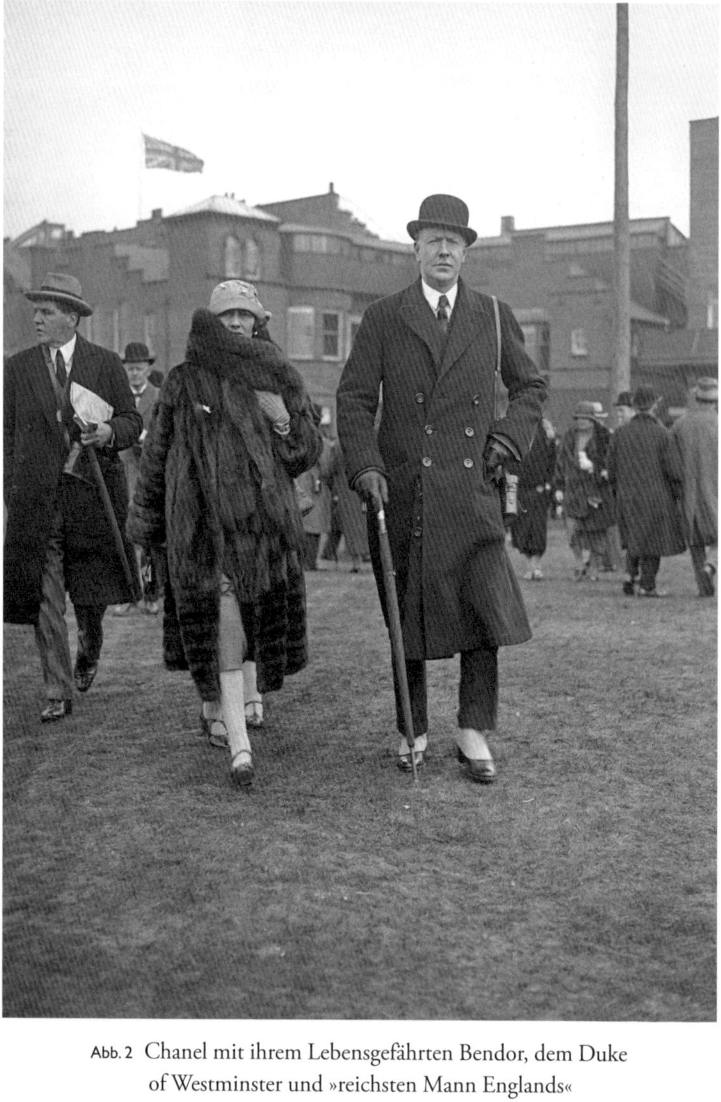

Abb. 2 Chanel mit ihrem Lebensgefährten Bendor, dem Duke of Westminster und »reichsten Mann Englands«

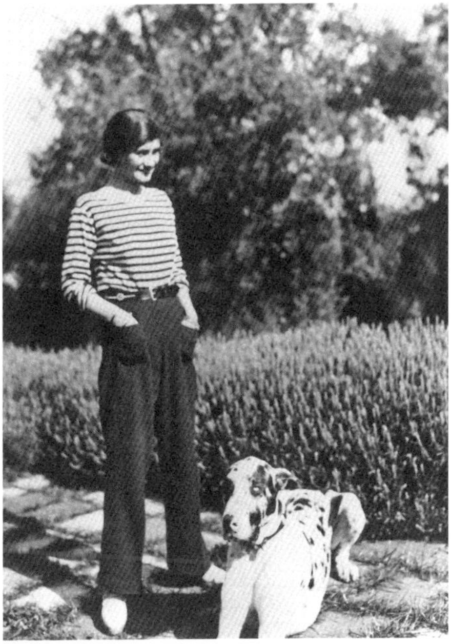

Abb. 3 Chanel im Garten von La Pausa mit ihrem Hund »Gigot«

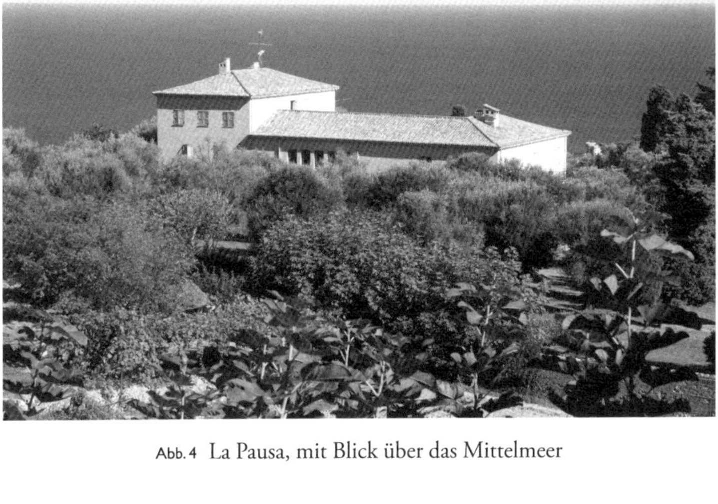

Abb. 4 La Pausa, mit Blick über das Mittelmeer

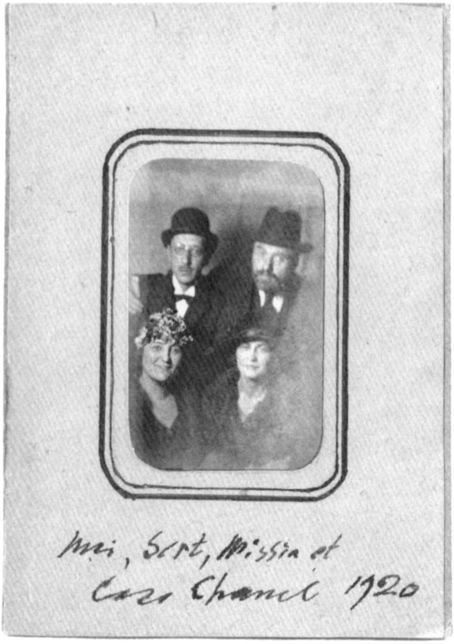

Abb. 5 Geliebter und Freunde: Igor Strawinsky, José-Maria Sert, Misia und Chanel

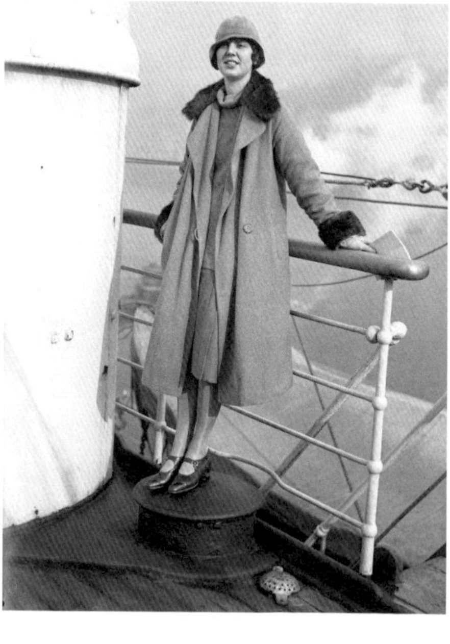

Abb. 6 Roussy, die zweite Frau von Sert

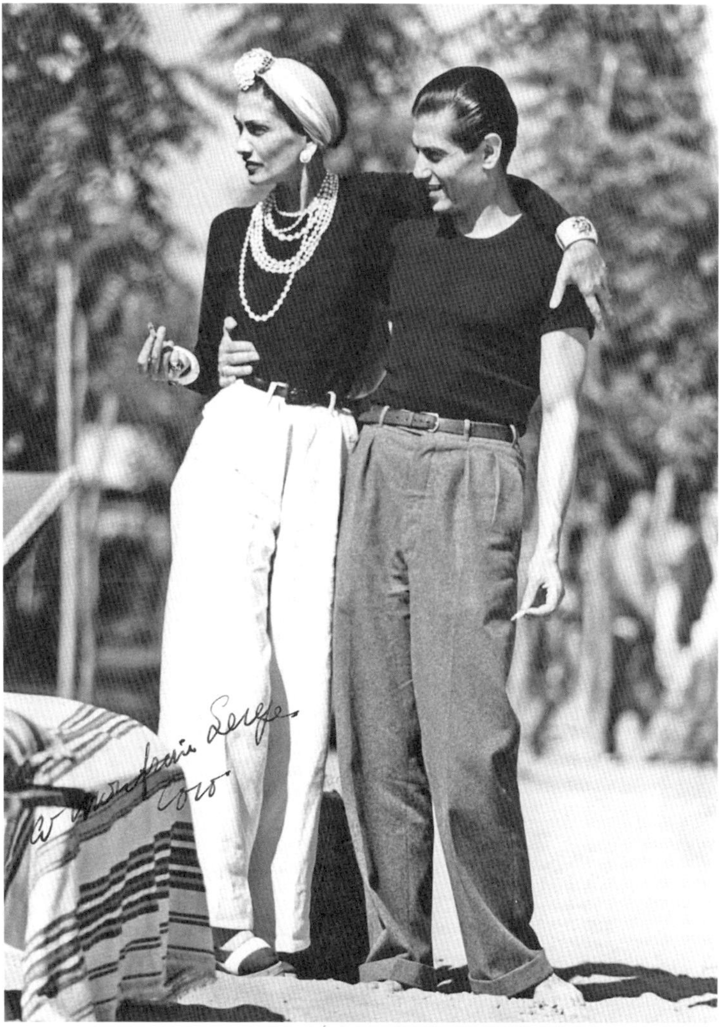

Abb. 7 Chanel und ihr guter Freund, der Choreograf Serge Lifar

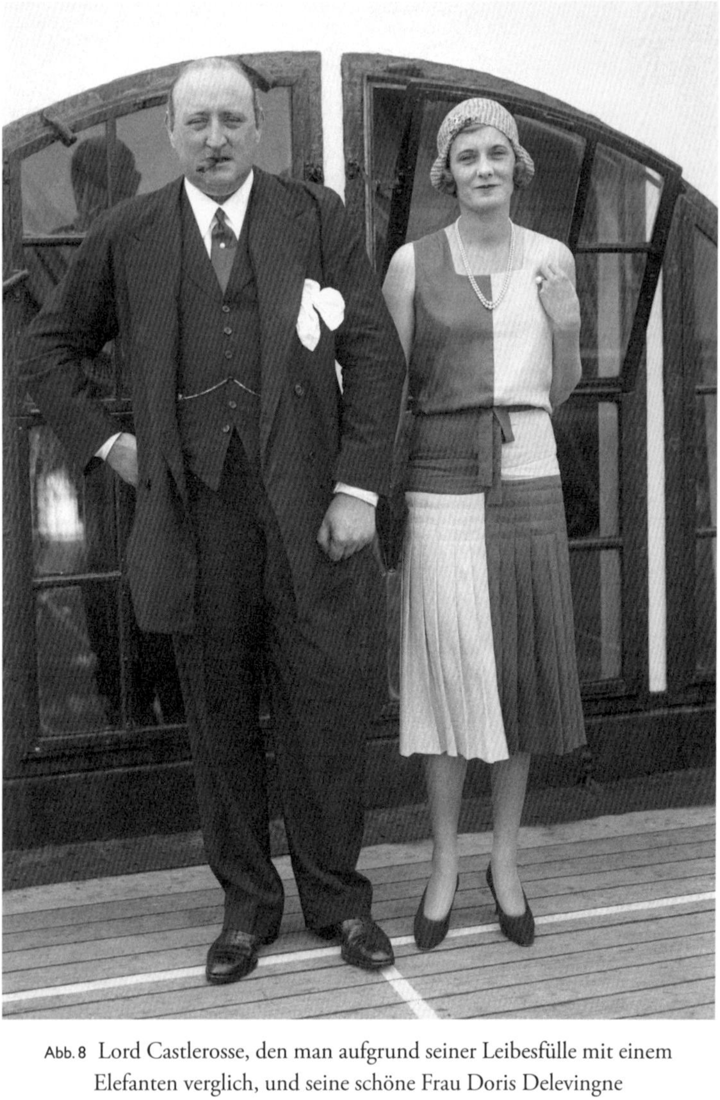

Abb. 8 Lord Castlerosse, den man aufgrund seiner Leibesfülle mit einem Elefanten verglich, und seine schöne Frau Doris Delevingne

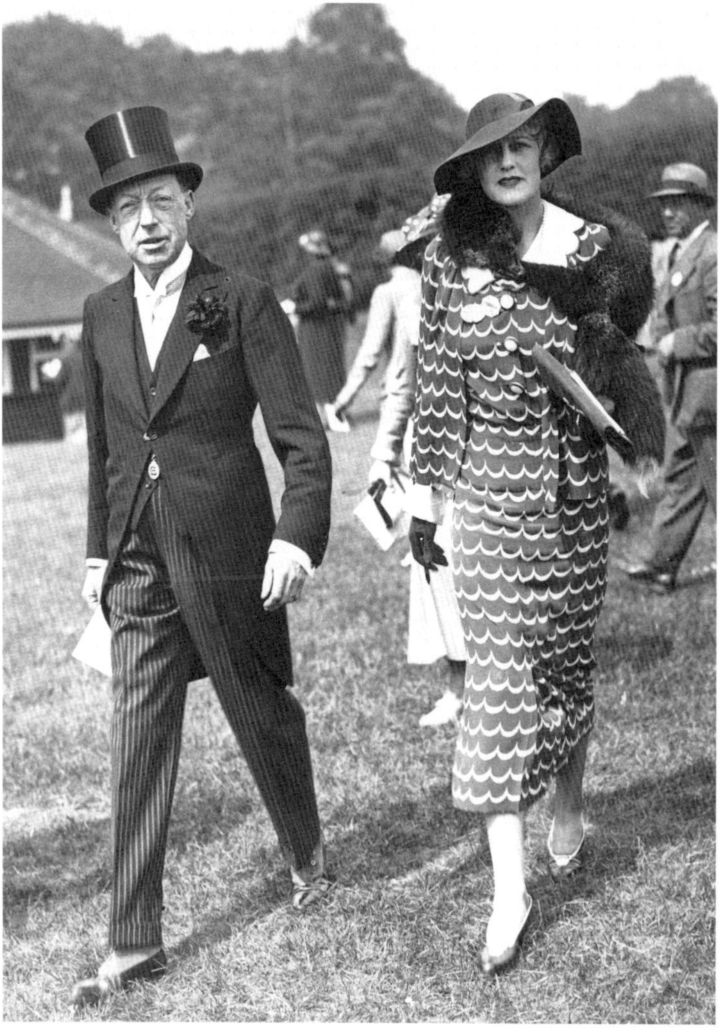

Abb. 9 Lord Furness und seine Gattin Lady Enid Furness, die ihrem aufbrausenden Mann aufopferungsvoll zur Seite stand

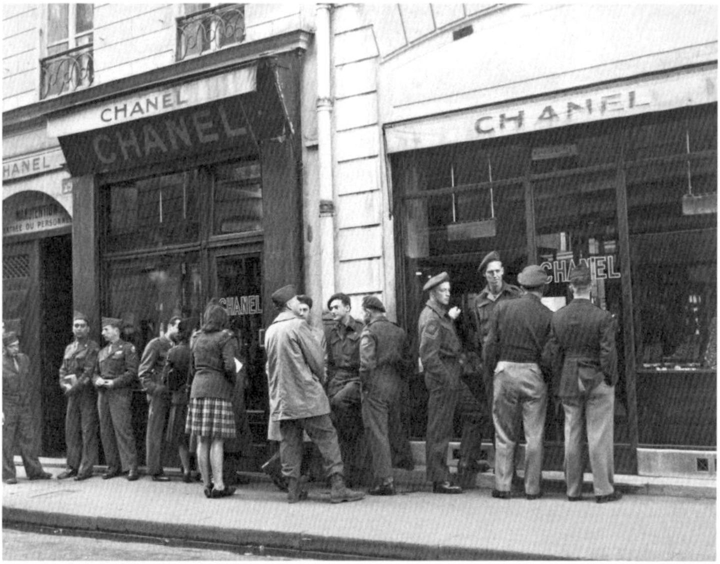

Abb. 10 Nach der Befreiung von Paris standen die GIs Schlange in der Rue Cambon; Chanel hatte ihnen allen eine Flasche Chanel No. 5 versprochen

Soldaten, die in die umliegenden Orte ausschwärmten, in die Berge.

Bald suchte man nach Sündenböcken. Korruption und Ineffizienz an oberster Stelle genügten nicht: Viele Franzosen hielten die Briten wegen des Rückzugs der britischen Armee in Dünkirchen für ebenso schuldig an der Misere Frankreichs wie die Deutschen.

Bald schon herrschte eine Atmosphäre des Misstrauens. Massen von Flüchtlingen kamen in den Süden, und der Dialekt derjenigen, die aus dem Elsass und aus Flandern stammten, klang für die Südfranzosen verdächtig nach Deutsch. Über Nacht tauchten Fremde auf, manche, die mit Geld protzten, andere, die verhärmte Gesichter und schmutzige Kleidung hatten.

Arthur Stanley Dean, der britische Konsul in Menton, zog mit einem Feldbett und zehn Dutzend Wasserflaschen in sein Büro, damit er neben dem Telefon schlafen konnte – einer der wenigen Apparate, die es an der Küste gab. Mitte Mai hatte man ihm bedeutet, dass die Evakuierung so gut wie sicher bevorstünde. Binnen eines Tages nach Pétains Radioerklärung am 17. Juni teilte Dean allen britischen Staatsangehörigen, von denen viele das ganze Jahr über an der Côte d'Azur lebten, mit, dass sie das Land verlassen müssten. Er selbst ging von Menton nach Nizza, nachdem er zuvor sämtliche Codes, Chiffren und Aufzeichnungen verbrannt hatte. In Nizza bezog er einen kleinen Raum im Konsulat, das voller Menschen und Gerüchte war, wie er feststellte: »Bei meiner Ankunft in Nizza staunte ich sehr, wie viele britische Staatsbürger noch in der Gegend waren«, schrieb er über diese Zeit in sein Tagebuch.

Einer dieser Staatsbürger, der Duke of Windsor, rief Major Dodds, den britischen Konsul in Nizza, an, um sich Rat zu holen. Dodds empfahl ihm, das Land zu verlassen, und schlug vor, sich seiner Gruppe anzuschließen, um an die spanische Grenze zu fahren. Diesmal nahmen die Windsors den Rat an. Am 20. Juni brach der Konvoi auf: der Herzog und die Herzogin, ihr Mädchen und der Chauffeur, in einem Buick. In einem zweiten Buick folgte der persönliche Assistent des Herzogs, Major Philipps, mitsamt dem Handgepäck der Windsors. Zwei Freunde der Windsors und ihr Hausmädchen reisten in einem dritten Wagen, Dodds und Dean in einem vierten, und schließlich kam ein Kleinlaster, der das schwerere Gepäck der Windsors transportierte.

Spanien wollte keine Flut von Flüchtlingen aufnehmen und ließ nur wenige Autos passieren, doch um Mitternacht hatte die Gruppe trotzdem Barcelona erreicht – die Verhandlungen waren sofort beendet gewesen, nachdem der Herzog dem spanischen Konsul sein Autogramm gegeben hatte.

Dodds und Dean kehrten nach Nizza zurück. Dean machte auf der Rückreise Halt in einem *maison de repos* (»für Liebesdamen aus Paris und anderen Orten, die Urlaub oder Erholung brauchten«, notierte Dean). Nachdem die Deutschen glaubten, der Herzog stehe dem Naziregime freundlich gegenüber und könne im Fall ihres Sieges als Marionettenkönig manipuliert werden, bemühten sich faschistische Mittelsmänner, ihn in Spanien zu halten. Doch nach erbitterten Wortwechseln mit den Behörden in England verließen die Windsors schließlich das Land und fuhren am 1. August von Lissabon aus mit dem Schiff nach England.

Seit sie vom bevorstehenden Waffenstillstand wussten, hatten die Konsulatsbeamten verzweifelt versucht, Schiffe für die Flucht der verbliebenen Engländer zu chartern. Schließlich war es ihnen gelungen, zwei heruntergekommene Kohlefrachter zu beschlagnahmen, die aus Cardiff gekommen waren und ihre Ladung gerade in Port-de-Bouc in der Nähe von Marseille gelöscht hatten. Nun, am ersten Abend bevor sie nach England zurückkehren konnten, wurden die beiden Kohlenschiffe angewiesen, nach Cannes zu fahren. Eines war die zweiundzwanzig Jahre alte SS *Ashcrest*[48] mit 5652 Tonnen, das andere die kleinere *Saltersgate*.

Nun mussten noch die Passagiere versammelt werden. Dodds und Dean hatten ihre liebe Not, die verbliebenen Engländer zu evakuieren. »Es erschien uns unglaublich, dass so viele Leute beschlossen hatten, auszuharren, trotz allem, was vorgefallen war und nachdem schon seit fast einem Jahr offizielle Warnungen ausgesprochen wurden«, schrieb Dean. »Manche waren schon so alt, dass es ihnen egal war, andere waren zu krank, um zu reisen.« Einige hatten auch ihren Pass ablaufen lassen. Die Verbliebenen sollten sich in Cannes zusammenfinden, hieß es, um auf ein oder mehrere Schiffe zu warten, die sie nach Hause bringen sollten. Es erforderte beträchtliche Anstrengungen, das weithin zu kommunizieren. »Mein Vater wurde in seinem Büro angerufen«, erinnerte sich Dennis Youdale, der damals zwölf war. »Beim Mittagessen zu Hause erklärte er uns, es sei jetzt womöglich die letzte Gelegenheit, wegzukommen. Nach dem Abendessen machten er und meine Mutter sich zu Fuß auf (wir hatten kein Auto), um so vielen anderen Menschen wie möglich zu sagen, sie sollten sich bereitmachen, am nächsten Morgen von Cannes aus aufzubrechen.«

Der kleine Junge, der kaum kaum in der Lage war zu verarbeiten, dass er jeden Moment sein Zuhause verlieren würde, und der beunruhigt war, weil seine Eltern beide nicht da waren, wollte nicht zu Bett gehen: »Ich stellte mich ans offene Fenster, lehnte mich an das Balkongeländer unserer Wohnung und wartete, bis ich endlich meine Mutter die Straße entlangkommen sah.« Seine Eltern packten einen Koffer, und ein örtlicher Taxifahrer bot sich an, sie nach Cannes zu fahren, wo sein Vater und ein Freund Kissen und Decken aus dem Haus des Freundes holten.

Manche Küstenbewohner wie die Oppenheims hatten bereits versucht, mit dem Auto zu fliehen. Doch Oppy und seine Frau scheiterten samt Dienstmädchen und Chauffeur fünfzig Kilometer vor Saint-Malo an einer Straßensperre: Wie es hieß, würden die Deutschen Saint-Malo bereits mit Granaten beschießen. Sie versuchten, nach Bordeaux zu gelangen, doch das war sogar noch stärker abgeschottet, und so mussten sie schließlich nach Cannes zurückkehren.

Im Konsulat herrschte ein heilloses Durcheinander: Gestresste Beamte wurden belagert, Familien waren verzweifelt, Kinder weinten, ihren Eltern war bewusst, dass sie ihre Häuser, ihre Geschäfte und quasi ihren gesamten Besitz würden zurücklassen müssen, wahrscheinlich für immer. Oppy erfuhr von den beiden Schiffen, die etwa einen Tag später erwartet wurden, und registrierte alle ihre Namen für die Passage. Sie gingen ins Carlton, um in der Nähe zu sein, und stellten fest, dass dort bereits andere warteten; viele trugen noch Abendkleidung, manche waren betrunken, einige auch hysterisch.

Den Anweisungen entsprechend sollten diejenigen, die ihre Reise antraten, um 10:00 Uhr morgens unten am Hafen von Cannes sein, mit ausreichend Essen für drei Tage und nur so viel Gepäck, wie sie selbst tragen konnten. Die Oppenheims, die es gerne komfortabel hatten, stellten sich einen prächtigen Lunchkorb zusammen, mit Champagnerflaschen und einem Flachmann mit Weinbrand. Sie brachten ihr Gepäck hinunter an den Anlegesteg, wo das Mädchen und der Chauffeur darauf aufpassen sollten. Sie selber kehrten ins Carlton zurück, wo sie zu Abend aßen und die Nacht verbrachten.

Am Sonntag, dem 23. Juni, ging auch Maugham, der sich zuvor als Passagier eingetragen hatte, zum Hafen. Hier sah er über dreitausend Menschen versammelt, alle mit Gepäck beladen, die zu einer Zollstelle drängten, wo zwei Beamte das Gepäck inspizierten. Einige in der Schlange lagen auf Krankentragen, andere waren jung und gesund. Manchmal kamen Wohlhabendere in ihren großen Autos. Weil sie sie gezwungenermaßen zurücklassen mussten, warfen manche die Schlüssel in die Gruppe schaulustiger Einheimischer – ein Mann fuhr seinen Rolls sogar ins Wasser (»Diesen Spaghettifressern überlasse ich mein Auto nicht«). Andere verkauften sie zu Tiefstpreisen (das Geld, das sie dafür bekamen, wurde später, als sie an Bord gingen, von den Zollbeamten konfisziert).

Als die Oppenheims zum Kai hinuntergingen, berichtete ihnen das Dienstmädchen von furchtbaren Zuständen auf dem schmutzigen Schiff. So entschieden sie sich dagegen, mitzufahren, und kehrten nach Hause zurück. »Bald saßen wir im Schatten unserer Zypressen, betrachteten die Schmetterlinge, lauschten der Nachtigall und rochen den besonderen Duft: eine herrliche Mischung von Bergkiefern und Rosen, die so üppig auf dem Balkon meiner Frau wachsen«, notierte sich Oppy. Sie aßen ihr Picknick, tranken ihren Kaffee auf der beflaggten Terrasse und beobachteten die Glühwürmchen, die überall herumflogen.

Es stimmte durchaus: Die Aussicht auf eine Fahrt an Bord dieser Schiffe war nicht sehr verlockend. Sie waren schwarz von Kohlenstaub, es gab keine Verpflegung, kein Wasser und keine Kabinen, stattdessen nur zwei Toiletten auf jedem Schiff, und keinen Konvoi, der sie auf der Heimreise begleitete. (Dabei waren sie schon einmal nur knapp entkommen: In der ersten Nacht war der Hafen bombardiert worden. Die Stadt war komplett verdunkelt, aber die Hafenbehörde hatte die Ladungsbeleuchtung angelassen, so dass die *Ashcrest* hell angestrahlt worden war. Der Kapitän nahm die Sache selbst in die Hand und schlug jede einzelne Birne kaputt, bis auch sein Schiff im Dunkeln lag.)

In Anbetracht der geschlossenen Grenzen, der verstopften Straßen und des immer knapper werdenden Benzins waren diese beiden alten, schmutzigen Schiffe nun offenbar die letzte Chance, zu entkommen. Der stets pragmatische Maugham war fest entschlossen, die Gelegenheit zu nutzen und auch seine Freunde, das Ehepaar Furness, dazu zu überreden.

So machten sie sich auf, allerdings war Furness, der bereits an einer Leberzirrhose zugrunde ging, so schwach, dass er von seinem Butler und einem der Diener in seinen Rolls getragen werden musste. Eigensinnig wie immer, nahm er einen Schluck Weinbrand aus seinem Flachmann, sobald er im Auto saß. Er verschüttete ein paar Tropfen auf sein Hemd, ließ sich von seinem Hausdiener ein frisch gebügeltes neues Hemd mit passender Krawatte bringen – dann konnte es losgehen.

Das Ehepaar Furness begab sich ins Carlton, um auf das Ablegen des Schiffs zu warten. Von dort aus sahen sie Gepäckberge am Pier und verzweifelte Menschen, die vor lauter Angst, zurückgelassen zu werden, neben ihren Koffern am Kai campierten. Plötzlich flog ein deutscher Bomber über den Hafen und warf einige Bomben ab, woraufhin zwei Frauen hysterisch wurden, davonrannten und sich dabei die Kleider vom Leib rissen.

Beim Mittagessen zitterte Furness' Hand so sehr, dass das Porzellan klirrte. Schließlich explodierte er und schrie Enid an: »Das ist kein Schiff, das ist ein besch*** Frachter. Wenn du tatsächlich so um deine Sicherheit besorgt bist, kannst du ja mit deinen verdammten Freunden fahren und dieses verdammte kleine Miststück [Enids Tochter Pat] mitnehmen, ich jedenfalls bleibe hier.« Enid war fest entschlossen, sich um ihren sterbenden Mann zu kümmern, und so blieb sie mit Pat bei ihm.

Währenddessen drängten sich die Engländer, die unbedingt wegwollten, auf die beiden Schiffe, die bis zum Dollbord voll waren. Die Zoll- und Passkontrollen zogen sich fast über den ganzen Tag hin. Die Youdales konnten erst am späten Nachmittag an Bord gehen. Sie gehörten nicht der Hautevolee an, wie die meisten der etwa 1500 Passagiere übrigens auch nicht. Sie waren Soldaten im Ruhestand, Paare, die in Indien gearbeitet hatten, danach weiterhin im Warmen leben wollten und sich deshalb an diesem Küstenstreifen niedergelassen hatten. Aber auch Laden- oder Firmeninhaber, ältere Gouvernanten, Chauffeure, Butler, Arbeiter. Nichtsdestotrotz lieferte ihr Aufbruch den Deutschen eine willkommene Gelegenheit zur Propaganda: »Die Engländer kämpfen bis zum letzten Franzosen«, höhnten sie übers Radio. Oder: »Die Engländer ziehen sich zurück und lassen die Franzosen die Suppe auslöffeln.«

Für Elsie Gladman und ihre Kolleginnen stellte sich die Frage, ob sie bleiben und sich um ihre Patienten kümmern oder ob sie das Krankenhaus schließen und versuchen sollten, die Kranken zu evakuieren. Die Entscheidung wurde ihnen abgenommen, als das englische Krankenhaus in Nizza, auf der italienischen Seite des Var gelegen, so plötzlich geschlossen wurde, dass die Krankenschwestern nicht einmal Zeit hatten, die Betten abzuziehen und die Laken zu verstecken. Sie brachten ihre Patienten auf Krankentragen direkt ins Hospital Sunnybank. Nun musste der dortige Krankenhausarzt entscheiden, wer gesund genug war, um die beschwerliche Reise auf den Kohleschiffen anzutreten. Transportfähige bekamen eine Decke, ein Kissen, Lebensmittel und eine kleine Tasche mit Kleidern und wurden nach Cannes gefahren.

Die Flüchtigen wurden mit einem Begleitboot auf die Schiffe gebracht, etwa achthundert von ihnen auf die *Ashcrest,* der Rest, darunter Somerset Maugham, auf die *Saltersgate*. Männer mussten in den Laderaum, zwischen Haufen von Kohlestaub. Frauen und Kinder durften an Deck bleiben. Die beiden Toiletten, vor denen sich lange Schlangen bildeten, waren für die Frauen reserviert; für die Männer gab es hinten am Heck Eimer hinter einem Vorhang; den Inhalt musste man anschließend sofort über Bord werfen. Unter keinen Umständen durfte ein Licht angezündet werden. Zum Glück war die See glatt und ruhig.

Sie mussten sofort ablegen, um sich einem vorüberfahrenden Konvoi anzuschließen, und konnten so weder Lebensmittel noch Wasser aufnehmen. Corned Beef und Petit-beurre-Kekse wurden herumgereicht; Constance Newton, die mit ihrem Vater, ihrer Tante und ihrer kleinen Schwester an Bord gekommen war, kochte Tee für die Umsitzenden; es gab weder Tassen noch Becher, so dass die Leute alles Mögliche benutzten, von Thermoskannendeckeln bis hin zu leeren Sardinendosen.

»Es war eine veritable Mischung von Exilanten«, erinnerte sich William Geoffrey Jameson, der Navigationsoffizier der *Ashcrest*. Es war sonnig und heiß gewesen, und Jameson – in Hemd und Hose und mit dem Barett, das seiner Mutter gehört hatte, als Talisman – hatte oben an der Seite der Gangway gestanden, um die Passagiere zu begrüßen. Eine junge Frau hatte auf ihn verdächtig vollbusig gewirkt, und Jameson hatte sie beherzt gefragt, ob sie etwas verberge, »da jeder nur einen Koffer mitnehmen durfte«. Sie hatte ihren Mantel geöffnet und ihm ihren kleinen Sealyham Terrier gezeigt. Er hatte sich erweichen lassen und ein Auge zugedrückt. Ähnlich nachsichtig war er mit einem Mann gewesen, der ihn angewiesen hatte: »Bringen Sie mich zu meiner Kabine!« »Ja, Sir«, hatte Jameson geantwortet, ihn zu einem Platz auf Lukendeckel Nr. 4 geführt und höflich das ihm angebotene Trinkgeld von zwei Francs abgelehnt.

»Mein Zimmer hatte ich zwei Damen und zwei Waisenkindern überlassen. Sie schliefen alle zusammen in meinem französischen Bett. Sie hatten noch Glück, denn die meisten mussten in den Zwischendecks und draußen auf den Lukendeckeln übernachten«.

Dennis und seine Familie waren im Laderaum untergebracht worden. »Wir standen im wahrsten Sinne des Wortes knöcheltief im Kohlenstaub. Ich war gerade aus dem Krankenhaus entlassen worden, wo ich wegen einer Bauchfellentzündung operiert worden war. Die Wunde war noch nicht verschlossen, um einer Infektion vorzubeugen, und Mutter musste mir an Bord die Verbände anlegen. Dafür durfte sie in die Kapitänskabine. Alles andere war so schmutzig, dass das so in etwa die einzige saubere Stelle an meinem Körper war.« Ebenfalls an Bord waren der Leibwächter des Duke of Windsor, ein Dudelsackspieler, viel Gepäck der Windsors und zwei Enkel des letzten Sultans der Türkei samt Entourage. Sie hatten Cannes in einem von Franzosen eskortierten Konvoi verlassen, mussten aber bald wegen eines Maschinenschadens den Hafen von Port-Vendres – an der französischen Grenze zu Spanien – anlaufen. Dort bekamen die Passagiere die Gelegenheit, von Bord zu gehen, um Lebensmittel und Ballonflaschen mit Vichy-Wasser zu kaufen. Aber aufgrund der Verzögerung mussten sie alleine nach Gibraltar aufbrechen, ohne den Schutz des Konvois. Es gab zwei Rettungsboote, die Jameson für den Fall, dass Panik ausbrach, bewachen ließ, und genügend Schlauchboote für alle Passagiere.

Eines Nachts hatte Jamesons Wache um Mitternacht begonnen. Er bestimmte gerade ihre Position im Kartenraum – zweiundsiebzig Kilometer südöstlich des Cabo de la Nao –, als der Kapitän kam, um ihm mitzuteilen, dass ein U-Boot gesichtet worden sei. »Der Mond schien, und das U-Boot war ganz gut zu sehen«, berichtete Jameson in seinen Erinnerungen. »Es begann zu feuern, genau wie wir. Der Geschützausrichter war unser 16-jähriger Küchenjunge, der Kanonier ein Soldat der Royal Navy. Der Küchenjunge schluchzte frustriert, als er das U-Boot nicht ausmachen konnte. Aber nachdem ich ihm bei der Sucheinstellung geholfen hatte, entdeckte er es und rief: ›Ich sehe den

Soundso, geben wir's dem Mistkerl!‹ Das taten wir, und nach zwei Schüssen aus nächster Nähe gab das U-Boot auf und tauchte unter. Ich löste eine Rauchbombe aus. Das U-Boot feuerte drei Torpedos auf uns, hatte aber unser Gewicht falsch berechnet, und so zischten die Torpedos harmlos unter uns hinweg.« Nichtsdestotrotz sollten die Passagiere die ganze Nacht über an Deck bleiben. Frauen und Kinder durften jederzeit in alle Rettungsboote steigen, die zur Verfügung standen. Der Kapitän fuhr im Zickzackkurs Richtung Gibraltar, dann an der spanischen Küste entlang.

Jameson beschrieb, wie eine ältere Dame die Tür zu seiner Toilette bewachte, die er allen zur Verfügung gestellt hatte. Jeder Frau in der Schlange, die sich bis zum Vorderdeck erstreckte, reichte sie ein Blatt Toilettenpapier. »Nachdem ich tagelang beim Geschütz geschlafen hatte, musste ich dringend die Toilette benutzen und flüsterte ihr das zu«, schrieb Jameson. »Sie hob die Hand, um der Schlange Einhalt zu gebieten, und verkündete mit klingender Stimme: ›Einen Moment bitte! Solange der Offizier seine Toilette benutzt.‹ Dann gab sie mir eine ganze Rolle. Ich hatte vielleicht ein rotes Gesicht!«

In Gibraltar lag die *Ashcrest* zwei Tage lang im Hafen. In der Zeit installierte die Crew eines Kriegsschiffs der Royal Navy elektrisches Licht im Laderaum, brachte Hängematten an, verbesserte die sanitären Einrichtungen und ergänzte den Bestand an Decken, Fleisch, Gemüse, Brot und Obst.

Die Heimfahrt dauerte dreizehn Tage. Deutsche U-Boote waren vor Portugal und im Golf von Biskaya im Einsatz. Um Feindkontakt zu entgehen, steuerte die *Ashcrest* mehrere Hundert Kilometer nach Westen, dann nach Norden. Jeden Abend sang man Lieder, zur Begleitung von Dudelsäcken und einer Mundharmonika. Das munterte die Anwesenden ein wenig auf, von denen viele ihren gesamten Besitz in Frankreich zurückgelassen hatten.

Die zweihundert Passagiere der *Saltersgate* (die für eine achtunddreißigköpfige Mannschaft gebaut worden war) hatten es schwerer. Von Marseille bis England brauchten sie zwanzig Tage. Das Wasser war so knapp, dass Maugham beim Anlegen berichtete, vier Menschen hätten den Verstand verloren. Ihnen war ein halber Liter täglich zum Trinken und Waschen zugeteilt worden. Einen Großteil des Tages hatten sie damit verbracht, in der Sonne für ihre spärlichen Rationen anzustehen; bestehend aus einem Würfel Corned Beef sowie vier Keksen. Maugham notierte später, dass so gut wie alle schmutzig waren, es aber den meisten Männern gelang, sich zu rasieren, und die meisten Frauen sich das Gesicht mit Creme reinigen konnten. Eine Frau hatte ihren Butler auf die Flucht mitgenommen, und er hatte ihr und Maugham mit dem größtmöglichen Zeremoniell aufgewartet. »Er deutete mit keinem Wort, mit keiner Mimik an, dass nicht alles so war, wie man es in einem gut geführten Haushalt gewohnt sein konnte«, erinnerte sich Maugham.

Eine ältere Frau starb an Bord, und das Schiff hielt einen Augenblick an – nicht aus Respekt vor der Verstorbenen, sondern aus Angst, der Leichnam könne die Schiffsschrauben blockieren. Anhalten war gefährlich: Es war bekannt, dass sich U-Boote in der Gegend aufhielten. Im Gegensatz zur *Ashcrest* hatte die *Saltersgate* weder Rettungsringe noch Schlauchboote an Bord. Der stets selbstgenügsame Maugham las vormittags Plato, legte nachmittags Patience und unterhielt abends die Passagiere mit Geschichten. »Wir waren zwanzig Tage auf diesem Schiff, ohne uns jemals auszuziehen«, notierte er, nachdem sie am 8. Juli schließlich Liverpool erreicht hatten. »Gesellschaftliche Unterschiede fielen unter den Tisch. Wir waren schließlich alle gleich schmutzig.«

Die *Ashcrest* kam ebenfalls heil in Liverpool an. Der Dudelsackspieler des Duke of Windsor stand am Bug und blies in seine

Sackpfeife. »Die Passagiere waren offenbar in Gibraltar überprüft worden«, notierte Jameson, »denn am Kai warteten einige schwarze Marias [Gefängniswagen].«

Obwohl dies offenbar die allerletzten Passagen sein sollten, reisten einige der Engländer immer noch nicht ab. Sie wollten das Land nicht verlassen, das jahrelang ihre Heimat gewesen war. Zu ihnen gehörten auch Ivan und Joyce Fiddler. Wie ihr Enkel[49] später schrieb, gab erst die Warnung eines französischen Nachbarn den Ausschlag für ihre Abreise: Ein gramerfüllter Bauer strich angeblich mit einer Waffe durch die Gegend und wollte sich dafür rächen, dass sein Sohn in der Nähe von Dünkirchen gefallen war … Sie flohen nach Cannes, wo sie sich weiteren Flüchtlingen anschlossen. Der Bürgermeister organisierte einen Zug nach Marseille. Es hieß, dort »warte womöglich ein Schiff«. Wenn nicht, könnten sie »zur spanischen Grenze laufen«, die weitere 320 Kilometer entfernt war. Nachdem sie begriffen hatten, dass sie so gut wie sicher interniert werden würden, wenn sie blieben, entschieden sie sich für den Zug. Sie erreichten Marseille nachts, während eines Luftangriffs. Glücklicherweise kam am nächsten Tag ein weiteres Kohlenschiff an, die *Cydonia*, die ihre Ladung in Oran gelöscht hatte.

Brian Howard gelang es ebenfalls, eine Passage auf der *Cydonia* zu bekommen, über die er dieses berichtete: »Eine dunkle, sanfte, unauslöschliche Schwärze legte sich auf jedes Körperteil, mit dem man etwas berührte. Schmutz und Unbehagen sind so unglaublich, dass alles völlig irreal und daher erträglich wirkt. Untergebracht werden konnte man nur im Laderaum oder an Deck.« Brian selbst schlief dort in einer Hängematte.

Als Howard am letzten Abend bevor sie Gibraltar erreichten, nach dem Essen an Deck eine Zigarette rauchte, hörte er einen Schrei. Ein Mann und eine Frau rannten an ihm vorbei und zeigten aufs Wasser. »Zuerst dachte ich, ihr Kind wäre über Bord gegangen. Dann blickte ich an ihnen vorbei und sah eine Art Spur im Wasser, als würde ein unsichtbares Bügeleisen ein langes Band aus Wasser glätten, das mittschiffs auf uns zukam. Ich begriff, dass es sich um einen Torpedo handelte, der uns ganz nahe der Stelle, an der ich saß, treffen würde. Etwa eine Sekunde lang war ich wie gelähmt und konnte weder denken noch handeln; ich sah ihn einfach nur kommen. Er [schien] das Schiff direkt zu treffen, und ich wartete auf die Explosion. Stattdessen kam ein Geräusch wie ein gedämpfter Gongschlag, das Band erschien auf der anderen Seite des Schiffes, und der Torpedo bewegte sich auf die Küste zu, wo er nie ankam.« Ein englischer Admiral, der mit seiner Frau an Bord war, erklärte Brian, der Torpedo habe nicht getroffen, weil der italienische U-Boot-Kapitän auf die normale Höhe eines Frachters gezielt habe. Das gongähnliche Geräusch war vom leeren Laderaum gekommen, der gedröhnt hatte, als der Torpedo darunter hindurchgelaufen war.

Brian lief zum Heck und bot den Seeleuten dort sein Fernglas an, aber ihm wurde gesagt, er solle selbst auf den Mast klettern und das Meer absuchen. Sie machten kehrt, fuhren so nahe, wie sie es wagten, an die Küste heran, und als es dunkel wurde, waren sie vor den schwarzen Felsen so gut wie unsichtbar. Doch schon drohte neue Gefahr; die örtlichen Fischer fuhren aus, und am Bug eines jeden Bootes war eine helle Laterne befestigt. »Sie fuhren zwischen uns und dem Land. Den Großteil der Nacht über, mitunter minutenlang, war unsere Silhouette zu erkennen.«

An der Küste Algeriens wurden rasch Brot, Obst und Zigaretten geladen, ehe das Schiff Kurs auf Gibraltar nahm, wo Kinder, Kranke und Menschen über siebzig von Bord gehen sollten. In Gibraltar waren bereits so viele Flüchtlinge versammelt, dass Passagiere nur in Gruppen von fünfzig Personen und für jeweils zwei Stunden an Land gehen durften, um Vorräte zu kaufen.

Sybille Bedford war über Italien aus Frankreich geflohen und später dann nach Amerika gereist, was auch das Ziel etlicher Intellektueller und Künstler war. Der Maler Marc Chagall etwa wurde gerettet, weil sein Name auf der Liste prominenter Künstler stand, deren Leben in Gefahr war und die die USA schützen sollten. Der amerikanische Vizekonsul in Marseille und Varian Fry, ein amerikanischer Journalist, organisierten eine Rettungsaktion, um Künstler und Intellektuelle aus Vichy-Frankreich in die USA zu schmuggeln, und statteten sie mit gefälschten Visa für die USA aus. Zwischen zweitausend und viertausend nazifeindliche jüdische Flüchtlinge wurden durch die Operation gerettet, und Chagall war einer von ihnen. Salvador Dalí und seine Frau Gala konnten ebenfalls fliehen, weil sie (am 29. Juni) Visa vom portugiesischen Konsul in Bordeaux erhalten hatten.

Andere weigerten sich, Frankreich zu verlassen. Der ehemalige Premierminister Léon Blum, elegant, hochherzig, literarisch, der schöne Dinge, die Literatur und die Musik liebte, unternahm nichts, um aus seinem Land zu fliehen, trotz der extremen Gefahr, in der er sich als Jude und Sozialistenführer befand. Stattdessen floh er nach Südfrankreich. Hier gehörte er zu den »Achtzig«, einer Minderheit von Parlamentariern, die dagegen votierten, Marschall Pétain mit unbeschränkter Macht auszustatten.

Andere, wie die Boissevains etwa, saßen in der Falle. Laurens Boissevain, von holländisch-hugenottischer Abstammung, und seine Frau Vera hatten eine Villa in Beauvallon, außerhalb von Saint-Tropez, zur Verfügung gestellt bekommen, da es der schwangeren Vera nicht sonderlich gut ging und das Klima an der Côte d'Azur ihr guttun sollte. Beide lebten in Amsterdam, wo ihre Familienbank ihren Sitz hatte, und in Paris. Die Familie stand in dem Ruf, sehr nazifeindlich zu sein, und Laurens, der politisch aktiv war, erhielt einen Anruf vom holländischen Botschafter, der ihm riet, nicht nach Holland zurückzukehren: »Ihr Vater und Ihre zwei Brüder sitzen im Gefängnis.« Laurens hielt es für sicherer, sich fernzuhalten. Er gab ihre Villa am Meer auf und mietete ein kleines Haus in einem Bergdorf. Kurz bevor sie Saint-Tropez verließen, besuchten Vera und ihre Freundin Hélène Vagliano eine Wahrsagerin. »Ihr Mann wird drei Mal festgenommen, aber nicht hingerichtet werden«, sagte die Frau. Zu Hélène sagte sie: »Sie werden erschossen.« Beide Vorhersagen sollten sich als korrekt herausstellen.

Mittlerweile waren etwa dreitausendfünfhundert Künstler und Intellektuelle im Camp des Milles interniert, darunter Schriftsteller wie William Herzog, Golo Mann und Lion Feuchtwanger, Wissenschaftler wie der Nobelpreisgewinner Otto Fritz Meyerhof sowie Musiker und Maler wie Erich Itor Khan, Hans Bellmer, Max Ernst, Ferdinand Springer und Robert Liebknecht. Als die Altersgrenze auf fünfundsechzig angehoben wurde, pferchte man noch viel mehr dazu. Catsy, die halbjüdische Frau von Dincklages, wurde in Gurs interniert, einem französischen Konzentrationslager in den Basses-Pyrénées. In dieser ehemaligen Ziegelei herrschten erbärmliche Verhältnisse. Marcel Block berichtete, dass man um 5:30 Uhr aufstehen und dann rasch über den Hof eilen musste, um sich für eine der sieben Toiletten und für das fließend kalte Wasser anzustellen. Den Tag über wurde gearbeitet – bauen, Steine brechen auf den Straßen, Gemüse schälen. Das Mittagsmahl gab es um elf, um zwei Uhr gab es wieder einen Zählappell. Um fünf wurde zu Abend gegessen.

Die Nächte waren fast schlimmer. Ein ehemaliger Insasse beschrieb das Gebäude, in dem sie untergebracht waren: »Es hatte mehrere Stockwerke, in denen zuvor die Ziegel auf Lattengestellen gestapelt worden waren … Alles war voller Ziegelstaub, und es gab massenweise Flöhe. Die Bodendielen waren uneben, überall waren Spalten, durch die alles, was man fallen ließ, im Stockwerk darunter landete. Auf meinem Stockwerk gab es eine Toilette, aber kein Wasser. Nachts konnte man nicht in die anderen Stockwerke, denn es war fast unmöglich, sich zu den Toiletten durchzuschlagen, an den Reihen schlafender Menschen vorbei, die im Stockdunklen eng beieinanderlagen. Daher verrichteten die Leute ihre Notdurft, wo auch immer sie gerade waren, so dass Urin und Kot im darunterliegenden Stockwerk landeten. Viele litten an der Ruhr. Es gab kaum Wasser und nichts, womit man sich saubermachen konnte. Papier war nicht vorhanden … Tageszeitungen waren verboten. Wir säuberten uns mit Gras, Sand und leeren Zigarettenschachteln, die die Wächter weggeworfen hatten. Für die Morgenwäsche gab es nur einen Wasserhahn, im Freien. So waren die Bedingungen in einem französischen Internierungslager, selbst vor der Kapitulation und dem Waffenstillstand, als sie unsere Verbündeten waren, die demokratische Werte verteidigten.«

Während die deutsche Armee in Frankreich vorrückte, verbreitete sich Angst im Lager. »Zweiundvierzig von uns standen auf Hitlers Todesliste, und wir waren hilflos«, erinnerte sich Feuchtwanger ein paar Monate später. »Wir bereiteten uns alle darauf vor, mit Veronal[50] Selbstmord zu begehen, falls die deutsche Armee kommen sollte. Wir drängten darauf, dass der französische Kommandeur uns freiließ oder wegbrachte. Schließlich war Hitlers Armee nur noch sechzig Meilen entfernt. Der Schriftsteller Walter Hasenclever, ein kluger Dramatiker und Lyriker, beging Selbstmord. Er starb am nächsten Tag, gerade als wir von Les Milles weggebracht wurden.«

Ein alternativer Plan für den Fall, dass die Deutschen kamen, sah vor, alles noch übrige Geld einem der Wärter zu geben mit der Botschaft: »Ich will versuchen zu fliehen, verhalten Sie sich entsprechend.« Artur Koestler, der ebenfalls dort interniert war, schrieb später: »Das Lager wurde mit dieser Mischung aus Niedertracht, Korruption und Laissez-faire geführt, die so typisch für die französische Verwaltung ist.« Schließlich erklärte sich der Kommandeur bereit, sie zu verlegen. Feuchtwanger erinnerte sich: »Wir wurden in einen Güterzug mit fünfzig Waggons gesteckt. Wir waren zweitausendsechshundert, jeweils sechzig kamen in einen Waggon. Fünf Tage und fünf Nächte mussten wir stehen. Die Waggons waren abgeschlossen, wir hatten keinen Zugang zu Toiletten. Vier oder fünf Tage vor dem Waffenstillstand erreichten wir Bayonne. Dort erfuhren wir, dass die deutsche Armee in wenigen Stunden ankommen würde. Der französische Kommandeur sagte, wir sollten im Zug bleiben, er würde versuchen, uns zu retten.« Sie landeten schließlich in Nîmes, wo sie zwar immer noch interniert waren, aber unter weniger harschen Bedingungen.

An der Côte d'Azur war derweil mehr los als in der Hochsaison. Bevor wegen des Krieges der Betrieb des *Train Bleu* eingestellt wurde, drängten sich noch Flüchtlinge, die nach Süden unterwegs waren, hinein. Hauptsächlich waren es Juden, und eine Pariser Zeitung verlieh der Côte d'Azur den Spitznamen »Le ghetto parfumé«. An der Riviera höhnte die antisemitische Zeitung *Au Pilori*, dass aus Cannes gerade Kahn-sur-mer werde. Die Reichen mieteten sich Apartments oder wohnten in Hotels, die Ärmeren suchten Unterschlupf, wo immer es ging, Familien teilten sich in einem heruntergekommenen Hotel ein Zimmer, die Kinder schliefen in der Badewanne, die Eltern nahmen jede Arbeit an, die zu bekommen war.

Doch die meisten hatten nichts anders zu tun, als die Zeit totzuschlagen. Manche machten Ausflüge, andere verbrachten ganze Tage mit Bridge oder, wenn sie reich genug waren, mit Glücksspiel, und natürlich wurde über Politik geredet. Die Mehrheit lief ziellos umher. »Die schwerste Belastung bestand darin, dass es nichts zu tun gab, es nahm einem jedes bisschen Energie und Widerstandskraft«, schrieb Françoise Frenkel[51], eine fünfzigjährige Jüdin, die eine Buchhandlung in Berlin gehabt hatte, ehe sie drei Wochen vor Ausbruch des Krieges nach Frankreich geflohen war.

Fast die Hälfte der französischen Juden lebte in Paris. Viele Familien waren dort seit Generationen ansässig, besaßen die französische Staatsbürgerschaft oder hatten im Ersten Weltkrieg gegen den Feind gekämpft. Sie betrachteten sich voll und ganz als Franzosen, glaubten, sie würden genauso behandelt werden wie alle anderen französischen Staatsbürger, und blieben deshalb in der Hauptstadt. Andere, denen klar war, dass sie unter der deutschen Besatzung mehr zu fürchten haben würden als alle anderen Bürger, flohen Richtung Süden. Die Eltern der zehnjährigen Gaby Schor brachten sie in ein kleines Dorf im Südwesten Frankreichs; dort sah sie zum ersten Mal den Feind mit eigenen Augen. »Es war sehr aufregend für ein kleines Mädchen, dass sowieso Angst hatte und wusste, dass die Deutschen schlechte Menschen waren. Der Bauernhof, in dem wir [ihre Familie] wohnten, war von deutschen Soldaten beschlagnahmt worden. Sie waren sehr jung und sehr froh, Frankreich mit so wenigen Verlusten erobert zu haben.

Ich weiß noch, wie sie sich im Hof des Bauernhauses niederließen. Es waren gute Deutsche und sehr sauber. Als Erstes wuschen sie sich und sangen dabei, so froh waren sie. Alle kleinen Kinder aus dem Dorf sahen ihnen aus gebotenem Abstand zu; diese jungen Soldaten waren zwar der Feind, aber sie waren trotzdem interessant. Wir beobachteten sie alle ganz genau und hatten dabei den Eindruck, sie machten gar nichts Furchtbares. Ein junger Soldat entdeckte ein kleines Mädchen – mich. Ich sah nett aus, und er nahm mich hoch und wollte mich auf ein Pferd setzen, aber ich schrie entsetzlich. Ich hatte große Angst, und der Deutsche ließ mich anstandslos sofort wieder gehen. Es war der Anfang des Krieges, und da waren die Deutschen noch unglaublich korrekt.«

Als am 22. Juni der Waffenstillstand ausgerufen wurde, befanden sich ungefähr 1,8 Millionen französische Soldaten in Gefangenschaft. Das waren etwa zehn Prozent der gesamten männlichen Bevölkerung Frankreichs, und von diesen zehn Prozent hing von Landwirtschaft bis zum Gewerbe alles ab. Eine der Bedingungen des Waffenstillstands von Compiègne nun lautete, dass französische Gefangene bis zum Ende des Krieges, das bald erwartet wurde, in deutschem Gewahrsam bleiben sollten.

Am 2. Juli 1940 zog die französische Regierung von Bordeaux um nach Vichy. Das lag im Zentrum von Frankreich und war vor allem deshalb ausgewählt worden, weil es mit dem Auto oder dem Zug nur wenige Stunden von Paris und nur fünfzig Kilometer von der 2500 Kilometer langen Demarkationslinie entfernt lag. Die teilte das besetzte Frankreich, in dem sich fast die gesamte Industrie Frankreichs befand, vom unbesetzten Frankreich, das bald als »zone nono« (für *non-occupée*) bezeichnet wurde. Jedermann glaubte, die Regierung würde sich nur vorübergehend dort aufhalten. Im Juli war der Vichy-Politiker Pierre Laval so überzeugt von einem schnellen deutschen Sieg, dass er zu einem anderen Minister sagte, lediglich sechs Monate wären »nötig, um die angelsächsische Kriegslust zu beenden, entweder durch einen Sieg über Großbritannien oder durch ein Friedensabkommen«.

Vichy war in den 1860er-Jahren bekannt geworden, als Napoleon III. dort eine große Villa errichtet hatte, um so Zeit mit seiner Geliebten zu verbringen; und offiziell, um zu kuren, denn der Ort war für sein schwefelhaltiges Wasser berühmt. Seit damals strömte das mondäne Paris nach Vichy, etwa 140 000 Menschen jährlich machten dort Kuren. Es gab einen See, ein Casino, einen Golfplatz, einen Park und über dreihundert Hotels. Doch nun wurden die wohlhabenden Gäste zu ihrer Empörung hinausgedrängt, und Pétain übernahm das beste Hotel der Stadt, das Hôtel du Parc, während das Außenministerium nebenan im Majestic und andere Ministerien in nahegelegenen Hotels untergebracht wurden.

Die negative Haltung den Briten gegenüber verstärkte sich, als Großbritannien am 3. Juli die französische Flotte in Mers-el-Kébir bombardierte. In Großbritannien betrachtete man Vichy-Frankreich als Marionettenstaat der Nazis. Nachdem die Invasion seines Landes, das mit dem Rücken zur Wand stand, nun wohl unmittelbar drohte, wollte Churchill unbedingt vermeiden, dass französische Schiffe den Deutschen in die Hände fielen. Dem verantwortlichen Admiral wurde ein Ultimatum von sechs Stunden gestellt. Er sollte die französischen Kriegsschiffe an die Briten übergeben, andernfalls würden sie angegriffen.

Verbitterung und Verratsbezichtigungen machten die Runde; ihre Verbündeten hätten sie im Stich gelassen, sagten viele, oder es müsse Infiltrationen auf höchster Ebene gegeben haben. Arthur Dean, der nach Marseille gekommen war, um dabei zu helfen, Anwohner und entkommene Gefangene zurück nach Großbritannien zu transportieren, fragte den Taxifahrer, der ihn zum Konsulat fuhr, was er von den Nachrichten halte. In der Annahme, Dean sei Amerikaner, antwortete der Fahrer: »Diese Engländer, die haben wir nie gemocht, und das bringt das Fass jetzt zum Überlaufen.«

Dean schrieb: »Viele Menschen richteten sich gegen England und die Engländer, weil sie sie für die Ursache aller ihrer Probleme hielten.« Gleichzeitig standen viele Leute im besetzten Frankreich den Briten wohlwollend gegenüber. »Ausnahmslos jeder einzelne entkommene Soldat, mit dem ich gesprochen habe, erwähnte die außergewöhnliche Freundlichkeit und Großzügigkeit des französischen Volkes, insbesondere der Landbevölkerung, die ihnen geholfen hatte, in die unbesetzte Zone zu gelangen«, hielt Dean fest, der sie anschließend mit falschen Papieren ausstattete, um sie außer Landes schaffen zu können. Doch sobald sie im unbesetzten Frankreich waren, wurden sie von französischen *gendarmes* verfolgt, so dass es sich empfahl, auf der Straße zu schweigen.

Am 10. Juli 1940 beschloss das französische Parlament, Marschall Pétain mit allumfassender Macht auszustatten. Er rief den *Ètat français* aus und fing kurz darauf an, mit der Besatzungsmacht, den Nazis, zu kollaborieren. Nachdem die Regierung stabil zu sein schien, wuchs unter seinen französischen Landsleuten das Vertrauen darauf, dass dieser alte und verehrte Soldat, der im Ersten Weltkrieg so tapfer für Frankreich gekämpft hatte, ihr Volk schützen und ihren Geist lebendig halten würde.

An der Grenze wurden im großen Stil Menschen außer Landes geschmuggelt. Als Schleuser fungierten Leute, die grenznah wohnten. Mit ihnen konnte man die Grenze zu Fuß überqueren, mit dem Fahrrad, dem Ruderboot, in Mistkarren und in Fässern. Diese illegalen Grenzüberquerungen wurden ursprünglich von ein paar einzelnen Schmugglern durchgeführt, bevor sie zunehmend von festen Netzwerken organisiert wurden.

Das besetzte und das unbesetzte Frankreich waren nun in jeglicher Hinsicht getrennte Länder.

Chanel hatte schnell festgestellt, dass sie nicht der Typ dafür war, sich in einem ruhigen Dorf in den Bergen zu verstecken. Am 14. Juli schickte sie ein Telegramm an einen spanischen Bildhauerfreund von Picasso, Apel·les Fenosa. Er war ebenfalls vor den Deutschen aus Paris geflüchtet, und zwar nach Toulouse. In ihrem Telegramm an ihn hieß es: »Ankomme Toulouse Montagnachmittag. Wenn nicht Montag, dann wahrscheinlich Dienstag. Bitte suchen Sie mir eine Unterkunft. Grüße, Gabrielle Chanel.«

Fenosa, damals ein gutaussehender einundvierzigjähriger Mann voller Energie, so wie Chanel es mochte, hatte ein abenteuerliches Leben geführt, ehe er in Paris gelandet war. Dort hatte er Picasso kennengelernt, der nicht nur einige Skulpturen von ihm kaufte, sondern ihn auch mit seiner Arbeitsmoral inspirierte. »Ich arbeitete erst ernsthaft, nachdem Picasso meine ersten Skulpturen gekauft hatte«, erinnerte er sich. »Davor war ich ein echter Müßiggänger, nicht fähig, irgendetwas zu tun. Ich war nicht nur körperlich, sondern auch geistig faul, und was schlimmer war: Ich war ein Verschwender. Wäre Picasso nicht gewesen, ich hätte nie irgendetwas zustande bekommen. Ohne Picasso wäre ich tot, denn weil ich so verschwenderisch lebte, rann mir das Geld nur so durch die Finger.« Picasso, der ihn ebenso gern mochte, nannte ihn »meinen Sohn einer unbekannten Mutter«.

Während Barcelona im Januar 1939 an Francos Truppen fiel, hatte sich Fenosa, der sich nicht mit der Niederlage der Republik abfinden konnte, im Haus seiner Eltern versteckt, bevor er schließlich nach Toulon aufbrach, das er sehr gut kannte. Hier traf ihn Chanel wieder, die ihn im vorigen Jahr über Cocteau kennengelernt hatte. Es war fast abzusehen, dass die beiden eine Affäre beginnen würden – Dalí, Fenosas spanischer Landsmann und ebenfalls Chanels Liebhaber, jammerte, er sei »als Witwe zurückgelassen« worden. Chanel steckte noch in den letzten Zügen einer anderen Beziehung. Diese neue, ganz beiläufig begonnene zeigte, wie sie Liebe und Sex gegenüberstand; sie gehörten wie Essen und Trinken zum Leben dazu. Als durch und durch unabhängige Frau nahm sie das mit, was sich ihr gerade bot. Und obwohl sie die Gesellschaft eines Mannes in ihrem Leben und in ihrem Bett schätzte, hatte sie nicht das Gefühl, einem in irgendeiner Weise zu »gehören«.

Fenosa erkannte ihre Stärken rasch. »Sie war hochintelligent«, notierte er. »Sie tat mir gut. Und überließ nichts dem Zufall.« Was sie letztlich entzweite, waren die Drogen – mittlerweile hielt Chanel immer eine Spritze Morphium neben ihrem Bett bereit. »Wenn man jemanden liebt, der Drogen nimmt«, erklärte Fenosa ihren Bruch, »dann nimmt man sie entweder auch, oder die andere Person lässt davon ab.« Chanel, die niemals freiwillig auf etwas verzichtete, was sie haben wollte, hatte das auch jetzt nicht vor.

DAS VICHY-REGIME

Sobald Chanel erkannt hatte, dass die Deutschen Paris nicht bombardieren würden, beschloss sie, in die Hauptstadt zurückzukehren. Sie nahm eine Ärztin mit und eine ihrer aristokratischen Angestellten, die lustige, lebhafte Marie-Louise Bousquet. Marie-Louise, deren Mann, der Dramatiker Jacques Bousquet, im Jahr zuvor gestorben war, befand sich im Zentrum der Mode und der literarischen Welt von Paris. Die Bousquets waren bekannt für ihren regelmäßig stattfindenden Donnerstagssalon, zu dem Berühmtheiten wie Colette, Jean Cocteau, Marcel Proust und Henri Cartier-Bresson kamen. Marie-Louise, die häufiger Artikel in *Harper's Bazaar* verfasste, stellte sie darin der amerikanischen Öffentlichkeit vor.

Die drei Frauen fuhren Ende Juni in einem kleinen Auto in der Gluthitze des Midi los, ausgerüstet mit fünfundvierzig Litern Benzin (das bereits fast unmöglich zu bekommen war und das Marie-Louise über ihr Netzwerk von Freunden besorgt hatte). Zuerst mussten sie nach Vichy, um die notwendigen Papiere zu besorgen, die ihnen die Einreise in das besetzte Frankreich gestatteten: Um zwischen dem besetzten und dem unbesetzten Frankreich hin und her reisen zu können, mussten französische Staatsbürger ein Laissez-passer beantragen, das nach Gutdünken der Nazis gewährt wurde.

Vichy war nicht mehr das ruhige Heilbad, in das die Wohlhabenden fuhren, um eine Kur zu machen. Es war eine Stadt voller Regierungsbeamter geworden, samt ihren Mitläufern, von Politikern bis Prostituierten. In diversen Hotels hatten sie behelfsmäßige Büros eingerichtet, die so vollgestopft mit Akten waren, dass viele Archive in Badewannen aufbewahrt wurden. Von fast jeder Wand dieser übervollen Gebäude blickte das Abbild des großen, schlanken Marschall Pétain mit seinem dicken Schnurrbart herab, nun der oberste Lenker des Lebens in der »zone nono«.

Am 10. Juli hatte das Vichy-Regime mit 569 zu 80 Stimmen beschlossen, Pétain mit allen Regierungsrechten auszustatten. Dessen neues Regime war autoritär und streng katholisch ausgerichtet.

Zu dieser extrem konservativen Haltung kam das Bestreben, französischen Unternehmen und Hausbesitzern ihre wirtschaftliche Kraft zurückzugeben. In den Augen des Vichy-Kabinetts mussten »Fremde« daher so herabgesetzt werden, dass sie Macht und Einfluss verloren. Mit »Fremden« und »Nicht-Franzosen« meinten sie nicht nur Menschen, die aus dem Ausland kamen, sondern auch und insbesondere Juden – selbst diejenigen, die »la Patrie« eine große Loyalität entgegenbrachten. Deren erbarmungslose Verfolgung begann innerhalb einer Woche, mit dem Ausbürgerungsgesetz, nach dem 15 000 Menschen die Staatsbürgerschaft entzogen wurde. Vierzig Prozent von ihnen waren Juden. Mittlerweile hatten etwa 150 000 Juden die Demarkationslinie überquert, um Schutz im Süden zu suchen. Gleichzeitig nahm das Vichy-Regime eine stark moralisierende Haltung ein: Angeblich waren hauptsächlich Dekadenz und Hedonismus für die Niederlage Frankreichs verantwortlich.

An der Côte d'Azur waren die Auswirkungen der neuen puritanischen Regierung sogar am Strand spürbar: Es wurde ein Dekret erlassen, das Frauen in Nizza das Tragen einteiliger, längerer

Badeanzüge vorschrieb. »Keine Shorts mehr, keine Französinnen mehr, die als Männer verkleidet sind«, schnaubte die Marseiller Ausgabe des *Paris-Soir*.

Für einige Villenbesitzer gab es noch eine unangenehmere Überraschung. Ursprünglich waren sie nach Cannes evakuiert worden, durften aber zurückkehren, nachdem das Waffenstillstandsabkommen mit Deutschland unterzeichnet worden war. Sie mussten feststellen, dass die Häuser von italienischen wie von französischen Truppen außen verunstaltet und innen geplündert und viele Möbel gestohlen worden waren, besonders in Roquebrune. Eine Entschädigung gab es nicht. Aber, wie die stark Pétain-nahe katholische Zeitung *La Croix* nach der Unterzeichnung des demütigenden Waffenstillstands durch Frankreich verkündet hatte: »Ein Sieg bedeutet nicht immer, was ein gewöhnlicher Mensch unter diesem Wort versteht ... unser Sieg begann wahrscheinlich im Juni 1940.«

Arm und Reich überschwemmten nun gleichermaßen die Côte d'Azur. Einige Flüchtlinge waren Franzosen, die sich auf Geschäfte mit den Nazis eingelassen hatten und gut für ihre Dienste bezahlt worden waren (in französischen Francs, von den Deutschen mit den Notenpressen der *Banque de France* gedruckt). Nachdem die Lebensmittelpreise und die Lebenshaltungskosten generell angezogen hatten, florierte auch der Schwarzmarkt. Viele Reiche verkauften ihre Pelzmäntel und ihren Schmuck, um ihr gewohntes Leben fortführen zu können – für die Casinos von Nizza, Monte Carlo und Cannes begannen drei der besten Jahre seit ihrer Öffnung.

Für andere wurden die Lebensmittel knapp, und es wurde streng rationiert. Oppy wollte wilde Tauben, Kaninchen oder die Rebhühner auf einem seiner Felder schießen. Aber seine Waffen waren von der *mairie* konfisziert worden, die Oppenheims verschwenderischen Lebensstil nicht mochte (eine Abneigung, die womöglich durch Oppys jüdisch klingenden Nachnamen noch verschärft wurde); nicht einmal seine Schrotflinte wollten sie herausgeben. Für Leute, die nicht dienstlich unterwegs waren, gab es kein Benzin; auf dem Schwarzmarkt war es allerdings erhältlich. Die Fahrten mit Oppys Wolseley nach Cannes waren damit so unglaublich teuer geworden, dass die Oppenheims zu den seltenen Gelegenheiten, an denen sie noch dorthin fuhren, ein Taxi nahmen.

Die Kommunikation mit Freunden war schwierig, denn es galt nun die Regel, dass alle Telefongespräche auf Französisch geführt werden mussten. Ob Seidenstrümpfe oder Zigaretten, nichts gab es mehr. Es war so schwierig geworden, im eigenen Heim zu leben, dass die Oppenheims gegen Ende des Sommers ins Hôtel Montfleuri zogen. Als Oppy, der einen ertragreichen Gemüsegarten hatte, zwei Freunden je einen Sack mit Kartoffeln schenken konnte, löste das regelrecht Begeisterungsstürme aus – beide hatten seit mehreren Monaten keine mehr zu sehen bekommen.

Als Hitler am 24. Juni nach Paris kam, wurde er von einer leeren Stadt empfangen. Läden und Restaurants waren geschlossen, die Rollos heruntergelassen, das berühmte Nachtleben tot. Viele Bewohner waren geflohen, manche ins Ausland, die meisten in andere Teile des Landes; viele französische Juden, besonders diejenigen, deren Familien seit Generationen französisch waren, fanden es unpatriotisch, ihr Land zu verlassen.

Die sicherste Option war die unbesetzte Zone, besonders, nachdem Pétain in seiner Radioansprache gesagt hatte: »Ich denke an die unglücklichen Flüchtlinge, die verzweifelt das Land durchqueren. Ihnen gelten mein Mitgefühl und meine Sorge.«

Nachdem sich herumsprach, dass das Leben in Paris wieder annähernd normal verlief – es gab wieder Wasser, Gas und

Strom, die Lebensmittelgeschäfte hatten aufgemacht –, kehrten nach und nach auch viele Flüchtlinge zurück. In dem kurzen Zeitfenster, ehe der Grenzverlauf endgültig festgelegt war, gab es nur wenige Straßensperren. In manchen Fällen halfen auch deutsche Truppen den Flüchtlingen; Hitler hatte den Befehl ausgegeben, dass sie alles unternehmen sollten, um den Besiegten Vertrauen einzuflößen, und dass jenen Soldaten, die »strafbare Handlungen« gegen die Zivilbevölkerung begingen, drastische Strafen drohten.

Jüdische Familien waren ebenfalls unter den Rückkehrern; nachdem die siegreichen Deutschen großzügig Geld ausgaben[52], ging es denjenigen gut, die etwas zu verkaufen hatten: Pelzhändler, Juweliere, Handwerker, Schneider. Weil es also so schien, als könnten sie Geld verdienen und weil die deutschen Soldaten sich korrekt verhielten, drängten viele ihre Familien und Freunde zur Rückkehr.

Die Franzosen waren fassungslos über das Scheitern ihrer Armee innerhalb weniger Wochen. Es war nicht nur ein physischer, sondern auch ein psychologischer Rückschlag für das tief in der französischen Seele verwurzelte Überlegenheitsgefühl. Vielen erschien es wie das Ende Frankreichs als Weltmacht. Nachdem sich die deutsche Kriegsmaschinerie als unbesiegbar erwiesen hatte, schlussfolgerten so manche, dass es wohl das einzig Vernünftige wäre, zu kollaborieren, und wurden Verbündete der Nazis, die Europa unter ihrer Vorherrschaft vereinen wollten. Andere weigerten sich, ihre Niederlage anzuerkennen; der Kampfgeist sowie der jahrhundertealte Hass auf die Deutschen waren stärker.

Chanel, die sich sehr nach Paris gesehnt hatte, konnte Ende August endlich dorthin zurückkehren. In ihrer Stadt aber hingen nun überall Hakenkreuze, Lebensmittel, Tabak, Kohle und Kleidung wurden rationiert, Soldaten marschierten im Stechschritt die Champs-Élysées entlang. Das Ritz wurde mit Sandsäcken geschützt, vor den Türen standen Nazisoldaten in ihren graugrünen Uniformen und salutierten vor den hochrangigen Deutschen, die hineingingen.

Chanel und ihre Mitreisenden hatten eine alptraumartige Rückreise hinter sich gebracht. Sie hatten von den Deutschen errichtete Straßensperren umfahren und mit anderen stundenlang in Staus stehen müssen. Auch die Zimmersuche gestaltete sich schwierig, alles schien ausgebucht zu sein. Schließlich fanden sie eine Unterkunft, und Chanel, die endlich ein heißes Bad nehmen konnte, würde sich später erinnern, dass ihr Badewasser danach »ganz schwarz!« war. Am Place de la Concorde sahen sie überall nur deutsche Soldaten, am Ritz wehte eine Hakenkreuzfahne. Überall hingen jetzt deutsche Straßenschilder, Bekanntmachungen und Flaggen. Auf Plakaten stand: »Dieses Elend habt ihr den Engländern und den Juden zu verdanken.« Auf anderen hielten deutsche Soldaten französische Kinder im Arm.

Hitler hatte seiner Armee den Befehl gegeben, menschlich zu wirken. Die Soldaten richteten Lebensmitteldepots und Suppenküchen ein, um die Menschen zu ernähren, bis die Wirtschaft wieder normal funktionieren könnte, und benahmen sich höflich und frohgemut. Diese Eroberer taten ihr Möglichstes, nicht nur Gehorsam zu propagieren, sondern auch Freundschaft mit den Besiegten. »So schlimm sind sie doch gar nicht!« – das war der Eindruck, der entstehen sollte. Auch sie wollten der führenden Kulturnation gebührend Achtung erweisen; damit das Land kollaborierte, statt Widerstand zu leisten.

Doch ihre vorgebliche Wärme hinderte sie keineswegs daran, Kunstwerke zu rauben, um sie ins Vaterland zu schicken, besonders die Werke aus dem Besitz jüdischer Sammler, die – gelinde ausgedrückt – nicht in der Lage waren, sich darüber zu beklagen. Einige dieser Werke galten auch als zu dekadent, um sie auch nur zu stehlen; darunter Gemälde von Picasso, Miró und Max Ernst. Sie wurden heimlich verbrannt.

Die Deutschen wussten: In einem kooperativen Frankreich mussten sie weniger Soldaten einsetzen und hatten auf ihren anderen diversen Kriegsschauplätzen mehr Männer zur Verfügung. Zusätzlich trieben sie die interne Spaltung der Divisionen voran, um Frankreich nach dem Krieg zu einem leicht regierbaren Satellitenstaat machen zu können. Dabei glaubten sowohl die Deutschen als auch die Franzosen, sie würden gewinnen – und zwar eher früher als später.

Noch aber waren die Uhren eine Stunde lang vorgestellt, damit sie mit der deutschen Zeit übereinstimmten. von 21 Uhr bis 5 Uhr morgens galt eine Ausgangssperre (die zunächst auf 23 Uhr, dann auf Mitternacht ausgedehnt wurde). Die französische Presse und das Radio berichteten ausschließlich im Sinne deutscher Propaganda. Die Stadt der Lichter hatte sich verdüstert.

Chanel musste sich beim Kommandanten um eine Genehmigung bemühen, das Ritz betreten zu dürfen, das derzeit nur für ranghohe deutsche Offiziere reserviert war. Hermann Göring, Oberbefehlshaber der Luftwaffe, bewohnte die Suite Impériale, die sich über den gesamten ersten Stock erstreckte. Er genoss dort all den Luxus, den Paris zu bieten hatte. Der Autor A. E. Hotchner interviewte später Kellner und Diener, die für Görings Suite zuständig gewesen waren; sie berichteten, dass Göring sich bei Cartier einen juwelenbesetzten Marschallstab aus purem Gold bestellte, oder auch von den »üppigen, mit Hermelin und Nerz besetzten Gewändern, die er im Schrank aufbewahrte, den juwelenbesetzten Sandalen, Smaragdbroschen und Diamantohrringen«. Auch habe er Schminke getragen und sich mit exotischen Parfums eingesprüht. Auf einem Tisch neben einem Sessel hatte er eine Kristallglasschale mit Morphiumtabletten stehen, daneben eine weitere Schale, die eine Mischung aus edlen Schmucksteinen enthielt – Smaragde, schwarze Perlen, Opale, Granate und Rubine.

Chanel musste feststellen, dass auch ihre eigene, die Grand Suite, von den Deutschen belegt worden war. Sie durfte allerdings noch über die beiden kleinen Räume zur Rue Cambon hin verfügen, die sie zuvor reserviert hatte. Als langjährige Bewohnerin durfte sie außerdem ein Schlafzimmer im Dachboden mieten, das über eine kleine Treppe zu ihrer Zweizimmersuite führte. In diesem winzigen Zimmer bewahrte sie lediglich eine russische Ikone auf, die Strawinsky ihr geschenkt hatte, auf dem Kaminsims zwei Statuen sowie Boy Capels dicke schwarze Armbanduhr, die ihr seine Schwester geschenkt hatte und die noch immer die französische Zeit anzeigte.

Der Eingang über dem Place Vendôme war ausschließlich den hochrangigen Deutschen vorbehalten. Es herrschte strenge Disziplin: Wer kam oder ging, musste sich bei Wachposten ausweisen, Waffen wurden in der Nähe des Eingangs deponiert, korrektes Verhalten war oberstes Gebot. Die Deutschen bezahlten für ihre Zimmer, allerdings nur einen sehr reduzierten Preis – und die Rechnungen wurden an die französische Regierung weitergereicht.

So seltsam es auch klingen mag, für Chanel stellte der Krieg eher eine Unterbrechung dar als einen Konflikt, bei dem es um Leben oder Tod ging und in dem man sich für eine Seite entscheiden musste. Sie lebte ganz in sich selbst, machte im Rahmen des Möglichen genau das, was sie wollte. Der Gedanke, dass sie als Kollaborateurin betrachtet werden könnte, weil sie inmitten hochrangiger Nazis im Ritz wohnte, kam ihr gar nicht.

Chanel hatte zwar ihr Couture-Haus geschlossen, ihre Boutique aber blieb geöffnet. Hier kauften deutsche Soldaten das berühmte Chanel No. 5 für ihre Freundinnen zu Hause. Ungefähr zehn weitere Couturiers betrieben ihre Unternehmen weiter; ihre Schauen wurden nun nicht nur von Französinnen, sondern auch von deutschen Frauen besucht.

Chanels Hauptsorge galt ihrem Lieblingsneffen André Palasse; ihm wollte sie helfen. Er war als Soldat in den Befestigungsanlagen der Maginot-Linie stationiert gewesen und befand sich nun in einem deutschen Kriegsgefangenenlager. Seine Gesundheit war angegriffen – er hatte im Lager Tuberkulose bekommen – und Chanel wollte ihn unbedingt befreien. Schon in Vichy, während sie das benötigte Laissez-passer besorgte, hatte sie sich für ihn eingesetzt, allerdings ohne Erfolg. In Paris bemühte sie sich weiter und erkannte dabei, dass der vielversprechendste Weg über einen mächtigen deutschen Beamten führte.

Das Ritz war ideal dafür, so jemanden zu finden. Die Offiziere des deutschen Führungsstabs hatten zwar einen eigenen Flügel des Hotels besetzt, der Speisesaal aber stand auch den Gästen offen, die die »neutrale« Seite bewohnten (das Ritz stand unter Schweizer Leitung, und die französischen Kellner, von denen viele verschwunden waren, waren durch Schweizer Personal ersetzt worden).

Viele der Gäste, wie auch Chanel, waren schon seit Jahren hier und hatten sich kein neues Zuhause suchen wollen. Im Gegensatz zu ihrem beinahe häuslichen Alltag ging es in der Bar des Ritz bunt gemischt zu; das Publikum bestand aus Spionen beider Seiten, Agenten und Doppelagenten, amerikanischen Journalisten und anderen Neutralen.

Zu dem vertrauten Luxus im Ritz – die Luftschutzräume im Keller waren mit Fellteppichen ausgelegt, die seidenen Schlafsäcke stammten von Hermès – gesellten sich Komplotts und Intrigen, und geheime Informationen und Gerüchte aller Art machten die Runde.

Ein Teil von Chanels tiefer und beständiger Liebe zu Frankreich war antisemitisch gefärbt, auch wenn manches daran widersprüchlich blieb, wie so vieles an dieser ungewöhnlichen Frau. Selbstredend waren mehrere ihrer engsten Freunde und besten Kundinnen Juden, etwa Pierre und Hélène Lazareff, Maurice Sachs und einige Rothschilds, und ihre jüdische Ärztin betete sie geradezu an. Tatsächlich stand sie dem Schicksal der Juden wie auch dem ihrer Pariser Mitbürger wohl indifferent gegenüber. Ihr war es wichtig zu überleben, und das nach Möglichkeit komfortabel, denn das Gerüst ihres Lebens basierte auf finanzieller Unabhängigkeit.

Als sie erfuhr, dass die Familie Wertheimer über Spanien und Südamerika in die USA geflohen war, begriff sie dies als Chance. Sie hoffte, nunmehr die Kontrolle über die Produktion ihres Parfums zu bekommen; zumal sie schon lange der Meinung war, dass der Vertrag, den sie gemeinsam unterzeichnet hatten, die anderen begünstigte und sie benachteiligte. Der Konflikt hatte schon einige Jahre geschwelt, und nachdem Juden jetzt keine Unternehmen mehr besitzen durften, witterte Chanel ihre Chance auf einen Sieg, wenn sie sich die strengen antijüdischen Gesetze zunutze machte.

Allerdings hatte sie nicht mit der Findigkeit der Wertheimers gerechnet, die Anfang August 1940 in New York angekommen waren und sich sogleich darangemacht hatten, ein Parfumunternehmen aufzubauen; ihre Anteile an der Muttergesellschaft hatten sie zu einem niedrigen Preis an den (nichtjüdischen) Flugzeugkonstrukteur und Fabrikanten Félix Amiot verkauft, dem sie vollstens vertrauten. Da er nun der rechtmäßige Eigentümer der Anteile der Parfumsparte des Hauses Chanel war, konnte Chanel sie nicht durch die antijüdischen Gesetze ausbooten (später wurde Amiots Firma den Deutschen unterstellt und musste gezwungenermaßen Junkers-Bomber herstellen).

Das Einzige, was den Wertheimers noch zum wahren Erfolg fehlte, war Chanel No. 5 – die Geheimrezeptur war in Frankreich verblieben. In einer Nacht-und-Nebel-Aktion reiste ein Angestellter mit falschen Papieren über die spanische Grenze ins unbesetzte Frankreich und erreichte Paris, wo er vier Monate blieb und erst wieder abreiste, nachdem es ihm gelungen war, die Geheimrezeptur an sich zu nehmen.

Chanel war wütend zurückgeblieben. Ihr Ruf hatte einen unansehnlichen Makel bekommen.

Ende August hob das Vichy-Regime einen Erlass auf, der antisemitistische Berichterstattung untersagt hatte. Nun drang der im französischen Alltag immer latent vorhandene Antisemitismus an die Oberfläche, und besonders spürbar wurde er in den Medien. Mit einer französischem statt der deutschen Druckgenehmigung hatte das zunächst großes Gewicht, später auch konkrete Folgen. Selbst Léon Blum[53], der zweimalige Premierminister, der sich geweigert hatte, Frankreich zu verlassen, wurde im September von seinen eigenen Landsleuten festgenommen und im Fort du Portalet in den Pyrenäen inhaftiert.

Im selben Monat richtete die Vichy-Regierung *groupes de travailleurs étrangers* (GTE) oder Ausländische Arbeitseinheiten ein, angeblich, um der Arbeitslosigkeit entgegenzuwirken. Alle arbeitsfähigen Ausländer, die nicht »in der nationalen Wirtschaft gebraucht« wurden, wurden dafür eingezogen. Die ersten Kompanien bestanden aus spanischen republikanischen Flüchtlingen. Später gab es bei den GTE auch Einheiten aus Deutschen, Österreichern, Tschechen, Polen, aus anderen mitteleuropäischen Ländern und aus Juden, die als Nächstes zu »palästinensischen« Einheiten zusammengefasst wurden. Sie bekamen düstere graubraune Uniformen, die vom ersten Weltkrieg übriggeblieben waren, und mussten im Straßenbau arbeiten, in Steinbrüchen schuften oder Weinberge pflegen. Oft wurden sie auch an Bauunternehmer verliehen.

Die Juden, die im Süden Zuflucht gesucht hatten, wohnten in bescheidenen Hotels und Wohnungen, abseits der Badeorte an der Côte d'Azur. Für diejenigen, die ausreichend Geld und Lebensmittelkarten zur Verfügung hatten, waren die Bedingungen noch erträglich. »Lebensmittel waren streng rationiert, aber es gab reichlich«, berichtete Arthur Dean im Konsulat. Jeder bekam vierhundert bis fünfhundert Gramm Brot und fünf Gramm Fett pro Tag und fünfhundert Gramm Zucker im Monat. Wild und Pferdefleisch waren nicht rationiert, Restaurants konnten gute Speisen zubereiten.

Dann kam eine Reihe von Gesetzen, die nach und nach darauf abzielten, Juden die Staatsbürgerschaft ihres Landes zu entziehen und es ihnen dadurch unmöglich zu machen, sich ihren Lebensunterhalt zu verdienen. Für das Vichy-Regime galt jeder als Jude, der drei jüdische Großeltern hatte oder der zwei jüdische Großeltern hatte und mit einem Juden verheiratet war. Diese Strategie basierte auf der Abstammung und nicht auf der Konfession, daher war für das Vichy-Regime ein Jude, der zum Katholizismus konvertiert war, immer noch ein Jude.

Das erste Statut, das am 3. Oktober 1940 verabschiedet wurde, schloss Juden aus der Presse und Armee, von kommerziellen und industriellen Aktivitäten sowie dem öffentlichen Dienst aus. Bemerkenswert war, dass dieses Statut, ebenso wie die Gesetze, die später nachfolgten, ausschließlich von dem Vichy-Regime beschlossen worden war, also ganz ohne Druck von Seiten der Deutschen. Wie Pétains Stabschef später bestätigte: »Deutschland war nicht die treibende Kraft der antijüdischen Gesetze von Vichy. Diese Gesetzgebung war spontan und eigenständig.«

»Rassismus wurde das Gesetz des neuen Staates«, schrieb Raymond-Raoul Lambert (der mit dem *Légion d'honneur* für seinen Dienst im Ersten Weltkrieg ausgezeichnet worden war) am 19. Oktober in sein Tagebuch. »Was für eine grenzenlose Schmach! … Ich werde nie dieses Land verlassen, für das ich mein Leben riskiert habe, aber können meine Söhne hier überhaupt noch leben, wenn sie nicht frei entscheiden können, welchen Beruf sie wählen möchten? Wegen meines Blutes darf ich nicht mehr schreiben, ich bin kein Offizier der Armee mehr … wäre ich Lehrer an einer höheren Schule oder Dozent an einer Universität, müsste ich entlassen werden … Gestern Abend weinte ich, wie ein Mann, der plötzlich von seiner Ehefrau verlassen wird, der einzigen Liebe seines Lebens, dem leitenden Licht seines Denkens, dem einen Geist, dem er in seinem Handeln gefolgt ist.«

Mittlerweile begriffen viele Juden, die sich in Nizza in Sicherheit gewähnt hatten, dass Gefahr drohte. Unter ihnen war die Familie Sungolowsky. Zuerst waren sie in ein kleines Dorf in der Nähe von Vichy gefahren, wo sie von den französischen Behörden, die sich um Flüchtlinge kümmerten, empfangen und untergebracht wurden. Nachdem die Regierung Pétain im August 1940 die unverzüglich wirksamen antijüdischen Gesetze etabliert hatte, brachen sie nach Nizza auf. Hier konnte Joseph Sungolowskys Vater Aron, ein Rabbi, seine religiösen Pflichten wieder aufnehmen. Nachdem aber nun die Säuberungsaktionen begannen, wurde es Zeit, unterzutauchen. Sie versteckten sich im Lagerraum eines Möbelhauses, nicht weit von ihrer Wohnung – gerade noch rechtzeitig, denn auf das erste Statut folgte ein Gesetz, das die sofortige Inhaftierung ausländischer Juden ermöglichte. Unter diesem Gesetz wurden 40 000 Juden in mehreren Lagern in der unbesetzten Zone interniert.

Einer von ihnen war Lion Feuchtwanger, der in einem Lager in der Nähe von Nîmes untergebracht wurde. Es war besser als das vorhergehende, allerdings noch unhygienischer, falls das überhaupt möglich war. Außerdem wimmelte es dort von Mücken, wie seinem Tagebuch zu entnehmen ist. »Abends bekomme ich starke Diarrhöe. Es ist fast unmöglich zu scheißen, wegen der vielen Mücken, die sich sofort auf den ganzen Körper setzen, die inneren Schenkel, den Hintern. Ich fühle mich sehr elend. Ich werde immer schwächer. Es kommt eine entsetzliche Nacht mit höchstem Fieber, immer wieder durch die Dunkelheit und das unebene Gelände mich zur Latrine geschleppt. Schauerlich mit den vielen Vorbereitungen usw.«

Man sah absichtlich weg, wenn Gefangene unter dem Stacheldrahtzaun hindurchkrabbelten und nach Nîmes fuhren, um in einem Restaurant gut essen zu gehen und womöglich eine Nacht in einem Hotel zu verbringen, bevor sie sich mit einem Taxi wieder in die Nähe des Lagers bringen ließen und dann wieder unter dem Stacheldraht durchkrochen – alles, was darüber hinausging, wurde als Fluchtversuch behandelt, der Flüchtige wurde stets gefasst und dann bestraft. Für Feuchtwanger war das Leben leichter als im vorigen Lager, dennoch schrieb er: »Woran ich mich nie gewöhnen konnte … war die tiefsitzendende Ungewissheit, die Angst wegen Artikel neunzehn.[54] Sie war immer da, diese Angst, die fatale Frage, ob die Franzosen uns ausliefern würden oder nicht … Von all den Dingen, denen wir in der Stadt Nîmes hinterherjagten, war das Begehrteste eine kleine Menge Blausäure.«[55]

Feuchtwanger gelang es letztlich zu fliehen, dank einer wagemutigen »Entführung«. In der Hitze jenes Julis war es den Gefangenen gestattet worden, einmal die Woche gruppenweise im fünf Kilometer entfernten Fluss zu baden. Nachdem sie am 21. Juli mit zwei-, dreihundert Männern unter der Aufsicht nur weniger Wachleute gebadet, gegessen und in der Sonne geschlafen hatten, beschlossen Feuchtwanger und ein paar Freunde, zum Lager zurückzugehen. Er wurde von einer Frau aufgehalten, die ihm einen Brief überreichte, mit den Worten: »Ich habe Nachricht für Sie von Ihrer Frau.« Er öffnete den Brief und las in der Handschrift seiner Frau Marta: »Tu, was sie dir sagen ...« Ein Auto hatte am Straßenrand gehalten. Ein junger Mann, den Feuchtwanger kannte, stieg aus und kam auf ihn zu. »Bitte stellen Sie keine Fragen«, sagte er auf Englisch, »steigen Sie ein – ich erkläre Ihnen dann alles.« Kaum im Auto, sollte er einen leichten Damenmantel anziehen, ein Kopftuch und eine dunkle Brille aufsetzen. »Ich sah aus wie eine ältere englische Dame, und so fuhren wir weiter, ziemlich schnell ...«

Nachdem sie sich mehrere Wochen im Haus eines Amerikaners versteckt hatten, überquerten Feuchtwanger und Marta, die aus dem Frauenlager in Gurs entkommen war, zu Fuß die Pyrenäen. Sie legten die Strecke in der Mittagshitze zurück, dann standen die Wege weniger unter Beobachtung, und reisten mit gefälschten Papieren nach Spanien ein. Nachdem sie fünf Tage lang Spanien durchquert hatten, erreichten sie Lissabon. Dort bekamen sie vom amerikanischen Konsul auf ihre richtigen Namen ausgestellte amerikanische Visa und brachen dann nach Amerika auf.

Einige Lagerinsassen stammten sogar ursprünglich aus Deutschland. Dort hatten die Deutschen in mehreren Städten 6500 Juden bei Razzien aufgegriffen, ihnen ein paar Minuten Zeit gelassen, um zwei Taschen zu packen, und sie erst zu einem Sammelplatz, dann zum nächsten Bahnhof gebracht. Von dort aus wurden sie auf eine achtundvierzigstündige Fahrt ins unbesetzte Südfrankreich geschickt. Viele kamen im eisigen Regen in einer verlassenen leeren Kaserne in Gurs an, wo spanische Gefangene untergebracht gewesen waren. Sie wurden als feindliche Ausländer interniert, aber als Juden dort festgehalten. Etliche waren schon älter, und die Bedingungen waren so entsetzlich, dass in diesem ersten Winter etwa zwölf Prozent von ihnen starben. Arthur Koestler, der in Le Vernet nahe der spanischen Grenze inhaftiert war, erinnerte sich später, dass die Verhältnisse schlimmer gewesen waren als im berüchtigten Konzentrationslager Dachau.

Einige Tage später, am 9. Oktober, und nach massiver Propaganda, befahl das Vichy-Regime über das Commissariat Général aux Questions Juives (das Generalkommissariat für Judenfragen) die »Arisierung« jüdischer Geschäfte. Das bedeutete schlichtweg die Beschlagnahmung jüdischen Eigentums. Viele jüdische Ladenbesitzer hängten ihre Orden, die sie für ihren Einsatz in der französischen Armee während des Ersten Weltkriegs bekommen hatten, neben ihre Ladenschilder, um ihre Loyalität gegenüber Frankreich zu betonen. Andere glaubten, dass Pétain, selbst Soldat, nicht zulassen würde, dass alte Soldaten so behandelt werden würden. Sie täuschten sich. »Ich kann immer noch nicht glauben, dass das alles endgültig, final ist«, schrieb Lambert am 6. November. »Selbst in der freien Zone leben wir unter deutscher Herrschaft.«

Andere potentielle Opfer tauchten unter. Laurens und Vera Boissevain waren von ihrem chinesischen Koch verraten worden und mussten mitten in der Nacht das kleine Bergdorf verlassen, in das sie geflüchtet waren, als es in Saint-Tropez zu gefährlich für sie geworden war. »Mein Vater war sehr groß«, erinnerte sich später ihre Tochter Veracha, »deshalb konnte er sich nur schwer verstecken. Meine Mutter hingegen war viel kleiner und ein dunkler Typ, sie ging problemlos als Französin durch. In Südfrankreich gab es ein großes Résistance-Netzwerk von Holländern, die Geflüchteten Geld liehen.«

Es war jetzt schwieriger, an Lebensmittel zu kommen, und die Familie aß »die ganze Zeit Grieß. Mein Vater hatte auch einen gewaltigen Vorrat an Dosensardinen und Honig gekauft.« Boissevain wurde drei Mal festgenommen und inhaftiert. Beim dritten Mal, als seine Exekution gewiss bevorstand, wurde er von seinem alten Freund, dem italienischen Konsul, gerettet. Er sorgte dafür, dass eines Nachts die Gefängnistore nicht abgeschlossen wurden, so dass Boissevain hinausschlüpfen konnte. »Ich wusste, dass er es schafft«, sagte seine Frau später, »eine Hellseherin, bei der ich zu Beginn des Krieges war, hatte mir gedeutet, dass er überleben würde.«

In Paris suchte Chanel immer noch nach Möglichkeiten, ihrem Neffen André zu helfen. Er gehörte nicht zu denjenigen, die im Herbst freigelassen wurden (das waren hauptsächlich Arbeiter, die in Frankreich gebraucht wurden, Ärzte, Krankenpfleger, Briefträger und *gendarmes* sowie später Väter von vier oder mehr Kindern). Doch schon bald sollte sie den Mann kennenlernen, der ihr dabei und bei vielem anderen helfen konnte, was das Leben unter der Herrschaft der Nazis erträglich machte.

Nach der Kriegserklärung war Spatz von Dincklage in die Schweiz geflohen. Er gab sich als Geschäftsmann aus, sollte aber militärische Informationen sammeln: Würden die Schweizer kämpfen, wenn Deutschland Frankreich angriff? Seine Mission allerdings scheiterte: Die kompetenten Schweizer hatten erfahren, dass er einige Jahre zuvor als Spion tätig gewesen war, und so wurde die gesamte Korrespondenz mit seiner Exfrau Catsy und seiner neuen Geliebten Hélène Desofy überwacht.

Er war im Herbst nach Paris zurückgekehrt und bewohnte beziehungsweise »beschützte«, wie er es ausdrückte, das Apartment einer Frau, die bis dahin seine Geliebte gewesen war und die Frankreich mit ihrem Mann verlassen musste, weil sie jüdische Vorfahren hatte. Die Stadt erwachte gerade wieder zum Leben, Nachtclubs und Sterne-Restaurants öffneten wieder; mit dem Unterschied, dass ihre Gäste jetzt Deutsche waren, Frauen, die von Deutschen eskortiert wurden, oder erfolgreiche Schwarzmarkthändler. Die Deutschen behandelten die Zivilbevölkerung weiterhin gut; natürlich mit Ausnahme der Juden.

Chanel war zwar für die Briten, hatte aber keine moralischen Skrupel, von den Besatzern die Hilfe in Anspruch zu nehmen, wie Spatz von Dincklage sie schon bald anbieten würde. Sie war Opportunistin und konnte günstige Gelegenheit wittern, wenn sie für normale Menschen noch längst nicht sichtbar waren. Auch war sie natürlich nicht die Einzige aus dem Kreis ihrer Freundinnen, die sich mit den deutschen Behörden arrangierte. Marie-Louise Bousquet etwa hatte nun einen deutschen Liebhaber und damit Zugang zu einem komfortablen Lebensstil und gutem Essen. Sie setzte ihre berühmten Donnerstagslunches fort, lud »nette« deutsche Offiziere wie französische Salonlöwen ein und konnte dazu, dank ihrer Schwarzmarktkontakte, stets hervorragende Speisen servieren.

Auch Cocteau pflegte mit den Deutschen Kontakt; er war entschlossen, das Leben, das er vor dem Krieg geführt hatte, fortzusetzen und frequentierte sowohl die intellektuelle Gesellschaft als auch die *collabo* Salons, wo er mit seinem Charme, seinem Geist und seiner Eleganz immer willkommen war (Picasso hatte mal erklärt, Cocteau sei »mit Bügelfalten in der Hose geboren«; und Peggy Guggenheim, die ihn 1938 bei sich ausstellen ließ, sprach gerne von seinen »feinen Händen und spitz zulaufenden Fingern«.) Er hatte die Vorstellung eines Krieges so erfolgreich ignoriert, dass ihm 1939 bei Kriegsbeginn nichts anderes zu sagen einfiel als: »Wie komme ich dann an mein Opium?« In seinem Tagebuch aus den Kriegsjahren bezieht er sich kaum einmal darauf.

Wie Chanel wollte auch Picasso weder kollaborieren noch Widerstand leisten. »Ich will nur in Frieden gelassen werden«, sagte er. Er war auf beiden Seiten unbeliebt: Die Franzosen mochten ihn wegen seiner Sympathien für die Kommunisten nicht, die Deutschen missbilligten seine allseits bekannten antifaschistischen Ansichten und ließen ihn permanent von der Gestapo schikanieren. Bei einem solchen Besuch entdeckte ein Gestapo-Offizier ein Foto seines Gemäldes *Guernica*; es zeigt das Bombardement der Stadt durch die deutsche Legion Condor während des spanischen Bürgerkriegs. »Haben Sie das gemacht?«, fragte der Gestapo-Offizier. »Nein«, antwortete Picasso. »Das waren Sie.« Sein Ruhm schützte Picasso, genau wie sein Wunsch nach einem ruhigen, zurückgezogenen Leben. »Es gab nichts anderes zu tun, als zu arbeiten, sich zu bemühen, an Nahrung heranzukommen, im Stillen seine Freunde zu treffen und sich auf den Tag der Freiheit zu freuen«, das war seine Haltung. Für Matisse galt das Gleiche: In seiner Villa in Vence waren zwar deutsche Truppen einquartiert, aber er malte weiter.

Für José-Maria Sert existierte der Krieg ebenfalls kaum. Obwohl er erbitterter Gegner der Deutschen war, gelang es Sert, alles so zu deichseln, dass es ihm nie an Essen, Getränken oder den Luxusartikeln mangelte, von denen viele lastwagenweise aus Spanien kamen. Er war zum spanischen Botschafter des Vatikans ernannt worden und nutzte die Freiheit, die er dadurch hatte, voll aus. Er konnte kaufen, was er wollte, ungehindert nach Spanien einreisen und mit Vorräten beladen zurückkehren. Seine Wohnung mit Blick auf den Place de la Concorde war schön und aufwändig eingerichtet, an den Wänden hingen Gobelins, und es gab einen prächtigen Esstisch aus Schildpatt, den er mit schweren goldenen Tellern deckte, die mit köstlichen Speisen beladen waren.

Misia hingegen war entsetzt, dass Chanel in einem Hotel wohnen wollte, in dem Deutsche untergebracht waren, »diese hochgeschossenen homosexuellen Pfadfinder«, wie sie sie bezeichnete. »Sie ist ganz außer sich wegen der antijüdischen Gesetze, die Paris in ein Gefängnis verwandeln; die vollständige Negation dessen, was unsere Stadt ist. Sie hat völlig recht!«, schrieb Boulos Ristelhueber in sein Tagebuch. Boulos war ein bleicher, ästhetischer junger Mann, der immer stark geschminkt war. Er war zu einem engen Freund von Misia geworden und besuchte sie beinahe jeden Tag – abgesehen von ihren Gesprächen genossen sie gemeinsam Musik und Drogen.

Nach dem Krieg sollte die Frage, wer und wer nicht kollaboriert hatte, die nationale Psyche zermürben. Doch für den gemeinen französischen Bürger ließ sich ein gewisses Maß an Kollaboration auch gar nicht vermeiden.

Frankreich war beispielsweise sehr lange das kulturelle Zentrum Europas gewesen und betrachtete sich immer noch dementsprechend. Als die Deutschen 1940 einmarschiert waren, hatten sie dieses Selbstbild nicht nur weiter bestehen lassen, sie förderten es anscheinend auch, schon um viele der meinungsbildenden Franzosen auf ihre Seite ziehen. Die meisten Menschen, die im Kunstbereich tätig waren, mussten arbeiten, um ihren Lebensunterhalt zu verdienen, und für fast alles brauchten sie eine Lizenz der Besatzer. Wenn sie eine Lizenz zurückwiesen oder keine beantragten, bedeutete dies, dass ein Buch nicht veröffentlicht, ein Konzert nicht gegeben oder ein Theaterstück nicht inszeniert werden konnte. Sehr viele deutsche Offiziere, die Theaterstücke und Konzerte besuchten, waren ehrliche Bewunderer der französischen Kultur. So war es einfach, den Weg des geringsten Widerstands einzuschlagen, und es fiel nicht allzu schwer, dabei die andere wesentliche Maßgabe zu befolgen, nämlich jegliche antideutsche Äußerung zu unterlassen. Vielleicht half es, dass der neue deutsche Botschafter, der siebenunddreißigjährige Otto Abetz, eine französische Ehefrau hatte und in seinen Zwanzigern einen französisch-deutschen Kulturzirkel gegründet hatte, der junge Franzosen und Deutsche mit unterschiedlichem Hintergrund zusammenbrachte.

Der Winter 1940 war eiskalt und für die meisten gewöhnlichen Pariser und Pariserinnen furchtbar. Es gelangten keine Lebensmittel mehr in die Stadt, weil der Großteil nach Deutschland abgezweigt wurde; nur wer sich die Schwarzmarktpreise leisten konnte, war in der Lage, vernünftig zu essen. Göring hatte verfügt, dass die französische Bevölkerung mit 1200 Kalorien täglich auskommen musste, die Älteren nur mit 850.[56] Es gab kein oder kaum Brennmaterial, und so waren die größten Gefahren Unterkühlung und der Hungertod. Nachts waren die Straßen leer, bis auf gelegentliche Mercedes-Limousinen, die hochranginge Deutsche oder ihre Gäste ins Maxim's oder andere edle Restaurants fuhren.

Doch der Spirit vieler Pariser war ungebrochen. Sie leisteten zwar keinen aktiven Widerstand, aber sie gaben ihr Bestes, um ihre Besatzer auf vielfältige Weise zu verspotten und zu ärgern. »Vive le general de Gaulle«, wurde in roten Lettern auf die blauweißen Zehn-Franc-Scheine getippt; nachdem es sich niemand leisten konnte, sie zu zerstören, wurden diese kleinen Proteste von Hand zu Hand weitergereicht.

Waren deutsche Soldaten, die man häufig als »les Fritz« bezeichnete, in der Nähe, wurden kaum hörbar Witze erzählt. V-Zeichen, Parolen, Drohungen oder Witze wurden an Mauern gekritzelt. Als London vor jeder europaweiten Radiosendung in Kriegszeiten die Eröffnungstakte von Beethovens fünfter Symphonie spielte, deren Rhythmus den drei Punkten und dem Strich des Buchstabens »V« im Morsealphabet ähnelte, wurde dieses Signal überall geklopft – jeder wusste, dass das V für »Victory« oder »Victoire« stand. Schick gekleidete Mädchen wandten den Kopf ab, wenn sich der bewundernde teutonische Blick auf sie richtete. »Warum seid ihr so *fröhlich*, wenn ihr doch den Krieg verloren habt?«, fragten die Deutschen. »Und ihr«, entgegneten die Pariserinnen, »warum seid ihr so trübsinnig, wenn ihr doch den Krieg gewonnen habt?«

Viele dieser Bemerkungen und Gerüchte wurden von Jean Galtier-Boissière festgehalten, einem Pariser Verleger und Autor, dem eine skeptische Ironie zu eigen war und der häufig für die satirische Wochenzeitschrift *La Canard enchaîné* schrieb. In seinen Aufzeichnungen über die Besatzungsjahre dominiert eine Überzeugung, die er gegen die meisten seiner Freunde aufrechterhielt: Die Deutschen werden den Krieg letztlich verlieren. »Kollaboration«, schrieb er, »heißt: ›Gib mir dcine Uhr, und ich sage dir, wie spät es ist.‹«

Chanel, zutiefst frankophil, zutiefst anglophil und mit der Unternehmenswelt vertraut, plagte eine abstruse Überlegung. Sie glaubte, dass die Deutschen die gesamte französische Wirtschaft infiltrierten, indem sie sich in Unternehmen einkauften – oder die Inhaber zwangen, sie ihnen besonders günstig zu verkaufen –, so dass es eines Tages so gut wie unmöglich sein würde, diese Beziehungen zu beenden oder zu entflechten. Was würde dann mit dem Hause Chanel passieren?

Das Leben an der Côte d'Azur war schwierig geworden. Den Hotels ging es nicht gut – einer von sechs arbeitslosen Nizzaern war ehemaliger Hotelmitarbeiter. Die meisten Briten hatten es mittlerweile geschafft wegzukommen, aber einige andere, wie das Ehepaar Furness, waren noch da. Eine ausgebildete Krankenschwester versorgte Lord Furness, der wegen seiner Leberzirrhose im Sterben lag, ein Arzt machte täglich einen Hausbesuch; ansonsten gestaltete sich das Leben in der ehemals so luxuriösen Villa nicht einfach. Der Strom fiel oft aus, und Schuhe waren so schwer zu bekommen, dass Pat, die immer noch wuchs, meistens barfuß umherlief. Enid schmolz Kerzen, um Ersatzseife herzustellen, kaufte drei Ziegen, um sie zu melken und Käse zu machen. Dennoch wurde sie immer dünner, da sie ihr Essen für ihren Mann und ihre Tochter aufsparte. Trotz des Schwarzmarkts waren nur wenige Lebensmittel zu bekommen. (Brieftauben, die im Dorf Gaude für das Militär gehalten wurden, hatten bereits ihre letzte Reise hinter sich – in Aufläufe und Eintöpfe.) Nicht nur die Lebensmittel waren jetzt rar; Kleidung war so knapp, dass es langsam kritisch wurde. Wie Enid es später beschrieb: »Noch nie in der Geschichte waren Frauen so schlecht angezogen … Normale Schuhe gibt es nicht mehr, fast jede trägt welche aus Holz, und das bedeutet, dass die Frauen viel von ihrem Auftreten und ihrer Haltung verlieren. Sie können nicht laufen, sondern schlurfen nur – es ist zermürbend. Wenn man überhaupt Kleider kaufen kann, muss man zwei alte gegen ein neues eintauschen und einen exorbitanten Preis dafür bezahlen. Die Franzosen gehen auf dem Zahnfleisch. Tanzen ist streng verboten, und an Musik erinnert sich keiner mehr. Frauen dürfen keine kurzen oder weiten Hosen tragen, an der Côte d'Azur können sie deshalb auch keine alten Sachen auftragen.«

Es lag weniger als ein Jahr zurück, schien aber trotzdem eine Ewigkeit her zu sein, dass sie nach einem Facelift luxuriös im Bett einer Londoner Klinik ausgeruht hatte, quer über sich ihren Geparden, der den berühmten Sir Archibald McIndoe ernsthaft verwirrt hatte, als er vorbeikam, um nach seiner Patientin zu sehen. Als Lord Furness am 5. Oktober starb, wurde Enid, die sich nur noch in Schwarz kleidete, noch dünner. Nach dem Tod ihres Mannes kümmerten sie und Pat sich um Gefangene aus dem Internierungslager bei Èze.

Jede Nacht schickten die Deutschen ein langsames, lautes altes Flugzeug die Küste entlang, das überprüfte, ob die angeordnete Verdunkelung eingehalten wurde – war irgendwo ein Licht zu sehen, regnete es kleine Bomben und Handgranaten.

Das Hôtel de Paris mauerte seine besten Weine in einer geheimen Nische ein, um sie vor urlaubenden Soldaten zu retten. Flüchtlinge trennten die Säume ihrer Mäntel auf und förderten darin versteckte Diamanten zu Tage, die sie mit Verlust verkauften, um mit dem Geld Nahrungsmittel zu kaufen, die jetzt so viel teurer geworden waren. Einer der Gründe dafür war, dass die Deutschen sich vom Hafenmeister eine Liste der Namen aller Fischer hatten aushändigen lassen, um ihnen den Tagesfang abzunehmen. Obst, Butter und Käse befanden sich ebenfalls in ihren Händen.

Die Hotels erholten sich nach und nach. Viele der größeren wurden jetzt im Interesse von Deutschen oder Italienern betrieben. Doch Cannes war, wie Oppy schrieb, »wie eine Stadt der Toten, kein Mann, keine Frau lächelte, leichte Konversation schien strafbar geworden zu sein, das Casino war geschlossen, Tanzen war verboten, Musik wurde ohne Anteilnahme gehört.« (Als im darauffolgenden Frühjahr die Casinos wieder öffneten, liefen die Geschäfte insgesamt besser.)

Oppy und seine Frau wollten mittlerweile unbedingt das Land verlassen und ärgerten sich maßlos, dass sie nicht auf einem der beiden Kohlenschiffe mitgefahren waren. Sie mussten feststellen, dass der einzige Weg außer Landes über das amerikanische Konsulat in Nizza führte, das als neutrale Institution die Aufgaben der Briten übernommen hatte. Zunächst einmal brauchten sie Ausreisegenehmigungen, Geld für die Reise, Plätze in einem Flugzeug (von Lissabon aus), für die Geld nach Bristol geschickt werden musste, und sie durften nur mitnehmen, was sie selbst tragen konnten. Außerdem mussten sie ihre Pässe und *cartes d'identité* mitbringen und übergeben. Das alles bedeutete eine lange Wartezeit, denn die Pässe mussten zunächst zur Überprüfung nach Vichy geschickt werden, bevor überhaupt etwas unternommen werden konnte.

Mittlerweile war es im Haus sehr kalt geworden, außer Holz gab es keinen Brennstoff. Daher zogen sie für sechs Wochen ins Hôtel Montfleuri. Sie verbrachten dort einen ruhigen Weihnachtsfeiertag und erfuhren, dass in der Nähe ihres Anwesens Wölfe gesichtet worden waren. Dem Ehepaar, beide mittlerweile über siebzig, gelang es Mitte Januar 1941, vom Bahnhof in Cannes aus aufzubrechen. Nach einer mehrtägigen Fahrt, die sie in den überfüllten Zügen stehend hinter sich bringen mussten, sowie einer Leibesvisitation an der Grenze erreichten sie Barcelona. Oppy, der sowohl seinen Ruhm als auch seinen Reichtum genutzt hatte, um diesen Weg zu ebnen, musste sich sagen lassen, dass er gegen mehrere Regeln verstoßen habe, aber nachdem er eine »Strafe« von fünfhundert Francs gezahlt hatte, durften sie ziehen. Als sie schließlich Lissabon erreichten, mussten sie sich Plätze in der Clipper[57] sichern, einem Flugboot mit großer Reichweite, das täglich flog. Fünf Tage später starteten sie endlich, um drei Uhr morgens, während eines tosenden Sturms. Als sie in England landeten, wurden sie von einer Schar Reporter begrüßt.

Kurz vor Weihnachten hatte Raymond-Raoul Lambert, gequält, weil seine Landsleute mit jüdischen Wurzeln verfolgt wurden, notiert: »Im Herzen, im Geiste, als Familienmensch, in der Liebe, die ich für meine Mutter empfand und die mich jetzt an meine Söhne bindet, bin ich immer noch durch und durch französisch … in meiner Kultur, meinem Blut, meiner Veranlagung.«

Ein paar Tage später hatte Misia Serts Freund Boulos Ristelhueber in sein Tagebuch geschrieben: »Habe den Abend mit Coco Chanel und François d'Harcourt bei Misia verbracht. Coco ergeht sich in einer langen Tirade gegen die Juden. Das Gespräch ist gefährlich, wenn man Antoinettes Herkunft bedenkt [Antoinette d'Harcourt, die Frau von François, war eine Rothschild]. Glücklicherweise wurde sie abgelenkt, als alle sich darauf verständigten, dass Catherine d'Erlangers Smaragde nichts als Splitter von grünen Flaschen sind ... Die antijüdischen Gesetze ... verwandeln Paris in ein Gefängnis.«

»EIN DEUTSCHER SIEG IST GEWISS«

In Paris begann man zügig mit der Kollaboration. »Merkwürdiger Lunch bei [der Ballerina] Suzanne Lorcia mit Serge Lifar und Paul Morand«, notierte Boulos Ristelhueber am 12. Januar 1941 in sein Tagebuch (Morand war ein reicher französischer kultisch verehrter Autor aus der Oberschicht, Kollaborateur und späterer Biograf von Chanel). »Sie hat eine sehr teure Wohnung und reicht uns gewaltige Mengen an Kaviar, Champagner und Trüffeln, mit großer Liebenswürdigkeit, aber mit der Ausdrucksweise einer Concierge. Morand … erzählt uns, dass Europa definitiv an die Deutschen fallen wird. ›So wie es jetzt aussieht, sind die Engländer schon geschlagen‹, sagt er, ›und nichts wird Hitlers Vorherrschaft verhindern.‹ Ich bin furchtbar weit davon entfernt, so zu denken wie er. Serge befindet sich noch in einem Zustand der Euphorie. Er sagt zu mir: ›Der Chef erwartet mich bald in München.‹ Damit meint er Hitler.«

Nachdem im Frühjahr 1941 die Invasion Großbritanniens drohte, klangen die Pariser Witze plötzlich anders. Der simpelste war der von dem deutschen Soldaten, der einen Pariser fragt: »Können Sie mir sagen, wo es hier ein Schwimmbad gibt?« Die Antwort lautete: »Aber sicher. Zwischen Dover und Calais.« Eine andere komische Anekdote, die die Runde machte und von Jean Galtier-Boissière festgehalten wurde, handelte von einem älteren Rabbi. Angeblich wusste er dank mündlicher Überlieferung, wie die Juden es geschafft hatten, das Rote Meer zu durchqueren.

Hitler ließ diesen ehrwürdigen Mann zu sich kommen und versprach ihm die Freilassung mehrerer Tausend Juden, wenn er das Geheimnis enthüllte. Der Rabbi erzählte, der Anführer der Juden habe einen kleinen Zauberstab besessen, der die Macht hatte, einen Weg durch das Wasser zu bahnen. »Diesen Zauberstab! Ich muss ihn haben, um jeden Preis!«, ruft der Führer. »Wo ist er?« »Im British Museum«, antwortet der Rabbi.

Chanels Freunde Misia und José-Maria Sert vertraten unterschiedliche Positionen. Misia lehnte jegliche Nähe zu den deutschen Besatzern ab; Sert, der im neutralen Spanien eingebürgert war, freundete sich recht schnell mit den neuen Gebietern der Franzosen an. Wer deutsche Kontakte hatte, konnte im besetzten Frankreich auch mit einem Einkommen wie Sert im Luxus leben. Dieser ließ sein Blattgold aus Italien kommen und seine Pinsel aus London, als gebe es keinen Krieg und keine Grenzen. Er reiste in Limousinen mit Chauffeur, besuchte Länder, in denen er Aufträge hatte, aß und trank nur das Beste, und er sorgte für Misia, die er jetzt täglich sah. Ihr sollte es an nichts mangeln. »Sert hat uns alle drei [Boulos selbst, Chanel und Misia] zum Dinner ins Restaurant eingeladen«, schrieb Boulos am 5. Januar 1941. »Es herrschte eine Atmosphäre wie vor dem Krieg, russisches Orchester, rote Bänke, viel Kaviar …«

Doch nicht für jeden sah es so aus. Henri Korb war 1938, mit zweiundzwanzig, zum Militär gegangen, um seinen zweijährigen Wehrdienst abzuleisten (»Ich wollte das früh in meinem Leben hinter mich bringen«). Er wurde für dreizehn Monate in den Libanon geschickt, aber dort fanden keine Kampfhandlungen statt, und so sollte seine Einheit im Dezember 1940 nach Frankreich, nach Marseille, zurückkehren. Er hatte im Krankenhaus liegen müssen, und so war der Krieg schon ausgebrochen, als er schließlich die Armee verließ, um in Paris Elektrotechnik zu studieren.

»In meiner Pariser Hochschule hatten die Franzosen den Krieg und ihre neuen Machthaber satt.« Die Tatsache, dass er Jude war, war dort kein Problem. »Ich habe mich nie gefühlt wie die Juden in Polen, die mit gesenktem Kopf herumliefen. Ich habe mich allen anderen gegenüber gleichberechtigt gefühlt. Mein bester Freund in der Armee war kein Jude. Auch in der Französischen Republik, vor Vichy, spielte die Religionszugehörigkeit auf keinem Dokument, in keiner Situation im Leben eine Rolle. Sie galt als Privatsache. Jude zu sein, war kein Problem. Wir haben es nicht geheim gehalten, aber es war kein Problem.«

Aber es wurde plötzlich zu einem. Korb war unter dreißig Bewerbern für eine Ausbildungsstelle als Topograf ausgewählt worden, die das Ministerium für Arbeitslosigkeit ausgeschrieben hatte. »Jeden Tag wurde eine Stunde über die Gründe für die französische Niederlage diskutiert. Sie hämmerten uns immer wieder ein: Es lag an den Juden, den Freimaurern, den Kommunisten.«

Dann kam ein vierseitiges gelbes Formular, in das er Angaben über seine Eltern, seine Großeltern, seine Religion und so weiter eintragen sollte. »Dieser Fragebogen war ein Schock – ich betrachtete mich als Franzosen. Dass ich Jude war, war zuvor noch nie ein Thema gewesen.«

Während Korb und seine Kommilitonen die Ausbildung absolvierten, wurden die Gesetze verabschiedet, die Juden von den meisten Berufen ausschlossen. »Nach dem Examen bekamen alle Arbeit, außer den Juden.« Aber er war jetzt ein qualifizierter Techniker, und die Deutschen verlangten, dass Techniker und Konstrukteure nach Deutschland gingen. Er wurde als solcher ausgewählt, und da er wusste, was ihm wahrscheinlich bevorstand, kündigte er sofort. Das wiederum bedeutete, dass er als *résistant* galt. Paris war nicht mehr sicher.

Obwohl die antijüdischen Gesetze im Vichy-Frankreich noch strenger waren als in Paris, beschloss Korb, nach Nizza zu gehen.

Er hatte gehört, dass es dort viele Juden gab und der Aufenthalt entsprechend sicherer war. Vieles sprach für einen Neubeginn in Nizza: Er sah nicht aus wie ein Jude, und auf seinem Ausweis stand auch nicht, dass er jüdischen Glaubens war. Der einzige Hinweis darauf – das umfangreiche Formular, das er ausgefüllt hatte – würde, das wusste er, lange Zeit verschwunden sein, da es sich durch die langsamen und verschlungenen Seitenwege der französischen Bürokratie winden müsste.

Es gab mehrere Möglichkeiten, in das unbesetzte Frankreich zu gelangen. Das offizielle Laissez-passer, das von den Deutschen oder dem Vichy-Regime ausgestellt wurde, war die unkomplizierteste – allerdings war sie am schwierigsten zu bekommen. In manchen Fällen hatten Bauern, deren Höfe durch die Grenze geteilt worden waren, Schlüssel zu Toren in dem Stacheldrahtzaun, der dort entlang gezogen worden war. Personen, die in Bussen von Vichy-Frankreich zur Zwangsarbeit in der besetzten Zone und zurückgefahren wurden, erhielten Pässe, die mit dem deutschen Adler (spöttisch als »Kuckuck« bezeichnet) abgestempelt waren. Gelegentlich konnten auch ein, zwei Arbeiter mit gefälschten Papieren hineingeschmuggelt werden. Außerdem gab es ein Netzwerk professioneller *passeurs*. Häufig waren es Wilderer, die sich auch nachts im Wald zurechtfanden und Leuten bei der Grenzüberquerung halfen, indem sie den Wachen auswichen. Es gab etwa 2500 solcher Wachleute, im Schnitt zwei für jeden Kilometer, aber da sie in Vierergruppen arbeiteten, war der größte Teil der Grenzlinie meistens nicht in ihrem Blickfeld.

Das Überleben war schwierig. Korb hatte etwas englische Wolle für einen Anzug, die er auf dem Schwarzmarkt verkaufte. Von diesem Geld konnte er eine Weile leben. Es wäre eine Katastrophe, wenn auffiele, dass er nicht arbeitete. Jederzeit konnte es passieren, dass ihn die Polizei auf der Straße nach seinen Papieren fragen und feststellen würde, dass er nicht die wichtige *carte de travail* besaß, die alle Berufstätigen bekamen. »Jeder, der keine hatte, war verdächtig. Ich war verzweifelt. Ich hörte von einem Stadtplaner in Antibes und suchte ihn auf.«

Dort wurde er glücklicherweise nur nach seinen Qualifikationen gefragt. In einem Land, in dem ein Gutteil der Infrastruktur durch den Krieg beschädigt worden war, galt ein ausgebildeter Topograf als wahrer Glücksfall. Korb bekam eine *carte* sowie die nötige Ausstattung und wurde nach Nîmes geschickt. »Bei meiner Ankunft dort war alles grün von deutschen Uniformen. Aber es stand nirgendwo geschrieben, dass ich Jude war, und so fühlte ich mich draußen sicher. Zwei Jahre lang vermaß ich ein Dorf nach dem anderen, über eine Strecke von zweihundert Kilometern.«

Danach ging er mit seinem Bruder in die Berge und schloss sich der ersten Gruppe von Résistance-Aktivisten an, der er begegnete. Sie wohnten in den Bergen und sabotierten, was sie nur konnten. In der Gegend waren sie bekannt als *maquis*. *Maquis* ist das Wort für den in dieser Gegend typischen Buschwald. Mit zwei Citroëns fuhren sie nach Saint-Étienne, um Waffen zu beschaffen. Sie raubten eine Waffenfabrik aus, nachdem sie den Wachmann mit einer Sten Gun bedroht hatten. Manchmal, wenn sie wussten, dass ein deutscher Konvoi kommen würde, brachten sie Plastiksprengstoff an Eisenbahnschienen an. »Das hinterließ einen schlechten Geschmack«, sagte Korb, dem die Vorstellung missfallen hatte, Menschen zu töten.

Während der Besetzung von Monaco und Nizza durch italienische Truppen fühlten sich die Juden im größten Teil der Region sicher. Bald hörten andere davon, und es folgte ein Zustrom von Flüchtlingen. Manche waren gekommen, um ihren Grundsätzen zu folgen: Sie fanden das Leben unter dem Joch der Deutschen unerträglich. Viele führende Autoren Frankreichs, etwa

André Gide, André Malraux und Henry de Montherlant, waren an die Côte d'Azur gegangen, um sich von jeglicher potentieller Kollaboration in Paris zu distanzieren. Einige hüteten die Villen, die nach der übereilten Abreise ihrer britischen Besitzer zurückgelassen worden waren, andere wohnten in kleinen Hotels oder Pensionen.

Das Vichy-Regime verlor keine Zeit und verschärfte seine Maßnahmen. Alle Äußerungen, die sich gegen Vichy richteten, wurden unterdrückt – die Leute wurden davor gewarnt, die Wochenschauen in den Kinos auszubuhen, wenn ausführlich über deutsche Siege berichtet wurde. Zu husten konnte schon zu einer Festnahme führen, wenn es für übertrieben und subversiv erachtet wurde.

Gleichzeitig gab es erhebliche Anstrengungen, aus Pétain eine Kultfigur zu machen. Es gab eine *Art maréchal*-Büro. Dort wurde die Produktion aller Gegenstände unterstützt, die ein Bild des Führers zeigten: Stifte, Aschenbecher, Briefbeschwerer, Henkelbecher und Kalender oder Porzellanbüsten. Er tauchte auf Briefmarken auf, es gab sogar Wandteppiche zu seinen Ehren. Eine neue Nationalhymne wurde komponiert: »Maréchal, nous voilà!«

> Maréchal, nous voilà
> Devant toi, le sauveur de la France.
> Nous jurons, nous, tes gars,
> De servir et de suivre tes pas.
> La patrie renaîtra
> Maréchal, Maréchal, nous voilà!

Und so ging es noch einige Verse weiter.

Die neue Hymne wurde regelmäßig in Schulen gesungen. Gaby Fisher, ein kleines jüdisches Mädchen, das bei seiner älteren Schwester wohnen sollte, die mit einem Franzosen verheiratet war, und die eine Dorfschule besuchte, erinnerte sich später an den Morgen, an dem die Hymne eingeführt wurde. »Wir hatten eine sehr gute, tapfere Lehrerin. Eines Tages kam sie herein und sagte: ›Kinder, ich kann da nichts machen, ich habe meine Anweisungen bekommen. Ihr sollt jetzt alle *Marschall, hier sind wir!* singen.‹ Um uns zu trösten, gab die Lehrerin allen eine Zehn [die Bestnote], die es gelernt hatten.«

Wenn Pétain die Städte in Vichy-Frankreich besuchte, wurden immer Kinder auf dem Hauptplatz versammelt, um Fahnen zu schwenken, die neue Hymne zu singen und dem Marschall ihre Liebe zu zeigen. Eine subtile Methode, dem Regime eine Nase zu drehen, war es, wenn ein oder zwei absichtlich falsch sangen, manchmal die ganze Gruppe. Auch Musiker in einem Restaurant oder Café erlaubten sich manchmal einen Streich: Sie bauten ein paar Takte der nun verbotenen *Marseillaise* in unverfängliche Stücke ein.

Verbreiteter war, was der Schriftsteller und Literaturkritiker Jean Guéhenno als »die Schlacht der Vs« beschrieb. Die Deutschen hatten versucht, Großbritanniens »V for Victory«-Kampagne entgegenzuwirken. Sie sprühten riesige Vs, die, wie sie sagten, für »Victoria« standen, auf weiße Banner. Guéhenno selbst weigerte sich, während der Besetzung Frankreichs durch die Nazis irgendetwas zu veröffentlichen, weil das in seinen Augen Kollaboration wäre. Stattdessen führte er ein geheimes Tagebuch über die Ereignisse.[58] »Die Deutschen haben nicht viele Vs, aber sie sind riesengroß; sie hängen über öffentlichen Denkmälern, sind auf Flaggen, auf Plakaten«, schrieb er in seiner subversiven Chronik. »Die Vs der Résistance sind winzig, aber zahlreich: Metrotickets werden zu einem V gefaltet, Streichhölzer werden zerknickt, so dass sie ein V bilden …«

Die drei verbotenen Farben der Republik zu tragen, Blau, Weiß und Rot, war ebenfalls ein Zeichen des Widerstands: Eine

Frau konnte zum Beispiel ungestraft ein rotkariertes Kleid mit einem blauen Schal oder eine rote Jacke, eine blaue Handtasche und weiße Handschuhe tragen, da niemand »beweisen« konnte, dass sie sich mit ihrer Kleidung gegen die Nazis richtete – aber jedermann wusste, was für ein Signal sie setzte. Für Männer war es schwieriger: vielleicht ein weißes Hemd und zwei farbige Taschentücher, die aus einer Tasche ragten, oder eine gemusterte Streichholzschachtel. Aber diese kleinen Symbole erregten die Aufmerksamkeit der Gleichgesinnten und vermittelten zumindest ein Gemeinschaftsgefühl (Chanel hatte in ihrer letzten Kollektion kurz vor dem Krieg Akzente in bleu, blanc, rouge gesetzt).

Pétain selbst glaubte wie viele andere fest an einen deutschen Sieg. Für ihn gab es nur einen Weg, das zu erhalten, was er als »die Seele Frankreichs« bezeichnete. Man müsse sich tunlichst bemühen, den Erwartungen der Deutschen zu entsprechen, insoweit das die Grundhaltung als konservativer, katholischer, französischer Traditionalist zuließ. Nachdem das bedeutete, dass man Frankreich von ausländischem, insbesondere jüdischem Einfluss »säubern« müsste, führte er bald – ohne jegliche Aufforderung durch die Nazis – Maßnahmen ein, die fast identisch mit den Nürnberger Gesetzen waren; in der Hoffnung, dadurch in Zukunft in einer noch günstigeren Position zu sein.

Und so wurden die Juden im zweiten *statut des Juifs*, das am 14. Juni erlassen wurde, von den wenigen Stellen im öffentlichen Dienst ausgeschlossen, die ihnen noch offenstanden, und von so gut wie allen Beschäftigungen im Privatsektor. Diese brutale Regelung sah auch eine ergänzende Gesetzgebung vor, die Juden massenhaft ihrer Berufe berauben sollte: Nicht mehr als drei Prozent Juden durften an einer Universität studieren. Nur Kriegsveteranen erging es ein wenig besser, wie auch angesehenen Juden aus den ältesten Familien.

Es war schon so gut wie unmöglich geworden, einfach zu überleben; von allem, was annähernd normales Leben war, einmal ganz abgesehen. All das hatte immense psychologische Auswirkungen. »Ich weiß nicht mehr, ob ich mir ein langes Leben wünschen oder ob ich es bedauern soll, nicht an der Front gefallen zu sein … in der Zeit, als alle Franzosen Brüder waren«, schrieb Lambert an dem Tag, an dem das *statut* veröffentlicht wurde. »An die Zukunft kann ich nicht ohne Angst denken.«

Einer der wenigen, dem es noch eine Weile gelang, seinen Lebensunterhalt zu verdienen, war Isaac Wochiler. Mit sechsundzwanzig Jahren hatte er im Jahr 1934 Deutschland verlassen und war nach Frankreich gegangen. Den Namen in seinen Ausweisen hatte er von einem professionellen Fälscher von Isaac zu Jaques [sic; der Fälscher hatte das »c« weggelassen] ändern lassen. Als der Krieg begann, wurde er eingezogen und als MG-Schütze an der belgischen Front eingesetzt, bis diese überrannt wurde; dann kämpfte – in seiner Gruppe – jeder für sich selbst. »Die Offiziere flohen, also taten es die Männer ihnen gleich.« Sobald er abseits der Frontlinie war, entledigte er sich seiner Uniform und schlüpfte in Bauernkleidung. So durchquerte er das Land und hoffte seine Verlobte wiederzutreffen, die siebenundzwanzigjährige Ilona.

Sie hatte Paris während des Exodus verlassen, der Arzt, für den sie arbeitete, hatte sie in seinem Auto mitfahren lassen. In Toulon stieg sie aus, fragte jeden Soldaten, dem sie begegnete, nach dem 23. Regiment – in dem Jaques diente – und ging von *mairie* zu *mairie*, um nachzusehen, ob sein Name auf einer der dort ausgehängten Listen stand (über diese Listen fanden viele Leute Familien wieder, von denen sie getrennt worden waren). Schließlich wurden sie wiedervereint. Nachdem sie zunächst nach Toulouse gegangen waren, wo es ihnen zu gefährlich zu sein schien, ließen sie sich in Marseille nieder und heirateten dort im Oktober 1940.

Marseille war ein Anziehungspunkt für jüdische Flüchtlinge, die so weit wie möglich von den Kräften Nazideutschlands abrücken oder, wenn möglich, Frankreich verlassen und in ein anderes Land gehen wollten. Eine beliebte Route verlief über Casablanca oder Algier und dann weiter nach Lissabon, von wo aus man mit Glück nach Großbritannien oder Amerika weiterreisen konnte. Da Marseille ein wichtiger Seehafen war, wohnten dort Menschen aus dem gesamten Mittelmeerraum. In den engen Gassen um den alten Hafen gab es rivalisierende Banden, Prostituierte, Schmuggler, kleine Händler sowie Fischer und ihre Familien. Alle Juden konnten dort zunächst einigermaßen offen leben, auch wenn die etablierten französischen Juden, genau wie die Marseiller, die zahlreichen fremden jüdischen Neuankömmlinge missbilligten.

Jaques fand Arbeit. Er war ausgebildeter Zahntechniker; deshalb hatte er sich keine eigene Zahnarztpraxis einrichten müssen, das hatte Vichy den Juden verboten. Zunächst wohnte er mit Ilona in einem Hotel, doch nachdem das zu gefährlich geworden war – Hotels waren immer die ersten Ziele, wenn Razzien durchgeführt wurden –, zogen sie in eine kleine Wohnung. Als die Razzien begannen, kamen andere Flüchtlinge zu ihnen, um auf dem Boden oder in der Badewanne zu schlafen.

Im September begannen die Freilassungen der meisten der 300 000 Kriegsgefangenen, die im Juni 1940 nach der Einstellung der Kampfhandlungen interniert worden waren. Etwa ein Drittel von ihnen waren Bauern. Darunter hatte Frankreichs Landwirtschaft in jener nichtmechanisierten Zeit sehr gelitten, es war zu Nahrungsmittelengpässen gekommen.

André Palasse war nicht unter den Freigelassenen, und für Chanel war das ein herber Schlag. Sie hatte André zwar nicht oft gesehen, aber für sie kam er einem eigenen Kind am nächsten.

Finanziell hatte sie ihre Pflicht ihm gegenüber mehr als erfüllt, ihm eine hervorragende Ausbildung ermöglicht und ihm das schöne Château gekauft, in dem er mit seiner Familie wohnte. Sie war auch die Patin seiner Tochter. Fest entschlossen, für die Freilassung ihres Neffen zu sorgen, wurde ihr nun klar, dass sie das nur durch die Besatzer schaffen konnte. Um sie herum gab es genügend: Neben Göring, von Ribbentrop und Speer wohnten auch noch weitere Minister und hochrangige deutsche Generäle in diesem »besten und außergewöhnlichsten« Hotel, wie es aus Berlin hieß. Andere Angehörige der Nazi-Elite kamen häufig zu Besuch.

Sie beschloss, sich an einen Mann zu wenden, den sie oft im Umfeld von Ribbentrop gesehen hatte. Vielleicht ermutigte sie der Umstand, dass ihr auserwähltes Ziel nicht nur fließend Französisch sprach, sondern auch Zivilkleidung trug. Es handelte sich um Hans Günther von Dincklage. Sie gingen zusammen essen. Er erzählte ihr, wo er so gut Französisch gelernt hatte: in der deutschen Botschaft in Paris, in der Rue de Lille. Er bat sie, ihn »Spatz« zu nennen, wie es seine Freunde taten – doch was die Freilassung ihres Neffen betreffe, da könne er ihr leider nicht helfen. Aber er habe einen Freund aus Kindheitstagen, der vielleicht helfen könnte: Rittmeister Momm.

Rittmeister Theodor Momm war in Belgien aufgewachsen. Er stammte aus einer Familie, die seit fünf Generationen in der Textilbranche tätig war, und war damit betraut, die französische Textilproduktion wieder aufzubauen. Diese sollte Ressourcen zur Unterstützung der deutschen Kriegsanstrengungen liefern. Abgesehen von der Loyalität seinem Freund gegenüber muss es für jeden, der auch nur am Rande mit der Modebranche zu tun hatte, schmeichelhaft gewesen sein, von der großen Chanel kontaktiert zu werden, und so willigte auch Momm ein, ihr zu helfen. Zuerst ließ er eine kleine Textilfabrik in der Vorstadt

Saint-Quentin wiedereröffnen. Seinen Vorgesetzten erzählte er, dass die Inhaberin die berühmte Chanel sei; und so konnte er sie auch davon überzeugen, dass ihr Neffe am besten geeignet wäre, die Fabrik zu leiten.

Während der Diskussionen über André Palasse kamen sich Chanel und von Dincklage näher. Bald begannen sie eine Affäre, wenn auch nicht in der Öffentlichkeit. Während andere im Maxim's speisten, trafen sich Chanel und Spatz meistens in Chanels Zimmer im Ritz oder in ihrer Wohnung in der Rue Cambon.

Es ist leicht zu verstehen, was sie gegenseitig anzog. Chanel war es immer gewohnt gewesen, einen Mann um sich zu haben (»Ich habe Angst vor dem Alleinsein und lebe in völliger Einsamkeit«, hatte sie geklagt). In diesem großen, gutaussehenden, charmanten Mann von Welt mit hervorragenden Manieren sah sie einen angenehmen Begleiter des Typus, an den sie sich gewöhnt hatte. Ihre letzte große Liebe Iribe war schon mehrere Jahre zuvor gestorben. Seit ihr Couture-Haus geschlossen war, konnte sie das emotionale Vakuum nicht mehr mit Arbeit füllen. »Es gibt nichts Schlimmeres als die Einsamkeit«, sagte sie einmal. »Sie kann einem Mann helfen, sich zu verwirklichen, aber eine Frau zerstört sie.«

Sie war achtundfünfzig und immer noch glamourös, doch einen Liebhaber zu gewinnen, der dreizehn Jahre jünger war als sie, war zweifellos ein Coup und ein ermutigender Schub für ihr Selbstbewusstsein. »Jede Frau hat das Alter, das sie verdient« – dieser Spruch stammte schließlich von ihr. (Als sie wegen des Altersunterschieds zwischen ihr und Spatz kritisiert wurde, soll sie angeblich geantwortet haben: »Wenn eine Frau in meinem Alter das Glück hat, einen Liebhaber zu finden, bittet sie nicht darum, einen Blick in seinen Pass werfen zu dürfen.«) Außerdem war er zur Hälfte Engländer, wie sie später nie müde wurde zu betonen, stammte also aus einer Welt, die ihr von ihren Jahren mit Bendor vertraut war. Womöglich erinnerte sie von Dincklage, der Polo spielte, sogar an ihre große Liebe Boy Capel.

Sie hatte eine fünfzehnjährige Großnichte, Gabrielle, der sie ein Laissez-passer besorgen konnte, um ihr Besuche zu ermöglichen. Diese erinnerte sich später an Spatz als »nett, attraktiv, intelligent, gut gekleidet und angenehm – er lächelte viel und sprach fließend Französisch und Englisch ... ein gutaussehender, kultivierter Mann, der zu einem Freund wurde. Er war die Schulter, die sie brauchte, um sich anlehnen zu können, und ein Mann, der bereit war, Chanel dabei zu helfen, André nach Hause zu holen.«

Nicht zuletzt war damit das Gerücht aus der Welt, dass Chanel Cocteau heiraten würde. Das wurde kolportiert, seit sie ihn ins Ritz geholt hatte, weil sie ihn jahrelang finanziell unterstützt, Wohnungsmieten bezahlt hatte, und weil sie eng befreundet waren – dabei lebte er offen homosexuell. Beide lachten, wenn sie von ihrer vermeintlich geplanten Hochzeit in den Zeitungen lasen. Nur Cocteaus Mutter glaubte es und fragte: »Warum gibst du es nicht zu, Kleiner, [es muss doch wahr sein], wo es doch schon in der Zeitung steht.«

Für von Dincklage muss Chanel wie eine Trophäe gewesen sein, eine der bekanntesten Frauen Frankreichs, höchst elegant und sehr reich, die sämtliche Seiten des guten Lebens, das ihm so viel bedeutete, bieten konnte: exquisites Essen und Wein, ein komfortables und stilvolles Ambiente, kultivierte und interessante Freunde. Es war ein Leben, das von den Entbehrungen der Kriegszeit so gut wie unberührt war. Seiner Vergangenheit nach zu urteilen war er eher ein Opportunist als ein überzeugter Nazi.

Das Leben, das sie zusammen führten, war zwar luxuriös, aber diskret. Wenn sie beide alleine waren, sprachen sie oft englisch. Nur selten besuchten sie die schicken Restaurants, die von deutschen Offizieren und den Französinnen, die sie einluden, frequentiert wurden. Sie trafen sich nur mit einem kleinen Kreis von Freunden. Ansonsten speisten sie in aller Ruhe allein. Oder besuchten Marie-Louise Bousquets Einladungen zum Lunch, wo sich »nette« frankophile Deutsche unter Marie-Louises Freunde aus der Hautevolee mischten. Häufig speisten sie auch mit Sert und Misia zu Abend, und etwa zwei Mal die Woche kamen Cocteau und sein Liebhaber zum Dinner in Chanels Wohnung in der Rue Cambon, oftmals mit Serge Lifar. Danach gingen Chanel und Spatz hinüber ins Ritz.

Für das restliche Paris war das Leben jedoch hart. Der Winter 1941/42 war einer der kältesten des Jahrhunderts, er dauerte von Anfang Januar bis Ende März, mit Temperaturen weit unter dem Normalwert. Es gab fast kein Brennmaterial, Kohle und Gas waren rar, und häufig fiel der Strom aus. Findige Friseure erzeugten mit einem Dynamo Strom für die Trockenhauben: Angestellte mussten dafür in die Pedale treten. Nachdem es kein Benzin gab, fuhren alle Metro oder Fahrrad. »Wer Zeit hat, ist am besten damit beraten, im Bett zu bleiben, mit Pelzhandschuhen, Rollkragenpullover und sogar mit einer Nachtmütze, wie die schlauen Modeschöpfer sie bereits empfehlen«, schrieb *L'Illustration.*

Trotz des Leids war das Nachtleben in der Hauptstadt noch nicht ganz erstorben. Die Wehrmacht fand so großen Gefallen an halbnackten Frauen, dass achtzig Prozent des Publikums in den Folies Bergère deutsch waren (bei ihnen war der Can-Can so beliebt, dass Offenbach so gut wie der einzige jüdische Komponist war, dessen Musik gespielt werden durfte).

In kleineren, weniger bekannten Nachtlokalen war der Pariser Sinn für Humor noch nicht ganz bezwungen, und meist auch sicher vor deutschen Ohren – nur wenige deutsche Soldaten verstanden das französische, mit Slangausdrücken gespickte Schnellfeuer und die angesagten Redewendungen. In einem Lied wurde die doppelte Bedeutung des Wortes »occupation« auf

Französisch verwendet. Der Unterhaltungskünstler Jean Galtier-Boissière erzählt, wie er ein kleines Cabaret besuchte, das ein gutes Stück abseits der ausgetretenen Pfade des Nachtlebens der Nazis lag; er betrat es, den Arm zum Hitlergruß erhoben, trat dann mit immer noch erhobenem Arm vor das Publikum und sagte: »Jusqu'à la! Jusqu'à la! Nous sommes dans la merde jusqu'à la!«[59]

Auch die Bordelle hatten wieder geöffnet. Die berühmtesten – und teuersten – waren Le One Two Two (in der Rue de Provence 122) und Le Sphinx. Diese exklusiven Etablissements lockten mit etwas, das weit über ihre primäre Funktion hinausging: Hier konnten sich deutsche Offiziere, französische Kollaborateure, Künstler, Agenten und Spione auf inoffiziellem Wege treffen, häufig nur, um etwas zu trinken und Klatsch und Tratsch auszutauschen. Es dauerte nicht lange, bis die Mädchen erkannten, was sich hier für Möglichkeiten auftaten: Manchmal baten sie um ein Laissez-passer über die Demarkationslinie anstelle des üblichen »Geschenks«.

Die Rationierung brachte eine Entbehrung nach der anderen. Fleisch gab es so gut wie nie, selbst Wein war knapp, weil der Großteil nach Deutschland geschickt wurde. Die Frauen mahlten Zichorie und Gerste, um »Kaffee« herzustellen, oder sie besuchten in der Hoffnung auf ein paar Eier oder etwas Gemüse Verwandte, die nicht zu weit weg auf dem Land lebten; Haustiere wie Kaninchen oder Meerschweinchen landeten im Kochtopf – sogar Kartoffeln gab es nur über eine Lebensmittelkarte. Gefälschte Lebensmittelkarten konnten zwar gekauft werden, aber man musste sie sehr vorsichtig einsetzen, weil sie natürlich illegal waren.

»Wir haben Lebensmittelkarten, aber wir können nichts mehr dafür kaufen«, schrieb Jean Guéhenno im Januar 1941 in sein Tagebuch. »Die Geschäfte sind leer. Zu Hause leben wir seit zwei

Wochen ausschließlich von Paketen, die uns Freunde und Verwandte aus Großbritannien schicken.« Später in diesem Jahr, als er früh aufstand, um die erste Metro um 5:30 Uhr zu erwischen, weil er ganz vorne in der Schlange für einen Pass für die unbesetzte Zone stehen wollte, fielen ihm im Zug Angler auf. »An jeder Station stiegen welche zu, mit Angeln, Keschern, Schachteln mit Würmern, Klappstühlen und jeder Menge Hoffnung. Sie hatten es eilig, zu ihren Plätzen am Ufer der Seine zu kommen, und stiegen an der Station Châtelet aus.«

An der Côte d'Azur war das Leben normaler. Vielleicht, weil die Zukunft jetzt weniger sicher schien, warfen reiche Leute mit Geld um sich. In diesem Winter brachen die Wetteinnahmen an der am Var gelegenen Rennbahn in Nizza alle Rekorde. Dass die Vichy-Regierung Glücksspiel und Tanz verboten hatte, führte dazu, dass diejenigen, die es sich leisten konnten, nach Monaco strömten (das offiziell immer noch neutral war).

Ausländische Radiosender zu empfangen, wurde mit Geld- oder Haftstrafen geahndet. Vichy wollte den Süden nachhaltig mit der deutschen Perspektive infiltrieren, dabei hörten viele patriotische Franzosen heimlich das tägliche »Ici, Londres; les Français parlent aux Français!« aus der britischen Hauptstadt.

Jegliche Kommunikation war schwierig, besonders für Familien, die durch die Demarkationslinie getrennt waren. Nur vorgeschriebene Postkarten durften aus Paris verschickt werden. Den vorgedruckten Text konnte man stehenlassen oder durchstreichen (»bei guter Gesundheit«, »müde«, »verwundet«, »leicht oder ernsthaft erkrankt«, »brauche Lebensmittel«, »Prüfung bestanden« et cetera), aber man durfte nichts hinzufügen. Galtier-Boissière erinnerte das an die klassische Geschichte von dem Franzosen, der zum Arbeiten nach Deutschland geschickt wurde. Er versprach, über seine Eindrücke von dort zu berichten, gute würden in schwarzer Tinte geschrieben, schlechte in roter. In seinem mit schwarzer Tinte geschriebenen Brief stand: »Uns geht es sehr gut. Die Arbeit ist nicht schwer. Das Land ist gut. Die Menschen sind reizend. Es gibt genügend zu essen. Es gibt nur eine Sache, die unmöglich zu bekommen ist: rote Tinte.«

Für die Mehrheit jedoch war Hunger das beherrschende Gefühl, denn die Deutschen ließen alles, was in einem Laden gekauft werden konnte, aus der Region wegbringen. Wie im Rest von Frankreich war auch hier der Winter kalt. Von frühmorgens an standen die Menschen Schlange, um Steckrüben zu kaufen, denn selbst Gemüse war knapp. Wenn zufällig ein Regiment mit Pack- oder Zugpferden durch ein Dorf kam oder die Nacht über dort kampierte, gab es am nächsten Morgen einen Ansturm auf den Dung, als willkommener Dünger für Gemüsegärten.

Der fünfjährige David Pryce-Jones, der mit seinem Kindermädchen Jessie und einigen Mitgliedern seiner Familie in Cannes lebte, fuhr regelmäßig mit Jessie auf dem Fahrrad aufs Land, um nach Nahrung zu suchen. Später erinnerte er sich, wie er durch ein Loch in einem Maschendrahtzaun geschickt wurde. Der Zaun umgab einen Garten, aus dem David ein wenig Gemüse herausziehen sollte, wenn niemand in der Nähe war; »ein andermal hatten wir nichts als Fischgräten, die wir aussaugten«. Seine Tanten radelten bis zu fünfundzwanzig Kilometer weit ins Land hinein, um nach Eiern zu suchen – die Herstellung von Fahrrädern war übrigens eine der wenigen Wachstumsindustrien in der »zone nono«.

Enid Furness bewohnte mittlerweile die Villa Fiorentina, die ihr verstorbener Mann gekauft hatte, genau wie die benachbarten drei, vier Häuser, damit kein aktueller oder potentieller Liebhaber von Enid es tun konnte. Die aber trug stets Schwarz und konzentrierte sich, nachdem sie sich nun nicht mehr um ihren Mann kümmern musste, hauptsächlich darauf, alliierten Gefangenen bei der Flucht zu helfen: All jene, die sich noch in Vichy-Frankreich aufgehalten hatten, nachdem das Waffenstillstandsabkommen unterzeichnet worden war, hatten sich stellen müssen.

Eine Weile hatte Enid das große Internierungslager in der Nähe von Èze besucht. Die Leute, denen von dort die Flucht gelang, wussten deshalb, dass sie ein, zwei Nächte in der Villa Fiorentina bleiben konnten, bevor sie in ein weiteres Versteck gebracht oder an einen Kurier übergeben wurden. Einmal bat Enid ihre Tochter Pat, einen solchen Gefangenen nach Nizza zu bringen; die beiden machten sich mit Fahrrädern auf den Weg. Der Geflohene trug die Kleidung des Gärtners und auf dem Kopf eine Baskenmütze. Bevor sie die angegebene Adresse in einer Nebenstraße erreichten, mussten sie an den Straßenpatrouillen vorbei, wurden aber glücklicherweise nicht kontrolliert. Genauso nervenaufreibend war es, als die Vichy-Polizei während des Aufenthalts eines anderen Häftlings kam, um das Haus zu durchsuchen; er konnte als Hausmädchen verkleidet entkommen.

Schließlich entschied Enid, dass sie versuchen sollten, nach England zu gelangen. Vor ihrer Abreise brachte sie geraume Zeit damit zu, Pats lange Haare auf dem Kopf in Ringeln festzustecken. In jeder Locke versteckte sie einen Geldschein. Mit Charme, Entschlossenheit und ihrem Geld erreichten sie Spanien und, nach einer aberwitzigen Zugreise, schließlich Portugal. Dort schwelgten sie zwei Wochen lang im Luxus, bis sie Plätze in dem Flugboot bekamen, das regelmäßig von Lissabon aus startete.

Noch halfen in der jüdischen Bevölkerung Geld und Prestige dabei, einzelne Personen zu schützen und ein einigermaßen normales Leben zu führen. Ein solcher Fall waren Baron Elie Rothschild und seine Kindheitsliebe, Liliane Fould-Springer, beide

Nachkommen bekannter jüdischer Familien. Sie hatten sich vor Ausbruch des Krieges verlobt.

Elie und sein Bruder Alain dienten an der Front, als Deutschland 1940 Frankreich überrannte; beide wurden gefangen genommen und nach getrennt voneinander unternommenen Fluchtversuchen im Schloss Colditz untergebracht, dem sichersten Gefängnis der Deutschen. Von Colditz aus schrieb Elie an Liliane und schlug vor, mithilfe eines Bevollmächtigten zu heiraten (auf Französisch *mariage par procuration*). Ihre Eltern waren dagegen, weil sie es nicht für sicher hielten, den Namen »Rothschild« zu tragen, wenn die Gestapo in Frankreich ausschwärmte, aber Liliane erklärte sich einverstanden. Als sie in die *mairie* ging, um alles Notwendige für die Heirat zu veranlassen, wurde sie gefragt: »Vous épousez un Juif?« Auf diese beleidigende Frage lautete ihre stolze Antwort: »Non, j'épouse un officier français!« Die Heirat fand wie geplant über einen Bevollmächtigten statt, und nach dem Krieg wurden die beiden wieder vereint.

Pétain gelang es derweil nicht, gewisse Zugeständnisse von den Deutschen zu bekommen, wie die Freilassung französischer Kriegsgefangener oder den Abzug deutscher Soldaten aus diesem sogenannten neutralen Staat. Dafür hatten mittlerweile die harten Gesetze, die er erlassen hatte, ihre eigene Dynamik entwickelt.

VICHYS ANTISEMITISMUS UND ITALIENS PROTEKTION

Chanel stritt noch immer mit den Wertheimers über die Eigentumsanteile und den Vertrieb von Chanel No. 5, eine Auseinandersetzung, die den gesamten Krieg hindurch und auch noch lange danach fortgesetzt wurde. Ihre Androhung, eine neue, verbesserte Version dieses berühmten Dufts herauszubringen, war ins Leere gelaufen, der Konflikt schwelte weiter.

Ihr gesellschaftliches Leben mit ihrem alten Freundeskreis wurde durch den Krieg zwar kaum berührt, aber der wichtigste Faktor, ihre Arbeit, war jetzt nicht mehr existent: »Ich habe nie Kleidung gemacht«, beklagte sie sich bei Cocteau, als er sie Anfang April besuchte. »Ich habe Mode gemacht. Was sollte ich heute anfangen? Ich arbeite nicht mehr, weil die Frauen, die ich einkleiden würde, nicht da sind.«

Einige Tage später erinnerte sie sich gemeinsam mit Cocteau an eines ihrer vertrauten Abendessen vor dem Krieg (kurz nach der Abdankung von Edward VIII.). »Wir gingen mit Chanel aus und lachten viel«, lautet sein Tagebucheintrag vom 17. April 1942. »Ich erinnerte sie an ein Dinner mit Winston Churchill und seinem Sohn in Chanels Zimmer im Ritz. Wir vier. Churchill war völlig betrunken. Er fing an zu weinen wegen des Duke of Windsor. Er heulte. Sein Sohn heulte. Immer wieder sagte er: ›Man zieht sich keinen fremden Anzug an.‹« Daran dachte sie gerne – nicht aber an weiter zurückliegende Ereignisse, die waren ja auch das reinste Durcheinander, Verwirrung und Verschleierung. All ihren Biografen oder Möchtegernbiografen hatte sie unterschiedliche Dinge über ihre Familie, ihre Kindheit und Jugend berichtet, so dass es unmöglich war, ein klares Bild davon zu zeichnen.

Es gab allerdings zwei reale Ereignisse, die einer weniger starken Persönlichkeit durchaus den Boden unter den Füßen hätten wegziehen können: den Tod ihrer Mutter und den prompten Auszug des Vaters, als sie zwölf war. Auf dieses plötzliche Verlassenwerden folgte fast unmittelbar ihre Unterbringung in dem Waisenhaus in Aubazine. Sieben lange Jahre war sie eingeschlossen in diesem Gebäude, das mit seinen hohen Steinmauern und hallenden Gängen wie eine Festung hoch oben auf einem Hügel stand. Die Weltabgeschiedenheit wurde von der Monotonie des Alltags noch betont. Die schwarz-weiße Kleidung der Waisen und der Nonnen waren die einzigen Farben, bis auf das Grün der umliegenden Wälder, die sich in die Ferne erstreckten.

Nach einer solchen Jugend wären viele in einem ähnlich geschlossenen, sicheren System gelandet statt in den Unwägbarkeiten und Gefahren der Außenwelt. Chanel aber hatte eine grenzenlose Energie, Entschlossenheit zu überleben und eine Eigenwilligkeit, die sich nicht von äußerem Druck und Zwängen beugen ließ. Das rettete sie.

Dennoch hinterließen die Umstände ihre Spuren: Chanel hatte früh lernen müssen, sich allein auf sich selbst zu verlassen. Dass Geld dabei half zu überleben und dass Unabhängigkeit unerlässlich war. Im Krieg, der sie nicht betraf, wie sie mehrfach sagte, bedeutete dieser Überlebenswille, dass sie sich von der Welt zurückzog und nur das Leben lebte, das sie für sich gestaltet hatte, inmitten der Menschen, die sie gut kannte.

Ein Zwischenfall in diesem Frühjahr muss allerdings auch sie verstört haben: Eines frühen Morgens gelang es zwei Kämpfern der Résistance, sie aus ihrem Zimmer im Ritz zu entführen – wahrscheinlich waren sie von der Frau des Geschäftsführers eingelassen worden, die mit der Résistance sympathisierte. Man verband ihr die Augen und brachte sie fort; wohin, das erfuhr sie nie. An diesem geheimen Ort wurde sie über ihre Beziehung zu von Dincklage verhört. Man drohte ihr, sie zu entstellen oder zu töten, wenn sie ihr Verhalten nicht änderte. Sie bot ihnen Paroli – Mut gehörte zu Chanels hervorstechendsten Eigenschaften – und wurde überraschenderweise unbeschadet freigelassen; wenn einer so bekannten und von den Deutschen mit Wohlwollen behandelten Person etwas zustieße, würden diese üblicherweise einige »Geiseln« hinrichten; das war den Entführern zweifellos klar. »Sie sind Französin, und eine bedeutende dazu«, bedeuteten ihr die Entführer. »Sie sind gut für Frankreich, und Frankreich war gut zu ihnen.« Später an diesem Tag erschienen deutsche Soldaten im Ritz und durchsuchten sämtliche Zimmer. Sie fanden nichts.

Im Februar 1942 wurde der ehemalige sozialistische Premierminister Léon Blum, der im September 1940 wegen mehrerer erfundener Anschuldigungen vom Vichy-Regime festgenommen worden war, mit anderen Ministern vor Gericht gestellt. Unter ihnen war auch Paul Reynaud, der die Kampfhandlungen nicht hatte einstellen wollen. Mit dem Prozess sollte bewiesen werden, dass die Oberhäupter der Dritten Französischen Republik verantwortlich für die Niederlage Frankreichs waren.

Außerdem wollten die Nazis mit dem Gerichtsverfahren demonstrieren, dass die Verantwortung für den Krieg bei Frankreich lag; mit Blum, dem Juden, als Hauptziel. Aber es lief nicht wie geplant, weil alle Minister die diversen Anschuldigungen entkräften konnten. Insbesondere Blum hielt eine brillante Rede mit aufschlussreichen Vorwürfen gegen Vichy, über die die internationale Presse wohlwollend und ausführlich berichtete, so dass die Nazis den Prozess aussetzten. Vichy übergab Blum prompt an Deutschland. Bis zum Ende des Krieges wurde er im Konzentrationslager Buchenwald inhaftiert.

In diesem Frühjahr beschrieb in seinem Tagebuch Raymond-Raoul Lambert eine kurze Atempause während der immer massiveren Offensive gegen die Juden – und inmitten der Erschwernisse und des Drucks, dem sich auch nichtjüdische französische Staatsbürger ausgesetzt sahen: »Ich verbrachte über das Passahfest eine Woche mit Simone und den zwei älteren Jungen in Nizza. Wir haben in Monaco, wo die Beschränkungen nicht so streng sind, königlich gespeist, aber was das gekostet hat! (Zwölfhundert Francs für vier).«

Ende Mai 1942 wurde angeordnet, dass alle Juden, die älter als sechs Jahre waren, in der besetzten Zone einen gelben Davidsstern über dem Herzen tragen müssten. Er hatte sechs Zacken, war ungefähr so groß wie die Handfläche eines Mannes, und quer darüber war *Juif* oder *Juive* gestickt. Etwa um diese Zeit kam Réné Glassman nach Paris. Er stammte aus der Nähe von Düsseldorf, wo seine Eltern erfolgreich Öl- und Getreidemühlen betrieben hatten. 1936 war er nach Holland geflohen, um der Verfolgung zu entgehen, und hatte schließlich seine Eltern überreden können, ihm nachzufolgen. In Holland baute er ein erfolgreiches Unternehmen auf, beschloss aber, auch aus diesem Land zu fliehen, nachdem Razzien unter den Arbeitern begannen. Mit Hilfe von Schleusern war er über Belgien aus Holland geflohen, hatte sich in der Dunkelheit im Gebüsch versteckt, während die Schleuser die Grenze auskundschafteten, die von deutschen Wachposten permanent überwacht wurde.

In Paris sollte er in einem kleinen Hotel in der Nähe des Gare du Nord auf den nächsten Schleuser warten. Zuallererst entfernte er seinen gelben Stern. Über diese Tage des Wartens in Paris hielt er später seine Eindrücke fest: »Der deutsche Unterdrücker hatte der Stadt in erschreckendem Ausmaß seinen Stempel aufgedrückt. Überall spazierten Gruppen von Deutschen herum, Soldaten, Offiziere und Zivilisten, deren preußische Steifheit in dieser weichen, perfekt gestalteten Stadt deutlich hervorstach. Überall verletzte das Hakenkreuz mit seiner aggressiven Roheit die Stadtlandschaft von Paris.

An jeder Ecke tauchte mit unangenehmer Penetranz eine deutsche Militärherberge, ein Militärrestaurant oder ein Militärkino auf. Auf den Champs-Élysées, wo der Wind zuvor die viel sanfteren Pariser Lieder herbeigeweht hatte, sang ein Militärchor deutsche Marschmusik. Fast alle großen Hotels waren von Deutschen besetzt, an vielen Wänden hingen strenge Regeln und Propaganda in der unverkennbaren Sprache des Dritten Reichs.«

Was als Nächstes kam, hätte verhängnisvoll enden können. Wie aus dem Nichts grüßte ihn nämlich ein deutscher Soldat mit den Worten: »Guten Morgen, Herr Doktor, was machen Sie denn hier?« Diesen Mann hatte Réné, der Deutsch konnte, zuvor in Holland kennengelernt. Offensichtlich hielt er Réné für einen gewöhnlichen deutschen Geschäftsmann. »Ich ließ den ahnungslosen Tschöpe in dem Glauben, ich lebte noch in Holland, hätte aber außerordentlich viel Arbeit, die mich häufig nach Paris führte. Wenn man bedenkt, dass nicht einmal die kürzeste Einreise aus Amsterdam ohne Genehmigung möglich war, ist es doch vielsagend, wie wenig die nationalsozialistischen Maßnahmen gegen die Juden die breitere deutsche Öffentlichkeit beunruhigten und wie schlecht sie darüber informiert war.« Sie tranken ein Glas Bier zusammen, unterhielten sich, und dann beendete Réné »die Begegnung mit der Aussicht auf ein weiteres Treffen«.

Bald danach brach er von Paris in Richtung Nizza auf. »Wir erreichten das Ufer des Cher, der hier die Grenze zwischen dem besetzten und dem unbesetzten Frankreich bildete«, beschrieb er die Überquerung im September 1942. »Ich zog Schuhe und Strümpfe aus, und auf ein Signal von Maurice [des Schleusers] ging ich in den Fluss. Ich überquerte ihn unter dem mitleidigen Blick eines Anglers, der in der Mitte des Flusses stand. Wenige Minuten später und nur ein bisschen nass erreichte ich das andere Ufer. Ich zog Schuhe und Strümpfe wieder an und warf mit einem tiefen, befreiten Seufzer einen Blick zu dem Land auf der anderen Seite, das unter dem deutschen Joch ächzte. Dann atmete ich tief durch und begrüßte das Land vor mir, die ›zone libre‹, die mir tatsächlich wie das Land der Freiheit vorkam.«

Über 80 000 Juden folgten der Anweisung, einen gelben Stern zu tragen, was die Zustimmung jeder einzelnen Pariser Zeitung fand. Seit dem Sommer wurden Juden, die nun leicht auf der Straße zu erkennen waren, auch aus Paris deportiert – vor den Augen der Pariser. »Noch nie waren die Leute so nett zu ihnen«, schrieb Jean Guéhenno, nachdem die gelben Sterne eingeführt wurden. »Es gibt nämlich nichts Abscheulicheres, als einen Menschen zu zwingen, sich ständig für sich selbst zu schämen, und das wissen die guten Menschen von Paris.« An der Côte d'Azur war es das Gleiche. Den Juden wurde Mitleid entgegengebracht, trotz der Flut antijüdischer Propaganda, die Vichy verbreitete, und der Veröffentlichungen der antisemitischen Zeitung *Au Pilori*. Die katholische Kirche tat ihr Möglichstes, dieses Mitleid zu bestärken. Insbesondere Paul Rémond, der Bischof (und spätere Erzbischof) von Nizza, half Juden und ermutigte seine Gemeinde, es ihm gleichzutun.

Mittlerweile begannen sogar die Leute, die Pétain als patriotischen und furchtlosen General des Kriegs von 1914 anfänglich leidenschaftlich unterstützt hatten, seine Haltung und auch seine Motive zu hinterfragen – besonders deutlich, als Laval, der im April wieder an die Macht gekommen war, am 2. Juni den neuen Erlass von Vichy verlautbarte, die *relève*. Dabei ging es um den Austausch von Menschen: Für jeweils drei Arbeiter, die freiwillig nach Deutschland gehen und dort arbeiten wollten, sollte ein Kriegsgefangener entlassen werden. Vichy ermutigte Arbeiter zum ersten Mal aktiv, zu gehen, statt den Deutschen nur zu erlauben, sie zu rekrutieren. Von diesem Programm profitierten ausschließlich die Deutschen, die Arbeitskräfte bekamen, und dafür kranke Männer entließen, die sie dringend loswerden wollten.

Es folgte die wahrscheinlich berüchtigtste Aussage in Lavals Laufbahn: »Ich hoffe auf einen Sieg Deutschlands, denn sonst wird sich morgen der Bolschewismus überall ausbreiten.« Der Wunsch nach einem deutschen Sieg und die Bemühung, dem Willen der Eroberer zu entsprechen, zeigten sich in dem Telegramm an Eichmann, das er auf den Weg schicken ließ: »Laval schlägt vor, Kinder unter sechzehn Jahren bei der Deportation jüdischer Familien aus der freien Zone einzuschließen. Das Schicksal jüdischer Kinder in der besetzten Zone interessiert ihn nicht.« Viele Franzosen waren seiner Meinung, manche dachten anders. Lambert berichtete: »Am 14. Juli sah ich in den Straßen von Marseille die erste Massendemonstration gegen Laval und Hitler … 100 000 Menschen auf der Straße, die de Gaulle bejubelten und die ›Marseillaise‹ sangen.«

Auch an der Côte d'Azur gab es Tumulte und Unruhen, bedingt durch den Mangel an Nahrung und Wein. Falls überhaupt erhältlich, kostete ein Pfund Tee in Nizza umgerechnet um zwanzig Pfund, und die wertvollen Blätter machten mehrere Inkarnationen durch. »Wir kochten ein wenig in einem Topf auf, um die ganze Kraft herauszuziehen, tranken diese Flüssigkeit und trockneten die Blätter für den nächsten Tag«, erinnerte sich Elsie Gladman. »Das wiederholten wir drei Mal, danach schenkten wir die getrockneten Blätter einer unserer Helferinnen, die sie freudig mit nach Hause nahm. Sie reichte ihrem Mann einen Aufguss, den sie daraus zubereitet hatte, dann trocknete sie die Blätter zum letzten Mal, damit er sie in seiner Pfeife rauchen konnte.«

Wenn Zigaretten erhältlich waren, war die Ration für Frauen gleich null, für Männer sehr gering und nicht immer gleich. Auf der Straße waren längst keine Stummel mehr zu finden. Ein paar Leute schafften es, selbst Tabak anzubauen, andere trockneten Kohl und Kartoffelblätter, die sie zerkrümelten und in Zigarettenpapier drehten. Für alles musste man anstehen. Wo Rationen erhältlich waren und was es gab, stand in den Tageszeitungen, woraufhin sich jeweils sofort lange Schlangen bildeten.

Was als Nächstes kam, war so barbarisch und grausam, dass die Einwohner von Nizza Mitleid bekamen und die Kirche sich lautstark für die Opfer einsetzte, nachdem Berichte darüber die Côte d'Azur erreicht hatten. »Wir werden Zeugen einer grausamen Zersplitterung von Familien, bei der niemand verschont wird, nicht die Alten, nicht die Schwachen, nicht die Kranken«, schrieb Kardinal Pierre-Marie Gerlier in einem offenen Brief.

Es handelte sich um die *grand rafle* vom 16. Juli 1942. Etwa 13 000 jüdische Männer, Frauen und Kinder wurden verschleppt und unter entsetzlichen Bedingungen im *Vélodrome d'Hiver*, dem Pariser Radsportstadion, festgehalten. Die *rafle* wurde von den Nazis gesteuert, aber von der französischen Polizei exekutiert. Sie wurde auf der Grundlage von selbst erstellten Listen durchgeführt, und das erklärte Ziel dabei war, alle nichtfranzösischen Juden zu deportieren – etwa Flüchtlinge aus Polen, Belgien und Holland sowie Menschen, die als staatenlos eingestuft wurden.

Im Stadion herrschte eine unerträgliche Hitze, verstärkt durch das Glasdach, das dunkelblau gestrichen worden war, um keine alliierten Bomber anzuziehen; außerdem waren die Fenster zugeschraubt worden. Es gab keine Toiletten; von den zehn, die zur Verfügung stehen sollten, waren fünf versiegelt, weil ihre Fenster eine Fluchtmöglichkeit boten, die anderen waren verstopft. Es gab einen einzigen Wasserhahn, Wasser und Nahrung wurde nur von Quäkern und dem Roten Kreuz gebracht. Ein paar wenige Ärzte und Krankenschwestern wurden eingelassen. Wer versuchte, zu fliehen, wurde auf der Stelle erschossen. Manche nahmen sich das Leben.

Eine junge Sozialarbeiterin schrieb ihrem Vater: »Wenn du reinkommst, verschlägt dir der Gestank den Atem. Jede Person hat kaum mehr als einen Quadratmeter zum Hinlegen zur Verfügung. Die wenigen Toiletten sind verstopft, und niemand ist da, um sie zu reparieren. Alle müssen sich an den Wänden erleichtern. Seit ich hier bin, habe ich nur zwei Wasserauslässe gesehen, wie die an Gehsteigen. Jemand hat dort Gummischläuche angebracht, und es herrscht ein unbeschreibliches Gedränge um sie herum. Für 15 000 Menschen gibt es drei Ärzte. Die Polizisten sind in Krankenhäuser hinein und haben dort sogar Leute mitgenommen, die am Vortag operiert worden waren, deshalb haben manche aufgeplatzte Wunden, Blutungen usw. …« Nach fünf Tagen wurden die Gefangenen in versiegelten Viehlastern in die Durchgangslager Drancy, Beaune-la-Rolande und Pithivers verbracht und von dort weiter in die Todeslager der Nazis.

»Ob Deutsche, die nach dem Krieg reisen, wohl einen roten Stern werden tragen müssen?«, überlegte Galtier-Boissière ätzend – er selbst hatte nie den Glauben an einen britischen Sieg verloren.

Unterdessen bemühte sich das Vichy-Regime in der unbesetzten Zone, Juden so darzustellen, als würden sie im Luxus leben und sich an Lebensmitteln vom Schwarzmarkt gütlich tun, während die Franzosen litten und hungerten. Plakate mit der Aufschrift »Nieder mit den Juden« wurden angebracht, in Nizza die Straßenschilder ausgetauscht, die Juden gedachten, wie etwa in der Rue Rothschild, und natürlich wurden die verbliebenen jüdischen Geschäfte geschlossen.

Die französischen Behörden begannen, in den *groupes de travailleurs étrangers* Juden von Nichtjuden zu trennen. Sieben solcher »palästinensischer« Gruppen wurden gebildet, die einer viel strengeren Disziplin unterworfen waren als die anderen GTE. Immer mehr Menschen wurden in Zwangsarbeiterlagern interniert, um ihre Deportation zu erleichtern. Einer von ihnen war Marcel Block, der in ein Internierungslager in der Nähe von Carcassone gebracht worden war und auf einem Weinberg arbeitete. Im August 1942 kam der Befehl, dass er und seine Kameraden inhaftiert werden sollten, aber die örtliche Polizei weigerte sich, wie man ihnen zugutehalten muss. Sein Sohn Peter meinte, er hätte zu dieser Zeit in den Untergrund gehen können: »Mein Vater war komplett zweisprachig, und die Bevölkerung versteckte Leute.«

Obwohl die örtliche Bevölkerung mit den Juden sympathisierte, wurden die Deportationen fortgesetzt. »An den Ein- und Ausgängen von Bahnhöfen, vor Fahrkartenschaltern, auf Bahnsteigen, bei wichtigen Bushaltestellen, an Zollstationen am Stadtrand wurden Reisende von *gendarmes* befragt und ihre Papiere kontrolliert«, schrieb Françoise Frenkel. »In den Zügen stürzten sich deutsche Polizisten in Zivilkleidung auf die Leute … an den Straßen wurde jedes Fahrzeug angehalten, egal ob teures Auto oder Eselskarren.«

Viele dieser Festnahmen fanden auf kleinen Bahnhöfen auf dem Land in der Provençe statt, um nicht Zorn und Entsetzen bei den Ortsansässigen hervorzurufen. »Der Appell der Deportierten findet im Hof unter der grausamen Sonne statt«, schrieb

Raymond-Raoul Lambert, der als Präsident des Komitees für Flüchtlingshilfe manchmal Personen retten konnte, die festgenommen worden waren. »Am nächsten Tag im Morgengrauen beginnt der Abtransport. Wir sehen den Lagerbahnhof mit den Eisenbahnwaggons, die auf dem Abstellgleis warten, schwarz wie Leichenwagen ... Ich kann nicht jede Gruppe beobachten, die das Lager verlässt, ich verstecke mich da, wo ich weinen kann. Ich habe die Nacht im Lager verbracht, und es ist mir gelungen, beim Polizeiinspektor Gnade für ein paar wenige zu erwirken: bestimmte Kriegsveteranen, alte Menschen, politische Flüchtlinge ... aber ich habe das Gefühl, ihr Schicksal wurde nur aufgeschoben.«

Gelegentlich entkamen Gefangene aus den Internierungslagern und versteckten sich, bis sie die Résistance kontaktieren konnten, die begonnen hatte, Fluchtwege aus dem Land zu organisieren. Manche wurden von französischen Familien versteckt, die damit ihr eigenes Leben gefährdeten.

Bisher hatte sich Pétain geweigert, französische Juden auszuliefern. Pierre Laval hatte ihn überredet, die ausländischen Juden gehen zu lassen, um, wie er sagte, die eigenen zu retten. Ausländische Juden waren in der Tat ein abgefeimtes Ziel, denn auf die meisten Franzosen – auch auf französische Juden – wirkten sie fremdartig. Sie sprachen andere Sprachen, hatten andere Gebräuche und sahen anders aus. Es war nun beschlossene Sache, alle ausländischen »Israeliten« (ein Wort, das fremder klingen sollte als »Juden«) zu deportieren, auch solche, die erst vor kurzem eingebürgert worden waren, und es gab genaue Anweisungen, wie die Leute gefangen, inhaftiert, gesammelt und in Züge in die besetzte Zone gesteckt werden sollten. Und am 26. August wurden sechshundert von ihnen in Nizza festgenommen. Familien wurden in ihren Häusern gestellt oder nach Großfahndungen quer über das Land gefasst. »Die Polizei«, schrieb ein jüdischer Überlebender, »umstellte Hotels, Villen, ganze Häuserblocks und zerrte verängstigte Juden, die nach 1936 nach Frankreich gekommen waren, aus ihren Betten. Die Schreie, das Jammern und Stöhnen durchbrach die morgendliche Stille.« Die meisten Einwohner Nizzas waren entsetzt.

Fünf Tage später wurden die Gefangenen in Züge gepfercht. Sogar dreijährige Kinder wurden von ihren Müttern getrennt, und die *gendarmes* setzten Schlagstöcke und Wasserschläuche ein. Unter französischer Aufsicht wurden die Menschen nach Drancy gebracht. Sie landeten in einem riesigen, um einen großen Platz herum gebauten Wohnblock in einer armen Arbeitervorstadt in der Nähe des Flughafens *Le Bourget* und wurden scharf bewacht von der französischen Polizei. Der Ort wurde berüchtigt als Ausgangspunkt in das Vernichtungslager Auschwitz.

Die freiwillige Abreise von französischen Arbeitern nach Deutschland in Form der *rélève* funktionierte nicht so gut, wie Vichy gehofft hatte. Das von den Deutschen geforderte Kontingent an Männern wurde nicht erfüllt. Und nachdem die meisten deutschen Männer nun an unterschiedlichen Fronten kämpften, wurden ausländische Arbeiter dringend gebraucht, um die deutschen Fabriken am Laufen zu halten. Daher unterzeichneten Pétain und Laval am 4. September ein neues Gesetz, das alle arbeitsfähigen Männer zwischen achtzehn und fünfzig und alleinstehende Frauen zwischen einundzwanzig und fünfunddreißig verpflichtete, »jede Arbeit zu verrichten, die die Regierung für notwendig erachtet«. Mit anderen Worten: Zwangsarbeit, gekoppelt an die erzwungene Ausreise nach Deutschland. Dieser *service du travail obligatoire* bedeutete, dass französische Zwangsarbeiter die Einzigen waren, die nach den Gesetzen ihres eigenen Staates und nicht auf deutschen Befehl hin zum Dienst verpflichtet wurden.

Für das Ansehen Petains war das ein schwerer Schlag. Mittlerweile hatten die meisten Menschen in der unbesetzten Zone begriffen, dass Vichy nach der Pfeife der Nazis tanzte und dass das Oberhaupt der Regierung kaum mehr als eine Galionsfigur war. Man hatte sich einen neuen Spitznamen für ihn ausgedacht – »Pétoche«. Das klang wie eine liebevolle Verniedlichung … aber bis auf die Deutschen wussten alle, dass »avoir la pétoche« ein umgangssprachlicher Ausdruck war für »starr vor Schreck sein«.

Am 8. November 1942 landeten die Alliierten[60] bei der »Operation Torch« in Französisch-Nordafrika (die Franzosen besaßen noch die Territorien Algerien und Marokko). Am 11. November um sieben Uhr morgens überquerten deutsche Truppen die Demarkationslinie, italienische Truppen besetzten den Südosten Frankreichs. Die »unbesetzte Zone« gab es nun nicht mehr – sie wurde sofort in südliche Zone umbenannt. Die Côte d'Azur, die jetzt nicht einmal nominell frei war, unterstand nun der italienischen 4. Armee. Ein Triumph für die Italiener, die gemächlich die Promenade des Anglais entlangparadierten – Nizza gehörte nun wieder ihnen, und das hätte ihrer Meinung nach immer so sein sollen. Der Jubel der Zuschauer (viele waren italienischer Abstammung) schien das zu bestätigen.

Die Ankunft der Italiener bedeutete zusätzlichen Bedarf an Nahrung, und so wurde das Leben für die Einwohner Nizzas mit jedem Tag schwieriger. Elizabeth Foster, eine amerikanische Seniorin, die aus gesundheitlichen Gründen ihre Wohnung in einem eleganten Teil von Nizza nicht mehr verlassen konnte, war darauf angewiesen, dass ihre Köchin für sie auf dem Markt einkaufte. Nachdem die Köchin gekündigt hatte, gab sie Stellenanzeigen auf und stellte fest, dass »alle Köchinnen nachfragten, ob ich den ›marché noir‹ nutzte, und nicht kommen wollten, wenn ich das verneinte«. Ihr rechtschaffenes amerikanisches Gewissen ließ das nicht zu. »Es ist unvorstellbar, wie Betrug und

Korruption hier regieren«, schrieb sie in ihr Tagebuch. »Jeden Tag gibt es lange Listen mit Festnahmen und Geldstrafen für Handeltreiben auf dem marché noir, Betrügereien, Diebstahl und illegale Preiserhöhungen. Trotzdem wollen sich Köchinnen nicht in den Dienst nehmen lassen, es sei denn, man riskiert eine Geldstrafe oder einen Gefängnisaufenthalt und lässt sie auf dem marché noir einkaufen.«

Für die Juden an der Côte d'Azur stellte die italienische Invasion indes keine Zunahme der Verfolgung, sondern einen Rettungsanker dar.[61] Die italienischen *carabinieri* schützten sie, besonders, wenn sie von den Franzosen gejagt wurden. Als französische Antisemiten in Nizza auf eine Synagoge zumarschierten, drohte der italienische Kommandant, sie festzunehmen. Der befehlshabende General der 4. Armee ordnete an, dass in der italienisch besetzten Zone kein Jude von den Vichy-Behörden interniert werden durfte. Als die Vichy-Polizei weiterhin französische und ausländische Juden inhaftierte, ließen die italienischen Behörden viele von ihnen wieder frei und verhinderten weitere Festnahmen. Sie verboten auch, dass das Wort *Juif* auf Lebensmittelkarten und Ausweispapiere gestempelt wurde. Dadurch konnte jeder Jude sich theoretisch leichter unter die örtliche Bevölkerung mischen.

Die Nachricht von dieser humanen Behandlung verbreitete sich rasch. Juden kamen aus ihrem Versteck – auch die Familie Sungolowsky, die sich in der Lagerhalle verborgen hatte. Während in Deutschland der Holocaust wütete, strömten jüdische Flüchtlinge mit dem Zug oder mit dem Schiff an die Côte d'Azur und bevölkerten kleine Hotels, Apartments und Pensionen. Dreißig- bis vierzigtausend drängten sich an den dreißig Kilometern der Küste. Insbesondere Nizza war ihr Ziel; hier wurden sie vom Komitee für Flüchtlingshilfe empfangen und bekamen vorläufige Ausweise mit dem Vermerk »Zwangsaufenthalt«.

Dieser Zwangsaufenthalt war eine Sicherheitsmaßnahme. Juden wurden in Dörfer nahe der Alpengrenze zu Italien geschickt, wo sie von italienischen Soldaten beschützt wurden; als französische *gendarmes* einmal versuchten, zwei Frauen zu ergreifen, hinderten die Italiener sie daran. Juden konnten konnten ein weitgehend unbehelligtes Leben führen, vorausgesetzt, sie meldeten sich zweimal täglich bei der örtlichen Garnison und hielten sich innerhalb des Dorfes auf. Familien blieben zusammen, saßen Kaffee trinkend in Cafés oder spazierten durch die Straßen, es gab sogar Synagogen und Schulen.

»Saint-Martin in der italienischen Zone war wie das Paradies«, erinnerte sich später Adam Munz, ein damals sechzehnjähriger Flüchtling aus Polen, der getarnt in einem Internat bei Montpellier überlebt hatte (»die permanente Angst während der deutschen Besetzung Frankreichs ist schwer zu beschreiben«). »Es gab so viele Juden, die dort friedlich und offen lebten! *Carabinieri* und Soldaten lächelten und grüßten. Wir luden sie zu unseren Feiern und Konzerten ein, und sie kamen auch.«

Ein weiterer Junge, Alfred Feldman, dessen Mutter und Schwester bereits gefangen genommen und deportiert worden waren, kam etwa um dieselbe Zeit, um sich seinem Vater anzuschließen, der aus einem Arbeitslager geflohen war. »Ich sah etwas, das ich schon lange nicht mehr gesehen hatte: Juden gingen friedlich durch die Straßen, saßen in den Cafés, sprachen französisch, deutsch, manche sogar jiddisch.« Tausende wurden nach Italien geschleust, nachdem italienische Generäle verkündet hatten: »Kein Land kann von Italien, der Wiege des Christentums und des Gesetzes, verlangen, mit diesen Nazihandlungen in Verbindung gebracht zu werden.«

Heinz Röthke, Leiter des Judenreferats der Gestapo in Frankreich, klagte: »Die Haltung der Italiener ist und war unverständlich … seit mehreren Monaten gibt es einen Massenexodus von

Juden aus unserer Besatzungszone in die italienische Zone. Die Flucht der Juden wird durch tausende Fluchtrouten ermöglicht, durch die Hilfe, die sie von der französischen Bevölkerung bekommen, das Wohlwollen der Behörden, falsche Papiere und auch durch die Größe der Region, die es unmöglich macht, die Einflusszonen hermetisch abzuschotten.« Der Offizier beklagte auch, dass selbst Leute mit offensichtlich falschen Papieren den Schutz der Italiener genossen.

Ein wichtiger Bestandteil dessen, was Chanel für sich so geschaffen hatte, wie sie es wollte, war nach wie vor La Pausa. Sie liebte dieses Haus über alles. So wie man sich mit einem Umhang um Schultern und Körper vor Kälte und Unbill schützte, so hüllte sich Chanel in die tröstende Atmosphäre von La Pausa. Den Großteil des Sommers 1942 wohnte sie mit von Dincklage dort. Das Meer, die Sonne, die üppigen Geranien und das Gezwitscher der Nachtigallen, das alles war noch genau wie früher. An der Côte d'Azur war das Leben selbst für Menschen ohne die Privilegien Chanels immer noch ein wenig leichter als in Paris.

Chanel und von Dincklage waren dank seiner Beziehungen geschützt vor den Strapazen, die die anderen betrafen. Dank seines Laissez-passer konnten sie jederzeit die Demarkationslinie in beide Richtungen überqueren, auch vom Nahrungsmangel waren sie nicht betroffen; schon deshalb ähnelte ihr Sommer in La Pausa denen der Vorkriegsjahre, bis auf die Tatsache, dass dort keine großen Feiern mehr stattfanden.

Wenn sie sich dort aufhielt, aß Chanel oft in dem Restaurant von Madame Imbert in Roquebrune. Nachdem ihr Mann im Krieg war, hatte Blanche Imbert das Restaurant eröffnet, um damit den Lebensunterhalt für sich und ihre Familie zu erwirtschaften. Ihre regionalen Spezialitäten, *langoustes* und *lapin à la moutarde*, beeindruckten Chanel so sehr, dass Madame Imbert bald gebeten wurde, in die Villa La Pausa zu kommen, um Chanels eigene Köchin zu unterstützen, wenn sie dort Besuch von Freunden bekam. »Chanel aß sehr wenig, wollte aber, dass ihre Gäste reichlich hatten«, berichtete Blanches Enkelin Patricia Marinovich. Was die Familie Imbert außerdem erfuhr: Chanel war zwar nicht direkt knauserig, aber es galt bei ihr die Redewendung: »Un sou est un sou.«

Doch sie war auch zu außerordentlicher und unerwarteter Großzügigkeit fähig. Auf die Bitte von Prinzessin Ghika[62] unterstützte sie von 1928 an und in vorderster Front das Heim von Ste-Agnès, ein Waisenhaus, das sich der Pflege von Kindern mit Geburtsfehlern widmete. In ihren Memoiren, *Mes cahiers bleus*, erwähnt de Pougy immer wieder Chanels große und zahlreiche Spenden. »Gabrielle Chanel war spontan und *magnifiquement* großzügig«, notierte die Prinzessin, und später noch einmal: »Gabrielle Chanel hat fünftausend Francs geschickt …«

Auch Freunde wandten sich selten vergeblich an sie. Einer dieser Freunde war Robert Streitz. Ob Chanel wusste, dass Streitz sich mittlerweile einem bedeutenden Résistance-Netzwerk angeschlossen hatte, ist nicht überliefert. Interessant ist aber, dass er sie um Hilfe bat. Serge Voronov, ein Physikprofessor russisch-jüdischer Abstammung, war von der Gestapo festgenommen worden, und Streitz bat Chanel, zu intervenieren.

Chanel wiederum wandte sich an Spatz. Dieser war höchstwahrscheinlich beim deutschen Geheimdienst tätig und demnach sicherlich damit betraut, Juden oder Feinde Deutschlands, wie etwa Russen, ausfindig zu machen. Trotzdem versuchte er, in dieser Angelegenheit etwas zu unternehmen, wenn auch ohne Erfolg (Voronov wurde letztlich durch die Intervention einer anderen Person freigelassen).

Warum aber versuchte ein Mann, der hohen Offizieren unterstand, jemandem zu helfen, der entweder ein feindlicher Ausländer war oder einer Religion angehörte, die diese Offiziere auszurotten versuchten? Diese sonderbare Begebenheit unterstreicht Spatz' ambivalente Haltung gegenüber denjenigen, für die er arbeitete. Vielleicht erklärt es auch, warum Chanel glaubte, dass er der britischen Sache näherstand als seiner eigenen. Chanels Antisemitismus drückte sich jedenfalls hauptsächlich verbal aus.[63]

Keiner von beiden wusste, dass Robert Streitz, der La Pausa entworfen hatte und daher jeden Zentimeter des geräumigen Kellers kannte, in einer Nische einen Sender installiert hatte. Er verwendete ihn, um etlichen Juden die Flucht zu ermöglichen. Sie kamen oft in die Villa, bevor sie dann freundlichen Händen »übergeben« wurden.

Das geschah zum Beispiel durch Blanche Imbert. Blanche schickte häufig ihre Tochter in die Villa La Pausa, um dort zu helfen oder Küchenvorräte hinaufzutragen. »In einem kleinen Pförtnerhäuschen am Tor saß ein deutscher Wachmann«, erinnerte sich Patricia Marinovich. »Meine Mutter und meine Großmutter hatten beide Laissez-passers, und der Wachmann kannte sie mittlerweile recht gut. Oft ging meine Mutter mit einem jüdischen Mädchen hinauf und behauptete, das sei ihre Helferin. Gemeinsam liefen sie über den Weg hoch zur Villa und um die Ecke, wo das jüdische Mädchen durch ein schmales Tor entwischte, das vom Pförtnerhäuschen aus nicht zu sehen war. Dann flüchtete sie über einen Pfad in die Berge, oder in ein Dorf, wo alles für ihren Empfang vorbereitet war. Mademoiselle Chanel wusste natürlich nichts davon!«

Ende des Jahres intensivierten die Nazis und das Vichy-Regime ihren Feldzug gegen die Juden. Im Dezember 1942 ordnete Berlin an, dass alle Juden in Frankreich umgehend festgenommen und deportiert werden sollten. Laval befahl am nächsten Tag allen Juden, sich bei der nächsten Polizeistation zu melden, um sich das Wort »Jude« auf die Ausweispapiere und Lebensmittelkarten stempeln zu lassen. Die Italiener, die fürchteten, dass ihre Autorität in der italienisch besetzten Zone in Frage gestellt würde, sträubten sich. Sie wiesen sofort darauf hin, dass die Region unter der Leitung der Italiener, nicht der Franzosen stand … und es wurde nicht gestempelt.

Doch obwohl die Italiener die südliche Zone beherrschten, waren die Deutschen in Marseille immer noch sehr präsent, vor allem, um Juden und andere an der Flucht über den Seeweg zu hindern. Das deutsche Militär hatte mehrere der größten Hotels dort übernommen. Alle französischen Flaggen waren entfernt worden, die meisten Zeitungen hatten ihr Erscheinen eingestellt, das französische Radio war stumm. Nach der Operation Torch wechselte Admiral Darlan – der ehemalige Vizestaatspräsident des Vichy-Regimes – prompt die Seite und befahl den dortigen französischen Truppen, sich mit ihm den Alliierten anzuschließen. »Höchst aufregend … ein wahres Menetekel«, wie Elizabeth Foster sich später erinnerte.

Um die Einnahme der französischen Kriegsflotte durch die Alliierten in Toulon zu verhindern, versuchten die Nazis, sie in ihre Gewalt zu bringen, aber die deutsche Hauptstreitmacht hatte sich im Arsenal festgesetzt und gab, eine Stunde hinter dem Zeitplan, dem zuständigen Admiral die Gelegenheit, die Flotte zu warnen und die Selbstversenkung vorzubereiten. Als am 27. November 1942 um 5:25 Uhr morgens schließlich deutsche Panzer anrollten, wurde der Befehl »Versenken! Versenken! Versenken!« über Funk, optische Signale und Avisos gegeben. Die französischen Besatzungen gingen von Bord, Versenkungskommandos brachten Sprengladungen an, um die Bordwaffen zu zerstören und die Treibstoffvorräte zu entzünden, und ließen Wasser in die Schiffe ein.

Insgesamt zerstörten die Franzosen siebenundsiebzig Schiffe, darunter die größeren Schlachtschiffe. Nur neununddreißig kleinere Schiffe, die meisten davon sabotiert und entwaffnet, konnten eingenommen werden. Mehrere U-Boote ignorierten den Befehl zur Selbstversenkung. Sie entkamen und schlossen sich de Gaulles Kräften in Französisch-Nordafrika an. Einige der zerstörten Schiffe standen noch tagelang in Flammen, das Öl verschmutzte den Hafen so sehr, dass man dort zwei Jahre lang nicht schwimmen konnte.

Jaques und Ilona Wochiler hatten ihre Wohnung in Marseille verlassen, weil es dort zu gefährlich geworden war, und waren in ein kleines Hotel gezogen. Es wurde von einer ehemaligen Bordellwirtin geführt, die gute Verbindungen zur Préfecture hatte. Mittlerweile drohte stets eine *rafle* oder Razzia. Die Gestapo konzentrierte sich auf Pensionen und kleine Hotels, denn dort stießen sie normalerweise auf Flüchtlinge. Das gefürchtete Klopfen an der Tür ertönte meistens gegen fünf Uhr morgens. Ein geistesgegenwärtiger Mann rettete sich, indem er wütend auf Deutsch brüllte: »Lassen Sie mich in Ruhe!« Die Deutschen zogen ab. Im November warnte die Bordellwirtin die Wochilers, dass sie auf der Liste für die nächste Razzia stünden. Jaques und die im achten Monat schwangere Ilona flohen auf der Stelle in ein kleines Dorf im Landesinneren.

Mittlerweile hatten die Deutschen Quoten für die Deportationen ausgegeben, aber als die Vichy-Franzosen versuchten, sie durchzusetzen, wurden sie von der italienischen 4. Armee daran gehindert. Die Krankenschwester Elsie Gladman beschrieb es so: »Die Menschen, die am meisten gehasst und gefürchtet wurden, waren Franzosen, die kollaborierten ... Diese verhältnismäßig Wenigen wurden von den patriotischen Franzosen besonders wahrgenommen. Sie bekamen Drohbriefe und kleine schwarze

Holzsärge, als Androhung dessen, was ihnen nach dem Ende der Kampfhandlungen zustoßen würde.«

Am 15. Dezember 1942 kam die Forderung, bis Mitte März 1943 ein weiteres Kontingent von 250 000 Männern nach Deutschland zu schicken (300 000 deutsche Arbeiter waren bislang bei der deutschen Wehrmacht eingesetzt worden). Um dieser Aufforderung nachzukommen, führte Laval für alle Männer über zwanzig den *service du travail obligatoire* ein. Theoretisch galt der STO auch für junge Frauen, aber aus Angst vor den Reaktionen der Bevölkerung und der Kirche wurden Frauen grundsätzlich nicht eingezogen.

Nachdem mittlerweile sowohl die deutsche als auch die französische Polizei bei jeder Gelegenheit junge Männer aufgriff, um ihr Kontingent zu erfüllen – ob sie aus einem Kino oder einer Metro kamen oder auf dem Feld arbeiteten –, flohen Tausende, um sich der Résistance anzuschließen. Die Demarkationslinie war im Februar 1943 aufgehoben worden, und so bestand weniger Gefahr für diejenigen, die den Abstand zwischen sich und möglichen Verfolgern vergrößern wollten. Junge Bauern und Landarbeiter verschwanden, wenn sie von einer bevorstehenden Suche nach Zwangsverpflichteten erfuhren, im Landesinneren hinter der Côte d'Azur in den Wäldern oder in den Bergen, und sie kehrten erst zurück, wenn die Luft wieder rein war.

In Paris steckte ein Priester an Weihnachten einen gelben Stern an das Jesuskind in der Krippe.

Das neue Jahr 1943 begann mit der Casablanca-Konferenz. Sie fand vom 14. bis zum 24. Januar statt, die weitere Kriegsführung sollte dort festgelegt werden. Sowohl der amerikanische Präsident Franklin D. Roosevelt als auch Winston Churchill waren anwesend, und die Konferenz endete mit der »Erklärung von Casablanca«. Darin wurde der Welt verkündet, dass die Alliierten nichts weniger als die »bedingungslose Kapitulation« der Achsenmächte akzeptieren würden. Es war Ausdruck der unnachgiebigen Entschlossenheit, die Achsenmächte bis zur ultimativen Niederlage zu bekämpfen. Aber in gewissen Kreisen war man der Meinung, der Krieg dauere bereits lange genug, und es sei Zeit für Frieden.

Vielleicht waren es solche Überlegungen, die Chanel einige Monate später zu einem ungewöhnlichen Vorschlag veranlassen sollten.

FLUCHTEN, FESTNAHMEN, HUNGERRATIONEN

Vichy und die Deutschen waren gleichermaßen unzufrieden mit der italienischen Herangehensweise an die »Judenfrage«. Premierminister Laval beklagte sich am 14. Januar 1943 beim italienischen Botschafter in Vichy, die Italiener würden nicht nur italienische Juden schützen, sondern auch ausländische.

Keine vierzehn Tage nach Lavals Beschwerde nahmen die Gestapo und die französische Polizei die Sache selbst in die Hand. Zwölftausend französische Polizisten riegelten den Alten Hafen in Marseille ab, durchsuchten jedes Gebäude und trieben die Bewohner hinaus, um ihre Identität zu überprüfen. Schlosser mussten Türen öffnen, Frauen wurden in Polizeiwagen weggebracht, ohne dass sie sich vorher noch anziehen durften. Kranke wurden aus ihren Betten gezerrt und Eltern von ihren Kindern getrennt. Wenn ein Gebäude geräumt war, wurde es gesprengt. Am selben Tag wurden ebenfalls Kinos, Geschäfte, Busse und Züge im Großraum Marseille durchsucht.

Cocteau drückte es folgendermaßen aus: »Die verblüfften Deutschen sahen ganze Bauernhöfe mit Kühen und Molkereien vor sich auftauchen. Als sie Tränengasbomben hineinwarfen, erschienen Chinesen mit tonnenweise Opium, betrunkene Schwarze, Dollarfälscher, Schwule, Aussätzige und eine Gruppe englischer Piloten.« Und natürlich Flüchtlinge und Menschen, die versucht hatten, aus Frankreich zu entkommen. Insgesamt wurden schätzungsweise 40 000 Identitäten überprüft. Etwa die Hälfte der Festgenommenen wurde freigelassen, nicht aber die Juden – knapp 2000 wurden in die Todeszüge gesteckt.

In Paris wurde die Abfahrt dreier weiterer Züge aus dem Internierungslager Drancy nach Auschwitz bewilligt. Drancy, zur Erinnerung, stand unter französischer Leitung. Französische *gendarmes* luden die Internierten in die Todeszüge. Als die französische Polizei erfuhr, dass auch französische Staatsbürger darunter waren, boten sie an, diese zu retten, indem sie an ihrer Stelle ausländische Juden verschickten. Sie bekamen hauptsächlich Alte sowie Kinder und Kranke aus dem Waisenhaus der Rothschild-Stiftung in ihre Gewalt, die aus ihren Betten gezerrt worden waren. Das änderte jedoch nichts: Zwei Tage später wurden auch die französischen Juden deportiert – sie wurden von der französischen Polizei bis an die Grenze begleitet.

An der italienisch dominierten Côte d'Azur fühlten sich Juden immer noch vergleichsweise sicher, so sehr, dass Lambert am 3. Januar 1943 aus Nizza schrieb: »Wenn ich alt bin, will ich meinen Ruhestand an der Côte d'Azur verbringen. Zwischen elf Uhr vormittags und dem Sonnenuntergang vertreiben der klare blaue Himmel und die Kraft der Sonne mitten im Winter die körperlichen Beschwerden und inneren Befürchtungen.«

Vielleicht wurde nicht von ungefähr Anfang 1943 eine neue, finstere Macht ins Leben gerufen, die »Milice française« (meistens einfach »Milice« genannt). Dabei handelte es sich um eine politische paramilitärische Organisation, die am 30. Januar 1943 mit deutscher Hilfe vom Vichy-Regime gegründet wurde, um die erstarkende französische Résistance zu bekämpfen. Die Anwendung des *service du travail obligatoire* für alle Männer im wehrpflichtigen Alter (zwischen einundzwanzig und dreiundzwanzig) wurde zutiefst verübelt und hatte zur Folge, dass beinahe 200 000 von ihnen »verschwanden«; viele schlossen sich endgültig der Résistance an. Wie Jean Guéhenno schrieb: »Alle jungen Männer der Jahrgänge 20–22 müssen am 1. Juli nach Deutschland aufbrechen. Panik wie in einem zerstörten Ameisenhügel. Manche denken daran, die Grenze nach Spanien zu überqueren, andere wollen sich in den Bergen verstecken. Aber die meisten werden sich damit abfinden und abreisen. Viele sprechen schon davon, welche Probleme ihren Eltern durch ihren Weggang entstehen werden …«

Die faschistisch ausgerichtete Milice vollzog standrechtliche Hinrichtungen, wendete Folter an, um Informationen zu erhalten, und half dabei, Juden für die Deportation zu sammeln. Ihr offizieller Leiter war Pierre Laval. Sie war gefährlicher als die Gestapo, denn da sie aus gebürtigen Franzosen bestand, gab es keine Sprachbarrieren. Viele ihrer Mitglieder waren mit den Orten, Straßen und der Landschaft bestens vertraut und kannten die lokalen Informanten gut; zudem operierten sie außerhalb des Zivilrechts. Manche Angehörige der Milice waren kleine Kriminelle, denen erzählt worden war, ihre Haftstrafen würden umgewandelt, wenn sie sich anschlössen; andere waren dazugestoßen, weil sie so von der Deportation nach Deutschland als Zwangsarbeiter ausgenommen waren.

Die Milice machte sich sofort an die Arbeit. Eines Morgens sahen die Wochilers einen Mann in der charakteristischen blauen Uniform der Milice auf ihr Haus in dem kleinen Dorf zugehen, in dem sie Unterschlupf gesucht hatten – sie waren von einem Nachbarn denunziert worden. Jaques versteckte sich, während Ilona den Mann von der Milice herzlich begrüßte und ihm ein Glas Wein anbot. Wie es jeder Franzose tun würde, dem ein hübsches Mädchen ein Glas Wein reicht, nahm er es sofort an. Ilona schenkte ihm nach und erzählte, ihr Mann sei gerade nicht zu Hause. Nach ein paar weiteren Gläsern wurde die Atmosphäre zunehmend freundlicher, bis der Milice-Angehörige ankündigte: »Ich komme morgen wieder vorbei.« Die Wochilers verstanden den Hinweis und brachen sofort nach seinem Besuch mit ihrem kleinen Baby nach Grenoble auf.

Dort konnten sie Kontakt zur Résistance aufnehmen und wurden über die Grenze in die neutrale Schweiz geschleust, indem sie sich mit einem anderen Paar auf einem Karren unter einer Ladung Heu versteckten. »Wenn das Baby auch nur einen Laut von sich gibt, sind wir erledigt«, wurde ihnen gesagt. Zum Glück war der Kleine still. Sobald sie die Grenze überquert hatten, waren die Wochilers[64] in Sicherheit, denn damals durften Familien mit Kindern unter einem bestimmten Alter in die Schweiz einreisen; das Paar, mit dem sie unterwegs waren und das keine Kinder hatte, wurde zurückgeschickt.

Juden, die es irgendwie bewerkstelligen konnten, versuchten zu fliehen. Françoise Frenkel war bereits zweimal in letzter Minute zurückgewiesen worden, nachdem sie versucht hatte, in die Schweiz zu gelangen, wo Freunde ihr ein Visum besorgt hatten. Nun war ihre letzte Chance gekommen.

Der Drahtzaun an der Grenze war unüberwindlich, da er bewacht wurde. Aber in gewissen Abständen gab es Tore, die häufig nicht abgesperrt waren, damit Bauern, die auf beiden Seiten der Grenze Land besaßen, hindurchkonnten. Françoise gelangte an ein solches Tor – allerdings war es nach einem heftigen Regen in der Nacht zuvor blockiert. Als ein italienischer Soldat auf sie zueilte, gelang es ihr, hinüberzuklettern, und sie fiel auf der anderen Seite auf den Boden. Ein Schuss ertönte, dann kam ein anderer Soldat auf sie zugerannt. Er half ihr auf und erklärte, der Italiener habe lediglich in die Luft geschossen, sie befinde sich jetzt in der Schweiz: »Ich war gerettet!« Sie brach in Tränen aus, als sie zusah, wie der Schweizer Soldat vor ihr herging und das kleine Bündel mit ihren Habseligkeiten trug. »Darin befand sich alles, was ich aus Frankreich mitgenommen hatte, bis auf mein trauerndes und todmüdes Herz.«

Colette Halbert, deren Vater und sechs seiner acht Kinder bereits nach Auschwitz deportiert worden waren, hatte ebenfalls Glück. Colette, damals ein Kleinkind (sie wurde 1939 geboren), kam in ein Heim in der Avenue de la Page in Cannes. Dort lebten hauptsächlich Kinder, deren Eltern sich in den Kolonien aufhielten. Eine Protestantin namens Madame Charpiot leitete es. Sie nahm auch etliche jüdische Kinder auf; manche wurden ihr vom Bischof von Nizza geschickt, andere von Bekannten. Die jüdischen Kinder bekamen falsche Identitäten und Lebensmittelkarten sowie neue, französisch klingende Namen. Sie sollten möglichst ähnlich klingen wie ihre alten, damit sie sich nicht vor der Gestapo verrieten. »Ihnen diese Namen beizubringen, war das Schwierigste«, erinnerte sich später Madame Charpiots Tochter Françoise. Colettes neuer Nachname lautete »Auber«.

Als am Strand Spaziergänge und Kinderspiele verboten wurden, verlegte man das Heim in ein benachbartes Hotel, das Château Saint-Georges. Ein Teil des Hotels war beschlagnahmt worden, erst von den Italienern, dann von den Deutschen, so dass Franzosen, Deutsche sowie christliche und jüdische Kinder in manchen Nächten mit Männern der Résistance unter einem Dach schliefen. »So unwahrscheinlich es auch schien, dieses Miteinander half uns«, würde Françoise später berichten. »Von dem Moment an, als sich die Nazis in dem Hotel einrichteten, waren die Razzien keine Bedrohung mehr. Es kam ihnen gar nicht in den Sinn, dass jüdische Kinder in ihrer Mitte Zuflucht suchen würden. Doch die Eingriffe der Besatzer wurden immer mehr. Ich erinnere mich an einen Weihnachtstag. Wir hatten im Speisesaal einen Baum geschmückt und organisierten eine kleine Feier für die Kinder. Plötzlich ging die Tür auf. Einige deutsche Offiziere kamen herein und mischten sich lärmend unter uns.

Manche tätschelten einem jüdischen Kind freundlich die Wange. Die Kinder sangen ihr Weihnachtslied weiter, aber uns hatte das in Angst und Schrecken versetzt.«

Während Colette dort untergebracht war, wurde ihre Mutter im Mai 1943 am Bahnhof Saint-Charles in Marseille abgeholt und nach Drancy geschickt. Am 29. Juli gelang es ihr, einen Brief auf ein Blatt Toilettenpapier zu schreiben und ihn jemandem außerhalb zuzustecken. Nachdem ihre Familie auseinandergerissen worden war, wusste keiner, wie es den anderen ging. Sie hätte genauso gut einen Brief in eine Flasche stecken und ins Meer werfen können.

»Meine Lieben«, lauteten ihre Worte, »es ist lange her, seit ihr von mir gehört habt … Gesundheitlich geht es mir wirklich sehr gut. Ich bin nicht dünner geworden. Ich habe zwei größere Abtransporte gesehen, und jetzt weiß ich, dass ich beim dritten dabei sein werde, der morgen oder übermorgen losfährt. Seid nicht traurig. Ihr würdet staunen, wie ruhig ich angesichts all dessen bin. Alle Leute um mich herum sind fröhlich, guter Stimmung und gewiss, dass wir alle bald wieder zusammen sein werden. Unser Abtransport ist nicht wie die anderen – ich glaube, wir fahren nicht weit. Was mich aber wirklich quält, ist, dass ich nicht weiß, was zu Hause vor sich geht. Ich habe Papa mehrmals geraten, dass die Kinder eine Luftveränderung brauchen.« Zwei Tage später wurde sie nach Auschwitz deportiert.

Viele Jahre später sollte Colette schreiben: »Ich wusste nichts davon. Vierzig Jahre lang dachte ich, ich sei eine Kriegswaise.«

Nun folgt eine der kuriosesten Episoden in Chanels Leben – und offenbar ein Versuch, als Mittlerin bei einer Friedensvereinbarung zwischen den Alliierten und den Achsenmächten zu fungieren. Ob sie sich wirklich eine Chance auf Erfolg ausrechnete oder es lediglich auf einen Versuch ankommen lassen wollte, ist nicht bekannt. Womöglich steckte auch ein wenig Langeweile dahinter, nachdem sie ihre Tage nicht mit Arbeit ausfüllen konnte. Sie hatte sich jedenfalls in den Kopf gesetzt, Friedensgespräche zwischen Churchill und dem deutschen Oberkommando anzubahnen, ein Plan, der in seiner Kühnheit ebenso atemberaubend war wie der Glaube an ihre eigene Macht. Churchill sollte nach der »Teheran-Konferenz«[65] Madrid besuchen. Später behauptete sie, er habe sie dort auf der Rückreise nach England treffen wollen. Oder war es, wie behauptet wurde[66], ein Versuch, Informationen für die Deutschen einzuholen?

Sie hatte auf jeden Fall monatelang darüber nachgedacht. Ihr erster Schritt, im Frühjahr 1943, bestand darin, den Mann zu sich zu rufen, der die Freilassung ihres Neffen organisiert hatte, Hauptmann Theodor Momm. Ihm wollte sie ihren Plan unterbreiten, und verblüfft hörte er zu, wie sie ihre Idee erklärte. Man müsse, wie sie einleitend sagte, die Briten gut und über einen langen Zeitraum kennen, wenn man mit ihnen zurechtkommen wolle – so wie sie. Und während sie in ihrem Salon in der Rue Cambon auf und ab schritt, spielte sie, von ihren eigenen Worten mitgerissen, das Gespräch durch, das zwischen ihr und Churchill stattfinden sollte. Sie sprach zu Momm, als wäre er Churchill: »Du hast Blut und Tränen vorhergesagt, und deine Vorhersage hat sich schon bestätigt. Aber damit gehst du nicht in die Geschichte ein, Winston. Du musst jetzt Menschenleben schonen und den Krieg beenden. Dadurch, dass du die Hand zum Frieden reichst, beweist du deine Stärke. Das ist deine Aufgabe. Du musst jetzt Menschenleben schonen und den Krieg beenden. Dadurch, dass du die Hand zum Frieden reichst, beweist du deine Stärke. Das ist deine Aufgabe.«[67] Geradezu hypnotisiert fragte sich Momm: »Wie konnte man dieser Frau widerstehen?« (Jahre später beschrieb er sie als »ungeheuer starke Persönlichkeit«.)

Natürlich war sie nicht die Einzige, die von einem Ende der Kriegshandlungen träumte. Von Dincklage, der zu Beginn des Winters 1943 in Berlin gewesen war und die verheerenden Bombenangriffe durch die Alliierten auf die Stadt gesehen haben musste, kehrte mit der Überzeugung nach Paris zurück, dass Deutschland den Krieg verlieren würde und dies nur eine Frage der Zeit sei – darüber musste er mit Chanel gesprochen haben. Im Oberkommando der deutschen Wehrmacht gab es ebenfalls Leute, die insgeheim fanden, dass Frieden die beste Lösung sei.

Momm brach nach Berlin auf, betraut mit der heiklen Aufgabe, eine Reisegenehmigung nach Madrid für ein solches Treffen einzuholen, das über mehrere Monate geplant werden wollte. Der erste wesentliche Schritt bestand darin, die richtigen Leute zu treffen. Es musste jemand aus dem Büro von Heinrich Himmler sein, dem einzigen Menschen, dem Hitler wirklich vertraute und der als Leiter über das dunkle, geheimnisvolle und allmächtige Organ der SS regierte.

Momm wurde direkt zu Walter Schellenberg geschickt, den dreiunddreißigjährigen Vorgesetzten aller ausländischen Spione Deutschlands. Ohne dass Momm es wusste, war Schellenberg selbst weitgehend dafür, die Kampfhandlungen mit den Alliierten einzustellen, hauptsächlich, damit Deutschland sich voll und ganz auf die russische Front konzentrieren könnte. Die endgültige Niederlage Deutschlands in der Schlacht von Stalingrad, die im Februar 1943 endete, war das bisher deutlichste Signal, dass sich das Blatt wendete – gewendet hatte; selbst Schellenbergs Vorgesetzter, Admiral Canaris, war empfänglich für die Idee gewesen, die Fühler nach Friedensverhandlungen auszustrecken.

Momm wurde also mitgeteilt, dass Chanel die notwendigen Genehmigungen für die Reise nach Madrid bekommen würde. Das ganze Unternehmen sollte unter strengster Geheimhaltung durchgeführt werden. Chanel war nicht zum ersten Mal während des Krieges in Madrid. Es gibt einen Bericht über einen früheren Besuch im August 1941, als sie (laut Hal Vaughan) angeblich Informationen sammelte; als Agentin für die Deutschen. Vor allem wollte sie wohl den Absatz von Chanel No. 5 auf dem spanischen Markt ankurbeln. Damals war sie mit einem Mitarbeiter von Dincklages gereist, dem Spanisch sprechenden Baron Louis de Vaufreland Piscatory. In Madrid angekommen, trennten sich die beiden, und Chanel zog in eine Suite im Ritz.

Die Schilderung eines Dinners während dieser Reise vermittelte jedenfalls nicht den Eindruck, sie wäre Spionin gewesen. Brian Wallace, ein britischer Diplomat, der ebenfalls an dem Essen teilnahm, schickte einen langen und detaillierten Bericht über ihr Gespräch nach London. »Sie redete fast drei Stunden sehr offen über Paris und beeindruckte mich wirklich mit ihrer Aufrichtigkeit«, schrieb Wallace. »Sie ist eine Freundin des Premierministers und dem Duke of Westminster offenbar sehr verbunden. Sie würde gerne nach England gehen, kann sich aber nicht durchringen, Frankreich zu verlassen.« Neben vielen Punkten in seinem Bericht war auch ihre Ansicht verzeichnet, dass die Menschen in der besetzten Zone nicht probritisch, sondern antideutsch wären und sich die Deutschen in französische Unternehmen und Interessen einkauften. Die Franzosen hätten immer noch nicht begriffen, dass sie den Krieg verloren hatten: »›Wartet, bis wir diese Schweinehunde losgeworden sind‹, sei ihre Haltung.«

Bald darauf kehrten Chanel und ihr Spanisch sprechender deutscher Begleiter nach Paris zurück. Jetzt musste sie nur noch warten, während die Vorbereitungen für ihr spanisches Vorhaben getroffen wurden.

Derweil waren an der Côte d'Azur Lebensmittel schwerer denn je zu bekommen. Mit frischem Gemüse und Obst beladene Züge fuhren täglich nach Deutschland. Die Menschen schnitten die Stiele und Blätter von ihren Kartoffelpflanzen ab, damit die Deutschen sie nicht entdeckten und ausgruben. Sie sammelten die Hülsen von dicken Bohnen ein, die die Besatzer weggeworfen hatten. Die Nahrung war so knapp, dass betagte Patienten im Hospital Sunnybank ihre gelegentlichen Zuteilungen anderen Patienten sogar in ihrem Testament vermachten. »Die alte Dame im Zimmer nebenan kann meinen übrigen Zucker haben, und Sie, Schwester, mein Brot und meine Rumration«, hatte ein unheilbar kranker alter Mann Elsie Gladman zugesagt.

Elizabeth Foster bekam zum Geburtstag »alles, was man sich nicht kaufen kann … eine Zahnbürste, Streichhölzer, Seife, Papier und als Krönung Honig, den seit einem Jahr niemand gesehen hatte. Außerdem bekamen wir gestern Abend vier Eier. Auch haben wir gestern zum ersten Mal seit zwölf Tagen Fleisch gegessen – eigentlich sollte es das drei Mal die Woche geben. Wir bekommen aber auch keinen Ersatz dafür, nur Gemüse und ein halbes Pfund Makkaroni zusätzlich. Karotten sind quasi nicht aufzutreiben, wir müssen bereits mehrere Hektar Steckrüben gegessen haben, gekocht, in Scheiben geschnitten, gestampft. Seit zwei Monaten gibt es keine Butter, seit sechs Monaten keine Eier und keine Milch, aber das Schlimmste ist, dass es seit zehn Tagen kein Salz gibt. Die *femme de chambre* bekam ein wenig Salz von einem freundlichen Kellner in einem Restaurant geschenkt und teilte es mit uns.«

Leder war in ganz Frankreich verschwunden – es wurde nach Deutschland geschickt, um Soldatenstiefel daraus zu nähen –, und es waren stattdessen vierundzwanzig Millionen Paar Holzschuhe verkauft worden. »Schuhe und Strümpfe«, schrieb Elizabeth, »sind ferne himmlische Dinge, die jeder herbeisehnt.« Friseure bekamen sogar den Befehl, Haar, das abgeschnitten oder gestutzt worden war, zusammenzukehren und aufzubewahren, um es Pantoffelherstellern zu schicken.

Textilien waren so knapp, dass die Regierung Gutscheine für Lumpen anbot. Personen, die ins Krankenhaus kamen, wurden oft die Kleider gestohlen, und sie mussten nackt und in eine Decke gehüllt nach Hause geschickt werden. Leichtsinnige Schwimmer wurden häufig ihrer Kleidungsstücke beraubt, während sie im Wasser waren – Kleidung konnte nämlich in dem mittlerweile entstandenen Handel gegen Nahrung eingetauscht werden. Solche Diebstähle waren umso schwerwiegender, weil man etwa eine neue Hose nicht kaufen konnte, ohne die alte abzugeben. Starb jemand, so fragten Freunde nach der Beerdigung bei der Familie, ob sie die Kleidung des Verstorbenen kaufen durften. Kleingeld verschwand, Postämter gaben Wechselgeld in Form von Briefmarken heraus; Tür- und Schubladengriffe aus Messing wurden aus Banken und anderen Institutionen entfernt, um der deutschen Munitionsindustrie auszuhelfen. Die ohnehin kleine Kohleration wurde selten geliefert, Gas war nur zu bestimmten Zeiten erhältlich.

»Der schlimmste Augenblick des Tages ist für mich die düstere Stunde vor Sonnenaufgang, wenn ich mich in dem eiskalten Badezimmer etwas wasche – mit einem kleinen Krüglein heißen Wassers, das für mich bereitet wird, bevor das Gas abgeschaltet wird«, schrieb die fünfundsiebzigjährige Elizabeth Foster. »Tatsache ist, dass wir allesamt gleichermaßen schmutzig und mitgenommen sind vom kalten Wasser, dem Mangel an Seife und der ständigen Aufregung um die Öfen. Wir alle sehen zusehends schäbig aus. In den Mänteln, Capes und an den Krägen ist mehr Leder als Pelz. Wir leiden auch immer mehr Hunger. Der Hustensirup, den meine Freunde statt Zucker verwendet haben, ist zu Ende gegangen, und nun nehmen sie Abführmittel für Kinder, etwa Feigensirup oder Apfelsirup. Deshalb leiden nun alle außer den Robustesten an heftigem Durchfall.«

Die Franzosen, die ein bisschen Land besaßen, bewirtschafteten es so intensiv und so heimlich wie möglich. Wenn sie Mais oder Getreide anbauten, droschen sie es nachts im Inneren ihrer Häuser, bevor sie sich heimlich damit zum Müller davonstahlen. Die Schlangen vor den fast leeren Lebensmittelläden – schwangere Frauen wurden vorgelassen – waren so lang, dass manche Hausfrauen, die es weniger genau nahmen, sich Kissen unter das Kleid steckten, um sicherzugehen, dass sie die Ersten wären, was auch immer es gab. Als sich dieser Trick herumsprach, stupsten andere Frauen manchmal gegen einen dicken Bauch, um zu sehen, ob die Wölbung echt war oder nicht.

Das Einzige, was vielen Menschen noch Mut machte, war das Radio. »Ich habe keine Ahnung, wie ich diese finsteren Jahre ohne die BBC hätte überstehen sollen«, schrieb Elizabeth Foster am 23. Juli. »Der Glockenschlag des Big Ben war mein treuester Freund, und in Stunden, in denen ich es ein wenig einsam fand, der einzig hoffnungsvolle Mensch in meiner Bekanntschaft zu sein, kündete der Big Ben ›Lift up your hearts‹, *Sursum corda*, an, und mein Herz erhob sich tatsächlich. Vielen Millionen, die heimlich im besetzten Gebiet lauschten oder sich in einsamen Außenposten danach sehnten, sich dem Kampf anzuschließen, muss es genauso ergangen sein.«

Radiohören verlangte Heimlichkeit und Vorsicht. Die Fenster mussten dabei möglichst geschlossen sein, damit weder der Feind noch mögliche Denunzianten etwas hören konnten. Ob die Fensterläden geschlossen werden sollten, war strittig. Einerseits war so das Radio nicht so leicht zu hören, andererseits konnte man bei offenen Läden gleich sehen, wenn ausländische Obrigkeitsvertreter im Anmarsch waren.

Kaum jemand kam an den Wagemut des Geschäftsführers des Negresco in Nizza heran, wo sich das Hauptquartier der Gestapo befand. Er hatte einen Radioempfänger hoch oben unter dem rosafarbenen Schindeldach des Hotels installiert. So konnte er immer die neuesten Nachrichten unter vertrauenswürdigen Freunden verbreiten (einer davon war Dennis Youdales Vater). Wäre er erwischt worden, man hätte ihn zweifellos erschossen. Jeder, der dabei ertappt wurde, wie er die klaren Töne der BBC hörte, wurde streng bestraft: Beschlagnahme, eine hohe Geldstrafe, Deportation in ein Konzentrationslager und womöglich der Tod (als Elizabeth im Juli wegen der Hitze das Fenster aufließ, wurde sie von einer Freundin gewarnt, dass ihr Radio zu hören sei). Aber die Meldungen von den zunehmenden Vorstößen der Alliierten waren so aufregend und verbreiteten so viel Hoffnung, dass die Menschen die Nachrichtensendungen gebannt verfolgten. Ein französisches Mädchen schrieb nach den Siegen in Afrika: »Ich war so aufgeregt, dass ich nicht einmal das Fenster schloss, als ich das Radio einschaltete. Ich habe mir eine extra Scheibe Brot und einen extra Würfel Zucker in meinem Kaffee gegönnt!«

Elsie Gladman und ihre Kolleginnen hatten ihr Radio im Keller stehen. Eine Krankenschwester hielt immer oben an der Treppe Wache, während die anderen lauschten. Die englischen Schwestern, die noch im Krankenhaus waren, mussten regelmäßig in die *mairie* gehen, um ihre Fingerabdrücke zu hinterlassen und mit ihrem Namen zu unterschreiben. Im Juli 1943 wurde ihnen mitgeteilt, dass sie die Küste verlassen müssten – Engländer durften sich nur bis maximal hundert Kilometer Abstand dem Meer nähern. Alle Spuren der Engländer hatte man weitestgehend beseitigt: Ihre Kirchen waren geschlossen, ihre Bibliotheken geplündert, viele der Bücher verbrannt worden, und es gab eine strenge Ausgangssperre. Und etliche englische Bewohner von Cannes waren in ein Konzentrationslager in Grenoble geschickt worden.

Im Lauf des Sommers 1943 spalteten und verhärteten sich die Haltungen und Überzeugungen. Im Krieg schien sich eine Wende abzuzeichnen, von einem sicheren deutschen Sieg war nun nicht mehr auszugehen. Und so verlor auch die Vorstellung immer mehr an Boden, dass es Frankreich in Zukunft besser haben würde, wenn es mit Deutschland kollaborierte. Die Bevölkerung, die fast am Verhungern war, sah ständig, wie ihre Lebensmittel ins Feindesland geschickt wurden, und das erhöhte den Hass auf das Naziregime. Außerdem waren viele Franzosen entsetzt über die mittlerweile offen durchgeführten Festnahmen jüdischer Mitbürger, jahrelanger Freunde oder Nachbarn, und auch über die Herzlosigkeit, mit der diese Razzien durchgezogen wurden.

In eine davon geriet Marcel Block; er wurde zunächst nach Drancy geschickt und drei Tage später in Konvoi 25 unter abscheulich brutalen Bedingungen nach Auschwitz. Ein anonymer Überlebender schrieb: »Auf Viehlaster geladen, ohne dass man sich rühren konnte, klebte man aneinander, bekam keine Luft, wurde von jeder Bewegung des Nachbarn eingequetscht, das allein war bereits die Hölle. Tagsüber entsetzliche Hitze und furchtbarer Gestank. Nach mehreren Tagen und Nächten wurden die Türen geöffnet. Wir kommen erschöpft und dehydriert an, viele sind krank. Ein Neugeborenes, seiner Mutter aus den Armen gerissen, wurde gegen eine Säule geschlagen. Die Mutter schreit, irr vor Schmerz. Der SS-Mann schlug ihr brutal den Gewehrkolben über den Kopf. Ihr Blick wild, verängstigte Schreie, das Blut färbte ihre schönen blonden Haare. Sie wurde mit einem Kopfschuss niedergestreckt.« Bei der Ankunft wurden siebenundsiebzig Frauen für die Arbeit ausgewählt, aber keine Männer. Alle anderen wurden vergast.

Solche Szenen wirkten sich auf die französische Polizei aus. Heinz Röthke, der Leiter des Judenreferats der Gestapo in Frankreich, bemängelte: »Bei den Massenverhaftungen der Juden können wir uns nicht mehr auf die Mitarbeit der französischen Polizei verlassen – wenn sich die militärische Situation Deutschlands nicht innerhalb von Tagen oder Wochen verändert.« An der Côte d'Azur gab es solche Razzien noch selten. Allerdings bombardierten die Deutschen und Vichy-Amtsträger die Italiener mit Forderungen, ausländische Juden in ihrer Gegend festzunehmen, wo bis zu 30 000 Juden offen und legal lebten. Die Italiener erklärten zwar, alles in ihrer Macht Stehende zu tun, aber nicht nur kooperierten sie nicht, sie schützten die Juden auch aktiv. »Die italienische Haltung ist unverständlich«, so Röthke am 21. Juli. »In den letzten Monaten gab es einen jüdischen Massenexodus aus unserer Besatzungszone in die italienische Zone.«

Die Erinnerungen eines italienischen Soldaten, des vierundzwanzigjährigen Arturo Finotti, der in einem kleinen Dorf in der Nähe von Nizza stationiert war, erklären, wo die Prioritäten vieler dieser Soldaten lagen. »Wir wurden sehr schlecht bezahlt«, erzählte er später seinem Sohn Federico. »Ich habe gespart, was ich konnte – in einem Notfall war Geld immer nützlich. Man hat uns manchmal auch mit Zigarettenstangen bezahlt, die wir hin und wieder als Bonus bekamen. In der Kaserne haben wir sie oft als Zahlungsmittel verwendet. Außerhalb der Kaserne und des militärischen Lebens wollten die meisten Soldaten ihr Geld lieber in einheimische Frauen investieren.«

Doch die Monate, in denen die Juden an der Côte d'Azur vergleichsweise sicher waren, sollten bald beendet sein, auch wenn die Italiener sie weiterhin beschützten, ging es irgendwann nicht mehr.

Die italienische Armee war bereits in Russland besiegt worden und stand kurz davor, mit den deutschen Streitkräften in

Nordafrika zu scheitern. Am 10. Juli landeten die Alliierten auf Sizilien, nur vierzehn Tage später wurden Mussolini und seine faschistische Regierung abgesetzt. Das änderte allerdings nichts am Verhalten der Italiener, die an der Côte d'Azur weiterhin die Juden beschützten, die hauptsächlich in Nizza oder Cannes lebten.

Lambert und seiner Familie wurde kein solches Glück zuteil. Er arbeitete offen in der UGIF (der Union générale des israélites de France, eine Einrichtung, die 1941 auf Verlangen der Nazis von der Vichy-Regierung gegründet worden war). Nun wurde er verhaftet und nach Drancy geschickt, denn Deutschland wollte die Effektivität der UGIF planmäßig beschneiden. Nachdem es so aussah, als wäre der Krieg für Italien bald beendet, bemühten sie sich darum, die Juden in ihrem Gebiet zu retten. Während Vorbereitungen für einen Waffenstillstand zwischen Italien und den Alliierten getroffen wurden, gingen Mittelsmänner auf die britischen und amerikanischen Botschafter im Vatikan zu.

Am Morgen des 8. September 1943 kam es schließlich zu einer Einigung: Die Italiener würden vier Schiffe zur Verfügung stellen, Briten und Amerikaner würden die Landung von 30 000 Juden aus dem italienisch besetzten Frankreich in Nordafrika gestatten, das jetzt von ihnen kontrolliert wurde.

Die Organisation würde zwei bis drei Wochen in Anspruch nehmen, und nachdem der Waffenstillstand im Oktober vollzogen werden sollte, sah es so aus, als wäre gerade noch genug Zeit für die Rettungsaktion. Die italienische Armee beeilte sich, die jüdischen Flüchtlinge, die in »sicheren« Dörfern untergebracht gewesen waren, näher an die Grenze zu bringen, so dass sie nach Italien fliehen könnten. Einige wurden auch nach Nizza transportiert, von wo aus sie per Schiff ausreisen sollten.

Doch die Ereignisse überstürzten sich. Der Waffenstillstand, der am 3. September heimlich unterschrieben worden war, wurde am 8. September von General Dwight Eisenhower verkündet, am selben Tag, an dem die Rettungspläne für die Juden finalisiert worden waren. Die italienische Armee war überrumpelt – und auch viele Kommandeure waren vollkommen überrascht. Chaos brach aus. Ohne klare Anweisungen machte sich die italienische Armee auf den Heimweg, aber viele waren zu spät: Sobald der Waffenstillstand verkündet worden war, griff Deutschland umgehend Italien an und besetzte den größten Teil.

Die Juden, die von den Italienern an der Côte d'Azur beschützt wurden, waren nun in einer noch schlimmeren Lage, auch wenn einige von italienischen Kommandeuren auf ihrer Rückkehr nach Italien mitgenommen wurden. Von einem Dorf aus, das für Zwangsaufenthalte von Juden vorgesehen gewesen war und das von Italienern beschützt worden war, wurde eine Route über die Alpen nach Italien eingerichtet, die ehemaligen Bewohner wurden unterwegs mit Lebensmitteln versorgt. Allerdings hatten die Deutschen das vorausgeahnt und nahmen sowohl die Juden als auch ihre italienischen Eskorten bei der Ankunft fest.

Im italienisch geprägten Nizza herrschte große Freude darüber, dass die Italiener nun nicht mehr zu den verhassten Achsenmächten gehörten. Kirchenglocken läuteten, Frauen küssten italienische Soldaten, es wurde Akkordeon gespielt, und auf der Straße tanzten Paare. Aber die Feier dauerte nicht lange, denn innerhalb von zwei Tagen waren die Deutschen da und füllten die Lücken, die die Italiener hinterlassen hatten. Raoul Mille, der, seit er sechzehn Jahre alt war, in Nizza gelebt hatte, beschreibt ihre Ankunft in seinem Roman *Les amants du paradis* (1987):

»Vom Westen her, wo der Himmel in einem schwachen, milchigen Licht leuchtete, erhob sich das ferne Raunen eines lechzenden Scheusals. Das Stöhnen begann zu pulsieren. Der Erdboden, die Grundmauern, die Wände, sogar der Strand erbebten in langsamen, schweren Krämpfen. Der Tag brach an, grau und rosa, wie der Bauch eines Fisches, der aus dem Meer gezogen wurde. Nebel verschleierte den Horizont. Vor diesem surrealen, zitternden Hintergrund erschien der erste Panzer, dann kamen Autos und Lastwagen. Die Deutschen waren auf der Promenade des Anglais.«

Der Unterschied zwischen diesen neuen Invasoren und der italienischen, planlosen bis unbekümmerten militärischen Herangehensweise war frappant. »Ich kann mir leicht vorstellen, dass diese Truppen sich einfach massenweise jedem ergeben, der sie haben will«, wie Elizabeth Foster recht hellsichtig die Italiener beschrieb. Über die deutschen Neuankömmlinge sagte sie: »Ich habe gerade zwei Kompanien Eisenfresser gesehen. Sie sind an unserem Haus vorbeimarschiert und haben aus voller Kehle ein grässliches Lied gesungen. Das ist der wahre Eindringling, keine Frage.«

Bald wurde die sonnenbeschienene Küste zu einem Ort des Grauens und der Unterdrückung. Nahezu sofort waren die Straßen voller deutscher Soldaten, die Tag und Nacht patrouillierten, eine Ausgangssperre wurde verhängt. Es gab Gerüchte und Geschichten von Festnahmen und Hinrichtungen. Denn mit der Wehrmacht kam auch Alois Brunner[68], Mitarbeiter von Adolf Eichmann, dem Oberjudenhasser der Nazis. Mit seiner Mannschaft aus fünfzehn hochgradig ausgebildeten SS-Männern richtete Brunner sein Hauptquartier im Excelsior ein und machte sich mit kalter Effizienz sofort an die Umsetzung der größten Leidenschaft seines Vorgesetzten, nämlich die Festnahme so vieler Juden wie möglich, um sie danach zu vernichten. Andere Truppen nahmen die Schulen und die meisten Hotels in Nizza in Beschlag.

Die Grenzen wurden rasch geschlossen, Bus- und Bahnhöfe besetzt, Häfen blockiert. Nachdem sich Juden in der italienischen Zone nicht hatten registrieren müssen, fuhren Brunners Männer in ihren schwarzen Citroëns durch die Straßen und nahmen jeden mit, der ihnen jüdisch erschien. Männer wurden in die Synagoge gebracht und mussten die Hose herunterlassen. Wer beschnitten war, wurde festgenommen (darunter waren natürlich auch einige Christen und Muslime). Eine katholische französische Krankenschwester wurde inhaftiert, weil sie »Esther« mit Vornamen hieß.

Andere Polizisten durchsuchten Hotels und Wohnungen und nahmen ganze Familien fest – französische Kollaborateure prüften, ob die Namen auf den Briefkästen jüdisch sein könnten. Manchmal bekamen die Deutschen Unterstützung durch die französische Polizei, die den Italienern die Unterdrückung immer noch übelnahm. Außerdem glaubten sie, es würde die Lebensmittel-Situation ihrer eigenen Bürger verbessern, wenn sie ausländische Juden loswürden. Auf Nationalitäten, Mischehen, das Alter von Kindern oder Gebrechlichkeit wurde keine Rücksicht genommen. Die Menschen wurden in Lastwagen ins Excelsior gebracht, wo Brunner von seinem Balkon im zweiten Stock ihre Ankunft beobachtete. Wenn festgestellt wurde, dass sie Juden waren, wurden ihr Geld und ihr Schmuck konfisziert, angeblich, um das Hotel für Kost und Logis während der Tage oder Wochen zu entschädigen, die sie dort verbracht hatten, ehe sie nach Drancy geschickt wurden.

Viele wurden gefoltert, damit sie Informationen über Brüder, Eltern und Kinder preisgaben, die noch nicht im Netz gefangen waren. Einer bat einen anwesenden Arzt um eine Todesspritze; als sie ihm verweigert wurde, sprang er aus dem Fenster. Es ging das Gerücht, dass einige junge jüdische Frauen im Excelsior festgehalten und dort sterilisiert wurden, um danach zum Vergnügen der Soldaten an die Ostfront transportiert zu werden.

Nach den ersten erfolgreichen Razzien sank Brunners Quote. Viele Juden waren bereits festgenommen worden, andere untergetaucht. Verließ jemand abends das Haus, konnte es sein, dass er bei seiner Rückkehr feststellen musste, dass Deutsche in seine Wohnung eingedrungen waren und einige Gegenstände zur Abholung bereitgelegt hatten. Brunner musste sich immer häufiger auf Informanten verlassen, die – für hundert, tausend, gar fünftausend Francs pro Kopf – ins Excelsior kamen, um zu denunzieren und das Honorar abzuholen. »Am gefürchtetsten und verhasst waren die Franzosen, die mit den Besatzungstruppen kollaborierten«, erinnerte sich Elsie Gladman. Von Dincklage, der mit Chanel am Ende des Sommers 1943 von der Villa La Pausa zurückgekehrt war, bekam eine Nachricht von den *maquis*, dass er jetzt auf ihrer Todesliste stehe; genau wie Serge Lifar, der offen mit den Deutschen verkehrte.

Zu diesem Zeitpunkt zog Lifar ins Ritz und lebte zeitweise mit Chanel zusammen, die sich sehr bemühte, das geheim zu halten und sich im Hotel niemals mit ihm sehen zu lassen. Die Frau des Geschäftsführers wusste allerdings davon, sie hatte es vom Zimmermädchen gehört. Und war zutiefst neidisch auf diese Frau, die nicht nur einen, sondern gleich zwei gutaussehende Männer für sich hatte.

DER VERSUCH ZU ÜBERLEBEN

Nach der Besetzung der Côte d'Azur durch die Deutschen im Herbst 1943 war der Alltag der Menschen dort geprägt von Angst, und vom Kampf ums Überleben.

Familien lebten in Schrecken: Eine jüdische Urgroßmutter konnte das gefürchtete nächtliche Klopfen an der Tür ebenso auslösen wie eine frühere Mitgliedschaft bei der Kommunistischen Partei. Henriette Scortecci fand eines Tages beim Wenden der Matratze ihres Ehebetts ein paar Parteiflugblätter (die meisten *résistants* damals waren Kommunisten), die ihr Mann in dem Krankenhaus verteilte, in dem er arbeitete. Von diesem Moment an lebte sie in ständiger Angst, dass ihn jemand verraten würde.

Gleichzeitig waren die Kinos und sogar die Oper brechend voll. Der Schwarzmarkt florierte mehr denn je, allerdings hatten Menschen, die dort nicht kaufen konnten oder wollten, schon lange keine Butter, keine Fette und auch kein Olivenöl mehr zu sich genommen. Die monatliche Brotration war mehrfach halbiert worden, und von dem offiziell alle drei Monate gestatteten Huhn oder Kaninchen war schon seit Jahren nichts mehr zu sehen gewesen (selbst Katzen waren verschwunden, denn sie wurden gefangen und zu hohen Preisen als Kaninchen auf dem Schwarzmarkt verkauft).

Menschen, die den Schwarzmarkt frequentierten, erkannte man an ihrer Figur: Sie waren die Einzigen, die nicht abgemagert waren. Ansonsten war die Unterernährung so gravierend, dass den Leuten Zähne abbrachen und Finger- und Zehennägel ausfielen. Elizabeth Foster fielen zwei Zähne aus, als sie morgens ihre Scheibe Brot aß, der *femme de chambre* die Nägel der linken Hand. »La maladie à la mode«, hatte der Arzt, der sich das ansah, attestiert. Für Frauen, die Babys von deutschen Soldaten bekommen hatten oder bekamen, war die Situation noch verschärft.[69]

Die einzige Reaktion von Radio-Vichy bestand darin, die Schwarzmarkthändler zu attackieren. Ein verärgerter französischer Kabinettsminister wiederholte den häufig gebrauchten Satz: »Les Allemands prennent tous et les Français volent le reste«[70], und fügte hinzu: »Wenn die *camions* der *Banque de France* benutzt werden, um tonnenweise gestohlene Lebensmittel zu transportieren, und eine Gruppe von Lehrern aus weiterführenden Schulen eine Organisation bildet, um Zigaretten aus den Päckchen der Gefangenen zu stehlen, werden Unehrlichkeit und Korruption auf die Spitze getrieben.« Laut Françoise Frenkel machte diese Anekdote die Runde: »Jean ist gerade gestorben!« »War er denn krank?« »Nicht so richtig, aber der arme Mann hat nur von seinen Lebensmittelkarten gelebt!«

Ständig wurde gestohlen – alles, was zu Geld gemacht werden und so für Essen verwendet werden konnte. Patienten stahlen Elizabeth Fosters Arzt dreißig Flaschen Wein und den größten Teil seiner Bettwäsche; auch Elizabeth wurden diverse Haushaltsartikel sowie Kochgeschirr gestohlen. Diebe verkleideten sich als Polizisten und befahlen, die Tür zu öffnen, oder sie tarnten sich als harmlos aussehende Postboten und gaben vor, sie bräuchten eine Unterschrift von Madame. So verschafften sie sich Zugang zu einer Wohnung, fesselten, wenn nötig, die Besitzer und durchstöberten alles.

Ohne Benzin war jedes Transportmittel ein Luxus. Wer irgendwo ein Fahrrad deponierte, musste damit rechnen, dass es fast augenblicklich verschwand. Ärzte etwa schoben ihre Räder lieber in die Wohnungen von Patienten, als sie – wie früher – im Hausgang stehen zu lassen. Nachdem die Deutschen willkürlich Fahrzeuge beschlagnahmten, vergruben manche Bürger ihre Autos. Sie hoben tiefe Löcher aus, deponierten ihren Wagen darin auf Brettern und bedeckten das Loch mit Wellblech, das sie abschließend mit Erde und Pflanzen tarnten.

Viele Flüchtlinge, die unter den Italienern verhältnismäßig sicher gelebt hatten, wurden von der deutschen Invasion überrascht. Wobei manche besser vorbereitet waren als andere.

Die Familie Klarsfeld etwa, die in Nizza wohnte, hatte ein Versteck vorbereitet. Vor den Eingang zu einem kleinen Zimmer hatten sie einen Schrank geschoben und statt der Schrankrückwand eine Platte eingesetzt. Das Konstrukt wurde durch die davorhängende Kleidung verborgen. Als die Deutschen um Mitternacht bei ihnen an die Tür hämmerten, machten die beiden Kinder, der achtjährige Serge und seine Schwester Georgette, sowie ihre Mutter rasch ihre Betten und stiegen in den Raum hinter der Platte. Das dauerte nur wenige Augenblicke – so lange, wie jeder Mensch durchschnittlich brauchen würde, um aus einem tiefen Schlaf zu erwachen. Als ihr Vater Arno den Deutschen die Tür öffnete und ihnen erzählte, seine Familie sei auf dem Land, betrachteten die Deutschen die leeren, gemachten Betten und glaubten ihm. Sie nahmen nur Arno mit. Im Oktober wurde er nach Auschwitz deportiert, wo er starb. Seine Familie hatte er gerettet.

Die Familie Sungolowsky hatte beschlossen, die Wohnung zu verlassen, nachdem die Razzien begannen; wie ihr Sohn Joseph sich später erinnerte, war auch die zunehmende Zahl von Denunziationen ein entscheidender Faktor für sie gewesen. Sie zogen mehrfach um, waren der Gestapo stets kaum mehr als einen Schritt voraus. Zuerst hatten sie Unterschlupf bei einer älteren Witwe gefunden, die ihnen ihr winziges Apartment zur Verfügung gestellt hatte. Doch sie hatte sie nicht lange beherbergen können, da die Gestapo jeden Moment ihren Wohnblock durchsuchen konnte. Monseigneur Paul Rémond, der Bischof von Nizza und ein Mann, der sich tapfer und unermüdlich für jüdische Kinder und Erwachsene einsetzte, obwohl er wusste, dass die Gestapo ein Auge auf ihn gerichtet hatte, brachte Joseph und seinen jüngeren Bruder in eine Villa namens Cottage Bellevue. Sie lag im Nizzaer Ortsteil Cimiez und wurde von einer Madame Lemas geleitet.

Offiziell war es ein Heim für kleine Kinder, deren Eltern abwesend waren, weil sie in einer französischen Kolonie lebten. Dort fanden auch jüdische Familien Unterschlupf, es gab ein Kellerversteck für Menschen, die eine Razzia fürchteten. Die Falltür hinunter in den Keller wurde mit Zement bedeckt (statt nur mit Holz). Der gesamte Boden des Raums darüber war mit einem Teppich ausgelegt, so dass es keinen Hinweis auf die Menschen gab, die sich darunter verkrochen hatten. Wenn jedoch die Gestapo hereinkam, hörte man ihre Stiefel durch den Zementdeckel, und alle mussten die Nerven behalten.

»Im Oktober 1943 wurden wir mitten in der Nacht von Madame Lemas geweckt«, erinnerte sich Joseph. »Sie erzählte uns, die Gestapo sei in der Gegend, um Familien abzuholen, die sich versteckten. Wir sollten so tun, als würden wir tief und fest schlafen. Wir hatten große Angst. Kurz darauf kam die Gestapo hereinmarschiert – ich sah sie zwischen den Wimpern hindurch. Madame Lemas begleitete sie. Sie hatte ein kleines, nichtjüdisches Mädchen auf dem Arm, das furchtbar weinte, weil es aufgeweckt worden war. Madame Lemas sagte der Gestapo, auch wir seien ihre Kinder, und man dürfe uns nicht anrühren. Sie leuchteten uns mit ihren Taschenlampen an, öffneten die Tür des Pavillons, der auf die Straße führte, um sicherzugehen, dass sich dort niemand versteckte, dann gingen sie ohne eine weitere Überprüfung – sonst wäre es für uns zur Katastrophe gekommen. Wir waren gerettet! Ein Wunder war geschehen!«

Die Deutschen verschärften ihre Maßnahmen immer weiter. Auf der Promenade des Anglais waren nun Fahrräder verboten, im Dezember wurden fast vier Meter hohe Betonbarrieren errichtet. Die Razzien fanden regelmäßig statt, und man entkam ihnen immer schwerer, denn überall wimmelte es von Informanten.

Manchmal allerdings lag der sicherste Ort direkt vor der Nase des Feindes.

Ein Anführer der Résistance, Colonel Gallizia, war nach Nizza geschickt worden. Er hatte seine Leute in Grenoble zurückgelassen und war in eine Villa in der Rue François-Aune gezogen, die einem Sympathisanten gehörte. Da er ein Netzwerk leitete, brauchte er ein Büro. Er bekam es von Robert Streitz, Chanels Architekten, der seit einiger Zeit in der Résistance aktiv war und gleichzeitig sein Architekturbüro weiterführte. Der Raum, den er ihm anbot, lag hoch oben unter dem Dachboden des siebenstöckigen Palais Marie-Christine.[71] »Hier hatte ich ein Büro, von dem nur Cambours [sein Vorgesetzter] wusste«, berichtete Gallizia.

Direkt neben dem Hôtel Celtic in Cannes, wo Gestapo-Offiziere einquartiert worden waren, stand die Klosterschule Sainte-Marie. Hier nahm eine tapfere Nonne mit Namen Mère Irène sieben junge jüdische Mädchen in Empfang, obwohl die Gestapo die Wege im Garten und jegliches Kommen und Gehen von den Fenstern aus beobachten konnte. Der Grundschulrat, der von der Situation wusste, fürchtete um Mère Irènes Leben und sagte ihr immer wieder, sie solle größte Sorgfalt walten lassen; er würde sie warnen, sollte es eine Razzia geben.

Die Kinder waren vom Bischof von Nizza geschickt worden, dem es gelungen war, falsche Papiere sowie falsche Taufscheine für sie zu besorgen. Bei ihrer Ankunft gab Mère Irène ihnen sofort neue Namen – aber sie hatte noch eine andere, traurigere Pflicht zu erfüllen: Sie musste ihnen sagen, dass ihre Familien bei einer Razzia festgenommen worden waren. »Ich werde nie die verzweifelten Szenen vergessen, als ich ihnen diese furchtbare Nachricht überbringen musste«, erzählte sie. »Ich habe ihnen versprochen, dass ich sie nie allein lassen werde.« Das tat sie auch nicht. Alle Kinder verbrachten das Schuljahr 1943/44 bei ihr, bis Cannes 1944 befreit wurde. Und durften so lange bleiben, bis man für alle acht kleinen Mädchen eine Unterkunft oder eine Familie gefunden hatte.

Für die damals elfjährige Gaby Fisher begann eine gefährliche und einsame Phase. Sie hatte bei ihrer älteren Schwester gewohnt, die durch ihre Heirat mit einem Franzosen einen französischen Nachnamen bekommen hatte, und die Dorfschule besucht. Jetzt war sie alt genug für das *lycée.* So war nun auch für Gaby die Zeit gekommen, ihre Identität zu wechseln und als Nichtjüdin zu leben. Natürlich musste sie auf die Schule gehen, sonst hätte das sofort Verdacht erregt. Doch sie war unglücklich dort. Die Mahlzeiten im *lycée* waren widerwärtig und so knapp bemessen, dass alle immer Hunger hatten. Eltern und Verwandte schickten oft Essen, das die Mädchen in verschlossenen Kistchen aufbewahrten, aber es wurde oft gestohlen. Gaby musste in einem Schlafsaal mit fünfzig Betten übernachten. Nachts war es so eiskalt, dass die Mädchen häufig zu zweit in einem Bett schliefen. »Das war streng verboten. Wir verstanden nicht, weshalb die Betreuerinnen solche Angst davor hatten, uns immer zu zweit in einem Bett schlafen zu lassen.« Gaby teilte oftmals mit einem anderen jüdischen Mädchen namens Miriam das Bett. Manchmal weinten sie sich beide in den Schlaf, nachdem sie sich anvertraut hatten, wie sehr sie ihre Eltern vermissten. »Einmal habe ich einer nichtjüdischen Freundin erzählt, dass ich Jüdin bin. Es war ein so schwerwiegendes Geheimnis, dass ich es nicht für mich behalten konnte.«

Schulen waren für die Männer der Gestapo ein bevorzugtes Ziel. Ihnen fiel auf, wenn ein Kind nicht sofort auf seinen Namen reagierte – das war ein Zeichen, dass es vielleicht einen neuen, nichtjüdischen Namen bekommen hatte, um seine Herkunft zu verschleiern. In Knabenschulen kontrollierten sie einfach, wer beschnitten war. Um nicht entdeckt zu werden, gaben manche jüdischen Kinder vor, katholisch zu sein. Wenn sie den Gottesdienst nicht besuchen wollten, sollten sie sagen, sie seien protestantisch. Damit waren sie entschuldigt, gingen aber trotzdem als Christen durch. Manchmal wurde ein Kind auch von dem äußerst wichtigen *baccalauréat* abgehalten, weil regelmäßig Milizsoldaten in den Prüfungsraum eindrangen und die Identität der Schüler kontrollierten – sie wussten, wie wichtig diese Prüfung war und dass sehr wahrscheinlich auch versteckte jüdische Kinder sie ablegen würden.

Auch kam es vor, dass ein Kind, das als katholisch ausgegeben wurde, diesem Glauben weiterhin anhing. Miriam Selz und ihr Bruder waren beide im ersten Kriegsjahr katholisch getauft worden, um der Verfolgung zu entgehen. Als Paris fiel, brachte ihr Vater einen Lastwagen voll Kinder unter der Flagge des Roten Kreuzes nach Cannes. Er tauchte mit ihren Brüdern in der Dordogne unter, Miriam wurde in eine kirchliche Schule gesteckt. Hier empfing sie ihre erste Kommunion, und hier wurde sie von ebenjenem Monsigneur Rémond, dem Bischof von Nizza, konfirmiert.

Als 1943 die Deutschen kamen, brach ihre Mutter umgehend nach Monte Carlo auf. Eines Tages, Miriam war zwölf, rief die Schulleiterin sie herein und sagte: »Es tut mir furchtbar leid, aber ich kann dich nicht mehr hierbehalten. Gestern haben die Deutschen in der Knabenschule kontrolliert, ob jemand beschnitten ist. Hier im Ste-Marie verstecken wir ein Dutzend junge, polnisch-jüdische Mädchen, und es ist zu gefährlich für uns, wenn du bleibst.« Am selben Tag noch fuhr sie nach Monte Carlo, wo sie zu ihrer Mutter und ihrer Tante stieß. Ausgestattet mit falschen Papieren, in denen ihr Name mit Marie Sellier angegeben war, wurde sie in ein Kloster tief im Landesinneren gebracht. Einsam und unglücklich wohnte sie dort (»immer wieder bekam ich unkontrollierbare Weinkrämpfe«), vermisste ihre Familie und fragte sich, wie es ihnen ging und ob sie überlebt hatten; eine beinahe unerträgliche Last für ein heranwachsendes Kind. Zumal es mit einem geänderten Namen und neuem Glauben schwierig war, ein Gefühl für die eigene Identität zu bewahren.

Nicht allen gelang es, den Besatzern zu entkommen. Raymond-Raoul Lambert und seine Familie wurden in Marseille festgenommen und am 7. Dezember über Drancy nach Auschwitz deportiert, wo sie vergast wurden.

Für ihre geplante Reise (die den Namen »Operation Modellhut« bekam)[72] wollte Chanel wieder eine Begleitung. Sie weigerte sich sogar, allein zu reisen. Sie erklärte Momm, dass sie in ihrem ganzen Leben niemals allein gereist sei – und diesmal sollte Vera Lombardi sie begleiten, ihre alte Freundin aus der Zeit mit dem Duke of Westminster, den sie zuletzt vor vier Jahren gesehen hatte. Vera hatte zwar 1930 das Arbeitsverhältnis mit Chanel beendet, um für den Modeschöpfer Edward Molyneux zu arbeiten, aber die beiden waren Freundinnen geblieben.

Es gab eine zusätzliche Komplikation: Veras Ehemann Alberto, ein italienischer Soldat, war in die Berge geflohen, als die Deutschen nach dem Waffenstillstand vom 8. September in Italien einmarschierten. Als ein deutscher Offizier mit Rosen und einem Brief von Chanel (»Ich fange wieder an zu arbeiten und hätte gerne, dass du kommst und mir hilfst. Tu genau das, was der Überbringer dieses Briefs dir sagt … alles Liebe«) bei Vera vorbeikam, lehnte die sofort ab. Sie wollte auf keinen Fall die Möglichkeit verstreichen lassen, ihren Mann zu sehen.

Ein paar Tage später, am 11. November 1943, wurde Vera festgenommen und ins römische Frauengefängnis gesteckt, zusammen mit Diebinnen und Prostituierten. Die Nazis gingen zwar davon aus, dass sie eine britische Spionin war, aber als sie von ihren gesellschaftlichen Verbindungen erfuhren, glaubten sie, Vera könnte ihnen nützlich sein. Vera wurde freigelassen und sollte nach Paris, um sich Chanel anzuschließen. Nachdem die Alliierten in Italien vorrückten, ihr Bruder bei der britischen Armee war und ihr Mann sich in der Nähe versteckte, wollte sie sich erst weigern, begriff aber, dass sie keine andere Chance hatte. Überaus widerwillig ließ sie sich nach Paris bringen. Im Ritz traf sie sich mit Chanel, die ihr erklärte, sie wolle das Haus Chanel in Madrid eröffnen.

Beide trugen ein Geheimnis mit sich: Chanel erzählte Vera nicht, dass sie nach ihrer Ankunft in Madrid den englischen Botschafter aufsuchen wollte, um das Treffen mit Churchill zu arrangieren. Vera erzählte Chanel nicht, dass sie just diesen englischen Botschafter fragen wollte, ob er es ihr ermöglichen könnte, in den Teil Italiens zu reisen, in dem sich die Alliierten nun sicher etabliert hatten. Von dort aus würde sie bestimmt ihren Mann kontaktieren können (der sich jetzt bei einer Familie versteckte, die sie kannte), und er könnte zu ihr stoßen. Doch sie redeten ausschließlich über Mode.

Ende Dezember 1943, Anfang Januar 1944 kamen sie in Madrid an. Dort geschah das Unausweichliche. Beide Frauen machten sich getrennt voneinander zur britischen Botschaft auf. Und begegneten sich am Ausgang. Laut Edmonde Charles-Roux war es Chanel, die sich als Erste von dem Schock erholte. »Na, das ist ja eine tolle Sache!«, soll sie gesagt haben. »Wollen wir bis in alle Ewigkeit hier herumstehen und uns anstarren wie zwei Katzen?«

Vera war nicht nur deshalb in der Botschaft gewesen, um Kontakt zu ihrem Mann herzustellen, sondern auch, um Chanel als deutsche Agentin zu denunzieren. Chanel konnte das damals noch nicht gewusst haben, denn sie schrieb Churchill einen Brief (er war in Tunesien ernsthaft erkrankt und hatte seinen Besuch in Madrid abgesagt), in dem sie sich für Vera einsetzte: Sie fragte Churchill, ob er sich nicht für Vera verwenden, all ihre Probleme beheben und ihr ermöglichen könne, nach Rom und zu ihrem Mann zurückzukehren, ohne das Gefängnis fürchten zu müssen (Vaughan schreibt, dass im Churchill-Archiv in Chartwell eine Kopie dieses Briefs aufbewahrt wird, mit dem Hinweis, dass er während der Abwesenheit ihres Mannes von Clementine Churchill eingesehen wurde). Am Ende stand: »Herzlichst, Coco Chanel.«

Dieses sechsseitige Schreiben also hatte sie einem hochrangigen britischen Diplomaten in der Botschaft übergeben.

Unmittelbar danach kehrte Chanel nach Paris zurück und ließ Vera in Madrid. Sie schrieb Vera dann ebenfalls einen Brief, in dem sie klarstellte, dass sie mittlerweile von Veras Denunziation wusste. »Trotz der Grenzen spricht sich alles schnell herum! Ich weiß von deinem Verrat! Du wirst nichts davon haben, außer dass du mich zutiefst verletzt hast.« Einer ihrer Schlusssätze klang allerdings weniger vorwurfsvoll: »Ich hoffe von ganzem Herzen, dass du wieder glücklich wirst.« Vera wohnte danach in Madrid bei verschiedenen Bekannten und verdiente sich ihren Lebensunterhalt, indem sie Pferdebilder malte, bis sie schließlich fliehen konnte.

Dann kam Chanels merkwürdigster Schritt: Sie besuchte Berlin, um Schellenberg von dem Scheitern ihrer Friedensmission zu berichten. Als Schellenberg später nach der deutschen Niederlage von den Briten verhört wurde, deutete er an, er habe gehofft, Chanel könne Churchill zumindest die Nachricht überbringen, dass hohe deutsche Offiziere uneins mit Hitler seien und ein Ende des Kriegs herbeiwünschten.

Zunächst aber trafen sie sich in seinem Büro, das gegen alle Eventualitäten gerüstet war. »Überall waren Mikrophone, in den Wänden, unter meinem Schreibtisch, in jeder Lampe«, schrieb Schellenberg in seinen Memoiren *Aufzeichnungen* (1956). »Mein Schreibtisch war wie ein Miniaturblockhaus. Zwei automatische Waffen waren darin eingebaut, die jederzeit den gesamten Raum unter Dauerfeuer nehmen konnten ... Ein anderer Knopf löste einen Alarm aus, auf den hin die Wachen sofort das Gebäude umstellen und alle Ausgänge blockieren mussten.«

Es gibt keine Aufzeichnung von dem Gespräch der beiden. Bis heute wurde nie gänzlich geklärt, weshalb Chanel ihn aufsuchte. Vielleicht wollte sie auch einfach einen Schlussstrich unter diese spezielle Episode ziehen.

Inwieweit Chanel kollaborierte, darüber lässt sich heute nur spekulieren. Es gibt einige unumstößliche Fakten: Die Briten, die Franzosen und die Deutschen hatten sie in den Akten. Die Deutschen waren klar der Meinung, Chanel könnte ihnen nützlich sein; für die Briten und die Franzosen war sie eine von vielen, auf die man ein Auge haben musste.

Fest steht auf jeden Fall, dass sie probritisch und profranzösisch war, vor allem aber pro-Chanel. Sie hatte sich hochgearbeitet, für ihre frühen Bedingungen schien sie sich zu schämen – warum sonst hatte sie ihre Kindheit immer wieder verschleiert? Sie hatte den Lebensstil erreicht, den sie für sich entworfen hatte, und war nicht willens, sich alles wieder zunichtemachen zu lassen, wenn sie es denn verhindern konnte. Dazu kam, dass ihre

Weltsicht durch und durch solipsistisch war. Sie fühlte sich nicht als Beteiligte des Krieges; sie wollte nur so weiterleben wie bisher, ihre Liebhaber und ihre Freunde sehen – und wenn das beinhaltete, deutsche Offiziere im Salon der Serts oder von Serge Lifar zu treffen, dann war das eben so. Sie hatte schließlich auch an Veranstaltungen und Abendessen von Freunden teilgenommen, die mit Deutschen oder für sie arbeiteten. Ansonsten ignorierte sie den Feind.

Sicherlich war sie eine enthusiastische »horizontale Kollaborateurin«; obwohl sie nie müde wurde zu betonen, ihr deutscher Geliebter sei zur Hälfte Engländer. Doch auch wenn Hans Günther von Dincklages Tätigkeit als Spion in Sanary, wo seine Frau gewohnt und wo er sich häufig aufgehalten hatte, lange vor dem Krieg bekannt war, fällt es schwer zu glauben, dass Chanels Bettgeflüster etwas hergab, das für Deutschland wirklich von Wert gewesen wäre. Ohne Zugang zu den Briten oder zur Résistance konnte sie nicht viel wissen, was militärisch brauchbar gewesen wäre, auch wenn sie bei ihren Bemühungen um die Freilassung ihres Neffen womöglich andeutete, dass sie mehr wusste, als sie es wirklich tat.

Konnte man den Besuch in Madrid wirklich als Arbeit für den Feind bezeichnen? In gewisser Weise ja, da dies von manchen Personen in Deutschland – wer weiß, wie vielen? – gewünscht wurde. Doch Chanels Glaube an ihre eigene Macht und der Wunsch nach Frieden, gekoppelt mit Schellenbergs Bestreben, sich zaghaft den Alliierten zu nähern, um über ein Ende des Krieges zu verhandeln, ist nicht gerade das, was die meisten Menschen unter »Verrat« verstehen würden. Der Bericht über ihre Unterhaltung mit Diplomaten offenbart nichts anderes als die französische Haltung gegenüber ihren deutschen Besatzern.

Was ihre Affäre mit von Dincklage betrifft, so war er körperlich sehr anziehend, und Chanel war es gewöhnt, einen Mann an der Seite und in ihrem Bett zu haben. Sie war sechzig und konnte sich nicht mehr darauf verlassen, dass immer Verehrer zur Verfügung standen. Wie immer war sie entschlossen, ihr Leben zu führen, wie es ihr beliebte, und diesen Prachtkerl hätte sie sich nicht entgehen lassen wollen, nur weil er zufällig die falsche Nationalität hatte. Auch wenn es beiden das Leben erleichterte, so scheint es doch wenig Zweifel daran zu geben, dass sie einander liebten.

ZWEIFELHAFTE AKTIVITÄTEN

Das Paris, in das Chanel nach ihrem Besuch in Madrid zurückkehrte, hatte mittlerweile den Beinamen »la capitale de la faim« bekommen; so sehr litten die meisten seiner Bewohner an Hunger. Alles, was zu bekommen war, wurde nach Deutschland geschickt; deutsche Soldaten erhielten täglich vierzig Francs, die sie für französische Ware ausgeben sollten, und Ladeninhaber und Bauern waren verpflichtet, an sie zu verkaufen.

Mahlzeiten in Restaurants bestanden aus lediglich drei Gängen, an manchen Tagen konnten weder Fleisch noch Alkohol serviert werden. Die meisten Lokale mussten auf den Schwarzmarkt zurückgreifen, um zu überleben und den (unzulässigen) Aufpreis, den die Gäste zahlen mussten, irgendwie zu kaschieren. Die gängigste Methode bestand darin, zwei Rechnungen auszustellen, eine mit den legalen Kosten der Mahlzeit und eine zusätzliche, zweite mit den Extrakosten, die sofort nach der Zahlung vernichtet wurde. Wie an der Côte d'Azur war auch hier Essen ständig Gesprächsthema.

Nichts davon galt für die Privilegierten, zu denen Chanel gehörte. Von Beginn an mussten Restaurants, die von den Deutschen bevorzugt wurden, nicht kontrolliert werden. Entschlossen, als Siegermacht das Beste der weltberühmten französischen Cuisine zu genießen, stuften sie bestimmte Restaurants als *hors catégorie* ein (alle anderen, die günstigsten wie die teureren, mussten genau Buch führen, um zu beweisen, dass sie sich an die Regeln hielten). Im März 1944 hatten die meisten Pariser Restaurants zwei oder drei Tage in der Woche geschlossen. Die HC-Restaurants jedoch, deren Gäste deutsche Offiziere, französische Neureiche, Kollaborateure und Schwarzmarkthändler waren, servierten Mahlzeiten, die so aufwändig und köstlich waren wie vor dem Krieg: Angeblich wurden im Maxim's jede Woche mehr als 10 000 Flaschen Champagner getrunken.

Das gesellschaftliche Leben blühte. »Die beiden Hotspots waren das Maxim's und die Rennbahn[73]«, schrieb Serge Lifar. »Jeder, der in Paris etwas auf sich hielt, ging dorthin, um zu sehen und gesehen zu werden.« Zu Einladungen ging man zu Fuß oder nahm die Metro, denn andere Transportmittel waren quasi nicht verfügbar. Die berühmteste Gastgeberin war vielleicht Florence Gould, die bereits an der Côte d'Azur eine der bekanntesten Figuren gewesen war. Bald nach der Besatzung war Florence wieder nach Paris gezogen und hatte ihren Mann in seinem von Reichtum gepolsterten Leben in der Villa in Juan-les-Pins zurückgelassen. Nachdem die Wohnung des Ehepaars am Boulevard Suchet von der Wehrmacht beschlagnahmt worden war, zog Florence ins Hôtel Bristol, wo sie großzügige Gesellschaften veranstaltete.

Marie-Louise Bousquet, die bekannt war für ihre regelmäßigen Lunch-Einladungen, bei denen französische Gesellschaftslöwen aus der Oberschicht auf ausgewählte deutsche Offiziere trafen, war mit Florence befreundet. Sie machte ihr bald den Vorschlag, einen literarischen Salon zu gründen. Der gefiel die Idee – oder wie sie es ausdrückte: »Ich weiß vielleicht nicht viel über Literatur, aber mit Schriftstellern kenne ich mich aus.« Sie kaufte ein großzügiges Apartment in der Avenue Malakoff, richtete es gut und teuer ein und öffnete im April 1942 hochrangigen Angehörigen der Wehrmacht, des deutschen Beamtenadels sowie dem literarischen Paris die Türen; mit sofortigem Erfolg. Sie war reich, gastfreundlich und sah mit siebenundvierzig immer noch extrem gut aus. Einer ihre häufigsten Gäste, der blonde, teutonisch gutaussehende Gerhard Heller, schätzte sie auf dreißig.

Sie und Heller hatten sich auf einer Feier von Marie-Louise kennengelernt. Heller schrieb darüber: »Ihre Wohnung im Palais Bourbon war erfüllt von dem Geist vergangener Jahrhunderte. Man hatte das Gefühl, in einer Schatzkammer voller Manuskripte und kostbar gebundener Bücher zu sein. Zum ersten Mal betrat ich ihr Heiligtum Ende Frühjahr 1941. Es gab ein Konzert, und der Raum war so voll, dass ich mich auf den Boden setzte. Bei dem anschließenden Empfang wurde ich Florence Gould vorgestellt …«

Heller war ein gern gesehener Gast, denn in seinen Händen lag die Macht, Publikationen zu erlauben oder zu verbieten. Jedes Manuskript musste ihm zur Genehmigung vorgelegt werden. Der dreiunddreißigjährige Heller, Leiter der Literaturabteilung der deutschen Propaganda-Staffel, war ein ehrlicher Bewunderer der französischen Kultur. Seine scheinbar liberale Vorgehensweise allerdings täuschte über seinen festen Glauben an den Nationalsozialismus und die Überlegenheit der kulturellen Leistungen der Deutschen hinweg.

In seinem Tagebuch über diese Zeit beschrieb er Florence' luxuriöse Einladungen (der Salon fand mittags statt, damit er nicht von der Sperrstunde abgekürzt würde): »An ihrem Tisch mangelte es an nichts. Manche Gäste … hatten Schwierigkeiten, diese opulenten Mahlzeiten mit edlem Wein, Champagner und – am kostbarsten – Kaffee zu bewältigen, weil ihre Mägen solche Dinge nicht mehr gewohnt waren.«

Dank ihrer deutschen Liebhaber konnte Florence so extravagant leben und feiern wie in der Zeit vor dem Krieg. Während der Großteil von Paris, auch die literarische Elite, fror und fast am Verhungern war, übte Florence' Wohnung auf alle, abgesehen von den entschlossensten Verächtern der Kollaboration, eine unwiderstehliche Anziehungskraft aus. Sie heizte mit Kohle, die sie in Lastwagenladungen kaufen durfte (alle anderen konnten sich glücklich schätzen, wenn sie ein oder zwei Kilo ergattern konnten), und ihre schwarzen Lacktische bogen sich unter den lukullischen Speisen. Einem Schriftsteller gab sie einmal eine Tüte mit übrig gebliebenem Rindfleisch mit; er ging mit dem Gefühl, nun eine ganze Woche zu essen zu haben. Immerhin waren Lebensmittel so knapp geworden, dass manche Pariser angefangen hatten, Kaninchen bei sich in der Wohnung zu züchten, um Fleisch zu haben.

Auch Colette hatte im Herbst 1940 die Côte d'Azur verlassen. Sie war mit ihrem jüdischen Mann Maurice Goudeket in ihre Wohnung im Palais Royal zurückgekehrt. Hier hatte sie wieder angefangen zu schreiben, in von den Deutschen genehmigten Wochenmagazinen. Sie brauchte das Geld und hielt sich an ihre unpolitischen Lieblingsthemen – Katzen, Verwicklungen in Liebesdingen, die Behaglichkeit eines schön eingerichteten Wohnraums. Ihr Ruhm gewährleistete nicht nur ein reges gesellschaftliches Leben, sondern sorgte auch für die Entlassung von Maurice, der im Dezember 1941 festgenommen worden war. Um ihn zu retten, hatte sie all ihre berühmten Freunde um Hilfe gebeten, darunter den Schauspieler, Dramatiker und Drehbuchautor Sacha Guitry sowie José-Maria Sert, die sich beide mit den Deutschen arrangiert hatten. Man vermutet jedoch, dass ihre Landsmännin, die französische Frau des deutschen Botschafters Otto Abetz, die Colettes Werke liebte, ihren Mann überredet hatte, Maurice' Freilassung anzuordnen.

Dieser kehrte Anfang Februar 1942 zurück. Zuallererst zog er sich im Flur der Wohnung im Palais Royal komplett aus (um kein Ungeziefer mit einzuschleppen) und verlangte ein Bad, um den Geruch des Lagers loszuwerden. Mit falschen Papieren reiste er vorübergehend nach Saint-Tropez; die Briefe, die er Colette schrieb, waren mit dem (französischen) Namen seines Gastgebers unterschrieben. Colette, deren Erkrankung bereits fortschritt, blieb in der Wohnung, wo sie im Sommer 1942 *Gigi*, eines ihrer bekanntesten Werke, schrieb. Maurice kehrte Ende 1942 zurück. Weil Colette seine erneute Festnahme so sehr fürchtete, schlief er jede Nacht in einem kleinen Dienstbotenzimmer über Colettes Wohnung und kam immer um neun Uhr nach unten (die Gestapo führte Festnahmen für gewöhnlich viel früher durch).

Chanel führte zwar die meiste Zeit ein ruhiges Leben mit Spatz, aber sie besuchte oft Partys und Veranstaltungen von Freunden, die für die Deutschen arbeiteten oder kooperierten, wie etwa der Romanautor Paul Morand, den die Spitzen der Pariser Gesellschaft sehr bewunderten, Serge Lifar (Ballettabende waren bei den deutschen Offizieren beliebt) oder die Serts. Mit Lifar verbrachte sie auch beschauliche Abende, an denen sie Klavier spielte und hin und wieder auch sang – eine Reminiszenz an ihre Anfänge als Sängerin in Cafés.

Bei solchen Treffen waren manchmal auch Cocteau und Sacha Guitry dabei. Guitry war ein überzeugter Patriot, dem es gelungen war, im August 1939 einen Nachbau der Enigma-Verschlüsselungsmaschine nach Bletchley Park zu schmuggeln. Er hatte unter den Deutschen weiterhin als Theater- und Filmschauspieler gearbeitet. Auf diese Weise konnte er zwar Landsleuten helfen, doch ihm wurde auch vorgeworfen, Kollaborateur zu sein. Ein anderer Gast, die ungemein populäre Schauspielerin Arletty, machte kein Hehl daraus, dass sie eine Beziehung zu einem deutschen Luftwaffenoffizier unterhielt. Als sie später wegen Hochverrats angeklagt wurde, soll sie gesagt haben: »Mein Herz ist französisch, aber mein Hintern ist international.«

Im Januar 1943 wurden in Nizza die Restaurants und Kinos geschlossen, die Promenade war bereits abgeriegelt. Es wurde verkündet, die Deutschen würden »Lichter aus!« rufen, wenn jemand der Verdunkelungsanordnung nicht vollständig nachkäme. Sollte diesem Befehl nicht umgehend Folge geleistet werden, würde auf das jeweilige Fenster geschossen. Einmal sollte die gesamte Bevölkerung ab sieben Uhr morgens zu Hause bleiben, bis das Entwarnungssignal ertönte; Rommel und diverse Würdenträger waren zu Besuch gekommen.

Die Kälte und der Mangel an Heizmaterial waren so drastisch, dass Elizabeth Foster sich im Inneren der Wohnung mehrere Paar Strümpfe übereinander anzog, ein schweres Winterkleid, darüber ein Pelzcape und einen ihrer beiden Mäntel. Ihre Wohnung wurde jede Woche karger, denn sie verkaufte immer mehr ihrer Sachen, um Geld zum Überleben zu haben. »Nicht zu frieren, nicht hungrig oder schmutzig zu sein, das ist alles ein Te Deum wert, dabei hatte ich mein ganzes Leben lang diese Segnungen, ohne sie zu würdigen.«

Die Deutschen schienen überall zu sein. Soldaten bauten in der Frühlingssonne mit nacktem Oberkörper Geschützstellungen, hoben Gräben aus, legten Minen am Strand, entfernten alles an Kupfer, Bronze und Zink aus der Jetée-Promenade, übernahmen die besten Hotels in Nizza für ihre diversen Kommandos. Oder aber, man sah sie getarnt mit blühenden Mimosen über Landstraßen marschieren. Nur wer Zugang zu einem versteckten Radio hatte, konnte in Erfahrung bringen, was draußen los war. In Dörfern auf dem Land gab es die einzigen Neuigkeiten häufig über den Stadtschreier, der seine Trommel schlug, um Aufmerksamkeit zu erregen, und dann die Nachrichten vorlas. Ansonsten verließen sich die Leute auf den Flurfunk.

Die Menschen flohen bereits aus Nizza. Das wurde beschleunigt, als die Order kam, dass alle Ausländer, die in Hotels wohnten, abreisen müssten. Für Elizabeth, die ihre Wohnung nicht verlassen konnte, war das ein entsetzlicher Schock, besonders als sie hörte, die französische Polizei habe sich geweigert, ihr ärztliches Attest anzuerkennen: »Was macht es schon aus, wenn sie ein paar Tage früher stirbt?«, hatten sie gesagt. »Sie ist Amerikanerin und muss weg.« Nach Tagen voller Sorge erhielt sie wie einige andere die Erlaubnis zu bleiben. Die Evakuierung war ohnehin ein langsamer Prozess, da niemand gehen durfte, der nicht eine Aufnahmebescheinigung aus einem anderen Departement hatte, und die gab es kaum noch. Nur kleine Ortschaften oder Dörfer nahmen noch Evakuierte auf, die dann alles Bettzeug, sogar Matratzen, mitbringen mussten.

An der Promenade des Anglais wurde Stacheldraht ausgerollt, die Fenster des majestätischen Hôtel Negresco wurden mit Brettern vernagelt, in Parks und Blumenbeeten Gräben ausgehoben. Dann kam eine neue Regierungsverordnung: Alle Hauseigentümer mussten eine bestimmte Menge Kupfer abtreten, ansonsten drohte ihnen eine Geldstrafe. Man konnte stattdessen auch Messing oder Nickel abliefern, aber dann wurde immer mehr gebraucht. Ärzte montierten ihre Messingschilder ab, Türklopfer und Klingeln wurden herausgerissen, Treppenstangen und Gardinenringe entfernt, Feuerböcke und Kamingitter geopfert.

Es gab immer mehr Regeln und Bestimmungen. Die kleine Brotration musste jetzt immer beim selben Bäcker gekauft werden, so dass sich lange Schlangen bildeten; oft ging währenddessen das Brot aus, und der Rest der Anstehenden wurde gebeten, später wiederzukommen – schwierig für Menschen, die arbeiteten. Elizabeth verkaufte weiterhin ihre Habe, um Geld zum Überleben zu haben: »Zuletzt habe ich meinen großen Vuitton-Schrankkoffer verkauft, ein Weihnachtsgeschenk von Onkel George. Das brachte 2500 Francs ein – ziemlich gut nach zwanzig Jahren. Vuitton hat ihn zurückgekauft.«

Selbst als den Deutschen klar wurde, dass sie den Krieg verlieren könnten, verfolgten sie die Juden weiterhin mit unerbittlicher Grausamkeit.

»Fast täglich erscheint im Nice Éclaireur unter der Überschrift ›Avis‹ eine schreckliche kleine Meldung mit den Namen der Männer, die auf Befehl des deutschen Oberkommandos erschossen worden waren«, schrieb Elizabeth Foster am 3. Dezember in ihr Tagebuch. »Es wird nicht erwähnt, ob sich das auf Nizza oder die gesamte Côte d'Azur bezieht, aber es lässt mir das Blut in den Adern gefrieren. Genau wie die riesigen Lastwagen, die dröhnend durch unsere Straßen rasen, denn ich weiß, das bedeutet, dass Juden oder Verdächtige festgenommen werden. Die Gestapo zwingt Leute dazu, mitten in der Nacht die Tür zu öffnen und ihre Papiere zu zeigen, um zu beweisen, dass sie keine Juden sind. Heutzutage ist es viel wert, eine Stupsnase zu haben.«

Einige ältere Kinder wurden gerettet, indem sie in Internate geschickt wurden. Da Geschichten von Familien, die angeblich bei Luftangriffen ums Leben gekommen waren, nicht widerlegt werden konnten, weil die Archive in ihren »Heimatorten« ebenfalls zerstört worden waren, wurden solche Kinder oft als Waisen ausgegeben. In ihrer Einsamkeit und ihrem Elend mussten sie sich auch so gefühlt haben. Doch die Suche wurde fortgesetzt und breitete sich mit deutscher Gründlichkeit und Beharrlichkeit bis aufs Land und in abgelegene Dörfer aus. Dort war es oft leichter, jemanden zu verstecken: Nicht nur gab es ein starkes Gemeinschaftsgefühl sowie Verstecke und Pfade, die »les Teutons« nicht kannten; es war außerdem wahrscheinlicher, einen Verräter auszumachen.

Dennoch war extreme Vorsicht geboten. »Wann hast du deinen Vater zuletzt gesehen?« Diese Frage konnte einem kleinen Kind gestellt werden, das automatisch wahrheitsgemäß antwortete. »Die Menschen wurden bis in die verborgensten Winkel verfolgt«, schrieb Paula Tattmar, die in dem kleinen Ort Lagrasse wohnte, nachdem sie aus dem Lager in Gurs entlassen worden war. Alles hätte sie verraten können. Im Dorf Annot, wo mehrere Dorfbewohner deportiert und andere erschossen worden und wo die Deutschen stets präsent waren, wurde eine jüdische Frau versteckt. Sie kam in einem kleinen Dachboden in einem der Häuser unter. Dorthin konnte man ihr Essen bringen, das große Problem aber stellte der Nachttopf dar, den sie benutzen musste. Nur im Schutz der Dunkelheit, wenn es sicher war, dass sich niemand dort aufhielt, konnte man ihn hinuntertragen und verstohlen in die Gosse leeren.

Auch Paula war unter diesen Überlebenden und in ständiger Angst, dass die nächsten Tage den Tod bringen könnten. Sie hatte ein kleines Haus in einem Dorf gemietet. Im Oktober 1943 bot sie einem jungen Juden namens Martin an, sich in der zugehörigen Scheune zu verstecken. Er war aus einem Zwangsarbeiterlager geflohen. Bald verliebten sich die beiden, doch dann erfuhr Paula zu ihrem Entsetzen, dass sowohl die Gestapo als auch die Vichy-Polizei bereits auf der Suche nach Martin waren.

»Am Weihnachtstag 1943 warnte mich eine jüdische Frau aus einem benachbarten Dorf vor einer Großfahndung, die in den nächsten drei Tagen durchgeführt werden solle. Ich wusste sehr wohl, was das bedeutete: Ich musste für diese drei Tage ein Versteck finden. Aber wo? Die meisten Dorfbewohner waren in der Kirche.«

Paula wandte sich hilfesuchend an den Bezirkspolizeichef, der versprach, sie nicht zu verraten. »Von der örtlichen Polizei hatten wir also nichts zu befürchten, das galt aber nicht für die Gestapo und die Vichy-Polizei.«

Sie war sich ziemlich sicher, dass ihre Freunde aus dem Dorf sie nicht denunzieren würden, aber jemandem Zuflucht zu gewähren war eine andere Sache, denn das konnte mit dem Tode bestraft werden. Sie besuchte den örtlichen Bäcker, Monsieur Bertrand, der mit seinem kleinen Lieferwagen zweimal die Woche Brot in die umliegenden Weiler ausfuhr. Wenn jemand einen Ort wüsste, an dem sie und Martin sich verstecken könnten, dann er, so glaubte sie. Sie wusste auch, dass es gefährlich sein würde, tagsüber aufzubrechen, nachts jedoch wäre es geradezu selbstmörderisch, weil deutsche Soldaten in der Gegend patrouillierten.

Der mutige Monsieur Bertrand wollte ihr Unterschlupf gewähren. »Wir haben ein Zimmer in unserem Haus, direkt über dem Ofen«, erklärte er ihr. »Es ist sehr heiß, aber wir bringen Ihnen Wasser, damit können Sie die Bodendielen benetzen. Nachts können Sie die Fenster ein wenig öffnen und tagsüber eine Decke davorhängen. Es ist ein Speicher, wie ihn alle Häuser hier haben, und wir wollen nicht, dass jemand Sie sieht.«

Er betonte, wie wichtig absolute Verschwiegenheit war. »Sie wissen, was uns passieren kann, wenn ich bei den Deutschen denunziert werde. Sie werden meinen Laden niederbrennen, meine Frau und meine Kinder deportieren und mich auf dem Dorfplatz erschießen. Meine Frau bringt Ihnen zu essen, wann immer es geht. Unsere Bäckerei ist den ganzen Tag geöffnet. Meine Eltern, die nicht weit weg wohnen, kommen ständig zu Besuch. Es darf sich nichts ändern. Unsere drei Töchter dürfen übrigens nicht wissen, dass Sie hier sind. Kommen Sie heute Abend und bringen Sie mit, was Sie brauchen.« Madame Bertrand fügte schüchtern hinzu: »Ich hoffe, Sie mögen meine Küche. Wir haben nicht viel, bei all den Engpässen und den Rationierungen, aber wir kommen zurecht.«

Paula war von ihrer Freundlichkeit und ihrem Mut so überwältigt, dass sie in Tränen ausbrach. Es gelang ihr nur mit Mühe, ihren Dank auszudrücken. Dann gestand sie, dass sie nicht allein war, aber die Bertrands erklärten sich bereit, sie beide aufzunehmen. Auf keinen Fall wollten sie eine irgendwie geartete Bezahlung dafür, weder zu diesem Zeitpunkt noch später (»Wenn wir dabei helfen können, Sie zu retten, ist das unsere Belohnung«). Paula sollte alleine kommen, ein paar Minuten später gefolgt von Martin, der als Frau verkleidet sein und ein Tuch um den Kopf tragen sollte.

Sie löschten das Feuer in Paulas Häuschen und räumten die Asche weg, so war keine Spur davon zu sehen, dass jemand bis vor kurzem hier gewohnt hatte. Danach schlichen sie sich hinüber zu den Bertrands, wo sie ein makelloses Zimmer mit einem Bett, das nach frischer Wäsche duftete, vorfanden. Auf einem Regal lagen Handtücher, sogar ein Spiegel war an der Wand befestigt. Die Fenster waren mit einer schweren Decke verhängt, eine Lampe spendete schwaches Licht. Eine schönere Begrüßung hätten sie sich nicht vorstellen können. Paula schrieb später: »Von dem Augenblick an, in dem wir dieses wunderbare Haus betraten, behandelten sie uns wie willkommene Besucher oder sehr liebe Freunde. Ich habe noch nie eine solche Wärme und Güte erfahren. Als sich die Tür hinter uns schloss, weinten wir beide, nicht nur wegen des schrecklichen Tags, der nun vorüber war, sondern auch, weil wir vergessen hatten, dass es noch Menschen wie die Bertrands gab.«

Sie blieben drei Monate dort. Nach dieser Zeit konnte Martin Kontakt zur französischen Résistance aufnehmen. Im August gehörte er zu denen, die einmarschierten, um das Dorf zu befreien.

Der *Éclaireur* wurde dicht gemacht, trotz seiner deutschfreundlichen Haltung und der steten Verwendung von Ausdrücken wie »Unsere großmütigen Sieger«. Alle Buchläden und Bibliotheken wurden geschlossen, jedes englischsprachige oder von Juden geschriebene Buch konfisziert. Wer reisen wollte, musste mehrfach umsteigen und oft ein paar Kilometer zwischen den Bahnhöfen zu Fuß gehen.

In den Dörfern abseits der Küste war das Leben ein bisschen einfacher – beziehungsweise ein bisschen weniger schwierig. Die dortige bäuerliche Landwirtschaft war arm und einfach. Alles war darauf ausgerichtet, von den großen oder kleinen Höfen oder von ein paar Quadratmetern Grund in den Tälern zu leben, die sich durch die Berge zogen und hinunter zum Meer führten. Das Leben war dasselbe wie seit Jahrhunderten, gründete sich noch aus Aberglaube und altem Brauchtum: Immer noch wurden beispielsweise Kartoffeln nur in einer Neumondnacht gepflanzt, vorzugsweise gegen drei Uhr morgens.

Die Bildung war bescheiden. Kinder kamen mit sieben oder acht Jahren in die Schule, im Sommer, zur Erntezeit, hatten sie drei Monate lang Ferien. Yvonne Simon, eine Grundschullehrerin, die im Hinterland unterrichtete und in einem Raum über dem Klassenzimmer wohnte, erinnerte sich, dass Kinder im Winter ihr Essen und einen Holzscheit in die Schule mitbrachten. »Diese Scheite hielten den Ofen in Gang, unsere einzige Heizung.« Die meisten Kinder seien mit zwölf von der Schule abgegangen, um ihren Eltern zu helfen. Der Gemüsegarten musste umgegraben und abgeerntet, Hühner und Hasen gefüttert werden, und falls Ziegen gehalten wurden, musste jemand sie hüten und melken; den Käse konnten sie auf dem Markt verkaufen. Wer genügend Land hatte, konnte ein paar Weinstöcke pflanzen, mit denen der lokale, derbe Rotwein hergestellt wurde. Hatte jemand das Glück, eines der Wildschweine zu erlegen, die in den nahegelegenen Wäldern lebten, war die Fleischversorgung für das Dorf an diesem Abend gesichert. Die Kleidung war einfach. Die Sachen wurden immer wieder geflickt, und im Winter trug man selbstgestrickte lange Wollsocken. Wenn es regnete, legte man sich Kartoffelsäcke um die Schultern.

Wer Familie in Nizza oder in einem der anderen Küstenorte hatte, fuhr manchmal mit Gemüse oder Eiern dorthin; die Nahrungsmittel wurden gut verborgen, denn sie konnten konfisziert oder gestohlen werden. Ein Mann, Arbeiter im Hôspital Pasteur in Nizza, bekam einmal zwei wunderschöne Eier von einem Kollegen geschenkt, der einen kleinen Hof hatte. Er versteckte in jeder Tasche eines, als er an dem Abend das Krankenhaus verließ. Die Gestapo hielt ihn auf, denn sie hielten die verdächtigen Ausbuchtungen für Granaten. Dass er unbewaffnet war und die richtigen Papiere dabeihatte, hinderte sie nicht daran, ihm die Eier wegzunehmen.

Im Jahr 1944 sollte das *baccalauréat* im März geschrieben werden, nicht wie sonst üblich im Juni, denn die Behörden in Nizza fürchteten eine Landung der Alliierten. Auch Simone Jacob[74] legte die Prüfung ab. Ihr Vater, Architekt und Veteran des Ersten Weltkriegs, war 1924 nach Nizza gezogen, weil er vorausgesehen hatte, dass die Bautätigkeit an der Côte d'Azur zunehmen würde. Durch seinen Weitblick hatte er ein erfolgreiches Büro einrichten können, und der Familie ging es gut.

»Zunächst war der Krieg nur wie ein fernes Echo«, schrieb Simone und drückte damit das allgemeine Empfinden der Bewohner der Côte aus. Dann kamen die Judenstatuten, aufgrund derer zwei von Simones Lehrern im Dezember 1940 ihre Posten räumen mussten. 1941 mussten sich Juden zu erkennen geben – erst die ausländischen, dann die französischen. Aber bis September 1943 hatten sich die Jacobs, wie andere Juden in Nizza auch, unter dem liberalen Regime der Italiener sicher gefühlt.

Fast unmittelbar nach der Ankunft der Gestapo wurde Simones beste Schulfreundin zusammen mit ihren Eltern festgenommen (und später nach ihrer Ankunft in Auschwitz vergast). Der Familie Veil blieb nichts anderes übrig, als sich zu trennen und zu verstecken. Es gelang ihnen, sich falsche Ausweise zu besorgen, und sie wohnten bei unterschiedlichen Leuten. Die Leiterin von Simones Schule hatte ihr gesagt, sie müsse sich von der Schule fernhalten, da mehrere Mädchen festgenommen worden seien, und sie diese Verantwortung nicht übernehmen könne. Ohne Zögern nahm ihre französische Literaturlehrerin sie in ihre Familie auf; hier bekam Simone Bücher, um zu lernen, und die Hausaufgaben von ihren Mitschülern.

Das *baccalauréat* war so wichtig, dass es mit einem falschen Namen auf dem Zeugnis wertlos gewesen wäre. Als es schließlich so weit war, schrieb sie die Prüfung als Simone Jacob statt unter dem neuen Namen auf ihrem gefälschten Ausweis. Am Tag danach war sie mit einem Begleiter unterwegs, weil sie mit Freunden feiern wollten, wurde festgenommen und ins Gestapo-Hauptquartier im Excelsior gebracht. Dort wurde festgestellt, dass ihre Papiere gefälscht waren: Man hielt ihr einen Ausweis mit ihrer erkennbaren Unterschrift in der grünen Tinte, die sie immer benutzte, vor. Der Junge, mit dem sie unterwegs war, machte sich auf, um ihre Familie zu warnen, aber die Gestapo folgte ihm. Sie wurden erwischt. Alle wurden nach Drancy gebracht; von dort aus kamen Simone, ihre Mutter und eine Schwester zuerst nach Auschwitz und dann nach Belsen (wo ihre Mutter kurz vor der Befreiung an Typhus starb).

Als Cocteau 1944 daran dachte, sein Stück *Antigone*[75] wiederaufzuführen, bat er Chanel, wieder mit ihm zusammenzuarbeiten. Sie hatte bereits die Kostüme für mehrere seiner Produktionen gemacht, zuletzt für *Les chevaliers de la table ronde* (1937), und auch für Jean Renoirs Film *La Règle du jeu* (1939) – der an ihre Westminster-Zeit erinnerte, denn darin ging es um ein großes Treffen anlässlich einer Jagd. Sie hatte auch die Kostüme für Cocteaus frühere Version der *Antigone*[76] von 1927 entworfen, für die

Picasso die Bühnenbilder gestaltet hatte. Obwohl beide Männer berühmt waren, würde Chanel die Schlagzeilen dominieren, wegen der Garderobe aus schottischen Woll- und Tweedstoffen, die Cocteau ausgewählt hatte (»Chanel wird griechisch«, schrieb die *Vogue*). Um sie zu überreden, hatte Cocteau ihr einen langen und vorsichtig schmeichelnden Brief geschrieben. »Deine Arbeit ist … ›eine Art Wunder‹, du richtest dich in der Mode nach Regeln, die nur für Maler, Musiker und Dichter einen Wert zu besitzen scheinen. Pablo Picasso hat gesagt, du bist ›die Frau mit dem meisten Gespür in ganz Europa‹. Ich bin völlig seiner Meinung …«

Auch die Chance, wieder eng mit Picasso zusammenzuarbeiten, mochte sie gereizt haben. Chanel hatte ihn zu Beginn ihrer engen Freundschaft über Misia Sert kennengelernt und war hin gerissen von ihm, wie sie später zugab. »Er war unglaublich. Er besaß die Faszination eines Sperbers und jagte mir ein bisschen Angst ein. Ich spürte es, wenn er sich näherte – dann schrumpfte etwas in mir zusammen. Er ist da! Ich sah ihn noch nicht, wusste aber, dass er im Raum war. Und dann entdeckte ich ihn. Er hatte eine ganz bestimmte Art, mich anzusehen … ich zitterte.«

Sie wurden so enge Freunde, dass sie bei der Zusammenarbeit an *Train Bleu* in ihrem damaligen Apartment in der Rue St-Honoré ein Zimmer für ihn bereithielt, das er nutzen konnte, wenn er dem Familienleben entfliehen, aber nicht allein sein wollte. Chanel kam das sicherlich gelegen: Ein Gefühl der Einsamkeit saß im Innersten ihres Wesens. »Schon mit sechs Jahren war ich allein«, vertraute sie ihrem Freund und Biografen Paul Morand an. Ein Liebhaber nach dem anderen hatte sie »verlassen«; manche, wie Boy Capel und Iribe, weil sie gestorben waren, andere wegen des gesellschaftlichen Drucks. Sie hatte keine Kinder, auch wenn sie, wie es hieß, während ihrer Affäre mit Bendor gern schwanger geworden wäre.

Für Chanel musste es eine Wohltat gewesen sein, dass Cocteau sie wegen ihrer schöpferischen Fähigkeiten brauchte. Ihre Arbeit, die sie so abrupt aufgegeben hatte, war ihr Leben gewesen. Jahre später erzählte sie Louise de Vilmorin, einer weiteren Biografin: »Meine lieblose Kindheit weckte in mir das heftige Bedürfnis, geliebt zu werden. Dieses Bedürfnis … erklärt wohl mein ganzes Leben. Ich betrachte meinen Erfolg als Liebesbeweis und mag die Vorstellung, dass, wenn die Menschen lieben, was ich schaffe, sie auch mich lieben, durch meine Werke. Als ich begriff, dass mein Unternehmen ein Leben hatte, mein Leben, und ein Gesicht, mein Gesicht, eine Stimme, die meine, und als ich begriff, dass meine Arbeit mich liebte, mir gehorchte und mir antwortete, gab ich mich ihr ganz hin. Seither habe ich keine größere Liebe mehr erfahren.«

DER WIDERSTAND WIRD STÄRKER, DAS HUNGERNDE VOLK SCHWÄCHER

In den Monaten vor der Befreiung wurde das Leben an der Riviera konfuser und brutaler. Die Résistance war stärker und mutiger geworden. Das führte dazu, dass sich die Deutschen häufiger an zivilen Geiseln rächten. Auch die Denunziation hatte zugenommen, manchmal, weil Informanten höhere Beträge geboten wurden, manchmal aus Rache. Währenddessen führten die Vichy-Polizei und die Miliz ihre Razzien fort. »Nur jemand, der in einem besetzten Land gelebt hat, kann die Demütigung und Frustration der Einheimischen begreifen«, schrieb Elsie Gladman über diese Zeit. Das Krankenhaus bekam oft ohne Vorwarnung Besuch von Agenten in Zivil, die nach Menschen suchten, die sich versteckt haben könnten. Alle Patienten mussten überprüft und registriert werden.

Pétain galt jetzt weithin lediglich als eine willfährige Marionette der Deutschen. Trübsinnig und apathisch hatte er das Regieren mehr oder weniger aufgegeben – Laval war es, der mittlerweile das Ruder in der Hand hielt. Aus Vichy kam ein Witz, den Jean Galtier-Boissière aufschrieb: »Das Neueste aus Vichy: ›Weißt du, dass der Marschall tot ist?‹ ›Nein! Seit wann denn?‹ ›Seit drei Monaten, aber seine Entourage hat es vor ihm verheimlicht.‹«

Es dominierten der Hunger und die daraus resultierende Apathie. »Wenn man an der Côte d'Azur lebt, fällt es schwer, an die

Wiederauferstehung Frankreichs zu glauben«, schrieb Elizabeth Foster. »Nizza ist immer noch ein Leichnam, und zwar ein sehr abstoßender. Aber selbst Nizza wird sich der Prozession anschließen und jubeln, obwohl es nichts für seine eigene Befreiung tun wird. Mit keinem Laut, mit keiner Bewegung.«

Befehle und deren Widerruf verursachten Verwirrung. Von einer Minute auf die andere änderten sich die Vorschriften. Niemand wusste, was gerade erlaubt und was verboten war – ob man ausgehen durfte oder wegen einer plötzlich verhängten Ausgangssperre zu Hause bleiben, ob man die Fensterläden schließen musste oder sie auflassen konnte.

In den ersten vier Monaten des Jahres 1944 wurden in Frankreich mehr Juden inhaftiert als zu jedem anderen Zeitpunkt im Vorjahr, auch weil Vichy eine Kampagne gegen »faule Juden« angestrengt hatte, denn es hatten sich nicht genügend freiwillig in die Arbeitslager begeben.

Einer von ihnen war mit Chanel befreundet: der jüdische Lyriker Max Jacob, der viele Jahre zuvor zum Katholizismus konvertiert war. Er war auch ein enger Freund von Picasso und Cocteau. Jacob war aus Paris weggezogen und hatte sich 1936 in St-Benoît-sur-Loire niedergelassen, wo er in aller Stille lebte und arbeitete. Am 2. Februar schrieb er Cocteau und fragte ihn, ob er Chanel gewinnen könne, seiner Schwester zu helfen, die im Gefängnis saß. (»Ich würde ihr gerne schreiben. Vielleicht kannst du zu ihr gehen. Ihr beide könnt gemeinsam meine Schwester retten.«) Chanel wandte sich an Sert und Cocteau wandte sich an Georges Prade, einen Verlegerfreund, der ein Bekannter des allmächtigen Otto Abetz war. Drei Wochen später wurde Jacob selbst von der Gestapo festgenommen und kam in das Gefängnis von Orléans. Von dort aus schrieb er einen herzzerreißenden Brief an Misia Sert. »In meiner Pein rufe ich um Hilfe … meine ältere Schwester ist vor Kummer gestorben. Mein Schwager tot in einem Konzentrationslager. Mein Bruder ins Gefängnis abtransportiert. Ich habe alles ertragen, habe mich dem Fluch meiner armen Rasse gefügt. Aber nun die entsetzliche Krönung: Meine jüngste Schwester, mein Liebling, die ich ›ma petite‹ gerufen habe, wurde ohne Vorwand festgenommen, ins Depot gebracht und dann nach Drancy. Für sie bitte ich um dein Eingreifen, bevor sie nach Deutschland verschleppt wird, um dort in einer dunklen Zelle zu sterben.«

Misia wandte sich sofort an Sert, der auf der Stelle sämtliche Verbindungen spielen ließ, die er hatte. Aber es war sinnlos. Max wurde selbst nach Drancy gebracht. Am 28. Februar telefonierte Prade mit Cocteau und teilte ihm mit, sie hätten Aussicht auf Erfolg, weil es Sert endlich gelungen war, den Befehl für seine Freilassung zu erwirken. Doch es war zu spät. Am 5. März, einen Tag bevor er mit dem nächsten Konvoi nach Auschwitz transportiert werden sollte, starb Max, vermutlich an einer Lungenentzündung.

Am 14. April erging die Weisung: »Alle Personen, die laut Gesetz als jüdisch gelten, müssen ohne Berücksichtigung der Nationalität oder anderer Umstände festgenommen werden.« Sie wurden demzufolge nicht nur auf der Straße aufgegriffen, sondern auch aus Gefängnissen, Lagern, Kinderheimen, Krankenhäusern und Altenheimen geholt.

Als die Alliierten in Italien vorrückten, glaubten die Menschen, die heimlich Radio hörten, dass die Befreiung nicht weit sein könnte. An der Côte d'Azur gab es nur noch entweder sehr junge oder deutlich ältere Soldaten: Die russische Front schöpfte die Zäheren und Erfahrenen ab. Um Benzin zu sparen, wurden Hunde mit fünfundvierzig Zentimetern Schulterhöhe dazu eingesetzt, leichte Karren zu ziehen.

Bombenangriffe – die Alliierten zielten auf Eisenbahnlinien oder Bahnhöfe – hatten die Transportwege abgeschnitten und damit auch die Lebensmittelversorgung, so dass die Nahrung knapper war denn je. Oft verursachten die Angriffe auch Stromausfälle, und nachdem es keine Kerzen zu kaufen gab, hatten nur die Menschen, die noch welche vorrätig hatten, ein wenig Licht. Die Deutschen wollten die Verbitterung der Franzosen über die Angriffe der Alliierten ausnutzen und verstärkten ihre Propagandamaßnahmen. Vor allem verkündeten sie, dass die Angriffe sinnlos seien und Leben und Eigentum von Franzosen vergeblich geopfert würden.

Endlich gab es wieder eine Lokalzeitung – seit der *Éclaireur* verschwunden war, hatte es keine mehr gegeben. Der *Petit Niçois* war für viele die einzige Möglichkeit, auf dem Laufenden zu bleiben, was die ständigen Anordnungen der Deutschen betraf, und außerdem zu erfahren, wann und wo die tägliche Lebensmittelverteilung stattfinden würde. Auch das änderte sich ständig, und die Nichteinhaltung der Regeln wurde bestraft. Manchmal ging es so schnell, dass man auf andere Methoden zurückgreifen musste. »Ein Lautsprecher verkündete, dass wir von ein Uhr nachts bis zwei Uhr nachmittags ausgehen durften, aber von zwei Uhr nachmittags bis sechs Uhr abends im Haus bleiben mussten«, schrieb Elizabeth Foster Ende Mai. »Kein Mensch weiß, was das bedeutet, aber der Markt war geöffnet, und die Köchin hat es geschafft, uns Auberginen und Birnen zu besorgen.«

Am 5. Juni wurde Rom von den Alliierten befreit. Elizabeth und eine Freundin feierten das mit einem »unverhofften Makkaronigericht« und einer Flasche Champagner, die sie just für diesen Zweck sechs Monate zuvor geschenkt bekommen hatte. Noch aufregender: Am Morgen des 6. Juni 1944, von da an D-Day genannt, begann die »Operation Overlord«. Amerikanische, kanadische, britische und Freie Französische Truppen, insgesamt mehr als 150 000 Mann, begannen die Landung in der

Normandie, die zur Befreiung Frankreichs führen sollte. Pétain erklärte in Vichy, »die Schlacht, die auf unserem Boden stattfindet, berührt uns nicht«.

»Endlich ist sie da, die lang erwartete Stunde null«, schrieb Elizabeth. »Was das für uns Gefangene bedeutet, können Sie sich vorstellen – nein, ich glaube nicht, dass Sie das können. Wir haben Tage, Wochen, vielleicht Monate vor uns, in denen wir Geduld haben müssen, und es sieht so aus, als würde sich alles noch verschlimmern, bevor es besser wird, aber jetzt, da gehandelt wird, halten wir durch. Ich sitze schon den ganzen Tag wie gebannt vor dem Radio und versuche, alle Neuigkeiten zusammenzusetzen, um eine schlüssige Vorstellung davon zu bekommen, wie das alles abläuft … es ist jetzt Abend, und damit endet, was Radio Algier ›einen unvergesslichen Tag der Freude und der Hoffnung‹ nennt.«

Die Nachricht von den D-Day-Landungen verbreitete sich über in Kellern versteckte Radios und wurde in der Schlange beim Anstehen für die eine Scheibe Brot, die zumeist als Einziges erhältlich war, flüsternd weitergegeben. Die Deutschen verhängten immer mehr Strafen auf alles, was eine mögliche Invasion der Alliierten in irgendeiner Weise begünstigen könnte. Sie wurden mittlerweile auch häufiger von der Résistance bedroht, die mutiger wurde; der Sieg über die Nazis wurde wahrscheinlich, und de Gaulle in England spornte sie an.

Am 11. Juni schrieb Elizabeth, dass »verkündet wurde, tausend Ärzte müssten nach Deutschland gehen«. Am Ende des Monats waren alle Autos, Lieferwagen und Motorräder verboten, ebenso Telefone und Telegramme. Am 1. Juli wurde von acht Uhr abends bis sechs Uhr morgens eine Ausgangssperre verhängt, alle Kinos, Cafés und Bars wurden bis zum 13. Juli geschlossen. Mit diesen Maßnahmen sollte die Tötung von Deutschen bestraft werden.

Permanent wurden neue Panzersperren errichtet und Gräben gezogen, vielfach mit der Hilfe von Einheimischen, die dafür warme Mahlzeiten erhielten; am 5. Juli war die Brotration halbiert worden. Das funktionierte oft in doppelter Hinsicht: Man lockte Arbeiter mit dem dringend herbeigesehnten Essen an und stach über sie eine Menge Informationen zu den Alliierten durch.

Es folgte eine Episode, die in Nizza Schock und Abscheu auslöste sowie einige kleine Kinder traumatisierte. Am 7. Juli 1944 wurden die beiden jungen *résistants* Séraphin Torrin und Ange Grassi von den Deutschen auf der Avenue Jean Medecin gehängt, nachdem sie zuvor furchtbar gefoltert worden waren. Sie waren festgenommen worden, weil jemand sie verraten hatte. Die Hinrichtung war die Rache für die Tötung zweier deutscher Offiziere und zweier deutscher Soldaten. Um das allen vor Augen zu führen, wurde sämtlicher Verkehr in die Avenue umgeleitet, und auch Fußgänger wurden von den Deutschen gezwungen, an den baumelnden Leichen vorbeizugehen.

»Gestern Nachmittag durchfuhr ein Schauder das entsetzte Nizza«, schrieb Elizabeth am folgenden Tag. »Es war ein herrlicher, wolkenloser Sommertag, seit der Nacht zuvor hatte es keinen Alarm gegeben, nur gelegentlich hörte man aus der Ferne einen Kanonenschuss oder eine Explosion, der Nachmittag war strahlend schön, und plötzlich kam die schreckliche Nachricht. Zwei Soldaten der Untergrundfront, ›franc tireur‹, wie die Deutschen sie offiziell nennen, waren gefangen genommen und von einem Militärtribunal zum Tode verurteilt worden. Das Urteil wurde sofort vollstreckt. Sie wurden an der Avenue de la Victoire[77] erhängt, gleich gegenüber den *Galeries Lafayette* … mitten in dem Viertel mit Geschäften, Läden und Banken, dem Casino Municipal und den vollsten Cafés … dort hat man diese armen Leichen hängen lassen.«

Dieser schaurige Anblick bot sich drei Tage lang. Einige Kinder[78] konnten den Rest ihres Lebens nicht mehr diese Straße entlanggehen.

»Nach dem düstersten Nationalfeiertag, den man je in Nizza erlebt hatte, ohne eine Flagge, die Straßen verlassen, alle Kundgebungen und Treffen verboten, ob privat oder öffentlich, war es bewegend und tröstlich, heute Morgen im Radio die Glocken in der Normandie und das Singen der ›Marseillaise‹ zu hören und den Pulsschlag des Jubels im Volk zu spüren«, schrieb Elizabeth Foster am 15. Juli.

In den kleinen Städten und Dörfern im Inland suchten die Deutschen weiterhin nach Arbeitskräften.[79] In Vence, das eine kurze Strecke von Nizza und Antibes entfernt im Inland liegt, erinnerte sich der Anwohner André Mellira, der damals noch ein Schulkind war: »Am 17. Juli 1944 verkündete unser Stadtschreier mit seinem Lautsprecher, dass alle Männer sich auf dem Place einfinden sollten. Patrouillen wurden ausgeschickt, um auf dem Land Leute einzusammeln. Ich erkannte einen unserer entfernteren Nachbarn, der, eskortiert von Deutschen, auf der Straße nach Cagnes unterwegs war. Am Place waren Barrieren errichtet, die Frauen den Zutritt verwehrten. Angehörige der deutschen SS, die aus Nizza gekommen waren, saßen mit einem Übersetzer an einem Tisch; die Männer gingen einzeln mit ihren Ausweispapieren zu dem Tisch. Die meisten durften passieren, aber ein paar der Jüngeren wurden nach Nizza gebracht, manche deportiert.

Im Lauf des Sommers verschlimmerte sich die Situation für die Anwohner. Der Hafer in den Eimern für die Pferde wurde durch kleingeschnittene Kartoffeln ersetzt. Es gab immer häufiger Alarm. Manchmal nahm uns der Lehrer mit in den Wald, wo wir uns Unterstände bauten.

Der Feind war nervös geworden und verlangte regelmäßig junge Männer, die Gräben rund um die Stadt ziehen sollten. Die Arbeit ging nur langsam voran und wurde ganz eingestellt, sobald die Aufseher den Männern den Rücken zuwandten. Auf den Feldern wurden Stacheldraht und Steinhaufen verteilt, zweifellos, um Flugzeuge an der Landung zu hindern.

Es wurde immer schwieriger, an Essen zu kommen. Wir hatten zum Glück Obst und Gemüse. Mein Vater rauchte nicht, und so tauschte er seine Tabakration gegen Zucker aus der Drogerie und Kartoffeln von einem Bauern in St Paul.«

Sie hatten auch Olivenöl, einst reichlich vorhanden, jetzt jedoch ein rares Gut. Aus den Früchten zweier ertragreicher Olivenbäume konnten sie fünfundvierzig Liter Olivenöl herstellen, »das wir zu Fuß von der Mühle in Cagnes zurücktransportierten«.

In den Städten war die Ernährungslage schlimmer, denn die Brotrationen waren wieder halbiert worden. Nizza war die einzige Stadt, in der es überhaupt welches gab; in anderen Orten ernährte man sich von einer Art Keks. Die Unterversorgung war so dramatisch, dass zwei Bäcker ermordet und ihre Bäckereien geplündert wurden. »Gestern ist ein Wunder passiert«, schrieb Elizabeth Foster. »Als ich das Wohnzimmer betrat, stand ein Glas Milch auf dem Tisch. Ich traute meinen Augen kaum. Es war die erste Milch, die ich seit zwei Jahren gesehen hatte. Visionen von einer Welt wurden wach, in der es Milch und Butter wirklich gab, nicht nur in Träumen.«

Kleidung wurde häufig gegen Nahrungsmittel eingetauscht. »Eine andere Krankenschwester und ich steckten ein paar von unseren Kleidungsstücken in eine Tüte – Wollpullis, alte Mäntel usw.«, schrieb Elsie Gladman. Mit dem einzigen Fahrrad, das es im Krankenhaus gab, fuhren sie zu zweit in die kleinen Dörfer in den Bergen, wo sie ihre gebrauchten Sachen gegen selbstgeräucherten Schinken und Schweinefleisch tauschen konnten, die Dorfbewohner vor den Deutschen versteckt hielten.

Den ganzen Tag heulten die Sirenen und schickten die Leute, die die Möglichkeit hatten, in Keller hinunter, während Explosionen zu hören waren. Immer wieder zogen Flying Fortresses über ihren Köpfen vorbei und schreckten verängstigte Vögel auf. Sie flogen so hoch, dass sie größer wirkten als die gewaltigen Bomber darüber. »Als ich nach oben blickte, wusste ich, die Stunde der Rettung war nah«, schrieb Elizabeth. »Ständig ertönt Alarm, so dass ich mich frage, warum sie überhaupt Entwarnung geben. Kommt das Ende heute oder morgen?«

Die Résistance verstärkte ihre Anstrengungen. Le Bas, einer ihrer Mitglieder, dessen Autowerkstatt von den Nazis beschlagnahmt worden war, verstand sich gut mit dem Offizier, der die Leitung übernommen hatte. Dank seines Rapports erfuhr er von einer bevorstehenden Strafexpedition gegen das Dorf Allos, wo ein Deutscher getötet worden war. Er konnte die örtliche *maquis* warnen, die einen Hinterhalt vorbereitete. Das Fahrzeug an der Spitze der deutschen Kolonne wurde an einer Kehre durch den Schuss einer Bazooka aufgehalten. Die Insassen, darunter auch der Leiter des Kommandos, wurden getötet, so dass die anderen beschlossen, umzudrehen. Eine weitere Heldentat von Le Bas bestand darin, die Küste bei Nizza auszukundschaften, die jetzt verbotene Zone war. Er gab vor, die deutschen Fahrzeuge Probe fahren zu müssen, die in seiner Werkstatt repariert würden. Seine Berichte über die Abwehrmaßnahmen (Blockhäuser, Nagelteppiche, diverse Fallen) waren den Alliierten viel nützlicher als ein Foto.

Auch Robert Streitz konnte über diverse Kontakte aus dem Netzwerk der Résistance Informationen an die Alliierten weitergeben. Er war zufällig einem Mann begegnet, den er früher gut gekannt hatte: dem russischen Ingenieur Toumayef. Zwischen den beiden hatte sich eine Freundschaft entwickelt, seit sie vor dem Krieg einige unvergessliche Skitouren zusammen unternommen hatten. Toumayef arbeitete jetzt für die Organisation Todt, die große zivile und militärische Bauorganisation, die der hochrangige Nazi Fritz Todt gegründet hatte. Er zeichnete für eine breite Palette von Baumaßnahmen verantwortlich, nicht nur in Deutschland, sondern auch in besetzten Ländern. Todt war berüchtigt dafür, dass er Zwangsarbeiter einsetzte. Toumayef, gegen seinen Willen einberufen, versorgte Streitz mit den Plänen für einen U-Boot-Stützpunkt, der in der Bucht von Passable gebaut wurde, und von der Befestigung des Château in Nizza. Seine beste Tat: Er erzählte Streitz, dass die Bunkeranlagen der Artillerie wegen defekter Ventilatoren unbenutzbar waren.

Eine zweite gute Quelle für Streitz kam über seine österreichische Frau, die einen österreichischen Major kannte, der – natürlich insgeheim – ein Nazigegner war. Von Zeit zu Zeit gelang es ihm, seiner Landsmännin Informationen über den Truppenstandort und über Truppenbewegungen zukommen zu lassen. »Wir erfuhren die Grundzüge der Verteidigungsstrategie der Infanteriedivision, die das Gelände zwischen Cannes und Menton besetzte«, schrieb Colonel Gallizia, Leiter des Résistance-Netzwerks in Nizza, in seiner Nachkriegsgeschichte. »Wir erfuhren, wie lange ihr Widerstand an den Stränden halten würde (eine Stunde), ihre Rückzugsstellungen und wie sie dorthin gelangten – über die Route Napoléon. Auf meinen eigenen Erkundungsfahrten mit dem Fahrrad sah ich, dass die Gegend rund um Nizza leerer wurde.« Wie er schrieb, war es Streitz, der dem Ganzen die Krone aufsetzte. Er hatte seinen Freund Toumayef überredet, Sand ins Getriebe der Presslufthammer zu schütten, mit denen an den Kais und Landungsstegen von Port Nice Löcher für Minen gegraben werden sollten. Sie fielen ständig aus, so dass die Arbeit ins Stocken geriet.

Allen war klar, dass die Invasion nur noch eine Frage von Tagen war – nicht aber, wo sie stattfinden würde. Die Luftlinie des gewählten Landungsbereichs maß fast fünfzig Kilometer, aber die Küstenlinie mit ihren vielen tiefen Buchten war natürlich viel länger. Zuvor waren im Landesinneren Fallschirmjäger abgesprungen. Jeder Mann war gut ausgestattet, mit Waffen, Munition und einer Dreitagesration Verpflegung sowie Francs, Zigaretten und Morphium. Um den Hals trugen sie Seidenschals, auf die in Grün, Braun und Blau Landkarten mit dem Straßennetz der Provençe gedruckt waren.

»ENDLICH!«, schrieb Elizabeth Foster am 15. August. »Die ganze Nacht war das Dröhnen von Flugzeugen zu hören. Ich schlief immer nur kurz ein, und immer, wenn ich aufwachte, hörte ich dieses ständige Dröhnen. Um vier Uhr morgens gab es einen ohrenbetäubenden Krach. Um fünf schien alles ruhig, bis auf das Feuer von Marinegeschützen in der Ferne. Ich legte mich wieder ins Bett und döste bis zur Morgenradiosendung um 6:30 Uhr. Um 7:30 Uhr kam die *femme de ménage* mit der Neuigkeit herein, dass irgendwo in Südfrankreich Truppen gelandet seien. Dann wurde über einen Lautsprecher der Befehl des deutschen Kommandanten bekanntgegeben, dass niemand das Haus verlassen dürfte. Um drei Uhr nachmittags wurde im Radio verkündet, die Alliierten seien an mehreren Häfen zwischen Cannes und Fréjus gelandet, und es habe kaum Gegenwehr gegeben.« Der britische Premierminister Winston Churchill überwachte die Landung vom Deck des Zerstörers HMS *Kimberley* aus.

An diesem Tag, dem 15., war Napoleons Geburtstag, und die Résistance im Var benutzte Napoleon als Codewort. In der frühen Morgendämmerung lag die Küste noch im Nebel, deshalb begann der Luftangriff erst um 5:30 Uhr, der Beschuss eine Stunde später.

In Cannes sprengten die Deutschen die *quais*. Sie hatten zuvor Fässer mit Sprengstoff durch Gullydeckel in der Kanalisation versenkt; die wurden jetzt gezündet und zerstörten Gebäude gegenüber dem Pier.

In Elsie Gladmans Krankenhaus in der Nähe breiteten die Krankenschwestern eine riesige Fahne mit dem Roten Kreuz im Hof aus, in der Hoffnung, das würde sie schützen. Über ihre Köpfe hinweg donnerten die Bomber der Alliierten, deren Ziel die Geschützstellungen in den Bergen waren. Zwei Türen weiter hatten die Deutschen ein Waffenlager und ein Geschütz, das sie ebenfalls mit einer Rotkreuzfahne bedeckten.

Elsie Gladmann hatte einen persönlichen Grund zur Trauer. Während Elsie in der Nacht vor der Landung der Alliierten dem Feuer um sie herum gelauscht hatte, hatten die Deutschen zwanzig Gefangene ermordet, die bereits durch Hunger und mehrfache Folter geschwächt waren. Unter ihnen war Elsies griechische Freundin Hélène Vagliano. Sie hatte für die Alliierten gearbeitet und Botschaften an die diversen französischen Résistance-Gruppen übermittelt. In dem Einkaufskorb auf ihrem Fahrrad hatte sich ihr tragbarer Sender befunden, und sie wusste, dass es den sicheren Tod bedeuten würde, wenn sie erwischt würde.

Hélène war von einer anderen Frau an die Gestapo verraten und am 29. Juli verhaftet worden. Man hatte sie ins Hauptquartier der Gestapo gebracht, gefoltert und verstümmelt, aber sie hatte geschwiegen. Als die Alliierten vorgerückt waren, hatten die Deutschen die Gefangenen auf einen Lastwagen geladen, weil ihnen klar war, welches Schicksal sie erwartetet hätte, wenn diese Grausamkeit bekannt geworden wäre. Sie waren ans Ufer des Paillon gefahren, wo sich alle dem Wasser zugewandt hatten aufstellen müssen und dann von einem Trupp der Geheimpolizei mit Maschinengewehren erschossen worden waren. Eine dieser Personen war Hélène gewesen. Mit ihrem Tod erfüllte sich auf makabre Weise die Prophezeiung der Wahrsagerin, die sie 1940 gemeinsam mit Vera Boissevain besucht hatte.

Noch am 15. August, als die Alliierten nur ein paar Kilometer von Cannes entfernt landeten, befand sich die Stadt in einem Belagerungszustand. Die Menschen durften nur von halb acht bis halb neun Uhr morgens auf die Straße. Diese strenge Kontrolle dauerte neun Tage an, bis die deutschen Soldaten schließlich abzogen, manche zu Fuß, manche mit dem Fahrrad. In einer letzten Manifestation des Schreckens hinterließen sie noch Maschinengewehrpatronen auf den Gehsteigen, sprengten bei ihrem Rückzug kilometerlange Eisenbahnschienen und Brücken und erschossen viele, die sie im Verdacht hatten, für die Résistance zu arbeiten.

Einer der Ersten, die in Cannes landeten, war Marcel Blocks Sohn Peter, der noch nicht wusste, dass sein Vater nach Auschwitz[80] deportiert worden war. Er war Fallschirmjäger und wurde sechzehn Kilometer hinter St-Raphael im Landesinneren abgesetzt. »In diesem Stadium des Krieges waren viele ihrer Soldaten gar keine Deutschen. Wir waren Späher, zum Großteil Amerikaner, aber Churchill hatte auf einer britischen Beteiligung bestanden. Wir wurden herzlich empfangen – es gab den ganzen Nachmittag Champagner.«

Etwas länger dauerte es, bis der Duft der Freiheit Paris erreichte. Die Deutschen hatten dort noch das Sagen; bis zur letzten Minute führten sie ihre Razzien und Festnahmen durch. Während sich die Alliierten durch Frankreich kämpften, gewährte Chanel einem Freund Unterschlupf, der offenbar von beiden Seiten gesucht wurde. Serge Lifar war am Morgen des 11. August in der deutschen Botschaft gewesen, wo sein Freund, der schwedische Konsul Raoul Nordling, mit den Deutschen verhandelte. Er hatte die Freilassung von Geiseln und die Einstellung der Konvois nach Auschwitz erwirken wollen. Als Lifar in der Dämmerung zurück zu seinem Hotel gegangen war, hatte er vier deutsche Offiziere schweigend in einem Auto davor sitzen sehen.

Aus dem dunklen Inneren des Hotels hatte ihm die Geschäftsführerin des Hotels bedeutet, weiterzugehen. Lifar, der aus seiner Zeit als Tänzer fit und aktiv war, rannte in der einbrechenden Dunkelheit in die Rue Cambon, wo er rasch in Nr. 31 verschwand. Dort blieb er zunächst, und Chanel kümmerte sich um ihn: »Es war das einzige Haus in Paris, das mich aufnahm, und womöglich hat es mir das Leben gerettet, denn ich war überall eine unerwünschte Person. Eine Art lebender Leichnam.« (Später vertraute Chanel einer Freundin an: »Ich konnte nicht einmal halb angezogen durch die Wohnung gehen, denn womöglich versteckte sich Serge gerade in einem Schrank.«)

Am nächsten Tag begann der geordnete Rückzug der deutschen Funktionsträger. Otto Abetz und seine Frau fuhren abends mit dem Auto ab. Von Dincklage war bereits abgereist. Er hatte Chanel gebeten, ihn zu begleiten, aber sie wollte nicht. Auch Gerhard Heller brach auf, verabschiedete sich aber zuvor noch von Florence Gould.

Am 13. August fiel Galtier-Boissière auf, wie viele Menschen sich in der Sonne vergnügten, als ob die Welt in Ordnung wäre, und dass es gleichzeitig erste Anzeichen dafür gab, dass die Résistance ihre Kräfte sammelte. »Die sonnenbeschienenen Ufer der Seine waren schwarz von Menschen. Tausende Pariser baden, während sechzig Kilometer entfernt der Kampf tobt. Zum ersten Mal hängen Plakate der Résistance an den Wänden, und auch andere, die von den Gräueltaten der Deutschen berichten. Die Menschen versammeln sich davor, um sie zu lesen.«

Simone de Beauvoir schrieb mitfühlend über den Kontrast zwischen dem vergnügten Treiben in der Sonne und dem plötzlichen Tod. »Der Morgen schien ruhig zu sein; an den Ufern der

Seine warfen Fischer ihre Angeln aus, und ein paar junge Männer sonnten sich in ihren Badeanzügen, aber die FFI [die französische Untergrund-Résistance] versteckten sich hinter den Balustraden der Uferböschung. Unter dem Fenster fuhr ein deutscher Lastwagen vorbei; zwei junge Soldaten, beide sehr blond, standen aufrecht darauf und hielten Maschinenpistolen; in zwanzig Metern Entfernung erwartete sie der Tod. Fast wollte man rufen: ›Achtung!‹ Dann wurde eine Gewehrsalve abgefeuert, und sie fielen.«

Am 15. August wurde bekannt, dass die Alliierten an der Côte d'Azur gelandet waren und in die französische Hauptstadt vorrückten – der Startschuss für Kämpfe und Tumulte. In einer finalen Volte gelang es Brunner, einen allerletzten Konvoi in die Todeslager zu schicken, 1654 Männer (darunter 168 gefangengenommene Piloten der Alliierten) nach Buchenwald und 546 Frauen, allesamt politische Gefangene, nach Ravensbrück.

Als die Deutschen ihre Evakuierung begannen, traten die Pariser Polizei, die Postarbeiter und die Mitarbeiter der Metro in Streik, bald gefolgt von allen anderen Arbeitern. Paris war nun eine Stadt in Aufruhr, die Bürger griffen an, angeführt von den FFI. Überall waren Schüsse zu hören – manche davon stammten von der Erschießung einiger junger FFI-Mitglieder im Bois de Boulogne.

Am 17. August schrieb Galtier-Boisssière hämisch: »Die große Flucht der Fritzen. In jeder Straße stecken Hunderte Lastwagen, Hunderte vollgepackter Autos, Krankenwagen mit Verwundeten. Die Pariser Polizei streikt. Aus luxuriösen Hotels kommen, glänzend wie Torpedos, Monokel tragende Generäle, in Begleitung blonder, elegant gekleideter Frauen, die bereit zu sein scheinen, an einen schicken *plage* zu gehen.«

Am selben Tag wurden Pétain und Laval unter bewaffnetem Schutz nach Sigmaringen gebracht, ein Schloss an der Donau, in der Nähe von Stuttgart.

Während die Kämpfe überall dort andauerten, wo sich Deutsche verschanzt hatten, übernahmen die FFI die Ministerien. Bis zur Kapitulation der deutschen Besatzung am 25. August gab es noch heftige Straßenkämpfe. Die FFI errichteten gegen die deutschen Panzer 600 notdürftige Barrikaden aus Platanen, die sie mit anderen Stadtbewohnern gefällt hatten. Die Sperren waren mit Sandsäcken abgestützt, die sie über die Gehsteige geschleift hatten. Die Menschen nähten Trikoloren und hängten sie aus den Fenstern, während über ihnen Luftkämpfe wüteten, sie kamen aus Wohngebäuden, um den Kämpfern Essen und Kaffeeersatz zu bringen. Trotz der versteckten deutschen Scharfschützen und der Verluste bei den FFI lag der Sieg in Reichweite. »Die Freiheit kehrt zurück«, schrieb Jean Guéhenno. »Wir wissen nicht, wo sie ist, aber in der Nacht umgibt sie uns. Sie nähert sich mit den Armeen.«

Am Nachmittag des 25. August, um 15:30 Uhr, kapitulierte Generalmajor von Choltitz, Hitlers Kommandant in Paris. Er war etwas mehr als vierzehn Tage Militärgouverneur von Paris gewesen und hatte Anweisung erhalten, kein religiöses Gebäude oder historisches Denkmal stehen zu lassen. »Die Stadt darf nicht oder nur als Trümmerfeld in die Hand des Feindes fallen«, hatte in Hitlers Depesche gestanden, und von Choltitz hatte die Anweisung ignoriert.

Da der Zeitpunkt der Befreiung noch immer nicht klar war, wurden die Kämpfe fortgeführt. Guéhenno selbst kehrte gegen 22 Uhr nach Hause zurück, wo er einen Anruf von Freunden erhielt, die sagten, sie könnten »über dem Hôtel de Ville gewaltige Feuerwerke sehen, die mit roten und blauen Raketen im Süden und Westen beantwortet wurden. Das war das Signal. Die ersten Panzer der [Freien französischen] Armee von General Leclerc waren gerade Richtung Notre-Dame gerollt. Und dann läuteten die Glocken aller Kirchen durch die Nacht und übertönten das

Donnern der großen Geschütze … Freiheit – Frankreich steht wieder auf«, jubelte Guéhenno.

Der Wein floss, die hungernden Franzosen[81] weinten, lachten, umarmten sich und sangen die *Marseillaise* im Überschwang der Freude und der schwindenden Angst – vorbei war die Angst, dass die Gestapo über Menschen herfallen und sie als Geisel nehmen würde, um sie dann aus Rache für eine erfolgreiche Aktion der Résistance zu erschießen. Soldaten mit Lippenstiftabdrücken auf der Wange nahmen Blumen und Küsse entgegen. Colette schrieb, es war ein Abend, »an dem die Nacht aufging wie eine Morgendämmerung«.

An diesem Abend verkündete General de Gaulle im Hôtel de Ville: »Paris! Paris wurde beleidigt! Paris wurde gebrochen! Paris wurde gequält! Aber … Paris ist befreit. Befreit durch sich selbst, befreit durch sein Volk mit der Hilfe der französischen Armee, mit der Unterstützung von einem Frankreich, das kämpft, diesem einen Frankreich, dem wahren Frankreich, dem ewigen Frankreich!« Das war bewegend, entsprach aber nicht ganz den Tatsachen: Viele Soldaten der ersten französischen Kompanie, die in Paris einmarschiert waren, waren spanische Republikaner[82], und de Gaulle selbst war nur durch die Hilfe der Alliierten dorthin gelangt.

Am nächsten Tag ignorierte de Gaulle den Beschuss durch deutsche Heckenschützen und führte einen Triumphzug von französischen Truppen über die Champs-Élysées zum Arc de Triomphe an, dort, wo während der letzten vier Jahre täglich deutsche Truppen in Knobelbechern marschiert waren. Alle, die irgendwie in die Nähe gelangen konnten, sahen zu, entweder von der Menschenmenge oder vom Fenster aus.

Chanel beobachtete den Triumphzug auf José-Maria Serts Balkon, der auf den Place de la Concorde hinausging und zu diesem Anlass mit einem Stück antiken Samts behängt war. Unter den etwa fünfzig weiteren Gästen, die dieses Spektakel aufgeregt, voller Freude oder ängstlich beobachteten, waren Serge Lifar sowie Colette und Maurice Goudeket, die Sert von seinem Chauffeur mit der Limousine hatte abholen lassen. (Am Tag zuvor hatte Colette gesagt, sie glaube erst an die Befreiung, wenn sie mit eigenen Augen einen schottischen Offizier samt Kilt gesehen hätte. Der ergebene Maurice lief los und entdeckte einen. Er lud ihn zum Mittagessen ein: Es gab eine Büchse Corned Beef vom Schwarzmarkt.)

Danach wurde ein Festmahl veranstaltet. Auf Serts prächtigem Esstisch aus Schildpatt standen seine schweren Goldteller, darauf türmten sich Köstlichkeiten aus Spanien: Schinken, Würste, frisches Obst. Dazu unbegrenzt Champagner. Während die Gäste aßen, zersplitterten plötzlich die Fenster. Es waren Schüsse – und es änderte nichts, dass die ausgelassenen Befreiungstruppen sie abgegeben hatten: Alle ließen sich auf den Boden fallen oder suchten Schutz unter den Tischen, während der Kugelhagel Serts wundervolle Wandteppiche traf. Als das *feu de joie* vorbei war, stürzten sich alle sofort wieder auf die Speisen. (An der Côte d'Azur bekam man zur Begeisterung aller ein Siegesbrötchen versprochen, für das sich jeder beim Bäcker anmelden musste, wie sich Elsie Gladman erinnerte.)

De Gaulles Triumphzug endete in Notre-Dame mit einem Dankgottesdienst. Durch die Kathedrale knallte plötzlich ein versehentlich abgegebener Schuss. Malcolm Muggeridge, ein damals in Paris stationierter Angehöriger des MI6, schrieb: »Die riesige, zum Gottesdienst versammelte Gemeinde, die gerade noch gestanden hatte, ließ sich auf den Boden fallen. Mit einer einzigen Ausnahme, eine einzelne aufrechte Gestalt, wie ein einsamer Riese. Natürlich war es de Gaulle. Von da an sah ich ihn immer so vor mir – hoch aufragend und allein, alle anderen ausgestreckt auf dem Boden.«

Anaïs Nin, berühmt dafür, dass sie jeden Gedanken in ihre Tagebücher aufnahm, fasste die Gefühle an diesem Tag vielleicht am besten zusammen. Sie schrieb einfach: »FREUDE. FREUDE. FREUDE. FREUDE. FREUDE. FREUDE. FREUDE. FREUDE. FREUDE.«

DIE LETZTEN TAGE

Anfang September 1944 klopften zwei junge Männer in Sporthemden und Sandalen an Chanels Zimmertür im Ritz und forderten sie auf, mitzukommen. »Auf wessen Befehl?«, wollte sie wissen. »Auf Befehl von Le Comité d'épuration«, wurde ihr gesagt. Worte, die jeden in Angst und Schrecken versetzt hätten.

Unmittelbar auf die Befreiung folgte eine Phase, die die meisten Franzosen später lieber vergessen würden. Man bezeichnete sie als *épuration sauvage* – unkontrollierte Säuberung. *Résistants* wandten sich gegen Personen, die sie als Kollaborateure ausgemacht hatten, Nachbarn denunzierten Nachbarn, Gefängnisse waren überfüllt mit Menschen, die echte oder ausgedachte Verbrechen begangen hatten. Die *épuration sauvage* fegte über das Land hinweg. »Es ist wie eine schreckliche Epidemie«, schrieb Cocteau über diese Zeit.

Frauen, die der *collaboration horizontal* bezichtigt oder manchmal auch nur ihrer verdächtigt wurden, rasierte man die Köpfe. Die *tondues* – also die geschorenen Frauen – wurden oft auf der Ladefläche eines Lastwagens durch die Straßen gefahren und vorgeführt; manche wurden mit Teer beschmiert, manche halbnackt ausgezogen, manchen wurden mit Farbe oder Lippenstift Hakenkreuze aufgemalt. Einige waren junge Mütter, deren Männer in Kriegsgefangenschaft waren und die mittellos mit Deutschen ins Bett gegangen waren, um Lebensmittel oder andere Begünstigungen für ihre Familien zu beschaffen; andere waren Prostituierte, die ihr Gewerbe ungeachtet der Nationalität des Kunden ausgeübt hatten (»Ausgezogen sehen alle Männer gleich aus«, sagte eine). Etliche waren lediglich Reinigungskräfte, die deutsche Büros geputzt hatten. Manchen nahm man es im Nachhinein schlichtweg übel, dass sie es wegen ihres jugendlichen Alters und ihres hübschen Aussehens geschafft hatten, über einen deutschen »Freund« gut zu essen.

Angehörige der Milice, die noch verhasster war als die Polizei (die sich gerade wohlweislich unauffällig verhielt), wurden häufig kurzerhand erschossen, entweder ermordet von rachgierigen Zivilisten und *résistants* oder nach einem schnellen Kriegsgerichtsverfahren. Wer die Möglichkeit hatte, floh nach Deutschland, wo die meisten in der Division »Charlemagne« der Waffen-SS eingesetzt wurden.

Die ersten Zivilisten, auf die man sich stürzte, waren die Autoren offen deutschfreundlicher Artikel, schließlich waren die gedruckten Beweise für ihre Kollaboration für jedermann sichtbar. »Manchmal schien es, als würde jeder jeden denunzieren«, sagte Malcolm Muggeridge. »In Wahrheit war in gewisser Weise jeder ein Kollaborateur, der unter der deutschen Besetzung nicht in den Untergrund oder ins Ausland gegangen war, und hätte plausibel als ein solcher angeklagt werden können.«

Es war tatsächlich nicht einfach, zu entscheiden, was Kollaboration war und was nicht. Andere zu denunzieren oder aktiv den Deutschen zu helfen, gehörte eindeutig dazu. Aber wie verhielt es sich mit dem Verhalten im grauen Alltag oder im Kampf ums Überleben? Während der Besetzung hatten fast alle Künstler, Schauspieler und Schriftsteller gearbeitet; lediglich die von den Deutschen akzeptierten Gemälde, Theaterstücke, Bücher und Zeitungen durften überhaupt das Licht der Welt erblicken. War es Kollaboration, wenn man keine andere Möglichkeit hatte, seine Familie zu ernähren? War es Kollaboration, die Salons der Freunde zu besuchen, von denen man wusste, dass sie auch den Feind einluden? War es Kollaboration, weiterhin unter Vichy zu arbeiten? War es Kollaboration, wenn man als Beamter dieses Staates seine Gesetze einhielt, selbst wenn man wusste, dass sie menschenverachtend waren?

In der Zeit zwischen 1944 und 1951 wurden 6762 Personen von amtlichen französischen Gerichten zum Tode verurteilt. In 3910 Fällen davon wurde das Urteil in Abwesenheit des Angeklagten gefällt. Aber es wurden lediglich 791 Kollaborateure auch tatsächlich hingerichtet; weitaus mehr wurden mit der *dégradation nationale* belegt, wodurch sie ihre politischen, bürgerlichen und beruflichen Rechte verloren.[83]

Chanels Verbrechen bestand natürlich darin, einen deutschen Liebhaber gehabt zu haben – sie hatte sich schließlich nie die Mühe gemacht, das zu verheimlichen. Als die beiden jungen *résistants* sie in jenem September abholten, zog sie sich Handschuhe über, nahm ihre Handtasche und ging vor ihnen aus dem Zimmer. Währenddessen war das Dienstmädchen in Tränen aufgelöst, und Serge Lifar, der eines ihrer Hauptziele war und immer noch mit Chanel in ihrer kleinen Wohnung im Ritz wohnte, versteckte sich in einem Schrank (bald darauf stellte sich Lifar dem Comité d'épuration der Opéra). Später würde er über sie erzählen: »Coco ist aufgetreten wie eine Königin, wie Marie Antoinette, die zur Guillotine geführt wird. Hocherhobenen Hauptes ging sie mit den beiden Franzosen mit, die gekommen waren, um sie festzunehmen.«

Als man ihr ein Foto von Dincklages zeigte und fragte, ob sie ihn kenne, antwortete sie: »Natürlich. Ich kenne ihn seit zwanzig Jahren.«[84] Auf die Frage »Wo ist er?« antwortete sie: »Er ist Deutscher, also wird er wahrscheinlich in Deutschland sein.« Ein paar Stunden später wurde sie freigelassen. Niemand weiß, wie oder warum, aber es gab viele Spekulationen darüber, dass ihre Freundschaft mit Winston Churchill sie vor Schaden bewahrte; die Frau des Geschäftsführers im Ritz, üblicherweise wohlinformiert über das Tun und Treiben der Hotelgäste, vermutete, sie hätte ihnen Briefe von Churchill gezeigt, in denen er Chanel seine Freundschaft und Unterstützung zusicherte. Ein weiterer Faktor könnte gewesen sein, dass andere Couture-Häuser weiter an deutsche Ehefrauen und Geliebte verkauft hatten, während Chanel das ihre bei Kriegsbeginn geschlossen und sich somit geweigert hatte, mit dem Feind Geschäfte zu machen.

Womöglich hatte es ihr auch zum Vorteil gereicht, dass sie beim Einmarsch der Amerikaner in Paris verkündet hatte, jeder GI bekomme eine Flasche Chanel No. 5 für seine Frau oder seine Freundin geschenkt. Die Schlange hatte sich um den ganzen Block erstreckt. Wer kein Französisch sprach, bedeutete einfach mit erhobener Hand, dass er einen Flakon mit dem berühmtesten Duft der Welt haben wollte. Womöglich hätte eine große Zahl amerikanischer Soldaten es also nicht gutgeheißen, wenn Mademoiselle Chanel etwas passiert wäre. Malcolm Muggeridge fasste es noch einmal so zusammen: »Mit einem jener simplen, majestätischen Schachzüge, die schon Napoleon als General so erfolgreich gemacht hatten, gab sie auf einem Aushang im Schaufenster ihres Geschäfts bekannt, dass GIs das Parfum kostenlos bekamen. Daraufhin bildeten sie Schlangen, um eine Flasche Chanel No. 5 zu ergattern. Diese GIs wären empört gewesen, wenn die französische Polizei ihr auch nur ein Haar gekrümmt hätte. Nachdem sie dadurch etwas Freiraum gewonnen hatte, suchte sie weiterhin Hilfe à gauche et à droites; so wurde sie nicht mit dem Kreis um Maurice Chevalier in Verbindung gebracht: Jean Cocteau, Sacha Guitry und andere Größen, denen der Vorwurf der Kollaboration gemacht wurde.«

An der Côte d'Azur ging es mit der endgültigen Befreiung langsam voran. »Die Deutschen sind noch hier, obwohl sie sich angeblich nach Cimiez zurückgezogen haben, um auf weitere Anweisungen zu warten«, schrieb Elizabeth Foster am 18. August. »Der deutsche Kommandant hat gerade die Verordnung erlassen, dass wir nur zwischen 14:00 und 18:00 Uhr außer Haus gehen dürfen. Ich weiß nicht, wie wir an Lebensmittel kommen sollen, denn die Märkte sind nur vormittags geöffnet. Seit drei Tagen sind sie allerdings so gut wie leer. Heute gab es kein Brot, aber wir bekamen ein paar Makkaroni und unsere Zuckerration für den August. Kein Obst, kein Gemüse und natürlich kein Fleisch.« Die geschenkten sechs Kartoffeln (die sie zu dritt teilen sollten) waren ein Segen.

Cannes war die erste Stadt an der Côte d'Azur, die ihre Freiheit zurückerlangte. Die Résistance, nun nicht mehr versprengt, sondern wohlorganisiert, hatte sich gegen die verbliebenen Angehörigen der Wehrmacht erhoben. Ein paar von ihnen, hauptsächlich Polen, Tschechen und Rumänen, hatten sich gestellt.

Wie in vielen Orten waren die Ersten, die die Rache der Befreier zu spüren bekamen, die Frauen und Mädchen, die Beziehungen mit Deutschen gehabt hatten. Sie wurden von ihren französischen Landsleuten zusammengetrieben und ins Hôtel Montfleury gesteckt. Dort wurden ihnen die Haare geschoren, anschließend führte man sie durch die Straßen. Auf die Frage, was ihm von der Befreiung an der Côte d'Azur am eindrücklichsten in Erinnerung geblieben war, antwortete ein amerikanischer Soldat: »Die Straßen voller Haare.« Die Scherer hatten sich sofort ans Werk gemacht, und die abgeschnittenen Locken lagen auf den Gehsteigen oder in der Gosse.

Auch Antibes wurde am 24. August von der örtlichen Résistance befreit, der sich die Anwohner angeschlossen hatten. Sie hatten zunächst die Hauptpost eingenommen, dann den Bahnhof, die Hafenanlagen, das Elektrizitätswerk und dabei gegen den deutschen Widerstand gekämpft, bis die ersten amerikanischen Truppen eintrafen. Die Alliierten konnten nur langsam vorrücken, da die Deutschen die Küste vermint hatten. Informationen von *résistants* waren ihnen behilflich, manche von ihnen waren mit dem Fahrrad unbekanntere Straßen an der Küste entlanggefahren, um die Bewegungen der Deutschen zu beobachten.

Das permanente Bombardement von Bahnlinien und größeren Straßen sollte verhindern, dass sich die Deutschen im Landesinneren neu gruppierten. Die Deutschen sprengten bei ihrem Rückzug Brücken und kilometerlange Eisenbahnstrecken, was dazu führte, dass die meisten Transportmöglichkeiten vernichtet waren und die Märkte nicht beliefert werden konnten. Die meisten Geschäfte verbarrikadierten ihre Schaufenster, weil sie Plünderungen und Einbrüche seitens der hungerleidenden Bevölkerung fürchteten.

»Alle schienen Nizza, die fünftgrößte Stadt in Frankreich, vergessen zu haben«, schrieb Elizabeth Foster am 24. August. Mittlerweile wurden über Lautsprecher die aktuelle Zeit sowie die Ausgabestellen der täglichen Rationen verkündet (»heute kein Brot, den zweiten Tag in Folge«), und alle wurden gebeten, es auch den Nachbarn weiterzusagen. Die Tage wurden von sporadischen Bombenangriffen und Kanonenfeuer unterbrochen, oder auch vom Lärm der deutschen Lastwagen, die vorbeidonnerten.

Am Nachmittag des 28. August begann der deutsche Rückzug. Die Armee war nun eine ganz andere als die furchterregende, grau uniformierte Truppe, die beinahe ein Jahr zuvor einmarschiert war; sie bestand aus vielen älteren Männern und Teenagern. Als Fortbewegungsmittel diente ihnen alles, was nicht niet- und nagelfest war: Lastwagen, Panzer, beschlagnahmte Autos, sogar Fahrräder. Auf dem Weg nach Italien tarnten sie sich mit Zweigen, um den unerbittlichen Angriffen aus der Luft zu entgehen. Wenn die Nacht hereinbrach, kamen Soldaten, die sich in den Bergen aufgehalten hatten, hinunter, um sich dem Rückzug anzuschließen, auch dabei gaben sie Schüsse ab.

Am 29. August schließlich befand sich die Stadt Nizza wieder in den Händen ihrer eigenen Bewohner und der *résistants*. Nach und nach waren immer mehr Flaggen und *tricolore*-Wimpel zu sehen. Am Nachmittag begannen Aufstände und Racheakte, wobei italienischstämmige Menschen die Hauptleidtragenden waren. Bevor es irgendwelche legalen Gerichtsverhandlungen gab, kam es zu Prügeleien, Plünderungen und Tötungen. Männer – und oft auch Frauen – wurden entweder mit einem Genickschuss oder Maschinengewehrsalven hingerichtet.

Der Bischof von Nizza konnte verhindern, dass den italienischen Nonnen eines Klosters öffentlich der Kopf geschoren und das Ordenskleid vom Leib gerissen wurde. Die ersten Kollaborateure wurden festgenommen, Plakate mit Marschall Pétain heruntergerissen, Hakenkreuze übermalt. Bis zum 31. August hatte es mehr als einhundert standrechtliche Exekutionen gegeben, und etliche Personen waren auf ungeklärte Weise verschwunden.

Die zwei größten Schwarzmarktgeschäfte wurden aufgebrochen, die Lagerbestände von den Behörden sichergestellt, um sie zu verteilen. Am 2. September schrieb Elizabeth Foster: »Ich habe gerade das erste Stück Weißbrot seit viereinhalb Jahren gegessen! Ich wusste gar nicht mehr, wie weiß richtiges Brot ist, und wie gut es sogar ohne Butter schmeckt.«

Regelmäßig würde es Brot wieder Mitte September geben, andere Dinge noch nicht. Gegen Ende des Monats standen in der – mittlerweile wieder erlaubten – Morgenzeitung täglich Verlautbarungen der Behörden in Nizza über die »tragische, katastrophale« Versorgungssituation, verbunden mit Appellen an die Bauern in den umliegenden Provinzen sowie Nordafrika, Nahrungsmittel zu schicken. Elizabeth Foster erinnerte sich: »Die versprochenen Schiffe mit Fleisch und Öl kommen nicht[85], wir haben keine Kartoffeln, keinen Zucker, keinen Wein und keine landwirtschaftlichen Erzeugnisse. Natürlich gibt es auch keinen Käse und keine Milch, außer ein wenig für Babys.« Die Deutschen hatten bei ihrem Abzug vier Schiffe im Hafen versenkt, und über den Seeweg konnten erst Nahrungsmittel geliefert werden, wenn die Minen und die Wracks beseitigt wären. Deutsche Gefangene entfernten Sperren und Befestigungen von der Promenade des Anglais. Ein Gutteil von Nizza war vermint – die Parks, die Promenade des Anglais und der Boulevard Gambetta.

Als die Kälte ausnahmsweise früh im Jahr einsetzte, wurde alles noch schlimmer. Über den 14. November schrieb Elizabeth Foster: »Kohle ist nicht vorhanden und Holz sehr schwer zu bekommen. Bis auf das amerikanische Brot haben wir wieder weniger zu essen als vor der Befreiung. Zucker, Fette, Fleisch und Makkaroni sind verschwunden. Wir werden immer dünner. Ich hätte das nicht für möglich gehalten, aber es ist so. Zumindest sind wir jetzt von einem fünfjährigen Alptraum befreit.«

Für Chanel bedeutete das allmähliche Ende des Krieges eine Phase der Ungewissheit. Sie hatte keine Arbeit, ihr Liebhaber war fort, und viele ihrer Freunde waren entweder verschwunden, verbüßten Strafen wegen Kollaboration oder hielten sich versteckt. Sie konnte auch noch nicht sicher sein, ob sie selbst über jeden Verdacht erhaben war. Pragmatisch wie immer zog sie im folgenden Jahr in die Schweiz. Über einen Freund des Fotografen Horst schickte sie von Dincklage über 10 000 Dollar, die es ihm ermöglichten, dort zu ihr zu stoßen.

Doch letztlich war es wohl sicherer, wieder Zeit in Frankreich zu verbringen. So zog sie zurück an den Ort, den sie nicht nur am häufigsten aufgesucht, sondern den sie auch als ihr echtes Zuhause bezeichnet hätte – die Villa La Pausa.

EPILOG

Die Côte d'Azur selbst erholte sich vergleichsweise rasch. Deutsche Gefangene wurden eingesetzt, um Tausende von Minen zu entfernen, die ihre eigenen Soldaten überall dort ausgelegt hatten, wo die Alliierten ihrer Meinung nach landen könnten. Das erste Filmfestival von Cannes fand im September 1946 statt und markierte die Rückkehr des französischen Kinos auf die Leinwände der Welt; der *Train Bleu* kehrte 1949 zurück, bald darauf begann das Zeitalter des Massenflugverkehrs. Schon 1947 erreichte die Besucherzahl an der Küste den Rekord vor dem Krieg. Die meisten Reisenden waren anders als die bisherigen; sie hatten geringere finanzielle Mittel. Und um der stetig zunehmenden Zahl von Touristen gerecht zu werden, wurden immer mehr Unterkünfte gebaut, die deutlich bescheidener waren als die großen Vorkriegsluxushotels.

Chanels enge und oft widersprüchliche Beziehung zu Misia bestand noch. José-Maria Sert starb überraschend im November 1945. Er war an schwerer Gelbsucht erkrankt und hatte die Warnungen seines Arztes ignoriert, war weiterhin auf Reisen gegangen, hatte Kokain und Morphium konsumiert und gegessen, was er wollte, was letztlich und unweigerlich zum Tod führte. Er wurde in der Kathedrale von Vic in Katalonien bestattet, die er mitausgemalt hatte. »Mit ihm«, schrieb Misia, »verlor ich den gesamten Grund meines Daseins.«

Er hatte der dreiundsiebzigjährigen Misia, die immer noch außerordentlich jung aussah, seine Wohnung in der Rue de Rivoli hinterlassen, mit den unglaublich wertvollen Möbeln, der Bibliothek, den Gemälden und Kunstgegenständen. In dieser dunklen Schatzhöhle wohnte sie, und wenn sie gelegentlich Geld brauchte, verkaufte sie eine der prachtvollen Kommoden oder Bibelots. Misia war mittlerweile nahezu blind und massiv und unverhohlen drogenabhängig. Selbst wenn sie sich auf einer Party unterhielt oder die Straße entlangging, hielt sie immer wieder kurz inne, um sich eine Nadel durch den Rock zu stechen. In Monte Carlo fragte sie in einer Apotheke nach Morphium, woraufhin eine entsetzte Chanel sie anflehte, vorsichtiger zu sein; eines Tages wurde sie festgenommen und verbrachte vierundzwanzig Stunden in einer schmutzigen Zelle, bevor Freunde ihre Freilassung erwirken konnten. Danach ging es schnell bergab mit ihr.

Im September 1950 starb sie im Alter von achtundsiebzig Jahren in Paris. Chanel saß an ihrem Bett. Am nächsten Morgen schickte Chanel alle aus dem Zimmer und ließ Misia auf Serts Himmelbett legen. Dort kleidete sie alleine ihre Freundin an und machte sie zurecht. Als sie nach einer Stunde die Tür öffnete, blieb allen, die eintraten, die Luft weg. Misia lag dort, weiß gekleidet, auf einem Bett aus weißen Blumen, schön wie eh und je, die Haare gekonnt frisiert, die Wangen blassrosa, ein hellrosa Satinband über der Brust und darauf eine einzelne hellrosa Rose. Es war Chanels letztes Geschenk an eine Frau, der sie nähergestanden hatte als sonst einem Menschen auf der Welt.

Serge Lifar, dem vorgeworfen wurde, Hitler und seine Soldaten unterhalten zu haben (er hatte sogar mit seinen engen Verbindungen zu Deutschen geprahlt), wurde mit einem Jahr Arbeitsverbot bestraft – je länger die Kriegshandlungen vergangen waren, desto weniger hart fiel die Strafe aus. Er fand rasch Arbeit in Monte Carlo und durfte 1947 auf seine alte Stelle als Ballettmeister zurückkehren. Beklagte sich allerdings später, dass zehn Jahre nach dem Krieg immer noch manche Pariser die Straßenseite wechselten, wenn sie ihn sahen.

Jean Cocteau wurde unerklärlicherweise in Ruhe gelassen, hatte aber so starke Schuldgefühle, dass er einen schweren Ausschlag bekam.

Als sich die alliierten Armeen Ende April 1945 Buchenwald näherten, wurde Léon Blum, der ehemalige Premierminister, der dort von den Deutschen festgehalten wurde, nach Dachau verlegt. In den letzten Kriegswochen ordnete das Naziregime seine Hinrichtung an, die örtlichen Behörden jedoch beschlossen, dem Befehl nicht zu folgen. Er wurde im Mai 1945 von alliierten Soldaten gerettet. In der Gefangenschaft schrieb er sein bekanntestes Werk, den Essay *À l'échelle humaine*, »Blick auf die Menschheit«.

Drei Monate nach Kriegsende wurde Pétain wegen seiner Kollaboration mit den Nazis vor Gericht gestellt. Der neunundachtzigjährige Marschall wurde zum Tode verurteilt und sollte durch ein Erschießungskommando hingerichtet werden. De Gaulle aber berücksichtigte Pétains Alter sowie dessen Verdienste im Ersten Weltkrieg und wandelte das Urteil in eine lebenslange Haftstrafe um. Er wurde auf die Île d'Yeu an der französischen Atlantikküste geschickt, wo er 1951 im Alter von fünfundneunzig Jahren starb.

Laval wurde durch ein Erschießungskommando hingerichtet. Zu den Soldaten sagte er noch: »Ich mache Ihnen keinen Vorwurf. Zielen Sie auf das Herz. Vive la France!«

Vera Lombardi durfte mithilfe ihrer aristokratischen Kontakte in England sowie eines Appells an Churchill Madrid schließlich verlassen und reiste im Januar 1945 nach Italien zurück.

Somerset Maugham bezog 1946 wieder die Villa Mauresque. Er würde den Rest seines Lebens dort verbringen, arbeiten und gelegentlich ausgedehnte Reisen machen. Nach dem Tod von Gerald Haxton ging er eine Beziehung zu Alan Searle ein, einem jungen Mann aus der Londoner Slumgegend Bermondsey.

Pablo Picasso besuchte die Côte d'Azur zunächst mehrere Monate am Stück, um dann, als Weltberühmtheit mit diversen Ehefrauen und Geliebten, für immer dort zu leben.

Bald nach ihrer Flucht von der Côte d'Azur traf Enid Furness, vom Glück verlassen – wegen eines Rechtsstreits hatte sie keinen Zugriff auf ihr Erbe von Lord Furness –, einen ihrer ehemaligen Liebhaber, Lord Castlerosse, mittlerweile Lord Kenmare. Sie heirateten bald. Castlerosse' Arzt warnte Enid, dass ihr frischgebackener Ehemann ein schwaches Herz habe und auf Sex verzichten sollte, weil ihn das sicherlich umbringen würde. Weniger als ein Jahr nach der Hochzeit starb er an einem Herzinfarkt, was Enid so kommentierte: »Es war eine der wenigen Freuden, die er in seinem Leben noch hatte. Wie sollte ich ihm die verwehren?«

Der Duke of Windsor, der mit der Duchess den Großteil der Kriegsjahre als Gouverneur auf den Bahamas verbracht hatte, kehrte 1945 nach Europa zurück. Sie verbrachten Zeit in Paris und in der Villa La Croë, ehe sie ein Angebot der französischen Regierung annahmen, ein hübsches dreistöckiges Haus mit der Adresse Route du Champ d'Entraînement 4 im Bois de Boulogne zu mieten. Über einen Zeitraum von fünfzig Jahren konnten sie es für einen symbolischen Betrag pachten, und dort führten sie ein goldenes, aber im Grunde sinnloses Leben.

Florence Gould veranstaltete nach dem Krieg zunächst weiterhin ihre Salons; sie ersetzte einfach die Namen der Gäste, die nach Deutschland zurückgekehrt waren, durch Namen aus der neuen Regierung. Gerhard Heller schickte sie eine Karte mit den Worten: »Komm bald zurück, unsere Donnerstage warten auf dich.« Dann zog sie wieder an die Côte d'Azur, organisierte dort ihre Einladungen und wurde zu einer vielbeachteten Philanthropin. 1984 wurden ihre berühmten Juwelen bei Christie's in New York für acht Millionen Dollar versteigert, ein Rekordergebnis für eine Schmucksammlung.

Aldous Huxley, der sich in Los Angeles niedergelassen hatte, verbrachte fast den Rest seines Lebens dort. Er schrieb nicht nur fünfzig Romane, sondern auch Drehbücher. Er starb 1963, am selben Tag, an dem Präsident Kennedy einem Attentat zum Opfer fiel.

Gaby Fisher kam wieder mit ihrer Familie zusammen, alle Mitglieder hatten überlebt. Sie beendete ihr Studium in Israel und wurde dort Lehrerin.

Simone Veil, deren Mutter kurz vor Kriegsende 1945 gestorben war, überlebte Auschwitz. Sie studierte Jura, machte eine glanzvolle Karriere als Politikerin und war Gesundheitsministerin unter Giscard D'Estaing. Sie wurde zur *honorary dame* ernannt und war die sechste Frau, die in die Académie française aufgenommen wurde.

Elsie Gladman fuhr nach Hause zu ihrer Familie, die »schockiert war, wie ausgemergelt ich aussah«. Sobald sie nicht mehr nur Haut und Knochen war, kehrte sie als Krankenschwester wieder an die Côte d'Azur zurück. Diesmal ging sie nach Nizza, ans Queen Victoria Memorial Hospital (später British-American Hospital), wo sie siebzehn Jahre lang als Oberschwester arbeitete.

Miriam Selz blieb bis Dezember 1914 in dem Kloster tief im Landesinneren. Ihre Mutter wollte, dass sie den Katholizismus aufgab, aber sie weigerte sich. »Ich bin katholisch und will katholisch bleiben. Wenn ich zum Judentum zurückkehre, weiß ich nicht mehr, wer ich bin. Ich will bleiben, was ich die letzten drei oder vier Jahre gelebt habe.«

Serge Klarsfeld wurde Jurist, Historiker und Nazijäger. Er und seine Frau Beate spielten eine entscheidende Rolle bei der Festnahme und der späteren Verurteilung von Klaus Barbie, dem deutschen SS-Offizier, der auch als »Schlächter von Lyon« bezeichnet wurde.

Françoise Frenkel schrieb 1945 ihre Abenteuer nieder, aber es wurden nur wenige Exemplare aufgelegt, und das Buch geriet schnell in Vergessenheit. Sie starb 1975 in Nizza. Fünfunddreißig Jahre später wurde ihr Buch *Nichts, um sein Haupt zu betten* auf einem Flohmarkt wiederentdeckt und in Frankreich neu veröffentlicht.

Alle Mädchen, die Mère Irène versteckt hatte, blieben mit ihr in Verbindung und berichteten ihr von jedem größeren Ereignis in ihrem Leben. Gelegentlich traf sie sich mit ihnen in Paris. Bei der Befreiung erhielt sie eine *Hommage de gratitude* vom Comité Niçois de défense des Juifs.

Joseph Sungolowskys Vater Aron, der Rabbi der Ashkenasi-Gemeinde in Nizza geworden war, dankte nach der Befreiung Monsignor Paul Rémond offiziell im Namen aller für seine heimliche Hilfe.

Étienne Balsan starb 1951 bei einem Autounfall. Schellenberg ging nach sechs Jahren Gefängnis in die Schweiz und nahm Kontakt zu Chanel auf. Wie seine Frau behauptete, finanzierte Chanel ihnen ein Haus an den Oberitalienischen Seen – möglicherweise, um sein Schweigen zu erkaufen.

Nach ein paar Kollektionen, die unter anderem die Farbe »Schützengrabenbraun« und Taft mit Camouflage-Print enthielten, hatte Elsa Schiaparelli die meisten Kriegsjahre in Amerika verbracht. Nach dem Krieg war sie nach Paris zurückgekehrt, aber ihr Modehaus hatte in dem veränderten Umfeld zu kämpfen. 1954 schloss sie es endgültig – im selben Jahr, in dem ihre Rivalin Chanel zurückkehrte.

Das Jahr 1953 brachte viele Veränderungen. Bendor, Duke of Westminster, starb. Chanel verkaufte La Pausa, die letzte Verbindung zu ihrem ehemaligen Liebhaber; die *Vogue* bezeichnete die Villa als ihre »Herzensangelegenheit«. Nach langem Ringen waren Chanel und Pierre Wertheimer schließlich zu einer Einigung gekommen: Er billigte ihr einen höheren Anteil am Gewinn zu und erklärte sich bereit, Chanel wieder auf den Markt zu bringen. Sie eröffnete ihren Couture-Salon wieder, ein außergewöhnlicher und mutiger Schritt für eine Frau von siebzig Jahren, die sich fast vierzehn Jahre aus der Welt der Mode und der Gesellschaft zurückgezogen hatte. Auf die Frage Marlene Dietrichs, warum sie das gemacht habe, hatte sie wahrheitsgemäß geantwortet: »Weil ich vor Langeweile starb.« Ein anderes Mal hatte sie es so beschrieben: »Die Arbeit hat mein Leben aufgezehrt. Ich habe alles für sie geopfert, sogar die Liebe.« Und nun arbeitete sie wieder sechs Tage die Woche. Die erste Kollektion war ein Flop (»ein Fiasko«, schrieb die *Daily Mail*), die französische *Vogue* war etwas wohlwollender. Doch innerhalb eines Jahres war sie wieder da, wieder berühmt: mit den kleinen Tweedkostümen, die gleichbedeutend mit »Chanel« werden sollten – 1964 verkaufte Ohrbach's an einem einzigen Nachmittag zweihundert solcher Kostüme –, sowie mit der Einführung der bald ikonischen, gesteppten Handtasche[86], die einen Lippenstifteinschub und ein Geheimfach hatte, das laut Chanel für Liebesbriefe gedacht war.

Die Frühjahr-Sommer-Kollektion 1971 würde ihre letzte werden. Ein paar Wochen vor ihrem Tod am 10. Januar 1971, im Alter von achtundachtzig Jahren, kam der zweitwichtigste Chanel-Duft heraus; No. 19. »Arbeit war immer eine Art Droge für mich«, so ihre Bilanz, »selbst, wenn ich mich manchmal frage, was ohne die Männer in meinem Leben aus Chanel geworden wäre.«

Einer von ihnen sollte ihr die vielleicht rührendste Ehrung zuteilwerden lassen, die sie jemals bekam. Vor seinem Tod schrieb Paul Reverdy ein Gedicht[87] für die Frau, die er die letzten vierzig Jahre geliebt hatte:

Liebe Coco, hier ist es
Das Beste aus meiner Hand
Und das Beste von mir
So trage ich es dir an
Mit meinem Herzen
Mit meiner Hand
Ehe ich weitergehe
Zum Ende der dunklen Straße
Ob verurteilt
Ob begnadigt
Wisse, dass ich dich liebe.

DANKSAGUNG

Ich möchte vielen Menschen für ihre Hilfe bei der Entstehung dieses Buches danken, zuallererst aber Jacqueline Hastings und ihrem Ehemann Bruce, sowohl für ihre hervorragende Detektivarbeit als auch für ihre Einführungen, die mir den Weg geebnet haben. Ein großer Dank geht auch an Mike Fiddler, aus dessen Artikel »Riviera Buzz« ich zitieren durfte, der mir sehr hilfreiche Vorschläge gemacht und mir erlaubt hat, das Tagebuch seines Großvaters einzusehen. Andere, denen ich zu Dank verpflichtet bin, sind Raymond Ardisson – der mir unermüdlich viel nützliches Material schickte – und Corinne Attwood, für ihre hervorragenden Übersetzungen aus dem Deutschen. Barbara P. Barnett schickte mir ebenfalls viel nützliches Material, und Peter Block ließ mich alles einsehen, was er über seinen Vater zusammengetragen hatte. Ich danke Lady Butter, Charles de Croisset und Veracha Evans-Lombe für die Erinnerungen an ihre Eltern Laurens und Vera Boissevain, Federico Finotti für die Transkription des Kriegstagebuchs seines Vaters, Gaby Glassman für die Geschichte ihres Vaters, Ann Wochiler für die Geschichten ihrer Eltern und von anderen (einschließlich der Papiere, die dem Mémorial de la Shoah in Paris oder der Wiener Library in London zur Verfügung gestellt werden) sowie Dennis Youdale für die Geschichten aus seiner Kindheit an der Riviera. Mme Patricia Marinovich, Besitzerin des Restaurants Roquebrune, war so überaus freundlich, mir die Erinnerungen ihrer Mutter und Großmutter an Chanel wiederzugeben, zu Dank verpflichtet bin ich außerdem Ghislain Poulain, Pierre Oporto, Marsou Viano und dem Heimatforscher Jean-Claude Volpi, sie alle haben mir vom Leben an der Küste in den Jahren berichtet, die für mich interessant waren. Ein großer Dank geht an meine Freunde Angela Levin und Bob Low, die mich während meiner Recherchen in Jerusalem bei sich aufnahmen, außerdem an Reut Golani von Yad Vashem Holocaust Resources für ihre Effizienz und Hilfsbereitschaft sowie an die wie immer großartigen Mitarbeiter der London Library. Und last, but not least, möchte ich meinen wunderbaren Lektoren Holly Harley, Linden Lawson und Alan Samson danken.

Viele der Informationen in diesem Buch stammen aus Interviews mit den oben Genannten sowie aus bereits veröffentlichten Schriften (siehe Bibliografie). Andere Quellen lauten wie folgt:

A. S. Deans Tagebuch, Dokument 20321 im Imperial War Museum, London

Constance Edsers Erinnerungen unter Oral History, Katalognummer 331556 im Imperial War Museum, London

Gaby Fishers Erinnerungen befinden sich in im Archiv von Yad Vashem, Aktenzeichen 03/10652, Jerusalem

Elizabeth Fosters Tagebuch, Aktenzeichen MS Am 1612, Houghton Library, Harvard University, Cambridge, MA. Interview mit Enid Furness in *Australian Woman's Weekly*, 4. Juli 1942. Colette Halbers Geschichte befindet sich im Archiv von Yad Vashem, Aktenzeichen 03/11603. Elizabeth Blair Hales führte ein Tagebuch über ihre Flucht aus Paris während der Kriegszeit; es wird zitiert in dem Buch *Fleeing Hitler* von Dr Hanna Diamond. A. E. Hotchner beschreibt Göring in Paris in der *Vanity Fair*-Ausgabe vom 21. Juni 2012. Die Geschichte von Mère Irene befindet sich im Archiv von Yad Vashem, Aktenzeichen O.33/5063. »Captain William Geoffrey Jameson's Memoir« von Hugh Shuttleworth erschien in *Shipping, Today and Yesterday*. Henri Korbs Geschichte befindet sich im Archiv von Yad Vashem, Aktenzeichen 0.33/5592. Die Geschichte von Miriam Selz befindet sich im Archiv von Yad Vashem, Aktenzeichen 03/11040. Die Geschichte von Paula Tattmar befindet sich unter Oral History/Accession Nummer 1990.339.76/RG no. RG-50161.0076, im United States Holocaust Museum, Washington. Gaby Schors Erinnerungen befinden sich im Archiv von Yad Vashem, Aktenzeichen 0.3/10652. Die Geschichte von Robert Streitz' Einsatz für die Resistance findet sich in *Histoire abrégée du poste S. R. de Marseille et de Nice* von Colonel Gallizia, im »Amicale des Anciens des Services Spéciaux de la Défense Nationale«, 132 (1986). Joseph Sungolowskys Geschichte befindet sich im Archiv von Yad Vashem, Aktenzeichen 03/10661.

Bibliografie

Adam, Peter, *Eileen Gray: Architect/Designer: A Biography* (Thames and Hudson 1987)

Ballard, Bettina, *In My Fashion* (Secker and Warburg 1960)

Bedford, Sybille, *Quicksands: A Memoir* (Hamish Hamilton 2005)

Blume, Mary, *Cote d'Azur: Inventing the French Riviera* (Thames and Hudson 1992)

Ed Bryer, Jackson R. and Barks, Cathy W., *Dear Scott, Dearest Zelda: The Love Letters of F. Scott and Zelda Fitzgerald* (Bloomsbury 2002)

Cameron, Roderick, *The Golden Riviera* (Weidenfeld & Nicolson 1975)

Castle, Charles, *La Belle Otero* (Michael Joseph 1981)

Cavendish O'Neill, Pat, *A Lion in the Bedroom* (Park Street Press 2005)

Chaney, Lisa, *Chanel: An Intimate Life* (Fig Tree 2011)

Cocteau, Jean, *Opium: The Diary of His Cure* (Peter Owen 1957)

Collas, Philippe and Villedary, Eric, *Edith Wharton's French Riviera* (Flammarion 2002)

Connolly, Cyril, *The Unquiet Grave* (Hamish Hamilton 1931)

Coward, N., *An Autobiography* (Methuen 1986)

De la Haye, Amy, *Chanel: Couture and Industry* (V&A Publishing 2011)

Diamond, Hanna, *Fleeing Hitler: France 1940* (Oxford University Press 2007)

Donaldson, Frances, *Edward VIII* (Weidenfeld & Nicolson 1974)

Downing, Rupert, *If I Laugh* (Harrap & Co 1940)

Field, Leslie, *Bendor: The Golden Duke of Westminster* (Weidenfeld & Nicolson 1983)

Forbes-Robertson, Diana, *Maxine* (Hamish Hamilton 1964)

Frenkel, Françoise, *No Place to Lay One's Head* (Pushkin Press 2018) (Französisches Original: *Rien ou poser sa tête*, Genève 1945, deutsch: *Nichts, um sein Haupt zu betten*, Ü: Elisabeth Edl, Hanser 2016)

Feuchtwanger, Lion, *The Devil in France* (Hutchinson 1942) (deutsches Original: *Der Teufel in Frankreich*, 1942, ursprünglicher Titel *Unholdes Frankreich*)

Galante, Pierre, Mademoiselle Chanel (Henry Regnery Company 1973)

Galtier-Boissière, Jean, *Mon Journal pendant l'Occupation* (La Jeune Parque 1944)

Gladman, Elsie, *Uncertain Tomorrows: A Nurse's Life on the Riviera – in Peace and War* (Librario Publishing 2000)

Gold, Arthur and Fizdale, Robert, *Misia: The Life of Misia Sert* (Macmillan 1980)

Graves, Charles, *None but the Rich* (Cassell 1963)

Guéhenno, Jean, *Diary of the Dark Years, 1940–1944* (Oxford University Press 2014)

Hastings, Selina, *The Secret Lives of Somerset Maugham* (John Murray 2009)
Heller, Gerhard, *Un Allemand à Paris, 1940–1944* (Éditions du Seuil 1981)
Herbert, David, *Second Son* (Peter Owen 1972)
Jones, Ted, *The French Riviera: A Literary Guide for Travellers* (I. B. Tauris 2004)
Kanigel, Robert, *High Season in Nice* (Abacus 2003)
Kennett, Frances, *Coco: The Life and Loves of Gabrielle Chanel* (Victor Gollancz 1989)
Koestler, Arthur, *Scum of the Earth* (Jonathan Cape 1941) (Auf Deutsch: *Abschaum der Erde*, veröffentlicht erst 1971)
Lambert, Raymond-Raoul, *Diary of a Witness, 1940–1943* (Librairie Arthème Fayard 1985)
Lancaster, Marie-Jacqueline, *Brian Howard, Portrait of a Failure* (Anthony Blond 1968)
Lottman, Herbert, *Colette* (Secker and Warburg 1991)
Lovell, Mary S., *The Riviera Set* (Little, Brown 2016)
Luce, Clare Boothe, *European Spring* (Hamish Hamilton 1941)
Lynn, Andrea, *Shadow Lovers: The Last Affairs of H. G. Wells* (The Perseus Press 2001)
Madelson, Axel, *Chanel: A Woman of Her Own* (Holt Paperbacks 1990)
Marsh-Feiley, Reginald, *A Poor Lookout* (self-published, lulu.com 2010)
Maugham, Robin, *Recollections of W. Somerset Maugham* (W. H. Allen 1978)
Maugham, W. Somerset, *Strictly Personal* (William Heinemann 1942)
Mauthner, Martin, *German Writers in French Exile, 1933–40* (Vallentine Mitchell 2007)
Maxwell, Elsa, *R. S. V. P.* (Little, Brown 1954)
Mosley, Leonard, *Castlerosse* (Arthur Barker 1956)
Muggeridge, Malcolm, *Chronicles of Wasted Time, vol. 2 The Infernal Grove* (William Collins 1973)
Nicolson, Harold, *Diaries and Letters, 1930–39*, ed. Nigel Nicolson (Collins 1966)
Oppenheim, E. Phillips. *The Pool of Memory* (Hodder & Stoughton 1941)
Picardie, Justine, *Coco Chanel: The Legend and the Life* (HarperCollins 2010)
Pryce-Jones, David, *Fault Lines* (Criterion Books 2015)
Pryce-Jones, David, *Paris in the Third Reich: A History of the German Occupation, 1940–44* (Collins 1981)
Richardson, Joanna, *Colette* (Methuen 1983)
Riding, Alan, *And the Show Went On* (Duckworth 2011)
Ronald, Susan, *A Dangerous Woman* (St Martin's Press 2018)
Rose, F., *Saying Life* (Cassell 1961)
Say, Rosemary and Holland, Noel, *Rosie's War* (Michael O'Mara Books 2011)
Sert, Misia, *Two or Three Muses* (Museum Press 1953)

Servadio, Gaia, *Luchino Visconti: A Biography* (Weidenfeld & Nicolson 1981)
Sheean, Vincent, *Between the Thunder and the Sun* (Macmillan 1943)
Sica, Emanuele, *Mussolini's Army in the French Riviera* (University of Illinois 2016)
Simon, Linda, *Coco Chanel* (Reaktion Books 2011)
Snow, C. P., *A Variety of Men* (Macmillan 1968)
Soames, Mary, *Speaking for Themselves: The Personal Letters of Winston and Clementine Churchill* (Doubleday 1998)
Spotts, Frederic, *The Shameful Peace* (Yale University Press 2008)
Standish, Robert, *The Prince of Storytellers* (Peter Davies 1957)
Steegmuller, Francis, *Cocteau: A Biography* (Macmillan 1970)
Swanson, Gloria, *Swanson on Swanson* (Michael Joseph 1981)
Veil, Simone, *A Life* (Haus Publishing 2009)
Vinen, Richard, *The Unfree French: Life under the Occupation* (Allen Lane 2006)
Vreeland, Diana, *D. V.* (Alfred A. Knopf 1984)
Waterfield, Giles, *The Long Afternoon* (Review 2000)
Wells, G. P., ed., *H. G. Wells in Love* (Faber and Faber 1984)
Westminster, Loelia, Duchess of, *Grace and Favour* (Weidenfeld & Nicholson 1961)
Windsor, B. W., *The Heart has its Reasons* (Michael Joseph 1956)
Zuccotti, Susan, *The Holocaust, the French, and the Jews* (Basic Books 1993)

Artikel und Zeitschriften

The Field, 19. Februar 2015
»Destry Rides Again«, *Vanity Fair*, 13. Februar 2009
Jewish Telegraphic Agency, 6. Oktober 1940
»The Magnificent Jewels of Florence J. Gould«, Christie's New York Katalog, 11.s April 1984

ANMERKUNGEN

1 Ihr Spitzname Coco stammte aus ihrer kurzen frühen Karriere als Sängerin. Der Refrain eines ihrer Lieder begann mit »Co-co-co-co …«.

2 Sie wurde am 19. August 1883 geboren.

3 Heute im Dallas Museum of Art.

4 Eine populäre Theorie damals besagte, dass Spermien dadurch tiefer in die Vagina gelangen.

5 Sie sagte immer, es waren zehn – er besuchte sie auch nach seiner Heirat noch.

6 Bezahlte Ferien gab es in Frankreich erst ab 1936 und ab 1938 in England.

7 Sie heirateten 1935.

8 Er war 1928 in Italien und 1929 in Frankreich und Australien privat veröffentlicht worden.

9 In seinem einzigen Roman *The Rock Pool* (1936) verweist Connolly auf die »kompetente intellektuelle Vulgarität von Aldous Huxley«.

10 Homosexualität wurde in Frankreich seit dem *Code penal* von 1791 nicht strafrechtlich verfolgt.

11 Eine der drei Töchter von Lord Curzon; man nannte sie Cimmie.

12 Vgl. S. 136.

13 Alle anderen französischen Züge waren braun.

14 Es ist bemerkenswert, dass Chanels Name nicht ein einziges Mal in Misias Memoiren erwähnt wird, trotz der vielen Monate, die sie zusammen verbracht hatten, und ihrer engen Vertrautheit.

15 Marcel Haedrich.

16 1927 gehörten ihr fünf Objekte in der Rue Cambon, und zwar die ungeraden Hausnummern von 23–31.

17 Großfürsten waren die Söhne und Enkel der Zaren.

18 1930 reisten nur 6000 Menschen mit dem Flugzeug, 1938 waren es bereits 1,2 Millionen.

19 Ein paar Monate später, bei der Wahl vom November 1931, wurde er vom Assistant Government Whip zum Chief Whip of the Conservative Party befördert.

20 Laut Goldwyns Biograph A. Scott Berg.
21 Zitiert in *Misia* von Arthur Gold und Robert Fizdale.
22 PRO FO 371/16 757,C8140.
23 Thomas Mann bekam 1929 den Literaturnobelpreis für seinen Roman *Buddenbrooks.*
24 Wörtlich »Mahagoni«.
25 Er erschien im folgenden Jahr, 1936.
26 Selbst im Jahr 1933, bevor viele außer Landes flohen, repräsentierten die Juden weniger als ein Prozent der deutschen Bevölkerung.
27 Durch ein Gesetz, das im September 1791 verkündet wurde, vorausgesetzt sie gründeten keine Organisationen, die ausschließlich jüdisch waren, und gehörten auch keinen an.
28 Alfred Dreyfus war ein jüdischer französischer Offizier, der fälschlicherweise beschuldigt wurde, Informationen an den Feind weitergegeben zu haben. Er kam vor Gericht und wurde 1894 zu Unrecht wegen Landesverrats verurteilt.
29 Als Oberhaupt der anglikanischen Kirche konnte der Souverän keine geschiedene Person heiraten.
30 Der Autor von »Walter Mitys Geheimleben« (1939).
31 Sturmabteilung, eine gewalttätige paramilitärische Naziorganisation.
32 Zitiert aus *We'll Always Have Casablanca* von Noah Isenberg (2017).
33 Kommunisten waren bei den Nazis und bei Franco gleichermaßen verhasst. Koestler trat Ende 1938 aus der Partei aus.
34 Jean-Élie-Octave-Louis-Sévère-Amanien Decazes de Glücksburg. (Laut deutschem und französischem Wikipedia hießt er Amanieu.)
35 Kurz darauf musste Dmitri Pawlowitsch wegen seiner Tuberkulose in die Schweiz gehen, um sich dort in einem Sanatorium behandeln zu lassen. Er starb im Frühjahr 1942.
36 Die Weltpremiere fand am 9. November 1939 im Metropolitan Opera House in New York statt, wo sie großes Aufsehen erregte.
37 Sie war die frühere Frau des neunten Duke of Marlborough, die Cousine von Winston Churchill; sie verstanden sich immer sehr gut.
38 Diesmal müssen wir es zu Ende bringen.
39 Die eigentliche Kapitulation erfolgte am 28. Mai 1940.
40 In seinem Buch *Vers l'armée de métier.*
41 Die Kommunistische Partei war nach dem deutsch-sowjetischen Nichtangriffspakt von der Daladier-Regierung verboten worden.
42 Zitiert von Arthur Koestler in *Abschaum der Erde.*
43 Eine Stadt, die während eines Krieges offiziell für entmilitarisiert und offen für eine Besetzung erklärt wird. Daher wird sie nicht verteidigt, um sie nach internationalem Recht vor allen Formen des feindlichen Angriffs zu schützen.

44 Die Tradition der Jagd in Pau war vor über 200 Jahren begründet worden. Während der Napoleonischen Kriege auf der Iberischen Halbinsel beschlossen französische und britische Offiziere nach der Schlacht bei Orthez, gemeinsam jagen zu gehen. Die Jagd von Pau ist heute noch sehr beliebt.

45 Churchill war am 10. Mai 1940 Premierminister von Großbritannien geworden – am Tag der Besetzung der Niederlande.

46 Reynaud wurde 1942 den Deutschen übergeben und blieb während des restlichen Krieges zuerst in deutscher, dann in österreichischer Gefangenschaft.

47 Die Tageszeitung *L'Éclaireur de Nice* erschien von 1888 bis 1944.

48 Es wurde im Dezember 1940 von einem U-Boot versenkt, nachdem es aufgrund eines defekten Ruders hinter dem Konvoi zurückgeblieben war. Die gesamte achtunddreißigköpfige Besatzung kam ums Leben.

49 Mike Fiddler, im Onlinemagazin *Riviera Buzz*.

50 Ein frei verkäufliches Schlafmittel, das gelegentlich für Selbstmord missbraucht wurde.

51 Sie schrieb den gefeierten Roman *Nichts, um sein Haupt zu betten*.

52 Die Deutschen hatten den Wechselkurs gesenkt und werteten den Franc gegenüber der Reichsmark um beinahe 25 Prozent ab. Nachdem ihr Soldatensold in Reichsmark berechnet, aber in Francs ausgezahlt wurde, hatten sie reichlich Geld.

53 Blum leitete zunächst 1935–37 die Front-populaire-Regierung und war dann im März und April 1938 zwei Monate lang Premierminister.

54 Damit wurde der französische Staat verpflichtet, alle deutschen Staatsbürger, die sich auf französischem Territorium befanden, an die deutschen Behörden auszuliefern.

55 Cyanwasserstoff ist ein farbloses Gift, das leicht nach Bittermandel riecht.

56 Ein durchschnittlicher Mann braucht etwa 2500, eine durchschnittliche Frau etwa 2000 Kalorien täglich, um das normale Körpergewicht zu erhalten.

57 Ein Flugboot mit festen Flügeln und einem schwimmfähigen Rumpf, das auf dem Wasser landen konnte. Flugboote gehörten zu den größten Flugzeugen der ersten Hälfte des 20. Jahrhunderts. Indem sie Wasser statt teurer Startbahnen zu Lande nutzten, wurden sie zwischen den Kriegen zum meistgenutzten Transportmittel für internationale Fluglinien.

58 Es wurde 1947 in Frankreich veröffentlicht.

59 Bis hier! Bis hier! Bis hier stecken wir in der Scheiße!

60 Amerika befand sich nach dem Angriff auf Pearl Harbour im Dezember 1941 nun ebenfalls im Krieg.

61 Mussolini hatte bereits 1938 strenge antijüdische Gesetze in Italien erlassen. Als er den Krieg erklärte, wurden ausländische jüdische Männer in Italien ver-

haftet und interniert. Aber es gab einen wichtigen Unterschied: Die Italiener deportierten die Juden nicht.

62 Die ehemalige Kurtisane Liane de Pougy.

63 Ihr Versuch, den Wertheimers die Kontrolle über ihr Unternehmen zu entziehen, richtete sich nicht gegen sie als Juden, sondern weil Chanel das Gefühl hatte, von ihnen betrogen worden zu sein. Gleichzeitig glaubte sie aber, es würde ihr bei diesem Kampf zum Vorteil gereichen, dass sie jüdisch waren.

64 Jaques Wochiler kehrte nach Frankreich zurück, um sich den FFI anzuschließen. Nach dem Krieg ließen sich die Wochilers in Paris nieder.

65 Ein strategisches Treffen von Stalin, Roosevelt und Churchill vom 28. November bis zum 1. Dezember 1943 nach der anglo-sowjetischen Invasion des Iran.

66 In *Sleeping with the Enemy* von Hal Vaughan (2011). (Deutsch: Coco Chanel – Der schwarze Engel: Ein Leben als Nazi-Agentin)

67 Zitiert von Edmonde Charles-Roux, die Herausgeberin der französischen Vogue wurde und Momm für ihr Buch *L'Irrégulière ou mon itinéraire Chanel* (1974) interviewte. (Deutsch: Coco Chanel. Ein Leben, Frankfurt am Main 2005, aus dem Französischen von Erika Tophoven-Schöningh, S. 381)

68 In den achtzig Tagen zwischen der Ankunft Brunners bis zu dem Tag, an dem er Nizza verließ, wurden über 2000 Juden verhaftet, ins Hôtel Excelsior gebracht, dort registriert und vom nahegelegenen Bahnhof aus in die Todeslager geschickt.

69 Mitte 1943 forderten etwa 80 000 Französinnen Unterhalt für Kinder, die aus Verbindungen mit dem Feind stammten.

70 Die Deutschen nehmen alles, und die Franzosen stehlen den Rest.

71 Heute die Préfecture in Nizza.

72 Vielleicht ein Bezug auf Chanels frühe Karriere als Hutmacherin.

73 In Longchamp fanden während des gesamten Zweiten Weltkriegs Rennen statt. Viele deutsche Offiziere sahen von der Tribüne aus zu.

74 Später machte sie unter dem Namen Simone Veil eine große Karriere als Politikerin.

75 Tatsächlich wurde es dann von Jean Anouilh herausgebracht.

76 Die Uraufführung als Theaterstück fand 1922 statt.

77 Die Avenue Victoire war nach dem Waffenstillstand von 1918 in Avenue Jean Medecin umbenannt worden, aber manche Leute nannten sie noch beim alten Namen.

78 Das erzählten mir ihre Nachfahren.

79 Bis zum Kriegsende waren 650 000 französische Zivilisten zur Arbeit in deutsche Fabriken geschickt, 60 000 in deutsche Konzentrationslager deportiert, 30 000 französische Zivilisten als Geiseln oder Mitglieder der Résistance erschossen worden.

80 Vgl. Kap. 13.

81 Es war vier Jahre her, seit Erwachsene zuletzt eine Ration Fett bekommen hatten. Seit der Landung in der Normandie und dem Bombardement der Eisenbahnen war die Nahrung noch knapper geworden.

82 Achtzig Prozent der Kompanie, die Kommandant Raymond Dronne befehligte, waren spanische Republikaner, die von Franco nach Marokko verbannt worden waren, wo sie von General Leclerc rekrutiert wurden.

83 Zum Vergleich: Die Achsenmächte und ihre Verbündeten in der französischen Miliz töteten 30 000 Menschen, während von den 76 000 französischen Juden, die vom Vichy-Regime deportiert wurden, nur 3 Prozent überlebten.

84 Spatz war 1928 zum ersten Mal in Frankreich. Es kann gut sein, dass Chanel ihm während seines Lebens als Playboy, das er dann dort führte, begegnet ist, auch wenn es nicht zu einer weniger flüchtigen Bekanntschaft kam.

85 Eines wurde von einer Mine beschädigt und sank.

86 Die 2.55, mit geflochtenem Leder und einem goldenen Kettenriemen.

87 Vaughan (2013), S. 336.

BILDNACHWEIS

Getty Images, München: Abb. 1 (Apic); 6, 8 (Bettmann); 10 (Robert Doisneau/Gamma-Rapho); 5 (Fine Art Images/Heritage Images); 2 (Hulton Archive/Stringer); 9 (Hulton-Deutsch Collection/Corbis)

SAIF, Paris: 7 (Brigitte Moral)

Shutterstock, Berlin: 3 (Grange); 4 (Peter Seyfferth/imageBroker)